本书受教育部人文社会科学研究项目
"中国民事诉讼法制现代化问题研究"（项目编号：14YJC820010）资助

陈刚 宫楠 邓继好 著

民事诉讼法制现代化
基于法系意识的探讨

北京大学出版社

图书在版编目(CIP)数据

民事诉讼法制现代化：基于法系意识的探讨/陈刚,宫楠,邓继好著. —北京：北京大学出版社,2020.12
ISBN 978-7-301-31998-7

Ⅰ.①民… Ⅱ.①陈… ②宫… ③邓… Ⅲ.①民事诉讼法—研究—中国 Ⅳ.①D925.104

中国版本图书馆 CIP 数据核字(2021)第 024419 号

书　　　名	民事诉讼法制现代化：基于法系意识的探讨 MINSHI SUSONG FAZHI XIANDAIHUA： JIYU FAXI YISHI DE TANTAO
著作责任者	陈　刚　宫　楠　邓继好　著
责任编辑	徐　音　李小舟
标准书号	ISBN 978-7-301-31998-7
出版发行	北京大学出版社
地　　　址	北京市海淀区成府路 205 号　100871
网　　　址	http://www.pup.cn　新浪微博:@北京大学出版社
电子信箱	sdyy_2005@126.com
电　　　话	邮购部 010-62752015　发行部 010-62750672　编辑部 021-62071998
印　刷　者	河北滦县鑫华书刊印刷厂
经　销　者	新华书店
	730 毫米×1020 毫米　16 开本　24.5 印张　318 千字 2020 年 12 月第 1 版　2020 年 12 月第 1 次印刷
定　　　价	86.00 元

未经许可，不得以任何方式复制或抄袭本书之部分或全部内容。
版权所有，侵权必究
举报电话：010-62752024　电子信箱：fd@pup.pku.edu.cn
图书如有印装质量问题，请与出版部联系，电话：010-62756370

目录

导言 中国民事诉讼法制现代化的苏联影响　　001
　　一、苏联民事诉讼法制发挥影响的具体路径　　001
　　二、对苏联民事诉讼法制影响的简要述评　　010
　　三、结语　　023

第一部分　民事诉讼基本原则的现代化

壹 支持起诉原则的法理及实践意义再认识　　027
　　一、苏联民事诉讼法上的社会干预　　029
　　二、我国民事诉讼法上的社会干预　　045
　　三、社会干预的法理转型及新功能　　052
　　四、结语　　059

贰 法官独立原则的社会主义国家民事诉讼法理之考察　　060
　　一、社会主义国家法官独立原则的内涵　　061
　　二、社会主义国家法官独立原则在民事诉讼中的落实　　063

三、我国人民法院独立行使审判权原则在民事
　　审判中的瓶颈　　　　　　　　　　　　068
四、社会主义法官独立原则对我国的借鉴意义　071

叁　诉讼诚实信用原则的法系意识考察

——以日本法为中心　　　　　　　　　　　076
一、日本法上诚实信义原则之语义　　　　　　077
二、日本民事诉讼诚实信义原则的立法经纬　　079
三、日本民事诉讼诚实信义原则的法理依据　　083
四、日本民事诉讼诚实信义原则的适用范围　　085
五、日本民事诉讼诚实信义原则的法律效果　　088
六、日本民事诉讼诚实信义原则的适用类型　　092
七、日本法经验对我国民事诉讼诚实信用原则
　　之适用的启迪——代结语　　　　　　　095

第二部分　民事诉讼制度的现代化

壹　民事诉讼鉴定制度的完善与法系意识　　103
一、民事诉讼鉴定制度的目的论与"鉴定乱"　　104
二、"鉴定乱"给民事审判制度目标的实现带来了何种影响　111
三、建立凝聚共识型民事诉讼鉴定体制的意义——代结语　116

贰　苏联民事诉讼法上 возражение 制度研究　118
一、возражение 概念之意义　　　　　　　　118
二、возражение 在苏联民事诉讼法上的意义　127
三、我国民事诉讼法对 возражение 制度的移植及评述　135
四、结语　　　　　　　　　　　　　　　　　143

叁 民事诉讼中抗辩与否认的界分

——以民间借贷诉讼为例的论述   144
- 一、相关要件事实的梳理   145
- 二、实践中对要件事实的认定逻辑   147
- 三、苏联法的历史影响   151
- 四、抗辩和否认的法理辨析   154
- 五、被告之"提供证明"或"合理说明"应达到的标准   160

肆 确定判决的法律效力(既判力)制度与法系意识   165
- 一、问题的提出   165
- 二、法律效力概念认识上存在的误区   168
- 三、苏联法上法律效力制度之考察   169
- 四、我国法律效力制度的立法经纬及法理   180
- 五、我国民事诉讼的法律效力制度及其理论的完善   190
- 六、结语   194

伍 上诉法院的审级功能与法系意识   195
- 一、司法便民和司法民主:四级两审制的生成及趣旨   197
- 二、审判监督:上下级人民法院审级关系之定位   201
- 三、蓝本:苏联民事上诉法院的审级职能   206
- 四、移植与创新:我国民事上诉法院审级职能再定位   209
- 五、结语   218

第三部分　俄罗斯近代民事诉讼制度

壹 俄罗斯近代民事诉讼的基本原则   223
- 一、辩论原则   223
- 二、直接审理原则   235

三、言词原则	240
四、处分原则	246
五、不间断审理原则	257
六、审判公开原则	264

贰 俄罗斯近代民事诉讼程序 269
一、治安法院程序 270
二、简易诉讼程序 275
三、上诉审程序 286

叁 俄罗斯近代民事诉讼证据制度 326
一、俄罗斯近代民事诉讼证据类型 327
二、俄罗斯近代民事诉讼证据审查制度 355
三、俄罗斯近代民事诉讼证据评价 361

肆 俄罗斯近代民事诉讼制度的特色 365
一、俄罗斯近代民事诉讼制度的融合性 365
二、俄罗斯近代民事诉讼制度的民族性 372
三、俄罗斯近代民事诉讼制度的现代性 378

后 记 388

导言　中国民事诉讼法制现代化的苏联影响

中国民事诉讼法制现代化肇始于清朝末年,经过民国时期的发展,在制度上已经有较为完整的法典,在理论研究上也由最初的译介发展为较为完备的民事诉讼法学体系,民事诉讼法学的人才培养也有一定的规模。然而,随着1949年中华人民共和国的成立,"六法全书"被废除,中国民事诉讼法制现代化也随之换轨。基于当时的国际环境和国内形势,社会主义的新中国全面向苏联学习。可以说,中国民事诉讼法制现代化在一条新的道路上重新起步,其中苏联的影响是不言而喻的。

一、苏联民事诉讼法制发挥影响的具体路径

与清末民初法制现代化开启相仿,对于苏联民事诉讼法制的学习和借鉴,也主要是通过人员的"请进来,走出去"以及法典、著作的译介来完成的。

(一) 苏联法学专家来华工作、指导

1949年6月,为了获得苏联对即将成立的新中国国家建设的支持,刘少奇率团秘密出访苏联。访问期间,刘少奇正式提出希望苏联能够派专家来帮助新中国开展建设。由于会谈顺利,在8月份刘少奇回国

时,同行的就有 96 名各行各业的苏联专家。① 据学者考察,从 1948 年到 1960 年,来中国工作过的苏联顾问和专家总计超过 18000 人次。② 在这些专家中,法学专家共有 35 人。③ 他们除了在政法机关担任顾问外,主要在高校开展法学教育和研究的指导工作,其中以中国人民大学人数为最。从这些法学专家的专业背景和来华前的工作经历看,很多是掌握苏联民事诉讼法的立法制度和基本原理的,虽然现有资料并没有显示他们是专门的民事诉讼法学专家。例如,先后担任中央政法委员会首席顾问的苏达里可夫(Н. Г. Сударико)、贝可夫(Б. С. Быко)和鲁涅夫(А. Е. Лунев),他们的讲座中都对苏联的民事诉讼程序进行过报告;而柯瓦连科(Г. Е. Коваленко)、巴萨文(И. А. Басавин)、巴耶夫(Г. И. Бае)等人,来华前就担任过苏联最高法院审判员或者州法院院长的职务,对民事审判工作相当熟悉。这些法学专家的在华工作,对于新中国的法制建设(其中包括民事诉讼法制建设)起到了重要的作用,主要体现为以下几点:

一是通过法学专家的演讲,使得中国政法工作者,特别是法院的审判人员,对苏联的民事诉讼程序有了具体的认知,对苏联民事诉讼的基本原则和基本理论有了深入的了解。例如,苏达里可夫和贝可夫在为中国政法干部开设的"苏维埃国家和法律的基础"系列讲座中就专门讲解了"苏维埃民事诉讼程序",在司法部司法干部轮训班上又作了"列宁斯大林论法院和检察机关的法律性的问题的重要原理""关于苏联社会主义的法制和检察工作的几个问题"和"苏维埃法院的任务和审判的概念"等讲座。鲁涅夫来中国后,先后在东北、西北和华东等地区给各级政法干部作讲座,其中包含"苏联人民法院审理民事案件的程序""苏联

---

① 参见安琪:《第一批苏联专家来华始末——访翻译家师哲》,载《国际人才交流》1989 年第 1 期。
② 参见沈志华:《苏联专家在中国(1948—1960)》,新华出版社 2009 年版,第 318 页。
③ 参见唐仕春:《建国初期来华苏联法学专家的群体考察》,载《环球法律评论》2010 年第 5 期。

法律中的法院判决的上诉程序和上级审法院审理案件的程序""关于苏联律师制度""关于苏联同志审判会"等主题。

二是给法学教师和研究生讲课,指导开展法学研究,培养法学教育的师资。例如,苏联法学专家最为集中的中国人民大学就建立了科学指导员制度,即"凡聘用苏联专家的教研室,都由学校指定苏联专家为科学指导员,负责培养师资,给教师及研究生讲课、辅导,编写教学大纲与教材讲义,指导科学研究及其他有关教学方法制度等工作"①。他们通过为青年教师和研究生开设讲座的形式传授知识,并形成了"边教边学"的培养模式,即前一天给青年教师和研究生讲课,这些青年学者消化吸收以后,第二天就到课堂上给本科生讲授这部分内容。② 因此,苏联法学专家的主要任务不是直接给本科学生讲课,"他们的主要力量放在培养教师与领导骨干以及编写或指导编写教材方面","这就便利于我们大量地培养师资解决教材问题,并使苏联经验与中国情况得以逐渐地互相结合起来"。③ 除了讲课,苏联法学专家还就如何开展法学研究对中国的教师和研究生进行指导,中国人民大学刑法教研室的苏联专家伐·雅·柯尔金发表在《教学与研究》上的《法学副博士学位论文写作的几个问题(提纲)》就是一个很好的例证。

三是指导编写教学大纲与教材讲义,帮助完成课程体系。教学离不开大纲和教材,后者直接决定着教学的目的和内容。只有在教学目的明确、教学内容完整的前提下实施的教学活动,才能达到预期的效果。这些苏联法学专家,在给教师和研究生讲课的同时,也直接参与了教学大纲和教材讲义的编写工作。例如,在中国人民大学,"除了中国通史、

---

① 胡锡奎:《中国人民大学学习苏联经验的总结报告》,载北京市中苏友好协会宣传部编:《苏联教育专家在北京》,时代出版社1955年版,第9页。
② 参见吴惠凡、刘向兵:《苏联专家与中国人民大学学科地位的形成——1950—1957年苏联专家在中国人民大学的工作与贡献》,载《中国人民大学学报》2013年第6期。
③ 参见胡锡奎:《中国人民大学学习苏联经验的总结报告》,载北京市中苏友好协会宣传部编:《苏联教育专家在北京》,时代出版社1955年版,第10页。

中国革命史以及某些基础课以外,绝大部分课程都是以苏联已有的或苏联专家在我校编写的教学大纲和教材作基础的"①。就民事诉讼法课程来说也不例外,教学内容以苏联民事诉讼法为主,科研重点也是翻译苏联学者编写的民诉法教材和著作。②

当然,作为法学专家,这些苏联人员在华工作期间也会开展自己的研究工作,并将研究成果在中苏两国进行发表,通常是在中国发表对苏联法制问题的研究成果③,在苏联发表对中国法制问题的研究成果④。据学者考证,35 位来华法学专家中,有 21 位是来华前获得副博士学位的,有 11 位是回苏后获得博士学位的⑤,可见这批专家的法学研究能力还是很强的。

(二)留学生赴苏联学习

新中国向苏联学习除了实施"请进来"的办法,还积极采取"走出去"的举措,即选拔优秀青年送往苏联留学。1951 年 7 月 6 日,教育部发布《急速选拔留学生的指示》,要求各单位根据指示里的选拔原则,在 6 日内确定留学人员名单。同年 8 月 13 日至 19 日,新中国首批向苏联

---

① 胡锡奎:《中国人民大学学习苏联经验的总结报告》,载北京市中苏友好协会宣传部编:《苏联教育专家在北京》,时代出版社 1955 年版,第 16 页。

② 参见肖建国:《人大民事诉讼法学的特色与贡献》,载《法学家》2010 年第 4 期。

③ 仅 1956、1957 两年,《政法译丛》就发表了苏联学者多篇与民事诉讼法制相关的论文,具体有:P. 拉洪诺夫:《苏维埃审判及其在巩固法制中的作用》,载《政法译丛》1956 年第 5 期;Д. 施维采尔:《反诉》,载《政法译丛》1957 年第 3 期;X. Б. 谢宁:《刑事案件中的民事诉讼》,载《政法译丛》1957 年第 3 期;Я. Л. 史图钦:《苏维埃民事诉讼上的预决(判决前提)》,载《政法译丛》1957 年第 3 期。

④ 1951 年至 1959 年,苏联顶级法学期刊《苏维埃国家与法》共发表了来华苏联法学专家研究中国法制的论文 13 篇,具体情况可参见唐仕春:《建国初期来华苏联法学专家的群体考察》,载《环球法律评论》2010 年第 5 期。

⑤ 具体参见唐仕春:《建国初期来华苏联法学专家的群体考察》,载《环球法律评论》2010 年第 5 期。

派遣的 375 名留学生起程。① 其中,学习法律的有 12 名②,分别是中央人民政府法制委员会选派的陈汉章、中央人民政府人民检察署的吴建璠、内务部的魏敏、公安部的谢让柏、云南省选派的陆思明、天津市人民法院的穆谟(原名侯恬)和李延茂、北京团市委的江平、湖北省人民检察院的刘鉴、四川大学的王叔文、北京大学的司马念嫒和佟明晖③。此后,又有多批留学苏联的人员被派出。整个 20 世纪 50 年代,新中国派往苏联学习法律的留学生共有 80 人。④

这些人员中,前期派出的人员基本都没有法律功底,如第一批的 12 个人中,只有王叔文和吴建璠两人学习过法律;后期派出的人员中,具有法律功底的比例增加,特别是派出攻读研究生的,基本是国内法律本科毕业的,如 1956 年派出的常怡,就是毕业于中国人民大学法律系。但是,无论是否具有法律功底,这些人员到了苏联后都接受了全面的苏联法学教育,系统地学习了苏维埃法律制度和法学理论,对国内本科毕业后的人员来说更是如此,因为他们在国内本科阶段学习的也主要是苏联的法律制度。而作为法学课程体系中不可或缺的民事诉讼法学,也是他们的必修课程,特别是对于常怡这样留学攻读民事诉讼法学研究生学位者来说,更是要系统地学习民事诉讼法学的基本原理、研究方法等。

这些学习法律的留学生深感责任在肩,学习极其刻苦认真,在完成学业回国后主要在政法机关和高校从事司法实践和法学教育工作,很多成了政法干部和学界翘楚,在各自的岗位上为新中国的法治建设做出了不可磨灭的贡献。就民事诉讼学科而言,留学归国后任教西南政法大学的常怡老师,始终坚守在民事诉讼法学的教育和研究岗位上,著书立说,桃李天下,成为新中国民事诉讼法学的奠基人和第一代民事诉

---

① 参见苗丹国:《出国留学六十年——当代中国的出国留学政策与引导在外留学人员回国政策的形成、变革与发展》,中央文献出版社 2010 年版,第 843 页。
② 田涛、刘晓琴:《中国留学通史(新中国卷)》,广东教育出版社 2010 年版,第 78 页。
③ 江平口述,陈夏红整理:《沉浮与枯荣:八十自述》,法律出版社 2010 年版,第 105 页。
④ 参见蔡定剑:《关于前苏联法对中国法制建设的影响》,载《法学》1999 年第 3 期。

讼法学者。

（三）苏联法典和著作的翻译出版

除了人员上的"请进来，送出去"，法典和著作的翻译出版也是法制学习的重要方式，同时也是非常有效的方式，因为书籍对于知识的传承来说更具有客观性和持久性。其实，在中华人民共和国成立之前，就有关于苏联司法制度的书籍资料被翻译出版，如1948年11月东北书店出版的《苏联的法院》（高里亚柯夫著，张君悌译）、1949年5月时代出版社出版的《苏联的人民法院》（伊凡诺夫、托陀耳斯基著，一之译）、1949年6月商务印刷馆出版的《苏联法院和检察机关》（维辛斯基编著，张子美译）、1949年9月时代出版社出版的《苏联的法院》（高里雅柯夫著，一之译）等，这些书籍中就有对苏联民事诉讼制度的介绍。而在中华人民共和国成立之后，对苏联民事诉讼法典和著作的翻译出版就进入了高潮。据笔者不完全统计，在整个20世纪50年代，翻译出版的有关苏联民事诉讼法制的作品约有30部，加上编辑印发的苏联专家关于民事诉讼的演讲记录等，有近40部。表1是这一时期翻译出版的有关苏联民事诉讼法制的作品的具体列表：

表1 相关翻译作品

序号	作品名称	作者、译校者	出版者	出版时间
1	苏联的法院	高里雅(亚)柯夫著，张君悌译	东北书店	1948年11月
			新华书店	1949年11月
			人民出版社	1951年2月
2	苏联的人民法院	伊凡诺夫、托陀耳斯基著，一之译	时代出版社	1949年5月初版 1950年6月再版 1951年3月三版
3	苏联法院和检察机关	维辛斯基编著，张子美译	商务印刷馆	1949年6月初版 1949年12月再版
4	苏联的法院	高里雅柯夫著，一之译	时代出版社	1949年9月

(续表)

序号	作品名称	作者、译校者	出版者	出版时间
5	苏联怎样解决劳动争议	D. V. 希维择尔著,申谷译	上海书报杂志联合发行所	1950年2月
6	苏维埃人民法院	K. Л. 高尔塞宁著,张文蕴译,沈颖校	新华书店	1950年12月
7	苏维埃国家与法律问题讲座	苏达里可夫、贝可夫讲,中央人民政府法制委员会编译室编	中央人民政府法制委员会	1951年4月
8	苏联的司法	И. Т. 郭列阔夫著,陆丰译	作家书屋	1951年2月
9	苏联诉讼法纲要	杜尔马诺夫等撰,徐步衡译	大众法学出版社	1951年2月
10	苏俄民事诉讼法典	徐福基、艾国藩译	大东书局	1951年3月
11	苏俄民事诉讼法典	张文蕴译	人民出版社	1951年7月
12	苏联民事诉讼法概论	克林曼著,张文蕴译	人民出版社	1951年5月
13	诉讼当事人的辩解(苏维埃民事诉讼中的证据)	C. B. 库雷辽夫著,西南政法学院诉讼法教研室译	中国人民大学出版社	1952年3月
14	苏联检察工作任务及工作方法	阿·耶·鲁涅夫讲,最高人民检察署印	最高人民检察署	1954年3月
15	苏维埃民事诉讼(上)	C. H. 阿布拉莫夫著,中国人民大学民法教研室译	中国人民大学	1954年5月
16	苏维埃民事诉讼(下)	C. H. 阿布拉莫夫著,中国人民大学民法教研室译	中国人民大学	1954年5月
17	苏维埃法律上的诉讼证据理论	安·扬·维辛斯基著,王之相译,王增润校	人民出版社	1954年8月
18	保护公民权利的苏联人民法院	李斯柯维茨、索民斯基著,信然译	时代出版社	1954年8月

(续表)

序号	作品名称	作者、译校者	出版者	出版时间
19	关于苏联律师制度和公证制度——苏联法学专家鲁涅夫讲	鲁涅夫讲,中央人民政府司法部编印	中央人民政府司法部	1954年8月
20	苏联专家鲁涅夫同志在华东区关于法院、检察工作演讲的记录	鲁涅夫讲,最高人民法院华东分院、最高人民检察署华东分署印	最高人民法院华东分院、最高人民检察署华东分署	1954年8月
21	苏联法院审理刑、民事案件的程序	鲁涅夫讲,最高人民法院办公厅编印	最高人民法院办公厅	1954年11月
22	苏联专家鲁涅夫同志关于检察、审判工作演讲的记录	鲁涅夫讲,最高人民检察院办公厅印	最高人民检察院办公厅	1955年4月
23	苏联专家鲁涅夫报告选集	鲁涅夫讲,司法工作通讯社编印	司法工作通讯社	1955年4月
24	苏维埃法院组织	卡列夫著,中国人民大学刑法教研室译	法律出版社	1955年8月
25	苏维埃法院的工作组织	别尔洛夫著,邬志雄、李前伟、许俊基译,李光谟校	法律出版社	1955年8月
26	苏俄民事诉讼法典	郑华译	法律出版社	1955年11月
27	苏维埃民事诉讼提纲	А.Ф.克林曼、Е.Н.科瓦列娃编,陈逸云译	中国人民大学出版社	1955年11月
28	苏维埃民事诉讼参考资料选集	北京政法学院民法民诉教研室编	北京政法学院	1956年5月
29	苏维埃法院	К.Л.戈尔舍宁著,王费安译	法律出版社	1956年6月
30	苏联的法院和资本主义国家的法院	赫·明科夫斯基、夫·苏马诺夫著,韩德培译	湖北人民出版社	1956年10月

(续表)

序号	作品名称	作者、译校者	出版者	出版时间
31	苏维埃民事诉讼（上）	С. Н. 阿布拉莫夫著，中国人民大学审判法教研室译	法律出版社	1956年10月
32	苏维埃民事诉讼论文集（一）	Н. Б. 泽吉尔等著，师根鸿等译	法律出版社	1956年12月
33	苏维埃民事诉讼中证据理论的基本问题	А. Ф. 克林曼著，马绍春等译	中国人民大学出版社	1957年1月
34	苏维埃法律上的诉讼证据理论	安·扬·维辛斯基著，王之相译	法律出版社	1957年1月
35	苏维埃民事诉讼（下）	С. Н. 阿布拉莫夫著，中国人民大学审判法教研室译	法律出版社	1957年3月
36	苏维埃民事诉讼中的律师工作	В. С. 安契莫诺夫、С. Л. 盖尔仲著，李世楷译，程铭校	法律出版社	1957年4月
37	民事诉讼中的检察长	В. Н. 别里鸠根、Л. В. 什维采尔著，王根生译，卢佑先校	中国人民大学出版社	1957年7月
38	苏维埃民事诉讼	克列曼著，王之相、王增润译	法律出版社	1957年12月
39	诉权	М. А. 顾尔维奇著，康宝田、沈其昌译，李光谟校	中国人民大学出版社	1958年4月
40	诉讼当事人的辩解（苏维埃民事诉讼中的证据）	С. В. 库雷辽夫著，沈其昌译	中国人民大学出版社	1958年6月
41	苏联民法纲要和民事诉讼纲要	中国科学院法学研究所译	法律出版社	1963年3月

从上述列表可以看出，其中包含的作品种类还是非常丰富的，有民事诉讼法典、民事诉讼法学教材以及民事诉讼法学专著。这些作品的翻译出版，对于全面了解苏联的民事诉讼法律制度和法学理论，起到了

关键性的作用;对于新中国民事诉讼的立法、司法、法学教育和法学研究,所发挥的历史作用是巨大的。即使在今天,对民事诉讼法律制度的调整完善以及民事诉讼法学基础理论研究来说,诸如《诉权》《苏维埃民事诉讼中证据理论的基本问题》《苏维埃法律上的诉讼证据理论》《诉讼当事人的辩解(苏维埃民事诉讼中的证据)》《民事诉讼中的检察长》等作品,仍具有参考借鉴价值。

二、对苏联民事诉讼法制影响的简要述评

如前文所述,由于新中国要重新建立社会主义的法制完全属于"白手起家",因此早期苏联的帮助起到了重要的作用,当然也发挥了重要的影响。新中国的法制建设无处不烙上了苏联的印记,就民事诉讼法制来说,苏联的影响主要体现在以下几方面:

(一)对民事诉讼立法的影响

基于政治上的考虑,新中国废除了"六法全书",开始着手制定自己的法律,摆在首位的自然是国家的根本法——宪法,然后才是其他法律。然而,由于时间过于紧迫,除了婚姻法、宪法以及一些组织法和条例之外,其他部门法典无法及时制定出来,其中就包括民事诉讼法。然而,实践中办理案件又不能没有一个依据、一个规则,于是出于权宜之计,由最高人民法院牵头,在总结地方各级法院办理案件的实际情况和经验的基础上,先后起草了《中华人民共和国诉讼程序试行通则(草案)》(1950年)、《各级人民法院民事案件审判程序总结》(1956年)和《民事案件审判程序(草稿)》(1957年)作为办案指导。但是,从这些文件的具体内容来看,都还只是办案流程性的规定,还没达到民事诉讼法典的体系化、科学化和规范化程度。

由于20世纪50年代末中苏关系的恶化以及此后的"文化大革命",

民事诉讼法的立法工作直到改革开放后才被提到历史日程上来。1979年8月,由全国人大常委会法制委员会副主任高克林任组长的民事诉讼法起草小组成立,小组中除了法制委员会的3位同志外,还有来自大专院校从事民事诉讼法学研究的6人,来自全国各级人民法院的审判人员7人以及法律出版社的1人,共计17人。起草小组在起草过程中,参考了很多外国资料,大多是大陆法系国家的,其中最主要的就是苏联的,如苏联的民事诉讼纲要、民事诉讼法典①。起草小组前后共六易其稿,提交法制委员会后又进行了修改,于1981年12月提交第五届全国人民代表大会第四次会议审议并原则通过《中华人民共和国民事诉讼法(草案)》。1982年3月,全国人民代表大会常务委员会根据大会授权正式公布《中华人民共和国民事诉讼法(试行)》,并于同年10月1日开始试行。

民事诉讼立法受苏联法的影响主要表现在以下几个方面:

一是在民事诉讼法典的结构上,《民事诉讼法(试行)》基本参照了《苏俄民事诉讼法典》。

表2 《民事诉讼法(试行)》与《苏俄民事诉讼法典》之比较

苏俄民事诉讼法典	民事诉讼法(试行)	备注
第一编　总则	第一编　总则	
第二编　一般诉讼程序	第二编　第一审程序	《民事诉讼法(试行)》中将"特别程序"作为一章并入了第二编"第一审程序"中
第三编　特别程序		
第四编　上诉和再审	第三编　第二审程序、审判监督程序	
第五编　判决和裁定的执行	第四编　执行程序	
	第五编　涉外民事诉讼程序的特别规定	本编是《苏俄民事诉讼法典》中所没有的

---

① 这部分内容系起草小组成员吴明童老师介绍。

两相比较,主要的差异有三点:首先是我国《民事诉讼法(试行)》将"特别程序"作为一章纳入了第二编"第一审程序"中;其次是我国《民事诉讼法(试行)》在"执行程序"中剔除了《苏俄民事诉讼法典》中关于破产的规定;三是我国《民事诉讼法(试行)》同时增加了第五编"涉外民事诉讼程序的特别规定"。从结构上看,除了新增了第五编,我国《民事诉讼法(试行)》前面的内容和排列顺序与《苏俄民事诉讼法典》基本相同;而《苏俄民事诉讼法典》中规定的检察长提起民事诉讼、仲裁、公证和破产等内容,在民事诉讼法起草过程中亦有写进草案之中①。

二是在民事诉讼的基本原则上,体现了苏联民事诉讼法理的影响,如辩论原则、处分原则和检察监督等。

西方国家民事诉讼法理中所讲的辩论主义,是指当事人的事实主张对法院具有拘束力,即法院不能将当事人未主张的事实作为裁判的基础,对于当事人没有争议的事实,法院应当将其作为裁判的基础。但是,在苏联民事诉讼法理中,当事人有辩论的权利,只是当事人的辩论对法院并不当然有拘束力。"苏维埃民事诉讼的辩论原则就是当事人有权在法庭上维护自己的观点,当事人有权证明自己这方的正确性,当事人有权确定实质真实(最后这一项权利是与法院的权利与义务相结合的)。"②当事人的辩论不仅仅是其权利,还是法院发现案件真相的手段;如果当事人辩论中主张的事实与法院根据证据查明的不同,法院应当按照查明的情况来裁判,同时还会课以故意虚假陈述的当事人公法上的处罚。我国《民事诉讼法(试行)》中也明确规定了"当事人有权对

---

① 草案从第一稿到第六稿都在"诉讼参加人"章节中规定有检察院提起民事诉讼,只是提交给法制委员会后进行修改时才删除。草案的第三稿在第二编"审判程序"的"特别程序"中规定了"清产还债程序",在第四编"民事诉讼中的仲裁和公证"中规定了"仲裁"和"公证"。草案的第四稿中在第二编"审判程序"中规定了"清产还债程序",在第四编"关于人民调解委员会、仲裁和公证的规定"中规定了"仲裁"和"公证"。具体参见朱锡森主编:《新民事诉讼法讲话》,中国检察出版社1991年版,第5—6页。

② 〔苏〕C.H.阿布拉莫夫:《苏维埃民事诉讼(上)》,中国人民大学民法教研室译,中国人民大学,1954年,第63页。

争议的问题进行辩论",而结合第 62 条第 1 款规定的"人民法院对当事人的陈述,应当结合本案的其他证据,审查确定能否作为认定事实的根据",可见当事人的辩论(陈述)对于法院也是没有拘束力的。也就是说,我国的民事诉讼法借鉴了苏联法理,规定了非拘束性辩论原则。

关于处分原则(处分权主义),西方国家的民事诉讼法理也是从当事人与法院之间在本案审理上的关系来界定的,即法院只能在当事人提出的诉讼请求范围内进行裁判。然而,按照苏联民事诉讼理论,法院的裁判可不受当事人的诉讼请求限制。"苏维埃处分原则也表现在法院处理案件时不受当事人请求决定的范围的限制"①;"法院并不受当事人的处分和他们的请求的范围所拘束,例如,如果根据案情出发并符合法律的话,法院有权判给原告多于其所请求的范围"②。因此,当事人对权利的处分应当符合法律规定,不符合法律规定的,法院不予认可。我国《民事诉讼法(试行)》也明确规定了"当事人有权在法律规定的范围内处分自己的民事权利和诉讼权利",充分体现了苏联民事诉讼处分原则的基本法理。也就是说,该条规定不仅仅是说当事人有权处分自己的权利,更强调了必须在法律规定的范围内进行处分,否则就不发生相应的法律效力,法院也不予认可。

对民事诉讼进行检察监督是苏联创设的一项民事诉讼法原则,这和苏联在国家权力理论中对检察权和检察机关的定位不无关系。中华人民共和国成立后,在国家权力理论和国家权力机关的设置上也深受苏联之影响,构建了独立的检察机关作为法律监督机关。因此,在民事诉讼中确立检察监督也就是理所当然的事情。需要特别指出的是,我国最初的民事诉讼法草案中也如苏联民事诉讼法一样,规定了人民检察

---

① 〔苏联〕А.Ф.克列曼:《苏维埃民事诉讼的民主原则》,载〔苏联〕Н·Б·泽吉尔等:《苏维埃民事诉讼论文集(一)》,师根鸿等译,法律出版社 1956 年版。
② 〔苏联〕C.H.阿布拉莫夫:《苏维埃民事诉讼(上)》,中国人民大学民法教研室译,中国人民大学,1954 年,第 52 页。

院提起民事诉讼,但后在1981年11月法制委员会的修改稿中删除了这个规定,个中原因不得而知。而到了2017年,立法机关特地为增加检察机关提起民事公益诉讼而修改了现行民事诉讼法。如此看来,苏联法中关于检察监督的理论还是具有自己的特点和生命力的,是一个值得继续探讨的课题。

三是在一些具体的民事诉讼制度上,借鉴了苏联民事诉讼法的相关规定。具体而言,有人民陪审员制度、两审终审制度、再审制度等。

按照苏联宪法和法院组织法的规定,在苏联的所有法院中都实行由人民陪审员与审判员组成合议庭来审理案件,除非法律另有规定;而人民陪审员审理案件时,在一切要解决的问题上,享有与审判员同等的权利。① 我国《民事诉讼法(试行)》第35条中明确规定,"人民法院审判第一审民事案件,由审判员、陪审员共同组成合议庭或者由审判员组成合议庭","陪审员在人民法院执行职务时,和审判员有同等权利"。可见,在民事诉讼中,我国完全借鉴了苏联的人民陪审员制度。2018年《中华人民共和国人民陪审员法》实施,规定在7人制合议庭中,人民陪审员对法律问题发表的意见只作为参考。也就是说,在此种情况下,人民陪审员和审判员的职权是有所不同的。对于立法的此种变化是否合理,仍有从苏联法理的角度进行探讨的必要。

中华人民共和国成立前,普遍实行三审终审制度。例如,《苏中区处理诉讼案件暂行办法》(1944年)第59条规定,"原被告对于各县县政府所为第一审判决,不能甘服者,在上诉期间以内,得向第二审法院上诉;对于各行政区专员公署所为第二审判决,不能甘服者,得向苏中高等法院上诉。苏中高等法院所为第三审判决,为终审判决,不得上诉"。又如,《哈尔滨特别市民事刑事诉讼暂行条例(草案)》(1948年)第19条规定,"对人民法院初审庭判决不服,刑事于五日内,民事于十日内提出上

---

① 参见〔苏联〕C. H. 阿布拉莫夫:《苏维埃民事诉讼(上)》,中国人民大学民法教研室译,中国人民大学,1954年,第38页。

诉,由人民法院二审庭受理之。对二审判决不服,得依法上诉于东北高级人民法院"。《人民法院暂行组织条例》(1951年)第5条中规定,"一般的以二审为终审,但在特殊情况下,得以三审或一审为终审"。直到1979年最高人民法院印发的《人民法院审判民事案件程序制度的规定(试行)》才最终确定,"人民法院审理案件,实行两审终审制"。从一定意义上来说,两审终审制也是在结合中国实际情况的基础上对苏联民事诉讼法的借鉴。

中华人民共和国成立前,依据中华民国民事诉讼法,当事人可以提起再审之诉的方式来启动再审。中华人民共和国成立后,在借鉴苏联民事诉讼法上的申请再审和依照监督程序提起再审之规定的基础上,构建了我国的民事诉讼再审制度。依据《民事诉讼法(试行)》的规定,再审的启动方式有两种,一是当事人申诉,二是人民法院依审判监督提起。虽然在主体上与苏联民事诉讼法的规定并不完全一致,而且对当事人申诉再审与人民法院自己提起再审也未进行理论上的界分,但将再审称作审判监督程序,无疑是受苏联民事诉讼立法及其理论的影响。

(二) 对民事诉讼理论的影响

苏联对中国民事诉讼法制现代化的影响不仅仅体现在立法上,更体现在民事诉讼价值观念和基本理论上。法律制度的移植可以在短时间内完成,但移植的实效性即本土化,则是个长久的命题,这离不开法学研究所提供的理论滋养。常言道,有什么样的理论就有什么样的实践。苏联民事诉讼法理对中国民事诉讼法学的影响也是全面的,涉及民事诉讼目的、民事诉讼法律关系、民事诉权、民事诉讼当事人、民事诉讼证据与证明、民事审判程序和民事裁判效力等。下文仅就民事诉讼目的、证明中的客观真实和审判监督等议题作简要说明,以期窥斑见豹。

1. 关于民事诉讼目的

民事诉讼目的论是一个涉及诉讼价值观的问题,在整个民事诉讼理论中具有根本性的地位。在不同的目的论指导下,会有不同的立法制度和司法实践。

在苏联,学者通常是通过阐述法院的任务来说明民事诉讼目的,因为开展民事诉讼是法院的重要活动之一。他们认为,作为国家的审判机关,法院的全部活动就是要"教育苏联公民忠于祖国和社会主义事业,确切不移地遵守苏维埃法律,爱护社会主义财产,遵守劳动纪律,忠实地履行国家的和社会的义务,尊重社会主义公共生活规则";而法院审理民事案件,"对被侵犯的、发生纠纷的主体民事权利采取保护形式的国家强制手段"是实现上述任务的方式之一。① 因此,民事诉讼就是"苏维埃法院为对民事权利纠纷行使社会主义审判权而进行的活动,和那些有权参加法院对案件的审理和参加执行程序的人的活动,以及在实现上述全部活动的过程中所发生的社会关系"。② 从中可以看出,苏联的民事诉讼目的是法秩序维护,即通过法院行使审判权对民事案件进行审理,达到维护"社会主义公共生活规则"的目的;而对当事人民事权利的保护,只是为实现这一目的进行民事审判导致的一种客观效果,抑或说正是通过对民事权利的保护,督促义务人履行义务,实现民事诉讼对法秩序的维护。因此,对民事权利的保护与法秩序维护是一种手段与目的的关系。苏联在民事诉讼目的上之所以会持法秩序维护说,与强烈的集体主义观念和国家干预意识不无关系。

苏联关于民事诉讼目的的理论对我国民事诉讼法制和法学研究都产生了直接影响。一方面,在我国1982年的《民事诉讼法(试行)》中,也是通过规定民事诉讼法的任务来阐明民事诉讼目的的。该法第2条

---

① 参见〔苏联〕C. H. 阿布拉莫夫:《苏维埃民事诉讼(上)》,中国人民大学民法教研室译,中国人民大学,1954年,第2—3页。
② 同上书,第5页。

规定:"中华人民共和国民事诉讼法的任务,是保证人民法院查明事实,分清是非,正确适用法律,及时审理民事案件,确认民事权利义务关系,制裁民事违法行为,保护国家、集体和个人的权益,教育公民自觉遵守法律。"从字面上看,该条只规定了民事诉讼法的任务,似乎与民事诉讼目的无关,其实不然。从逻辑上来说,任务与目的是紧密相连、相生相伴的,没有无目的的任务。根据民事诉讼法的草案可以发现,该条最后是有关目的的表述,即"维护社会主义制度,促进社会主义经济的发展"。① 另一方面,法秩序维护说在我国民事诉讼法学界一直处于通说的地位。虽然民事诉讼目的理论一直以来不是研究的热点,对其有所关注也是在20世纪90年代,但在这之前,学界并非没有阐述,这从我国第一批民事诉讼法学讲义和教材中可以看出。例如,1982年刘家兴等编著的《中华人民共和国民事诉讼法(试行)讲话》在阐述民事诉讼法的任务时认为,通过这些任务的完成,达到了"为共同的经济基础和国家的政治制度以及其他的上层建筑服务""促进社会秩序的安定"和"维护社会主义法制"的目的。② 又如,1982年常怡主编的《民事诉讼法教程》在对民事诉讼法的任务进行讲解后总结道,"人民法院处理民事案件,解决当事人之间的权益纠纷,其最终目的是为了维护社会主义制度,调动各族人民社会主义建设的积极性、创造性巩固与发展安定团结的政治局面,促进社会主义现代化建设事业的发展"③。1985年华东政法学院民事诉讼法教研室编写的《民事诉讼法讲义》中也同样指出,"人民法院处理民事案件,解决当事人之间的权益纠纷,其目的是为了维护社会主义制度,巩固人民民主专政,调动各族人民社会主义建设的积极性,发展安定团结的政治局面,促进社会主义现代化建设事业的发展"。虽

---

① 参见全国人大常委会法制委员会民事诉讼法起草小组起草的《民事诉讼法草案》第三稿、第四稿。
② 参见刘家兴、程延陵、成城编著:《中华人民共和国民事诉讼法(试行)讲话》,法律出版社1982年版,第6—7页。
③ 常怡主编:《民事诉讼法教程》,重庆出版社1982年版,第19页。

然这些著作中表述的政治话语色彩较为浓厚,但其中所持的法秩序维护说彰显无遗。

2. 关于客观真实

为了实现民事诉讼对国家法秩序的维护,就必须正确认定案件事实,在确定当事人间真正的权利义务关系的基础上适用法律、作出裁判。因此,客观真实(实质真实)就成为苏联民事诉讼法当然的选择①,而苏联民事诉讼理论也为此提供了支撑。所谓客观真实(实质真实),就是指"法院判决对其审理案件的情况所作的结论要完全符合客观世界中所确实发生过的事实"②。苏联学者普遍认为,"摆在法院面前的任务,是认定真实,对于该项事件及成为诉讼刑事被告人、民事被告人、受害人或原告人等案中人物在事件中的作用和行为提供正确的即符合于案件实际情况的了解,提供这种行为之正确的法律上的和社会政治上的评定,决定由于这种评定所发生的法律上的后果(宣告无罪、判定有罪、惩罚、准许诉讼请求、驳回诉讼请求等)"③。在苏联民事诉讼理论中,客观真实不仅限于事实层面,而是包含权利义务层面,"为了查明客观真实情况,法院不能仅限于案件的事实方面。法院的结论,不管是在案件事实情节方面,还是在双方当事人的权利和义务方面,都应当是客观真实的"④。在对民事诉讼应当追求客观真实进行论证时,往往是将资本主义民事诉讼中的形式真实、法律真实作为靶子进行批判的。苏联学者认为,资产阶级民事诉讼中之所以采取形式真实,是受哲学上主观主义的影响,因而"法院判决的全部任务归结为法官主观相信自己判

---

① 《苏俄民事诉讼法典》第5条规定:"法院必须用一切方法查明诉讼当事人的真实权利和相互关系,不应当受已经提出的陈述和材料的限制。"

② 〔苏联〕C. H. 阿布拉莫夫:《苏维埃民事诉讼(上)》,中国人民大学民法教研室译,中国人民大学,1954年,第4页。

③ 〔苏联〕安·扬·维辛斯基:《苏维埃法律上的诉讼证据理论》,王之相译,人民出版社1954年版,第27页。

④ 〔苏联〕阿·阿·多勃罗沃里斯基等:《苏维埃民事诉讼》,李衍译,法律出版社1985年版,第30页。

决的正确","距离承认诉讼上可能认定无疑的绝对的真实是相差很远的"。① 此外,资产阶级民事诉讼中不愿采取客观真实,还出于"实质真实并非资产阶级审判工作的目的,因为实质真实并不总是对资产阶级的法院所要保护的人有利的"②。作为社会主义国家的民事诉讼,则以马克思主义的认识论(世界可知论)为哲学基础,认为民事审判必须坚持客观真实、实质真实的标准,否则就与社会主义国家的原则相悖。"从马克思—列宁主义关于真实的学说中,可以得出这样的结论,即由法院所确定的真实,这是法院对它所审理的案件的情况所作出结论的全部相互关系,因此这种相互关系就有着真实性。"③

新中国作为在马克思主义理论指导下建立的又一社会主义国家,在民事诉讼中认可并实践客观真实理论并无任何障碍和不适。除了民事诉讼法典中明确规定"人民法院审理民事案件,必须以事实为根据,以法律为准绳"外,理论上对客观真实的标准也并无异议。民事诉讼学者们普遍认为,对客观真实的追求是贯彻实事求是这一毛泽东思想精髓的必然要求,也是我国民事诉讼法的特征之一。"人民法院在民事审判工作中,实事求是,追求实质真实,而不是形式真实,是我国民事诉讼法的又一本质特点。"④"我国民事诉讼法所要追求的是实质真实,而不是形式真实","贯彻执行民事诉讼法,必须坚持实事求是的原则"。⑤ 之所以如此,是因为"我们的法院是人民的法院,人民的利益和社会主义的利益要求我们的法院,在处理案件中要确定案件的客观真实"⑥。正是基于客观真实的理论,立法上才会有法官调查收集证据、有限自认、上

---

① 参见〔苏联〕安·扬·维辛斯基:《苏维埃法律上的诉讼证据理论》,王之相译,人民出版社1954年版,第166页。
② 〔苏联〕C. H. 阿布拉莫夫:《苏维埃民事诉讼(上)》,中国人民大学民法教研室译,中国人民大学,1954年,第270页。
③ 同上书,"中文译本序言"第8页。
④ 华东政法学院民事诉讼法教研室编:《民事诉讼法讲义》,1985年6月,第6页。
⑤ 参见柴发邦主编:《民事诉讼法教程》,法律出版社1983年版,第8页。
⑥ 同上书,第217页。

诉审为全面审以及再审等制度安排。虽然有些著作中会提到法律真实，但与苏联情况相仿，多是从批判的角度来论述的。总体来说，在新中国民事诉讼法学发展的初期，客观真实论成为通说，而立法上的规定也为这种学说提供了实践支持。直到20世纪90年代后期，随着民事审判方式的改革，当事人主义的因素被引入，客观真实论才得到重新检视，学界一度掀起了客观真实与法律真实的大讨论。经过这次讨论，客观真实论的通说地位被动摇，而法律真实论获得了更多学者的支持。此后的民事诉讼立法修改及相关司法解释似乎也更多地向法律真实倾斜，主要体现为法院依职权调查收集证据受到限制、证明责任分配规则更加完善、上诉拘束规则基本确立等。客观真实论并非被彻底否定，特别是在民事审判实践中，基于审判人员自身的法学教育背景和固有的司法观念，对客观真实的追求仍然处于主导地位。这一方面是因为"以事实为根据，以法律为准绳"仍然是民事诉讼法明文规定的原则，另一方面也说明客观真实论本身亦具有其合理性。从"让人民群众在每一个司法案件中都感受到公平正义"的社会主义司法目标来说，苏联民事诉讼法理中的客观真实论仍是个值得继续研究的课题。

3. 关于审判监督

为了保证客观真实，苏联在立法上构建了上诉全案审查和提起再审两项制度，其理论支撑便是审判监督。就上诉审来说，苏联法理上将第二审法院定位为"审判上的监督机关"，"但是它在任何时候都不能变成实体审理案件的法院"[1]，"始终只是审查第一审法院所作判决是否合法和有无根据的机关"[2]。因此，上诉审的功能就是对第一审法院的活动实行监督，以实现对后者的审判政策和审判实践的指导，从而保证一切法院对于法律有统一的认识和统一的运用。鉴于上诉审的功能主要

---

[1] 〔苏联〕C.H.阿布拉莫夫：《苏维埃民事诉讼（下）》，中国人民大学审判法教研室译，法律出版社1957年版，第142页。

[2] 同上书，第155页。

是审判监督，因而在审理对象上有别于第一审，即"对当事人之间的民事权利的纠纷不作实体审理和解决，只审查第一审法院所作的判决是否合法和有无根据"①。当然，出于对客观真实的追求，上级法院在审查第一审法院的判决是否合法和有无根据时，不受当事人上诉的范围和理由的限制，而是有权对上诉部分和未上诉部分都进行审查，即实行全案审查。对于已经发生法律效力的裁判，如果发现是不合法或者没有根据的，就应当予以纠正，否则"就会破坏苏维埃法律和苏维埃法院的威信，就会同社会主义审判权的任务背道而驰"②。苏联仍然从审判监督理论出发，在不增加审级和不破坏两审终审制的情况下，通过创立审判监督程序的方式来处理此问题。具体的制度设计是将审判监督权赋予苏联最高法院院长、加盟共和国最高法院院长、苏联总检察长和加盟共和国检察长，即他们可以针对已经发生法律效力的裁判以抗议的方式要求再审。通过审判监督程序进行再审的案件，再审法院不受抗议中所指出的根据和范围的约束，而程序规则是依照第二审程序来确定的。另外需要特别指出的是，基于发现新的事实启动再审，在苏联法理上不属于审判监督的范畴，而是通过赋予当事人以及第三人再审申请权来解决；对当事人或者第三人再审申请审查后，决定废弃原判决进行再审的，由相当的第一审法院适用一审普通程序重新审理。

由于在事实查明上接受了苏联法理中的客观真实论，因此接受审判监督的理论也是顺理成章的事情。就上诉审中的审判监督来说，在全面学习苏联法的过程中，我国法律工作者和研究人员也进行了探讨，形成的基本结论与苏联法理是一致的，这可能与苏联法理被作为经过实践检验了的真理来看待有关。"参考苏联先进经验，上诉审法院的任务应是审核第一审法院所为的裁判是否合法及有无根据，目的是通过上

---

① 〔苏联〕C.H.阿布拉莫夫：《苏维埃民事诉讼（下）》，中国人民大学审判法教研室译，法律出版社1957年版，第149页。

② 同上书，第164页。

诉程序进行审判监督，借以指导下级法院的审判工作，不应代替一审法院作事实审。"[①]"一审法院的判决不仅在适用法律上，而且常常在认定事实上可能有错误，上诉审法院必须仔细审查和必要时进行庭外、庭内调查，弄清案内事实，以纠正判决的错误，监督下级法院的审判工作。"[②]"我国民事诉讼中上诉审法院的职能应该是：一般只负责审查原判决和裁定是否合法及有无根据（即从事实和法律两方面审查原判决和裁定是否正确）；在一定情况下也进行实体审理。"[③]从中可以看出，对于上诉审的审判监督职能，研究者们是有共识的，但在能否进行实体审理即能否进行证据调查和事实认定上，还是存在分歧的。另外，在二审审理后如何进行裁判，特别是能否直接改判，很多研究者也都提出了不同于苏联法的观点。也正是有这样的探讨，我国才在立法制度上作了和苏联不一样的规定。从中也可以看出，我国在对苏联民事诉讼法制的引进和学习过程中，开始注重与审判实际相结合，开始有了独立的鉴别和研究，并且形成了能够指导实践的理论成果。在再审中的审判监督问题上，情况也是如此。通过对苏联审判监督理论的借鉴，我国在立法上构建了审判监督程序，但又有自己的制度创设：一是将当事人申请再审纳入审判监督程序中，作为与法院决定再审和检察院抗诉再审相并列的一种再审启动方式；二是将审判监督权赋予各级人民法院和上级人民检察院以及最高人民检察院；三是再审的审理程序是根据情况，分别适用一审普通程序或者二审程序。这些立法制度上的安排，其理论基础是否能够协调统一、是否能够自洽，学界仍然存在不同看法。也正是从这个意义上来说，苏联法理中的审判监督理论仍然值得进一步的研究。

---

① 贺战军：《如何划清上诉审和一审的职能》，载《政法研究》1956年第2期。
② 张子培：《关于我国上诉审的职能的几个问题》，载《政法研究》1956年第4期。
③ 夏维扬：《我国民事诉讼中上诉审法院的职能问题》，载《政法研究》1956年第4期。

三、结语

如同其他部门法的现代化一样,我国民事诉讼法制的现代化深受苏联影响,这一点是毋庸置疑的。正是有了苏联20世纪50年代的帮助,我国民事诉讼法制才在转换到社会主义轨道后得以顺利地起步。当然,我们对苏联民事诉讼法制的学习和借鉴并非一味地被动接受,而是始终抱有"拿来主义"的主动性和积极性,在移植的过程中同时结合我国的实际情况进行本土化的改造。但是,不可否认的是,从改革开放后民事诉讼法制的总体情况看,在立法上,我们建立起了和苏联相同的职权主义甚至是超职权主义的民事诉讼模式;在理念上,我们基本仍秉持着国家主义、实事求是等苏联法思想,并在此基础上构建民事诉讼法理论。随着改革开放的不断发展,通过西方国家的人员往来和学术交流,到了20世纪90年代,我们在民事诉讼的法学理念和理论上有所变化;同时,随着社会经济制度的变革,对民事诉讼法制也提出了新的要求。在此背景下,民事诉讼无论在立法还是理论上,都发生了较大的变化,当事人主义的因素逐渐增多,民事诉讼模式逐步向混合式发展。但是,从根本上来说,作为上层建筑的民事诉讼法制,无论是立法制度还是法学理论,都应由社会经济基础来决定,或者说应与之相适应。职权主义与当事人主义作为价值选择,没有对与错,只有适合与不适合。因此,就我国民事诉讼法制现代化来说,也只是职权主义与当事人主义之间的平衡问题。从这个角度来说,对苏联民事诉讼立法与法理的研究仍然具有现实意义。

第一部分

民事诉讼基本原则的现代化

壹　支持起诉原则的法理及实践意义再认识

　　我国现行《民事诉讼法》第 15 条规定："机关、社会团体、企业事业单位对损害国家、集体或者个人民事权益的行为,可以支持受损害的单位或者个人向人民法院起诉。"此项规定是对 1982 年《民事诉讼法(试行)》第 13 条的全盘沿用,它作为我国民事诉讼法规定的一项基本原则,通常被称作支持起诉原则。"制度是历史的产物",从法系意识上考察,我国民事诉讼法规定的支持起诉原则,是对苏东社会主义国家民事诉讼法奉行的社会干预主义(指导思想)的借鉴及本土化,亦即具有中国特色的社会干预主义诉讼原则。然而,出于社会转型、苏联解体以及其他诸多原因,20 世纪 90 年代以后,我国民事诉讼法释义书、教科书等,几乎都对支持起诉原则的法理依据持缄默态度,其立法宗旨及意义也随之变得"缥渺"起来。此种避谈支持起诉原则法理基础的消极做法,如今已为我们正确认识和适用该原则带来诸多贻害。例如,一些学者以现行《民事诉讼法》第 15 条为依据,主张建立人民检察院的支持起诉制度;甚至检察部门也以该条为依据,开展支持起诉业务。① 毋庸讳

---

　　① 2014 年 9 月 26 日,《检察日报》第 2 版刊登了《修改后民诉法实施以来民事检察监督典型案例》一文。该文就江苏省某市人民检察院环境公益诉讼支持起诉案的典型意义指出:以《民事诉讼法》第 15 条为依据,"检察机关出庭支持起诉,强化了起诉力度,维护了司法公正,保证了案件取得良好法律效果和社会效果"。

言,以现行《民事诉讼法》第 15 条为依据奉行人民检察院支持起诉的观点,在法理上可谓"张冠李戴",因为这种观点既混淆了国家干预和社会干预在法理上的区别,也误读了立法者的立法宗旨。再如,1982 年《民事诉讼法(试行)》的起草者们囿于历史背景所限,没有明确规定支持起诉原则的具体实施办法,加之社会转型期间对于当事人主义诉讼理念的偏重,导致当下学界已不习惯甚至拒绝运用社会干预法理讨论如何利用民事诉讼保护国家利益、社会利益、公共利益的问题,或拒绝以社会干预法理作为相关制度之建立健全的理论支撑。

尽管社会干预主义是社会主义国家民事诉讼的特质之一,支持起诉原则是我国民事诉讼法对社会干预主义的具体化和本土化,但自 1982 年《民事诉讼法(试行)》确定该原则至今,学界对之研究成果十分有限,数量上远远落后于对民事诉讼其他问题的研究。造成此种状况的原因出自多头,其中,立法过于原则而不具可操作性,随社会转型而来的民事诉讼理念上的转变,因比较法不发达而缺乏对苏联法尤其是当下俄罗斯民事诉讼法的深入了解和把握,可谓主要原因。笔者根据手头掌握的文献资料发现,目前我国学界有关支持起诉原则的研究成果,除教材、讲座、词典类书著所包括的内容外,就专论而言,若以发表时间先后为序,代表性论文如下:陈彬、覃东明的《关于建立我国支持起诉制度的构想》(《政法学刊》1986 年第 3 期,下称"陈/覃文");何文燕的《调解和支持起诉两项民诉法基本原则应否定》(《法学》1997 年第 4 期,下称"何文");陈文曲、伍贤华的《略论支持起诉原则的缺陷与出路》(《长沙铁道学院学报(社会科学版)》2002 年第 4 期,下称"陈/伍文");蒋集跃、梁玉超的《存在未必合理——支持起诉原则的反思》(《政法与法律》2004 年第 5 期,下称"蒋/梁文")等。在这些论文中,除"陈/覃文"主张应当完善及发展支持起诉原则外,其余各文都在不同程度上对支持起诉原则表达了否定态度。另外,刘家兴的《民事诉讼中的"社会干预人"》(《法学研究》1981 年第 4 期)以及刘涌针对该文撰写的《也谈民事诉讼中的"社会干预人"——与刘家兴同志商榷》(《法学研究》1982年第1期),虽然都是发表于《民事诉讼法(试行)》颁布之前的论述,但其中有关民事诉讼中社会干预主义尤其是我国民事诉讼法应否设立社会干预人制度的讨论,对于我们今天深入了解现行法支持起诉原则之成因,以及我国与苏东社会主义国家于此方面立法上之异同,有着十分重要的参考意义。

上述论文因写作目的所限,或者因参考文献、立法资料难以收集等原因,在有关苏联民事诉讼法上社会干预主义及制度设计的介绍、解读方面,以及有关我国民事诉讼法关于社会干预主义及制度设计的立法经纬之介绍方面,都为写作本文留下了相当空间。本文将运用笔者倡导的法系意识论之研究方法①,阐述苏联法上社会干预主义的法理及制度设计,以及社会干预主义之本土化的支持起诉原则之立法经纬。

一、苏联民事诉讼法上的社会干预

(一) 社会干预之立法经纬

国家对民事诉讼实行干预主义,是社会主义国家民事诉讼的固有特质,作为其具体体现,就是在民事诉讼中实行国家干预和社会干预。民事诉讼的国家干预是指法院和检察院依职权对民事诉讼活动进行干预。就法院而言,其主要体现是在适用法律和认定事实方面不受当事人的处分权和辩论权之约束;就检察院而言,是指检察院依据法定的检察监督职能(прокурорский надзор,我国法律将之译为"法律监督")提起或者参与民事诉讼。与此相对,民事诉讼的社会干预是指国家机关、社

---

① 有关法系意识论在我国民事诉讼法学研究领域中的作用及意义,参见陈刚:《中国民事诉讼法现代化百年进程中的法族意识——兼谈法族意识在现行民事诉讼法修改过程中的意义》,载江伟主编:《比较民事诉讼法国际研讨会论文集》,中国政法大学出版社2004年版;陈刚:《法系意识在民事诉讼法学研究中的重要意义》,载《法学研究》2012年第5期。

会团体和公民等为了保护他人的权利及权益，依据法律规定提起或者参与民事诉讼。虽然各社会主义国家民事诉讼在这两种干预的具体制度设计上有所不同，但法理依据同源，即都是来源于列宁关于社会主义民法性质的著名论断："在我们看来，经济领域的**一切**都属于**公法**范畴，而不是什么私人性质的东西……因此必须：对'私法'关系更广泛地运用国家干预；扩大国家废除'私人'契约的权力；不是把罗马法典，而是**把我们的革命的意识**运用到'民事法律关系'上去……"①列宁的这一著名论断出自1922年2月20日写给德·伊·库尔斯基的信件《关于司法人民委员部在新经济政策条件下的任务》②，它集中体现了列宁在实行新经济政策期间针对苏俄司法机关的工作任务所提出的总体要求，旨在强调苏俄在新经济政策下容许的资本主义不是自由资本主义而是国家资本主义，所以应当将一切涉及经济领域的法律及"私法"都划归于公法范畴，要求国家及法院必须对这个意义上的"私法"进行干预，以将革命的法律意识贯彻到民事法律关系之中。

列宁的上述著名论断，对于苏俄在新经济政策期间开展的大规模立法活动，于指导思想上起到了决定性作用。众所周知，苏维埃政权在始建之时，曾通过颁布一系列的法令，废除旧法制，建立新型的革命法制。但是，因时局变化，1921年3月，苏俄布尔什维克党第十次代表大会通过了由战时共产主义政策过渡到新经济政策的决议。新经济政策是对苏俄此前实行的战时共产主义政策的调整，其目的是化解国内严重的经济困难和政治危机，实质上是利用市场和商品货币关系发展经济，通过改善和巩固工农联盟，将苏俄从一个小农占优势的新生国家逐步过渡到社会主义。在新经济政策下，民事流转关系得到了迅速扩大和发展，而为了适应这一经济体制转型与时代发展之需要，苏俄在总结此前革命法制经验以及充分汲取列宁上述法律思想的基础上，开展了包括

---

① 《列宁全集》第42卷，人民出版社1987年版，第427页。
② 同上书，第424—429页。

经济立法在内的大规模立法活动,并于 1923 年制定了世界上首部体现社会主义特质的民事诉讼法典——《俄罗斯苏维埃联邦社会主义共和国民事诉讼法典》(Гражданско-процессуальный кодекс РСФСР,下称《苏俄民事诉讼法典》)。这部法典因在整体上体现着国家对民事诉讼的干预主义思想,从而与推崇自由主义的资本主义国家民事诉讼立法在特质上泾渭分明。1923 年《苏俄民事诉讼法典》中规定了诸多体现国家干预色彩的条文。例如,法院为了贯彻客观真实原则,可以依据"审理时发现之情事,超过原告请求数额之范围而为判决"①;检察官为了维护国家和劳动群众之利益,"得提起诉讼,及于诉讼程序任何时期,参加任何案件为当事人"②。但是,该法典中涉及社会干预的规定却甚少,并且也未对社会干预和国家干预的条款加以明确区分。例如,该法典第 2 条之一规定:"要求父母抚养子女之案件,法院得因父母、监护人、民事登记处职员之告诉,以及依职权、或检察官、保护母性及儿童机构职员、孤儿院职员、职业团体职员之告诉,而开始诉讼程序。"按照此条规定,对于涉及子女抚养问题的案件,为了保护子女的合法权利及利益,不仅检察官可以提起诉讼,而且对于未成年人负有保护职责的机关之工作人员,也可以依职权提起诉讼。从法理上分析,此条前半段有关检察官提出民事诉讼的规定,在性质上属于国家干预;而后半段有关法定机关公职人员提出民事诉讼的规定,则属于社会干预。

通过查阅汉译苏联民事诉讼法教科书发现,在 1961 年《苏联和各加盟共和国民事诉讼法纲要》(Основы гражданского судопроизводства Союза ССР и союзных республик,下称《民事诉讼法纲要》)出台之前,以及在 1964 年苏联依据该纲要对 1923 年《苏俄民事诉讼法典》进行全面修订之前,苏联民事诉讼法教科书中不曾写有社会干预的专章,而只写有贯

---

① 《苏俄民事诉讼法典》第 179 条。译文引自徐福基、艾国藩译:《苏俄民事诉讼法典》,大东书局 1951 年版,第 37 页。

② 《苏俄民事诉讼法典》第 2 条。译文出处同上。

彻国家干预的检察机关参与民事诉讼之专章。① 换言之，苏联民事诉讼教科书将国家干预与社会干预明确区分专章加以阐释的做法，大致始于1961年《民事诉讼法纲要》颁布之后。其中的原因，本文以为，是因为苏联是以制定《民事诉讼法纲要》为契机才开始在立法上明确规定国家干预和社会干预的条款，与此相应，苏联民事诉讼教科书也是从这一时期开始对两种干预各设专章加以阐释。那么，苏联《民事诉讼法纲要》为何要对国家干预和社会干预加以明确区别呢？对此，笔者从现有的汉译苏联法文献中尚未查找到确定说法，但通过查阅日译苏联法文献发现了如下线索。

1962年1月，时任苏联最高法院民事庭庭长的柏尔金在苏联时期最具权威的法学期刊《苏维埃国家与法》上，就苏联《民事诉讼法纲要》的立法过程和宗旨发表了题为《关于〈苏联和各加盟共和国民事诉讼法纲要〉》的专论。柏尔金在该文中指出：在苏联《民事诉讼法纲要》出台之前，各加盟共和国的民事诉讼立法对于确立社会主义法制发挥了巨大作用，但是在苏联全面建设共产主义的新的历史条件下，十分有必要对包括民事诉讼在内的各个领域的立法进行根本性的改革与完善。而在民事诉讼法中规定劳动组织和社会团体为了保护他人的权利及权益可以提起或者参与民事诉讼，也正是为了贯彻落实苏联共产党第二十二次代表大会的决议以及苏共新党章所提出的要求。根据柏尔金文章提供的上述线索，苏联在《民事诉讼法纲要》中明确规定社会干预制度，是为了贯彻落实苏共第二十二次代表大会的决议以及苏共新党章的指导思想及精神。但是，柏尔金文章中没有就社会干预立法究竟是对上

---

① 例如，在C. H. 阿布拉莫夫撰写的《苏维埃民事诉讼》（中国人民大学民法教研室译，中国人民大学，1954年）和克列曼撰写的《苏维埃民事诉讼》（王之相、王增润译，法律出版社1957年版）中，对社会干预都未设专章介绍。但是，阿·阿·多勃罗沃里斯基在《苏维埃民事诉讼》（李衍译，法律出版社1985年版）的第六章"苏维埃民事诉讼中的检察长"和第七章"为保护他人权利的国家管理机关、工会、团体、企业、组织和个别公民参加苏维埃民事诉讼"中，阐述了国家干预和社会干预的内容。

述两个文件中的何种具体指导思想及精神的贯彻落实作出详细交代。

为了弄清这一问题,笔者特地查阅了苏共第二十二次代表大会的决议以及苏共新党章等文献,试作如下解读:苏共在1961年10月召开的第二十二次代表大会上通过了新的《苏联共产党纲领》,同时还在大会决议中提出,苏联已经取得了社会主义的完全和最终胜利,现在开始进入全面展开共产主义社会建设时期。于此背景下,苏联为了适应"全面展开共产主义社会建设时期"的发展需要,开始着手对"取得社会主义的完全和最终胜利"之前的法律进行全面的修改与完善,而《民事诉讼法纲要》也正是为了回应这一时代要求而出台的全苏民事诉讼基本法。就民事诉讼中的社会干预主义而言,苏共在这次大会决议中指出,要充分加强国家监督和社会监督,保障全体公民积极参加国家管理。① 为了落实决议的这一精神,苏联《民事诉讼法纲要》第6条第3项中规定,法院应当根据社会干预人的起诉开始民事诉讼程序,即"对于法律规定为了维护他人的权利及利益而向法院提出申请的情形,应当根据国家管理机关、工会、国家事业单位、企业、集体农庄以及其他合作社组织与社会团体或个别公民的申请"。同时,第30条规定:"在法律规定的情况下,国家管理机关、工会、国家事业单位、企业、集体农庄以及其他合作社组织与社会团体或个别公民,为了保护他人的权利和法律所保障的利益,可以提起诉讼。"通过上述两条规定,《民事诉讼法纲要》明确规定了社会干预原则及制度。需要指出的是,第6条第3项和第30条在行文上似乎没有区别,但两者的立法目的却各有所指。第6条的立法宗旨在于贯彻处分原则,确切地说,是旨在贯彻社会主义民事诉讼的处分原则,即法院必须依据当事人以及起诉人(包括检察院、社会干预人)的起诉,才可以开始诉讼程序;而第30条的立法目的在于确定民事诉讼中社

---

① 有关苏共第二十二次代表大会决议中关于加强国家监督、社会监督和保障全体公民积极参加国家管理的详细内容介绍,参见《苏联共产党第二十二次代表大会主要文件》,人民出版社1961年版,第246、248页。

会干预人的适格条件及范围。综上所述，苏联《民事诉讼法纲要》明确规定社会干预原则及相关制度，是为了贯彻落实苏共第二十二次代表大会决议以及苏共新党章所提出的加强社会监督，保障全体公民积极参加国家管理的指导思想及精神。

在苏联法律体系中，《民事诉讼法纲要》对于各加盟共和国民事诉讼立法具有"Основы"（俄文意为"原理、原则、基本理论"，汉译为"纲要"）的效力及意义。按照《苏联关于批准〈苏联和各加盟共和国民事诉讼法纲要〉的法律》（1961年12月8日）之规定，各加盟共和国的民事诉讼立法必须符合《民事诉讼法纲要》的精神。由此，苏俄按照《民事诉讼法纲要》的要求，对1923年《苏俄民事诉讼法典》进行了相应修改，并于1964年颁布实施了新的《苏俄民事诉讼法典》。① 同时，该法典还仿效《民事诉讼法纲要》的做法，就社会干预原则和制度作出了明确规定。对此，苏联学者卡里斯特拉特巴在《苏维埃国家与法》杂志1964年8月号上发表了专论《关于俄罗斯共和国民事诉讼法典》，这里对之叙述如下：1964年《苏俄民事诉讼法典》是对1961年《民事诉讼法纲要》的发展和具体化，它以贯彻职权干预思想为基本原则，其特色在于，不仅依据法院、检察院等直接领导者的主动权，还依据一定范围内的国家机关、社会团体甚至是公民个人的主动权，以实现对主观性民事权利的保护；作为《民事诉讼法纲要》第6条、第30条的具体化，《苏俄民事诉讼法典》第4条和第42条规定，国家机关、社会团体及公民为了保护他人的权利以及受法律保护的利益，可以向法院申请开始诉讼以及参与诉讼，并且在诉讼中享有广泛的诉讼权利。

在1964年修订《苏俄民事诉讼法典》时，为了遵从《民事诉讼法纲要》的精神，立法者以第4条第3项规定："按照法律能够请求法院保护他人权利和利益的国家管理机关、工会、国家机关（учреждения）、企业、

---

① 1964年《苏俄民事诉讼法典》的汉译本由法律出版社于1982年出版，译者是中国人民大学苏联东欧研究所的梁启明、邓曙光二位，刘家辉先生担任校译工作。

集体农庄和其他合作社组织与社会团体或个别公民的请求。"同时,还以第42条规定:"在法律规定的情况下,国家管理机关、工会、国家机关（учреждения）、企业、集体农庄和其他合作社组织与社会团体或个别公民,为了保护他人的权利和法律所保障的利益,可以提起诉讼。不能因为上述机关和公民放弃他们所提起的诉讼而剥夺该诉讼所保护的人要求对案件进行实体审理的权利。"如果将《苏俄民事诉讼法典》第4条、第42条与《民事诉讼法纲要》第6条第3项、第30条进行对比,便可发现,前者是对后者立法宗旨和表述的照抄,只是前者在第42条后半段中增加了《民事诉讼法纲要》所没有规定的内容,即"不能因为上述机关和公民放弃他们所提起的诉讼而剥夺该诉讼所保护的人要求对案件进行实体审理的权利"。

(二) 社会干预人的诉讼地位

按照苏联法的规定,在民事诉讼中实施社会干预的主体有国家管理机关、工会、国家事业单位、企业、集体农庄以及其他合作社组织、社会团体、公民等。对于这些主体该当采用何一集合概念加以表述,刘家兴先生在讨论我国社会干预主体制度的构建时,曾经使用过"社会干预人"一词。① 为表述便利,本文也采用这一称谓,即将苏联民事诉讼法上有权实施社会干预的主体统称为社会干预人。

在苏联民事诉讼中,社会干预人属于诉讼参加人（лица, участвующие в деле）的一种。按照苏联法理的解释,诉讼参加人是指具有起诉权的诉讼主体。在苏联法中,可以行使民事起诉权的主体不仅包括当事人,还包括实施国家干预的检察官以及实施社会干预的社会干预人。由于苏联法将起诉权的主体分为当事人、检察院和社会干预人三类,因此苏联法不将起诉权主体（诉权主体）称作当事人即原告,而

---

① 参见刘家兴:《民事诉讼中的"社会干预人"》,载《法学研究》1981年第4期。

是称作诉讼参加人。从法系意识论上考察,我国现行《民事诉讼法》第五章沿用了1982年《民事诉讼法(试行)》的做法,采用苏联民事诉讼法的立法例,也将法院之外的诉讼主体统称为诉讼参加人。但是,按照我国民事诉讼法的规定,有权向人民法院提起诉讼的主体仅限于当事人,即原告和被告。不仅如此,我国民事诉讼法上诉讼参加人概念的外延也不同于苏联法,前者的诉讼参加人包括当事人和诉讼代理人,而后者不包括诉讼代理人,并对诉讼代理人另章加以规定(1923年《苏俄民事诉讼法典》第二章、1964年《苏俄民事诉讼法典》第五章)。有必要指出的是,我国民事诉讼法将诉讼代理人也列为诉讼参加人的做法,在法理上值得商榷。按照通说的解释,诉讼参加人是指当事人以及与当事人诉讼地位相同的人,他们参加诉讼都是为了维护自己的民事权益,他们与诉讼结果有着直接的利害关系。与此不同,诉讼代理人是指以被代理人的名义从事诉讼活动的人,其本身并不是案件的直接利害关系人。① 因此,按照通说的解释,立法上将诉讼代理人也纳入诉讼参加人的范围,是有违法理的。然而反观苏联法理却自圆其说,因为诉讼参加人是指其诉讼活动能够"影响到民事诉讼法律关系的进行和发展,影响到整个民事诉讼的发生、变更或者终止"②的人;而诉讼代理人是以被代理人的名义实施诉讼行为,是"为了保护另一个人的利益而出庭办理案件"③。因此,诉讼参加人不应当包括诉讼代理人,两者法理基础不同,在法律规定上应当加以明确区别。

  本文在此推测,我国民事诉讼法之所以采用诉讼参加人概念来表述当事人,是因为在起草1982年《民事诉讼法(试行)》之时,一直写有检察院起诉和社会干预人起诉之条款,所以法律起草者就沿用了苏联法

---

① 参见法学教材编辑部《民事诉讼法教程》编写组:《民事诉讼法教程》,法律出版社1983年版,第57页。
② 〔苏联〕阿·阿·多勃罗沃里斯基等:《苏维埃民事诉讼》,李衍译,法律出版社1985年版,第54页。
③ 同上书,第91页。

的称谓,将检察院、社会干预人和当事人这三种具有起诉权的诉讼主体统称为"诉讼参加人",尽管后来在法律审议过程中删除了写有检察院、社会干预人提起诉讼的条款,但仍保留了"诉讼参加人"这一称谓。在今天看来,这一立法"瑕疵"似乎又变成了一个"美丽的误会",因为现行《民事诉讼法》第55条规定了公益民事诉讼制度,采用"诉讼参加人"概念来表述公益民事诉讼的适格原告,比较适当。公益民事诉讼的原告与本案的判决结果没有法律上的直接利害关系,在性质上同于苏联法上仅具有起诉权的社会干预人。

因研究对象所限,以下主要就社会干预人与当事人之异同作一简要介绍。

第一,诉讼地位。苏联法规定,民事诉讼中的当事人(стороны)是指原告(гражданский истец, истец)和被告(гражданский ответчик, ответчик)(《民事诉讼法纲要》第24条,《苏俄民事诉讼法典》第33条)。按照苏联通说的解释,当事人是指法院对其权利争议进行审理和解决的人,其中提起诉讼并要求保护自己权利或合法利益之人为原告,而被传唤对起诉作出答辩之人为被告。[①] 与此相对,社会干预人是指依据法律规定,为了保护第三方(实际上是指当事人)的利益提起或参与民事诉讼之人,也是与本案争议的诉讼标的和裁判结果没有法律上的直接利害关系之人。在苏联民事诉讼中,并非有权向法院提起诉讼的人都是当事人,因为苏联法院可以根据检察长和社会干预人的申请而开始诉讼程序,所以苏联学者认为,"不能把递交诉状提出诉讼看作原告人的主要标志"[②]。苏联法还明确规定,在社会干预人提起的民事诉讼中,原告并非社会干预人本人,而应当是受其起诉所保护之人。在社会干预人提起诉讼之后,法院应当将起诉情况通知受到该项起诉所保护之人,而该

[①] 参见〔苏联〕阿·阿·多勃罗沃里斯基等:《苏维埃民事诉讼》,李衍译,法律出版社1985年版,第56页。

[②] 同上书,第57页。

人在接受诉讼通知以后,应当以原告身份参加本案诉讼(《苏俄民事诉讼法典》第33条第2款)。与此不同,我国《民事诉讼法》第55条规定的公益民事诉讼起诉人,其诉讼地位同于原告,当然也属于诉讼当事人。

第二,诉讼权利。苏联法明确规定,在社会干预人提起的民事诉讼中,原告应当是受其起诉所保护之人,因此,社会干预人和原告在诉讼中的权利义务有所不同。在社会干预人提起的民事诉讼中,其享有起诉权以及查阅案件材料、申请回避、提供证据、参加证据审查、发表法律意见等法律上规定的诉讼权利。但是,社会干预人毕竟不是原告当事人,因而在诉讼中不得签订和解协议,当事人也不得对社会干预人提起反诉。与此相对,原告在社会干预人提起的诉讼中享有当事人应有的法定诉讼权利,这其中当然包括达成和解协议的权利。这里有必要交代,由于苏联民事诉讼法对民事诉讼活动贯彻国家干预原则,因此在撤诉问题上也实行国家干预。就社会干预人提起的民事诉讼而言,如果社会干预人向法院提出撤诉,则原告不因社会干预人放弃诉讼而丧失要求法院继续进行实体审理的权利,即本案诉讼可以在社会干预人撤诉的情况下继续进行(《苏俄民事诉讼法典》第42条)。反之,如果原告向法院提出撤诉及"放弃诉讼"(отказ истца от иска、отказ от иска)的申请,则法院应当按照法律规定进行审查,倘若认为原告的撤诉违反法律或者侵害了他人的权利及合法利益,可以作出不予接受或不予批准的裁定(《苏俄民事诉讼法典》第34条、第165条)。与苏联法有别,我国《民事诉讼法》规定,公益民事诉讼的起诉人属于原告,其诉讼法上的权利义务也同于原告当事人,因而可以行使和解、撤诉等诉讼权利。[①] 通过对比不难发现,苏联法将社会干预人定位于程序意义上的原告,因而

[①] 《最高人民法院关于适用〈中华人民共和国民事诉讼法〉的解释》(法释〔2015〕5号)第289条、第290条就公益民事诉讼原告的和解、撤诉进行了专门规定。

对其诉讼权利加以必要的限制；而我国民事诉讼法将公益民事诉讼的起诉人定位于实质上的原告，因而规定其有同于当事人的诉讼权利，但如此一来会使本已复杂化的公益民事诉讼法律关系变得更加复杂。例如，在公益民事诉讼系属于人民法院之后，受公益诉讼保护的利害关系人能否以第三人名义参与本案诉讼？若允许其以第三人名义参加诉讼，则有可能对公益民事诉讼原告行使和解、撤诉等诉讼权利构成妨碍；若不允许其参加本案诉讼，只准另行起诉，则又可能使人民法院对同一问题作出矛盾判决。更加糟糕的情形是，与公益民事诉讼的确定裁判结果有利害关系的第三人尚有可能因反对该项确定裁判而提起第三人撤销之诉。这是因为，公益民事诉讼已经在制度上预计，其裁判结果与原告没有法律上的直接利害关系，而只可能与案外人有法律上的直接利害关系（判决效力扩张）。因此，有必要借鉴苏联法上社会干预人的理论及制度设计，将公益民事诉讼的原告定位于"程序法上的原告"，以诉讼通知方式让接受公益民事诉讼保护的受害人作为实质上原告参加诉讼，并按照这一思路完善现行公益民事诉讼制度。

第三，参加诉讼的方式。苏联法规定，原告只能以起诉方式参加诉讼。但是，社会干预人参加诉讼并非都是基于起诉，其亦可以依据法定职责申请或者应法院通知参加正在进行中的诉讼。苏联法规定，国家管理机关依据法律规定，可以在诉讼的任何阶段主动或应法院邀请参加诉讼。社会干预人不仅可以在案件审理阶段参加诉讼，还可以在案件执行阶段参加诉讼。例如，在执行移交子女判决过程中遇到争议时，执行员应当在监护机关或人民教育机关代表的参加下开展执行活动。①

---

① Инструкция о порядке исполнения судебных решений, Верховного Суда СССР от 24 апреля 1973 г., ст. 124.

（三）社会干预人的适格范围

按照苏联法的规定，社会干预人应当依据法律规定提起或参加民事诉讼。但是，苏联民事诉讼法并没有对社会干预人的具体范围作出明确规定。根据苏联学者卡里斯特拉特巴在《关于俄罗斯共和国民事诉讼法典》一文中的交代，在1964年修订《苏俄民事诉讼法典》时，曾有不少苏联学者主张，应当在法典中明确规定社会干预人的范围及其"一览表"，但立法者出于立法技术的考虑，最后没有采纳"一览表"方式规定社会干预人的适格，而是交由民法等法律作出具体规定。根据汉译苏联法文献的介绍，社会干预人的适格范围如下：

1. 未成年人权益保护案件

苏联法规定，法定的监护机关和保护机关有责任对监护人和保护人有无正确履行其监护义务和保护义务进行监督。因此，对于涉及未成年人权益保护的民事案件，法定监护机关和保护机关应当依职责提起民事诉讼（《苏俄婚姻家庭法》第136条）。

在参加诉讼活动方面，《苏俄婚姻家庭法》第65条规定，法院在审理关涉未成年人教育问题的案件时，应当邀请未成年人权利的法定监护机关、保护机关参加案件审理。苏联人民教育委员会曾在1946年3月8日通过的《人民教育局儿童保护监察员条例》中指出，对于法院审理的涉及未成年人的民事案件，例如子女改姓、停止收养关系、剥夺亲权、监护权争议等案件，监察员应当根据人民教育局的委托在法院发表案件处理意见。另外，苏联最高法院全体会在1963年8月5日发布的《关于涉及教育的民事案件审判实践之决定》中指出：对于涉及未成年人教育问题的案件，法院在审理过程中，必须邀请未成年人权利的监护机关和保护机关的代表参加诉讼。不仅如此，苏联最高法院全体会还在1973年2月21日通过的《关于法院在实际适用〈苏俄婚姻家庭法〉方面发生的若干问题》的决定中再一次强调，对于涉及未成年人权利保护的案件,上级法院可以以一审法院没有邀请国家管理机关参加本案诉讼为理由而撤销一审判决。

2. 宣告侵害国家利益、社会利益的法律行为归于无效之案件

苏联法极为强调对国家利益和社会利益的民事诉讼保护,并且明确规定了实施这种保护的实体法和程序法依据。就实体法依据而言,《苏俄民法典》第49条规定,凡以违反国家利益和社会利益为目的实施的法律行为属于无效,并且将行为人依据法律行为所取得的一切利益全部作为国家收入予以追缴;第58条规定,因欺骗、强迫、威胁,以及一方代理人与相对方勾结,或者公民因迫不得已的困难情形而实施的法律行为为无效。按照苏联法理的解释,《苏俄民法典》第58条是与缔结违法契约、破坏国家计划、侵害国家利益的行为进行斗争的"锐利武器"。① 第58条第3款规定,包括损害方在内的合同主体依据法律行为从相对方取得的财产以及作为补偿所应得的财产,应当全部转为国家收入;在不能将财产以实物形式转为国家收入时,应当从其价值追缴货币。例如,苏联最高法院全体会认为,社会主义组织与公民之间订立的有偿编制建设计划及预算表的契约法律行为属于无效,其理由是,"完成此项工作的人,无权取得任何酬金,而契约中为完成这项工作所规定的酬金,应根据《苏俄民法典》第58条和其他加盟共和国民法典的相关条文,从机关、企业和组织手中追缴出来归为国家收入"②。就程序法上的依据而言,在原则性规定方面,苏联民事诉讼法规定了社会干预人制度,即社会干预人可以为了保护国家利益和社会利益而提起民事诉讼。就具体诉讼案件的社会干预人适格而言,《苏俄民法典》第58条第3款规定,国家组织、合作社组织、社会团体,对于以侵害国家利益、社会利益为目的而实施的法律行为,可以向法院提起宣告无效之诉讼。

---

① 参见〔苏联〕C. H. 布拉都西主编:《苏维埃民法(上)》,中国人民大学民法教研室译,中国人民大学,1954年,第159页以下。

② 同上书,第159页。

需要指出的是,尽管我国宪法和法律极为强调对国家财产、集体财产的保护,但至今尚未就其通过民事诉讼保护的方式方法作出具体规定,尤其是民事实体法上没有规定相应的请求权基础。借鉴苏联法上保护国家财产及社会公共利益的做法,对于建立健全我国的相关法律制度有着十分重要的现实意义。

3. 涉及作者死亡后利益保护的案件

苏联法规定,作者不论健在或死亡,其作品都具有不可侵犯性。对于此种不可侵犯性的保护,作者如果在生前指定保护人的,则由该人在作者死亡后,终身行使保护权。但是在作者于生前没有指定保护人的情形下,按照《苏俄民法典》第481条的规定,则是由著作权保护机关承担保护之责。因此,作者死亡后发生的侵害其作品行为,著作权保护机关可以通过提起民事诉讼,保护该作品的不可侵犯性。另外,《苏俄民法典》第499条规定,在作者死亡后,著作权保护机关为了保护作者的非财产性权利,也可以通过提起民事诉讼的方式,要求恢复权利或者禁止侵权作品的发表及传播。

4. 对相关证明文件提起异议的案件

《苏联发现、发明及合理化建议条例》[①]第143条规定,对于发现奖状、发明证书、发明专利特许证书以及合理化建议证明书,任何公民、机关团体及组织都可以向法院提出异议申请。

5. 关于选民名单错误申诉案件

《苏俄民事诉讼法典》在第23章"关于选民名单错误申诉案件"中规定,对于苏维埃执行委员会有关选民名单错误方面的决定,任何人都可以向相应选区所在地的法院提出申诉。按照苏联法理的解释,这里的任何人包括机关、企业和社会组织。[②]

---

① 《苏联发现、发明及合理化建议条例》,载中国科学技术情报研究所编:《专利法丛书1》,科学技术文献出版社1979年版。

② 参见〔苏联〕阿·阿·多勃罗沃里斯基等:《苏维埃民事诉讼》,李衍译,法律出版社1985年版,第35页。

6. 认定公民限制行为能力或无行为能力的案件

《苏俄民事诉讼法典》第 258 条规定，对于认定公民因滥用酒精饮料或麻醉品而使行为能力受到限制，或者因精神病、痴呆症而丧失行为能力的案件，可以根据其家庭成员、工会和其他社会组织、检察长、监护机关和保护机关以及精神病医疗机构提出的申请书进行审理。另外，《苏俄民事诉讼法典》第 261 条规定，法院在审理认定公民行为能力受限制或者无行为能力的案件时，必须有检察长以及法定监护机关、保护机关的代表参加诉讼。

7. 国有住宅纠纷案件

城市居民住房问题在整个苏联期间都是一个重大社会问题。据苏联最高法院全体会 1984 年发表的数据统计，在全部民事诉讼案件中，住宅纠纷案件约占 7%。[1] 为了解决住房紧张及其引起的纠纷，保护公民确实享有《宪法》第 44 条规定的住宅权，苏联于 1981 年制定了《住宅基本法》（Основы жилищного законодательства Союза ССР и союзных республик）。据相关文献介绍，苏联城市中存在着许多几代人同堂以及数个家庭同住一套住房的现象，为了获得住房分配利益及改善住房条件，发生了大量的住房纠纷。在 1976 年到 1985 年的十年间，苏联最高法院就国有住宅纠纷案件发表了总计 246 件判例，其中返还住宅请求案件为 68 件、换房合同纠纷案件为 42 件、承租人家庭内部纠纷案件 29 件、承租人之间面积分配纠纷案件 28 件、居住权丧失纠纷案件 27 件、请求确认居住许可证无效诉讼案件 26 件、请求利用空置房案件 7 件、请求没收超面积居住房案件 6 件，其他案件 13 件。[2] 为了有效地解决国有住宅纠纷，苏联最高法院全体会在 1964 年 3 月 25 日发布的《关于公民住宅案件的审判实践》之决定中指出，如果法院有关住宅问题的判决可

---

[1] Бюллетень Верховного Суда РСФСР, 1984 г. №12, стр. 26.
[2] 〔日〕森下敏男：《ソビエト法の現状分析序説：最近 10 年間（1976—1985 年）の判例にみる問題状況》，《神戸法学年報》第 2 号，1986 年。

能涉及地方劳动人民代表苏维埃、国家机关、合作社组织以及社会组织的利益时,法院必须吸收这些机关和组织的代表参加诉讼。

8. 国家管理机关(органы государственного управления)参与民事诉讼的特别规定

在苏联法中,国家管理机关是指由苏联国家权力机关设立并服从其指令而具体执行管理职能的国家机关。① 在苏联时期,国家管理机关分为中央国家管理机关和地方国家管理机关,前者行使整个国家管理职责,其组成包括苏联部长会议、各加盟共和国部长会议、中央各部委、苏联部长会议国家委员会以及该委员会下的各个委员会及管理机关;后者在相应的行政区划范围内行使国家管理职责,其组成包括劳动者代表会议。按照苏联法的规定,国家管理机关应当依照民主集中制原则,向设立其的国家权力机关以及相应的上级国家管理机关负责。就国家管理机关的社会干预人适格而言,各个国家管理机关因职责关系,例如土地、财政、信贷等国家管理机关,都负有保护国家、组织及公民的合法权益的法定义务,因此,法律规定,为了履行职责,这些机关可以向法院提起民事诉讼。例如,《苏俄民事诉讼法典》第264条规定,财政机关、地方劳动人民代表苏维埃执行委员会以及集体农庄,可以向法院提起认定无主财产的申请。又如,该法第240条规定,对于公民拖欠国税、地

---

① 汉译中,最易与国家管理机关(органы государственного управления)相混同的一个概念是"учреждения"。例如,中国科学院法学研究所在翻译《民事诉讼法纲要》时,将"учреждения"译为"国家机关",如此就在社会干预人适格中出现了国家管理机关和国家机关并存的现象。但是,按照汉语的解释,国家机关应当是国家管理机关的上位概念,即国家机关是指包括国家管理机关在内的各类国家机关,而在同一法条中出现上下位概念并存的现象,就不易使读者把握两者间的实质区别。在俄语中,"учреждения"具有"机关""机构"的意思,也是与"органы государственного управления"有别的法律概念。"учреждения"以其职能为标准可划分为下述五类:(1) 教育类"учреждения",如中小学学校、各类高校等;(2) 科研类"учреждения",如科研所、科学院等;(3) 文化类"учреждения",如剧院、博物馆、图书馆等;(4) 卫生类"учреждения",如医院、诊所、休养所等;(5) 社会福利类"учрежденияя",如养老院、寄宿学校等。就《民事诉讼法纲要》第6条第3项以及第30条有关社会干预人适格的规定而言,将其中的"учреждения"汉译为"国家事业单位",或许更为贴合原意。

方税、强制保险金、公益捐款的情形,各行政区或者市劳动人民代表苏维埃执行委员会的财政局以及村镇劳动人民代表苏维埃执行委员会,可以向法院提出追索应缴款项的申请。

《苏俄民事诉讼法典》第 42 条规定,国家管理机关还可以依据法律规定主动或接受法院邀请参加诉讼,在民事诉讼中有权对案件审理发表意见,以履行其承担的法定职责。在实务中,国家管理机关通常是采用参加方式进行民事诉讼。

9. 劳动保护案件

按照苏联法的规定,工会组织依职责监督劳动法律的实施,保护劳动者的劳动权利及其他合法利益。为此,苏联的工会组织可以通过提起或者参加民事诉讼的方式,保护工会会员及其他劳动人民的利益。

二、我国民事诉讼法上的社会干预

(一)社会干预之立法构想

社会干预是社会主义国家民事诉讼的特质之一,当然为我国民事诉讼所坚持。在新中国法制初创时期的 1955 年 6 月,最高人民法院出于促成各级人民法院依照法定程序审判案件的现实需要,以及履行向国家立法机关提供草拟程序法的立法资料之责任,专门成立了"刑民诉讼经验总结办公室",通过收集和整理 14 个大城市高级人民法院、中级人民法院在刑民案件审判程序方面的经验材料[①],于 1957 年出台了《民事案件审判程序(草稿)》。该草稿第 1 条规定:"请求保护自己权利,或者请求保护依法由他保护的人的权利,可以向有管辖权的人民法院起

---

① 参见《最高人民法院副院长马锡五在司法座谈会上对两个审理程序初步总结的几点说明》,载中国社会科学院法学研究所民法研究室民诉组、北京政法学院诉讼法教研室民诉组合编:《民事诉讼法参考资料(第二辑·第一分册)》,法律出版社 1981 年版,第 269 页以下。

诉。人民检察院对于有关国家和人民利益的主要民事案件,也可以提起诉讼。"从新中国民事诉讼法制发达史上考察,该项规定可谓社会干预原则的雏形。不仅如此,虽然该条规定是采用合一形式规定了国家干预和社会干预,但在表述上将社会干预置于国家干预之前,由此突出对社会干预的重视。此外,由于该草稿是在总结当时人民法院审判民事案件的实际经验的基础上拟定的,因此不难推断,"请求保护依法由他保护的人的权利"之起诉,抑或是后述的社会干预人制度,是时已在民事审判实践中有所体现。

"十年动乱"结束之后,我国进入社会主义法制建设恢复时期,1982年制定的《民事诉讼法(试行)》是我国在这一时期的重要立法成果。当时立法者的初衷是制定一部民事诉讼法而非"试行"的民事诉讼法,但是鉴于当时的国情,这部本来应当被称作"民事诉讼法"的法律在正式颁布实施时被冠以"试行"名义,由此也成为我国社会主义法制建设史上迄今为止仅有的一部以"试行"名义颁布实施的法律。

1979年8月11日,根据彭真委员长的建议,全国人大常委会法制委员会成立了以高克林为组长的民事诉讼法起草小组,并于同年9月11日正式着手民事诉讼法草案的起草工作。起草小组极为重视社会干预在我国民事诉讼中的贯彻和落实,以体现我国民事诉讼法的社会主义特质,因此在民事诉讼法草案中就社会干预原则和制度作出了专门规定。然而,令人遗憾的是,由于民事诉讼法草案的立法资料迄今未对外公开,这里只能根据多方收集的若干资料对之稍加整理和解读。根据对《民事诉讼法草案(第三稿)》相关内容的考察,社会干预原则已被写进其第二章有关"基本原则"的规定中,即社会干预原则被确定为我国民事诉讼法的一项基本原则。《民事诉讼法草案(第三稿)》第20条规定:"国家机关、社会团体和公民,对于侵犯国家、集体和个人民事权益的行为,有权在法律规定的范围内提起诉讼。"为了在民事诉讼中具体落实社会干预原则,第三稿还在第六章"诉讼参加人"中,以第六节规定了"为他人民事权益提起诉讼的人",并就社会干预人在诉讼法上的权利义务作出了具体规定。①

但是,民事诉讼法草案有关社会干预的立法内容,虽然得到了五届全国人大四次会议的原则批准,但在1982年《民事诉讼法(试行)》中几乎被全部删除。五届全国人大四次会议在原则批准了《中华人民共和国民事诉讼法草案》的同时,又授权全国人大常委会根据人大代表和其他方面所提出的意见对该草案进行修改,并在修改后公布试行。② 然而,全国人大常委会法制委员会出于下述诸多原因考虑,在提交全国人大常委会审议的《民事诉讼法草案(修改稿)》中,删除了民事诉讼法草案中有关"为他人民事权益提起诉讼的人"的全部规定,只保留了民事诉讼法草案中有关社会干预的原则性规定,并且还对其内容进行了全面修改,即由原先规定的"提起诉讼"改为"支持起诉"。

1982年3月8日,五届全国人大常委会第二十二次会议通过的《民事诉讼法(试行)》以第13条确定了我国民事诉讼的社会干预原则,即"机关、团体、企业事业单位对损害国家、集体或者个人民事权益的行为,

---

① 《民事诉讼法草案(第三稿)》第66条规定:"国家机关、社会团体和公民,为他人民事权益提起诉讼,享有原告的诉讼权利,承担原告的诉讼义务。但是,不能放弃、变更诉讼请求,不能与被告和解结案。"第67条规定:"人民法院受理为他人提起的诉讼后,在通知被告应诉的同时,应当通知权利人参加诉讼。如其拒绝,不影响人民法院审判。"第68条规定:"为他人民事权益提起诉讼的人,在权利人参加诉讼承当原告后,可以脱离诉讼,也可以接受原告的委托担任诉讼代理人。"

② 关于制定试行民事诉讼法的理由,《中华人民共和国第五届全国人民代表大会法案委员会关于三个法律草案的审查报告》(1981年12月11日第五届全国人民代表大会第四次会议主席团第三次会议通过)的解释如下:"三、《中华人民共和国民事诉讼法草案》经过全国人大常委会法制委员会两年多的调查研究,广泛征求全国法律界、司法界和各省、自治区、直辖市人大常委会的意见,进行了起草和多次修订。法案委员会认为这一草案基本上是适当的、可行的,并且是迫切需要的。但是考虑到本法是重要的基本法,涉及的方面很多,代表们在讨论中所提出的有些问题还需要进一步深入探讨,并在实践中求得完善,因此,法案委员会同意杨尚昆副委员长在全国人大常委会工作报告中提出的建议,提请大会原则批准,并授权全国人民代表大会常务委员会根据代表和其他方面所提出的意见,在修改后公布试行。在试行中总结经验,再作必要的修订,提请全国人民代表大会审议通过公布施行。"具体参见《人民日报》1981年12月14日第1版。

可以支持受损害的单位或者个人向人民法院起诉"。该规定几乎为1991年《民事诉讼法》全部沿用（仅将"团体"改为了"社会团体"），并保留至今。

(二) 支持起诉原则的出台过程

将全面干预缩减为支持起诉的过程，是我国立法者对社会干预的形态以及法政策的选择过程，了解这一过程，有助于我们深入认识支持起诉原则的历史局限性和重新审视其实然性。

通说认为，在民事诉讼领域贯彻社会干预的基本精神，旨在提倡人们关心国家、集体和他人的民事权益，同各种民事违法行为作斗争，以及将民事审判工作置于群众监督之下，保证案件的正确处理。因此，社会干预原则不仅反映了人民是国家的主人，而且体现了审判工作对人民负责的优良传统和作风。① 民事诉讼法草案起草小组在起草过程中也认为，规定社会干预原则及相关制度，可以使有关机关、团体、个人出于保护其成员的权益而向人民法院提起诉讼。例如，妇联为了保护妇女的权益，工会为了保护工人的权益，居民委员会为了保护妇女、儿童、老人的权益，可以向人民法院起诉，甚至一些生产大队可以为了制止生产队虐待、遗弃老人等不尽扶养责任的行为而向人民法院提起诉讼。

1981年12月7日，全国人大常委会法制委员会副主任高克林在向五届全国人大四次会议所作的《关于〈中华人民共和国民事诉讼法(草案)〉的书面说明》中指出："(四)关于社会干预问题。把社会干预作为民事诉讼法的基本原则，是我国社会主义性质决定的。在资本主义国家，私权是由当事人自由处分的，别人不能干预。在我们的国家里，国家、集体和人民群众之间的根本利益是一致的。草案规定，国家机关、社会团体对侵犯公共利益和他人民事权益的行为，有权提起民事诉讼，

---

① 参见唐德华、杨荣新、程延陵、朱锡森编著：《民事诉讼法基本知识》，法律出版社1981年版，第30页。唐德华、杨荣新、程延陵均是民事诉讼法草案起草小组成员。

这一条款对于保障社会主义利益和公民的合法权益将起着重要的作用。"这一书面说明不仅阐明了我国民事诉讼法关于社会干预立法的宗旨,也从另一方面佐证了民事诉讼法草案所规定的社会干预,即在内容上并不囿于支持起诉,而是包括以社会干预人起诉和参与诉讼为内容的全面干预。

那么,全国人大常委会为何要在1982年3月8日通过的《民事诉讼法(试行)》中,全面修改或者说删除有关社会干预的相关内容呢?对此,起草小组成员柴发邦在后来中央政法干校举办的"《中华人民共和国民事诉讼法(试行)》短训班讲座"中透露:我国民事诉讼法规定支持起诉而没有规定社会干预人制度,"因代人起诉制度,弊病多,容易出毛病。在起草民诉法时,讨论来,讨论去,还是把代人起诉改为支持起诉"①。徐平在该讲座中没有对社会干预人起诉和参与诉讼究竟存在哪些"弊病"作出详细解释,但他在该讲座中就其原因作了些许交待:立法者尚未就代人起诉的社会干预人的诉讼地位问题考虑妥当,即"如妇联对妇女受了虐待要起诉的案件,可以帮助,但没有代为起诉的义务,如果他不愿告,你硬要替他告,他又不出庭,审判也不好进行"②。因此,徐平特别指出:"我们要在实践中去摸索,从中国的实际出发,总结社会干预的经验,然后才能形成更完整、具体的条文,同时也可请专家教授们去研究,研究社会干预的理论与实践,以作为将来修改民诉法条文的参考。"按照柴、徐的以上讲述,1982年《民事诉讼法(试行)》没有规定社会干预人起诉和参加诉讼的理由主要有二:一是立法者对社会干预缺乏实践经验及总结,二是对于社会干预人诉讼地位的规定,在立法上存在技术障碍。但是,《民事诉讼法草案(第三稿)》和提交五届全国人大四

---

① 《中华人民共和国民事诉讼法(试行)短训班部分讲义》,中央政法干部学校教务处,1982年6月,第60页。

② 徐平:《学习〈民诉法〉问题解答》,载《中华人民共和国民事诉讼法(试行)短训班部分讲义》,中央政法干部学校教务处,1982年6月,第216页。

次会议审议的民事诉讼法草案对于社会干预人的起诉和参加诉讼，以及其诉讼地位和诉讼权利义务等内容，在汲取苏联法的经验上有了体系接近完备的规定，而苏联法有关社会干预制度的规定，应当是一个具有操作性的自洽体系。因此，缺乏实践经验以及在总结和立法上存在技术障碍，尚不能构成1982年《民事诉讼法（试行）》没有规定社会干预人起诉和参加诉讼的全部理由。

据相关资料介绍，在五届全国人大四次会议原则批准民事诉讼法草案之后，全国人大常委会便根据授权开始了民诉法草案的修改工作，且于很短时间内形成了《民事诉讼法草案（修改稿）》（下称"修改稿"）。1982年1月5日和8日，张友渔就"修改稿"的进展情况向全国人大常委会法制委员会作了说明，其中专门就删除民诉法草案中有关社会干预人起诉及参与诉讼的规定提出了三条理由：第一，机关、团体、企事业单位可以对损害国家、集体和个人民事权益的行为进行社会干预，可以采取批评、劝告、揭发、检举等方式，但不宜作为原告代为起诉。这是因为，在现实生活中，以原告名义代人起诉并进行诉讼的情形非常少见，而民事诉讼法即使对社会干预人起诉作出规定，这样的规定也只能是"具文"，并无实际效果。第二，公民个人有权处理自己的民事权益，机关、团体、企事业单位不能违反公民本人的意志代为处理，因此机关、团体、企事业单位不能代为起诉。第三，损害国家、集体和个人民事权益的行为如果构成刑事犯罪，应当由检察机关提出公诉，因此也不需要由其他机关、团体、企事业单位起诉。此外，高克林在1982年2月22日向全国人大常委会就"修改稿"所作的说明中指出：关于社会干预，"修改稿"只规定了机关、团体、企事业单位可以支持起诉。而对于除此之外的干预，我们过去虽有过实践，但出了不少"毛病"，所以需要再慎重考虑。同时，"修改稿"规定了人民调解委员会制度，从而使合理的社会干预得以制度化、法律化。

综上所述理由，1982年《民事诉讼法（试行）》全面删除了民事诉讼法草案有关社会干预人起诉及参加诉讼的规定,但在删除之后又面临着一个不可回避的问题,即我国民事诉讼法是具有社会主义特质的法律,它必须对体现这种特质的社会干预主义有所规定。为此,"修改稿"仅在"基本原则"部分保留了社会干预原则,同时又结合国情进行了全面修改,将原有的社会干预人起诉改为支持起诉,从而形成了具有中国民事诉讼特色的社会干预原则。

(三)支持起诉原则及其适用要件

支持起诉原则是我国民事诉讼法对苏联法上社会干预主义的本土化。通说认为,所谓支持起诉原则(又称社会干预),是指为了维护国家、集体或者个人的民事权益,发挥企业事业单位、机关、团体与民事违法行为作斗争的积极作用,民事诉讼法赋予其支持受损害的单位或者个人向人民法院起诉的权利。

关于支持起诉的构成要件,按照通说的解释整理如下:第一,支持起诉者是机关、团体、企事业单位,支持他人起诉的目的是维护国家、集体或者个人的民事权益。被支持起诉者是其权利及合法利益受到损害的单位或者个人,实质上是指与本案有直接利害关系的原告。第二,损害国家、集体或者个人民事权益的行为必须是侵权行为。对于普通民事权益争议,受损害者是否起诉由其自行决定,机关、团体、企事业单位没有必要介入。第三,支持起诉人只有权帮助受损害的单位和个人向人民法院起诉,不能代替被支持起诉人行使诉权,因为支持起诉人不是本案的直接利害关系人,没有实质意义上的诉权。[①]

关于支持起诉的方式,通说认为,支持起诉人应当本着"有助于增强被支持起诉人的社会主义法制观念,有助于人民法院依法办案"的"两助"态度开展支持起诉活动,其具体方式有三:一是鼓励和动员当事

[①] 参见柴发邦、赵惠芬编著:《中华人民共和国民事诉讼法(试行)简释》,法律出版社1982年版,第15页。

人运用司法手段维护民事权益。支持起诉人通过向民事权益受到损害的单位和个人宣传社会主义法制的方式,提高其法制意识,解消其起诉顾虑,动员其积极运用法律及诉讼方式维护民事权益。这个意义上的支持起诉在性质上属于道义上的支持。二是给予被支持起诉人一定物质方面的支持,减少其因进行诉讼活动所造成的误工损失及其他损失。这种经济上的支持类似于今天的法律援助。三是支持起诉人通过主动向人民法院介绍案情、积极配合人民法院对于本案的调查活动和证据收集活动的方式,对人民法院的办案活动提供支持,转而构成对被支持起诉人诉讼活动的支持。①

为了防止支持起诉被滥用,民事诉讼法草案的起草者们指出,在认识和实践上不能将社会干预与非法干涉人民法院独立审判的情形相混淆。社会干预人支持起诉是为了保护国家、集体和他人的民事权益。例如,工会、青年团、妇联等社会团体,国家机关、企业、人民公社、生产大队、生产队等组织,是为了保护其所属成员的民事权益而支持受损害单位和个人向人民法院起诉。至于对于该案究竟应当如何处理,则应当由人民法院依法作出裁判,任何组织和个人都不得非法进行干涉。同时,那种通过不正当手段对人民法院施加压力,企图左右案件裁判的做法,是一种破坏社会主义法制的行为。应当对那些借口社会干预而搬弄是非、挑词架讼从而从中渔利的人依法进行制裁。

三、社会干预的法理转型及新功能

(一) 对支持起诉原则存废论的整理及评述

自 1982 年《民事诉讼法(试行)》确定支持起诉原则以后,我国学者

---

① 参见陈延陵、杨荣新、刘家兴、赵惠芬、成城编著:《民事诉讼法试行问题探讨》,法律出版社 1985 年版,第 19 页。几位作者都是民事诉讼法草案起草小组成员。

结合其实践运用情况,对其去留问题展开了研究。归纳而言,相关观点可以分为两类:完善论和否定论。

完善论者主张,支持起诉是社会主义民事诉讼的优越性体现,是对社会干预精神一定程度的反映,但立法规定过于原则并不适应审判实践的需要,因此应当完善有关支持诉讼人、支持诉讼在适用范围、方式等方面的规定,以发挥支持起诉的实效。①

否定论者就取消支持起诉原则提出了如下理由:第一,不应当将支持起诉列为民事诉讼法基本原则,因为按照通说对"诉讼基本原则"概念的解释,只有贯穿于整个民事诉讼过程的指导性原则才属于诉讼基本原则,而支持起诉的时空适用范围仅限于起诉阶段;第二,支持起诉原则的法理依据与现代民事诉讼的基本理念相冲突,甚至有挑讼之嫌;第三,支持起诉原则的立法规定过于原则,具体操作规范缺位,司法实践中的适用范例也极少;第四,我国法律援助制度及其他民事权益救济制度不断完善,支持起诉的原有功能已被替代,继续保留已无实际意义。②

但是,在取消支持起诉的方式方法上,否定论者之间存有争议。蒋/梁文主张无条件的全面取消;而何文主张附条件的取消,即若要保留支持起诉,则应当将此规定在起诉和受理阶段。此外,陈/伍文主张应当废止支持起诉原则,合理地恢复社会干预制度,并将支持起诉吸收在新型的社会干预制度之中,即根据我国民事诉讼的实际情况对社会干预制度进行转型,以期发挥其应有的功能。

综上所述,完善论者和否定论者皆认为支持起诉原则是对社会主义

---

① 参见陈彬、覃东明:《关于建立我国支持起诉制度的构想》,载《政法学刊》1986年第3期。该文是我国学界第一篇全面探讨支持起诉制度体系化的学术论文。

② 相关否定观点根据以下三篇论文中的观点整理而成:何文燕:《调解和支持起诉两项民诉法基本原则应否定》,载《法学》1997年第4期;陈文曲、伍贤华:《略论支持起诉原则的缺陷与出路》,载《长沙铁道学院学报(社会科学版)》2002年第4期;蒋集跃、梁玉超:《存在未必合理——支持起诉原则的反思》,载《政法与法律》2004年第5期。

民事诉讼特质的反映,但鉴于其仅是苏联民事诉讼法上社会干预规定的中国式"压缩版",在实践中不能有效发挥社会干预制度的原有功能,因而又分别从完善和取消两个方面展开讨论。完善论者拟通过支持起诉制度的体系化建设发挥其实践意义,但此种设想并未得到立法化,且实践证明,支持起诉几乎已被搁置。否定论者则针对支持起诉的局限性和被实践搁置这一现实,或主张取消,或主张转型。然而,对民事诉讼进行社会干预有其法理上和现实上的必要性,我们应当在重新认识其制度性意义的基础上,结合现实国情及社会发展的需要,对之进行法理转型和制度创新。

(二) 支持起诉原则的法理及制度转型的必要性

我国民事诉讼法规定的支持起诉原则之法理基础来源于苏联法上的社会干预理论,是对列宁有关社会主义国家民法性质理论的延伸及落实。毋庸讳言,列宁主义指导下的苏维埃民法性质论有其历史局限性,在相当程度上已经不完全适应建设和发展中国特色社会主义市场经济的法治保障之要求。在现实国情及法治背景下,公法和私法的差异是一种客观存在,对两者的性质加以适当区分既是完备社会主义法律体系的需要,也是科学建设和发展各部门法学的需要。可以认为,"建立社会主义市场经济法律制度,要求以承认公法与私法的区别并正确划分公法与私法为前提"[①]。不能将苏维埃民法性质论再奉为当下解读中国特色社会主义民法之性质论的唯一准则,因而也就不应当再将苏联社会干预法理作为我国民事诉讼社会干预法理及支持起诉原则的唯一法理基础。

需要指出的是,"去苏联法理化"以及理论转型,并不意味着在立法论上要求在民事诉讼法中取消社会干预及支持起诉制度。相反,本文

---

① 王家福:《社会主义市场经济法律制度建设问题》,载王春荣主编:《政治局委员听的课》,新华出版社 2002 年版,第 64 页。

将从立法论上主张,我国应当认真研读和参考苏俄民法典中有关国家财产、集体财产、公共利益之保护的条文,在将来对我国民法典进行修订时赋予相关法定机关、团体乃至公民个人以保护国家财产、集体财产、公共利益的职责和义务以及请求权的基础和内容(即以实体法规定当事人适格和权利主张的内容)。与此同时,我国民事诉讼法也应当以苏联民事诉讼法中有关社会干预人起诉及参加诉讼的规定为参考,建立健全通过民事诉讼保护国家财产、集体财产、公共利益的相关制度及规定。

在现行实定法环境下,我国民事诉讼在预防和制止侵害国家财产、集体财产的违法行为方面,几乎难有作为。以具有重大社会影响的"浙江首例检察机关提起民事公诉案"为例①,对于此起被告们恶意串通造成国有资产流失的案件,虽然浙江省浦江县人民法院以判决支持了检察院确认房地产拍卖行为无效的诉讼请求,国有财产(浦江县良种场土地)也得到了应有保护,但以本案为契机引发的人民检察院提起民事公诉抑或是民事公益诉讼正当性及合法性的问题讨论,在学界至今未息。然而,对于相同案例,在苏联法上则不会引发相同的热议。例如,苏联某校长因学校停办而将校产低价出售给自己的妻子以及该校的工作人员,对此,按照苏联法的规定,该校的上级主管部门和检察长为了防止国有财产流失,都有权向法院提起确认校长出售校产行为无效的民事诉讼。② 同是为了保护国家财产、集体财产以及公共利益不受侵害,为何苏联民事诉讼游刃有余,我国民事诉讼却难有作为?这是因为,虽然我国民事诉讼法规定的支持起诉原则是对苏联法上社会干预主义的本土化,但两者在具体制度的设计上差异甚大。第一,苏联法规定社会干

---

① 有关该案具体情况,参见董碧水:《浙江首例民事公诉案检察机关胜诉》,载《中国青年报》2002年12月6日。
② 关于该案的案情及诉讼经过,参见〔苏联〕B. H. 别里鸠根、Д. B. 什维采尔:《民事诉讼中的检察长》,王更生译,中国人民大学出版社1957年版,第21页。

预人有起诉和参与诉讼的权利及职责,而我国民事诉讼法既没有规定社会干预人的起诉权,也没有规定支持起诉属于一种法定职责,因此对于侵害国家财产、集体财产及公共利益的现象,有资格支持起诉的机关、社会团体、企业事业单位可以本着"多一事"不如"少一事"的态度应对。第二,苏联法规定社会干预人的范围包括公民个人,以此强调任何人都有保护国家财产、集体财产和公共利益不受侵害之责任,而我国民事诉讼法规定公民不具有支持起诉的权利。第三,尽管我国宪法明确规定社会主义的公共财产神圣不可侵犯,但我国民法和民事诉讼法都没有对保护国家财产、集体财产、公共利益不受侵害的职责主体和义务、请求权的基础和内容以及当事人的适格、诉讼请求等法治保障作出明确规定,而苏联民法和民事诉讼法对此有着体系化的明确规定。

通过上述比较不难得出结论,我国在移植苏联法社会干预制度过程中,因缺乏体系上的完整性,致使国家财产、集体财产和公共利益在受到侵害时难以通过民事诉讼实现司法保障,本土化的支持起诉原则也因缺乏相应的配套制度而处于搁置状态,但实践中又对社会干预的完善和实用有着迫切需求。① 因此,重新认识社会干预制度的法理及其实践意义,促成支持起诉原则的转型,对于全面推进社会主义法治国家建设不仅有着理论上的必要性,还有着十分重要和迫切的现实必要性。

(三)新社会干预法理及制度建设的立法论

就社会干预的法理转型而言,这里推崇以新型的"社会管理参与权"作为民事诉讼社会干预法理的依据。与此相应,也建议将社会干预这一传统概念改称为"社会参与诉讼",以避免"干预"一词所体现出来

---

① 在现实生活中,我国不仅在保护国家财产、集体财产、公共利益不受违法行为侵害方面有此需求,而且在保护公民个人权利方面也有此需求。参见孙德强:《工会"维权"的法律武器——"支持起诉"》,载《工会理论与实践(中国工运学院学报)》1997年第2期;王德成、左腾宇:《工会、妇联参加民事诉讼初探》,载《甘肃政法学院学报》1989年第1期。

的强烈的国家干涉主义色彩。

关于社会管理参与权的权源,按照《宪法》第2条第3款"人民依照法律规定,通过各种途径和形式,管理国家事务,管理经济和文化事业,管理社会事务"的规定,"管理社会事务"的表述应当包括人民"通过各种途径和形式"包括利用民事诉讼参与社会事务管理的寓意。此外,之所以将人民参与社会事务管理的权限称作"社会管理参与权",是因为《宪法》第2条第1款规定"中华人民共和国的一切权力属于人民"。从该意义上说,人民参与社会管理既是一项宪法意义上的基本权利,也是宪法赋予人民的一项神圣权力。在全面推进社会主义法治国家建设的今天,再次强调社会管理参与权的功能,有着十分重要的现实意义。党的十八大报告提出:要围绕构建中国特色社会主义社会管理体系,加快形成党委领导、政府负责、社会协同、公众参与、法治保障的社会管理体制。这一重要论述意味着"公众参与"已经成为社会管理体制建设的重要元素。因此,赋予公众社会管理参与权,不仅是对宪法规定的人民当家作主的必然回应和落实,也是推进社会主义民主政治发展、推动社会主义市场经济健康发展、促进社会和谐稳定和社会发展进步的基本保障。在推崇社会管理参与权对促进社会管理体系建设的现实意义的同时,必须强调法治保障是构建中国特色社会主义社会管理体系的又一重要因素。就法治保障对社会管理参与权的作用而言,它是公众得以参与社会管理的前提条件,公众只有在法治框架下,才能够实现参与社会管理的有序性和正当性(合法性)。

社会管理参与权的内容是广泛的,途径也是多种多样的,而利用民事诉讼保护国有财产、集体财产和公共利益不受侵害,只是其中的内容和途径之一。需要指出的是,通过民事诉讼发挥公众参与社会管理的作用,创新社会管理体系,也为我国民事诉讼立法者所推崇和肯定。就现行《民事诉讼法》第55条而言,法律起草者认为,建立公益民事诉讼的意义之一,就是通过创新社会管理模式,有效发挥社会监督作用,促进社会进步。但是，法律起草者至今尚未就公益民事诉讼原告的起诉权之权源作出说明，学界对此也鲜有论述。我们以为，关于公益民事诉讼以及社会干预人的起诉权权源讨论之意义，就如同讨论审判权和法律监督权（检察监督权）之于法院、检察院的权源意义一样。

出于夯实社会参与诉讼的法理基础之目的，应当以社会管理参与权这一由宪法和法政策演化而来的概念作为我国民事诉讼实施社会干预的权源，并在此基础上建设社会参与诉讼制度。关于建设社会参与诉讼制度的必要性，前述中已有交代，即运用民事诉讼方式保护国家财产、集体财产、公共利益不受违法行为的侵害。关于社会参与诉讼的具体制度建设问题，这里从立法论上提出如下建言：

第一，对现行《民事诉讼法》第15条进行修改，以社会管理参与权为法理依据，将支持起诉原则改为社会参与诉讼原则，恢复社会干预的原有功能，建议条文："对于侵害国家财产、集体财产、公共利益的违法行为，机关、组织和团体可以依法向人民法院提起诉讼。"任何个人和组织对于侵害国家财产、集体财产、公共利益的违法行为，都有权向人民检察院以及依法可以提起诉讼的机关、组织和团体提出起诉建议。

第二，对现行《民事诉讼法》第14条进行补充，增加"人民检察院对于侵害国家财产、集体财产、公共利益的违法行为，有权提起诉讼"。

第三，在将来民法典的修订中，参考苏俄民法典及其他国家民法典中有关保护国家财产、集体财产、公共利益的条文，增加有关承担保护职责的主体、请求权基础及范围、民事诉讼保护方式之明确规定，以为人民法院审判侵害国家财产、集体财产、公共利益的违法行为案件提供裁判规范，为人民检察院、法定承担保护职责的主体提起民事诉讼提供实体法上的依据。

第四，对于社会参与诉讼，在整体上从两个方面加以规定：一是关于社会参与诉讼人提起诉讼的规定，二是关于社会参与诉讼人参加诉讼活动的规定。对于社会参与诉讼人提起诉讼的情形，立法上还应当考虑是采用程序意义上的原告适格理论,还是采用实体意义上的原告适格理论。

第五,关于社会参与诉讼人的适格、诉讼标的、主张责任与证明责任、判决效力等诉讼实体问题,以及管辖、立案与受理、诉讼要件、诉讼行为、一审程序和上诉审程序等诉讼程序问题,都应当在立法上加以特别考虑和明确规定。

需要指出的是,本文有关社会管理参与权与社会干预主义的关系以及相关诉讼制度之建设的立法论研究,涉及民事诉讼理论及制度的全般,因篇幅所限,这里立法论上的建言仅出于抛砖引玉之意,只能驻足于"提出观点但不展开论述"之程度。

四、结语

本文以为,我国民事诉讼理论来源于苏联法的社会干预及支持起诉原则,尽管在法理上面临转型的必要性,但是在制度设计和功能定位上,不应因苏联法的"过气"而拒绝对其进行参考。因此,从法系意识论上而言,我们一方面要学习和借鉴苏联法的经验,科学地建设以保护国家财产、集体财产、公共利益不受侵害的社会参与诉讼制度;另一方面也不能简单地盲从和照搬苏联法,而是要立足于国情和社会发展之现实,通过理论创新和制度创新,构建符合现代法治精神的中国特色社会参与诉讼制度。

贰 法官独立原则的社会主义国家民事诉讼法理之考察

长期以来,法律理论界和实务界对如何正确理解和执行人民法院独立审判原则进行了深入研究,形成了一些共识,但也存在认识上的分歧。在当前社会转型的历史条件下,特别是各种"公函"、批示、指示等冲击"人民法院独立审判"这一法治原则的地位时,有必要重新分析、认识该原则。这是贯彻落实党的十八大关于"确保审判机关、检察机关依法独立公正行使审判权、检察权"法治理念的基本要求,也是理顺司法权运行机制的重要举措。通常,在论及完善人民法院独立审判原则时,大多数学者会不自觉地溯源西方国家的司法独立(法官独立)。毋庸讳言,西方国家成熟的司法制度、原则是我们司法改革进程中不可忽视的参照因素,但"法律是社会的产物,是社会制度和社会规范之一"①。因此,考察与我国具有相同社会性质的国家的法官独立制度,对我国的司法改革更具针对性。此外,如果法官独立原则在其他国家(不管是姓"资"还是姓"社")具有相同的内涵,至少可以证明该原则是司法本身的规律,我们就没有理由谈之色变而拒之于千里之外了。本文拟对

---

① 瞿同祖:《中国法律与中国社会》,中华书局2003年版,"导论"。

社会主义国家的法官独立原则①进行解读,以突破人民法院依法独立行使审判原则在民事审判中的瓶颈,为全面推进依法治国尽绵薄之力。

一、社会主义国家法官独立原则的内涵

正如德国法学家拉德鲁布赫所说:"法律借助法官而降临尘世"。各国把依法行使国家审判权的人员称为法官,并设置相应的法官制度。与保护国家和人民利益的审判任务相适应,社会主义国家确立了审判工作不可动摇的规则,即对一切人都要平等。② 为了使人们相信法官的行为是客观、合法和公正的,法官的裁判是不可争辩的,大部分社会主义国家在其宪法中规定了法官独立原则。例如,苏联1936年《宪法》第112条规定,"审判员独立,只服从法律"(1977年《宪法》第55条规定,"审判员和人民陪审员独立,只服从法律");保加利亚人民共和国《宪法》第129条规定,"审判员和人民陪审员在行使自己的职能的时候,独立,只服从法律";朝鲜现行《宪法》第160条规定,"法院独立进行审判,依据法律进行审判活动"。越南现行《宪法》第130条规定,"审判长与陪审员是独立,只按照法律行事";古巴现行《宪法》第125条规定,"法官独立行使司法职权,法官只服从法律"。与此同时,以苏联为首的社会主义国家将上述宪法性原则规定在民事诉讼法中,如《苏联和加盟共和国民事诉讼纲要》第9条规定:"审判员、人民陪审员在实施民事诉讼审判时候,应当独立,只服从法律。审判员和人民陪审员根据法律,按

---

① 以苏联为首的社会主义国家大多将之称为"审判员独立原则"。鉴于苏东社会主义国家的立法集中体现了"经典社会主义理论"指导下的社会主义法制精神,因此本文贯之以"社会主义"名称;而苏联又是社会主义国家的"领头羊",因此本文以苏联的民事诉讼基本原则为分析对象。

② 参见〔苏联〕伊·捷·高里亚柯夫:《苏维埃的法院是世界上最民主的法院》,陈忠诚译,上海人民出版社1955年版,第20页。

照社会主义法律意识,并在排除外界干扰的条件下,解决民事案件。"可见,社会主义国家法官独立原则的重心在于法官的独立性,即法官独立地行使审判权,只服从法律。

社会主义国家学者认为,法官独立只有在社会主义国家中才具有实际内容,理由在于:一方面,社会主义国家的法律规范体现劳动人民的意志,法院适用法律的过程就是体现劳动人民意志的过程;另一方面,法官由人民选举产生,选民可以特定事由(事由规定在法院组织法中)罢免所选举的法官。在社会主义国家中,确保法官独立的目的在于促使社会主义法制的实现,即法官在审判时公正地执行法律规范,体现劳动人民的意志。社会主义国家法官独立原则中的"独立性"体现在两个方面:其一,法官内部独立。法官内部独立又具有两方面内容:(1)同级法官之间相互独立。法官在法庭成员中是独立的;审判员在作出判决、发表自己对案件的意见时享有自主权;每位审判员有权在不同意其他审判员意见时要求把自己的意见记录下来,附入案卷。① 此外,"在评议和作出判决时,只有参加本案审判庭的审判员才能留在评议室内,不允许其他人进入评议室"②。(2)上下级法院相互独立。法律排除上级法院对审判员实施影响的可能性。虽然上级法院在依上诉程序或审判监督程序审理案件时(对下级法院的审判活动实行监督),有权向他们作出必要的指示,但法律严格规定了这类指示的界限。③ 其二,法官外部独立。法官并非不食人间烟火之辈,如果允许外界对法官审判进行干

---

① 参见《苏联和加盟共和国民事诉讼纲要》第37条、《匈牙利人民共和国民事诉讼法典》第214条第2段。

② 《苏俄民事诉讼法典》第193条。

③ 例如,依上诉程序或审判监督程序审理案件的上级法院无权查明下级法院在判决中没有指出或予以否定的案情,或认为这些案情已被证实,既无权对关于某一证据可靠或不可靠的问题作出预决,也无权对某些证据是否优先于另一些证据的问题作出预决。此外,一审法院不受上级法院关于在重新审理案件时应当适用哪些实体法规范和应当如何判决的指示的约束。参见〔匈〕L.涅瓦伊等:《经互会成员国民事诉讼的基本原则》,刘家辉译,法律出版社1980年版,第28页。

预，难免出现裁判不公。为了防止外界干预司法，社会主义国家民事诉讼法规定法官独立于其他国家机关、团体和个人。任何国家机关、团体或公职人员都无权干涉法律审理和解决具体民事案件的活动，更无权指示法院如何解决案件。① 在审理案件过程中发表的检察长的意见、国家管理机关的意见以及社会组织或劳动集体的意见，对法院没有约束力。他们的意见是否有意义，完全取决于其是否有事实根据和符合法律。② 法官外部独立为法官公正裁断创造了安全的环境，任何人都不能指示法官应该对这个或那个案件作出什么样的判决，从而确保了司法权的专属性。

二、社会主义国家法官独立原则在民事诉讼中的落实

有法谚云："如果说法院是社会正义的最后一道防线，那么法官就是这道防线的守门人。"为了完成社会主义审判任务，巩固社会主义法律秩序，实现公正，以苏联为首的社会主义国家在民事诉讼法中规定了包括法官独立原则在内的一系列民事诉讼基本原则，不管这些原则是否得到真正的落实，至少从立法层面上看，苏联社会主义国家民事诉讼基本原则具有体例上的有机性和内容上的进步性。③ 其中，法官独立原

---

① 参见〔匈〕L.涅瓦伊等：《经互会成员国民事诉讼的基本原则》，刘家辉译，法律出版社1980年版，第28页。
② 参见〔苏联〕阿·阿·多勃罗沃里斯基等：《苏维埃民事诉讼》，李衍译，法律出版社1985年版，第32页。
③ 多年来，我国不少学者认为社会主义民事诉讼基本原则存在重大缺陷。例如，廖中洪教授认为，1923年《苏俄民事诉讼法典》有关基本原则的立法体例在形式上与法国民事诉讼法典基本上没有区别，"但是，这仅仅是就立法体例而言，如果从科学性、合理性的角度看，其有关基本原则的规定，无论在规定的内容上，还是立法技术上，以及其他一些方面都是存在重大缺陷的"。参见廖中洪：《民事诉讼基本原则立法体例之比较研究》，载《法学评论》2002年第6期。陈桂明、李仕春二位学者则认为："……苏联在法典中规定基本原则只是立法水平尚处于初级阶段的权宜之计。"参见陈桂明、李仕春：《诉讼法典要不要规定基本原则——以现行〈民事诉讼法〉为分析对象》，载《现代法学》2005年第6期。

则是其他民事诉讼基本原则落实的前提,其他民事诉讼基本原则的贯彻落实又是法官独立进行民事审判的必要保障。

(一) 社会主义法制原则是法官独立原则落实的法制保障

苏联的党和政府特别注意加强社会主义法制,保护苏联公民和社会主义组织的权利。苏联共产党纲领指出:"党的任务,就是保证严格遵守社会主义法制,消除任何违反法律秩序的行为……"①据此,法制原则在社会主义民事诉讼中成为一项基本原则。在民事诉讼中,社会主义法制原则首先意味着法院和当事人的每一项诉讼行为都要符合民事诉讼法,在判决时,法院必须准确地适用实体法。社会主义法制原则就是严格执行诉讼法和实体法的要求,把依法审判从法律上固定下来。法官独立是社会主义法制原则的贯彻落实。因为人民的意志表现并固定于社会主义国家的立法中,法官必须在严格遵守社会主义法律的基础上来判决刑事和民事案件。苏联的政治制度和民主立法保证了法官的判决自由。保护人民的利益并在严格遵守法律的基础上进行审判工作,是法官真正的自由。独立审判不外是在对案件充分了解的基础上进行判决,"假如审判员充分了解了案情——细致周详地对案件进行了调查研究、正确地评定了证据……那么他的判决就会符合法律的规定和国家与社会的利益,并且也会是真正自由的"②。社会主义国家从人民中选举出最优秀的人担任法官,法官通过独立地行使审判权(独立地判断证据,独立地适用法律,自由地发表意见),公正地进行判决,使社会主义国家的法律得到遵守,使法制原则得以践行,进而保护国家和人民的利益。

---

① 〔苏联〕阿·阿·多勃罗沃里斯基等:《苏维埃民事诉讼》,李衍译,法律出版社1985年版,第3页。

② 〔苏联〕伊·捷·高里亚柯夫:《苏维埃的法院是世界上最民主的法院》,陈忠诚译,上海人民出版社1955年版,第20—21页。

（二）直接、言词原则是法官独立原则落实的程序保障

为了正确评价当事人提出的证据，确定当事人相互之间的关系，社会主义民事诉讼规定了直接、言词原则。所谓直接审理原则，是指法官应该取得正确解决法律争议所需要的第一手材料。① 这一原则要求法官必须亲自参加庭审，在法庭上亲自了解和审查证据及其他案件材料，听取当事人的陈述、证人的证言、鉴定人的结论；必须查阅书面证据并加以宣读；必须勘验物证；必须听取参加人陈述和意见，听取公众代表的意见。② 判决只能由参加庭审的法官作出，未参加庭审的法官不得对该案作出判决。社会主义国家的学者认为，法官直接了解案件材料，比通过别人间接了解案情要可靠得多。法官参加庭审有利于查明事实真相，正确地对证据作出判断。法官只能根据法庭上调查过的那些证据材料作出判决（《苏俄民事诉讼法典》第192条），没有经过法庭调查的证据不能作为裁判的根据。此外，从直接审理原则中派生出另一民事诉讼基本原则，即在案件的实体审理期间，审判员必须保持不变（《苏联和加盟共和国民事诉讼纲要》第35条）。如果某一审判员在案件审理过程中因故不能继续审理而代之为其他审判员，则正在进行的民事审理程序应从头开始，以便新参加的审判员能够直接了解全部案情。③ 再者，为了确保法官独立审判，社会主义国家民事诉讼法还从直接审理原则中延伸出不间断审理原则。不间断审理原则是指每个案件的庭审，从案件立案受理到作出判决，应当不间断进行。也就是说，在某一案件审理结束之前，所有审判员无权审理其他案件。这是因为，法官违反不间断审理原则，可能导致这样的结果：在听取审理新案件的时候，可能

---

① 参见〔匈〕L.涅瓦伊等：《经互会成员国民事诉讼的基本原则》，刘家辉译，法律出版社1980年版，第68页。
② 同上。
③ 同上书，第69页。

得到的印象会削弱原案件审理时获得的证据印象,以致在确定案情和评价证据上造成错误。①此外,社会主义国家民事诉讼程序按照社会主义民主的要求,确立了言词原则。所谓言词原则,是指在庭审过程中所有的诉讼主体都应当以言词方式进行,当事人的陈述、质证、辩论,证人作证和鉴定人陈述以及法官的宣判,都必须以口头形式进行。未在法庭上以言词形式提出的证据材料,原则上不得作为案件事实和证据。社会主义国家的学者认为,言词原则有利于法官独立进行审判。首先,通过口头形式进行诉讼活动,使审判员的内心活动外在化,一方面,这能影响诉讼参加人和所有出席旁听的人;另一方面,这使法官的诉讼活动处于公众的监督之下,有利于保障法官独立原则的实现。其次,言词原则可以保证和加强辩论原则的作用,当事人在法庭上以言词形式进行攻击防御,有助于法官更加正确地判断证据,辨明案件的是非。言词原则是法官独立的形式载体,只有以言词形式进行直接审理,才能确保和体现法官的独立性。

(三)内心确信原则使法官独立有了人格保障

众所周知,法院在适用法律作出判决之前必须对证据进行正确判断,这对于法院作出合法和有根据的实体判决,具有头等重要意义。判断证据,是证明主体根据逻辑规律和法律所进行的确定证据之关联性、许可性、证据的可能性、充分性及其相互关系方面的思维活动。②苏联等社会主义国家在法官判断证据方面,以"内心确信"取代资本主义国

---

① 参见〔匈〕L.涅瓦伊等:《经互会成员国民事诉讼的基本原则》,刘家辉译,法律出版社1980年版,第70页。
② 参见〔苏联〕M.K.特列乌什尼科夫:《苏联民事诉讼中的证据和证明》,李衍译,西南政法学院诉讼教研室编译室,1983年,第85页。

家的自由心证。①《苏联和加盟共和国民事诉讼纲要》第 19 条规定:"法院依照法律和社会主义法律意识,并根据在法庭上全面、充分和客观地综合审查一切案情的基础上所形成的内心确信,对证据进行判断。任何证据对法院都没有先决效力。"据此,苏联学者归纳出判断证据应遵守的四项原则:审判员根据自己的内心确信来判断证据;判断证据应全面、充分和客观;审判员在判断证据时必须遵循法律和社会主义的法律意识;任何证据对法院没有既定效力。② 内心确信作为判断证据的一项原则,是指审判员本身对待自己的知识、决定、行为的态度。审判员的内心确信是根据法院所审理的由审判员单独以自己的良心所检查和衡量的事实或情况而形成的。③ 在此意义上,法官的内心确信可以视为自由独立理念在司法领域中的体现。法官具有独立的人格和身份是其自由判断证据的前提,而自由判断证据是法官独立性的集中体现。社会主义国家有学者认为:"审判员的内心确信是由社会主义土壤培养起来的,是由以社会主义态度对待社会、对待周围的人们、对待自己对国家的天职的那些原则培养起来的……是人从社会主义国家与社会主义建设利益的观点来观察人们的现象、行为及人们本身的世界观。"④社会主义国家的法院是劳动人民利益的真正体现者和保护者,其审判员在审

---

① 苏联等社会主义国家以内心确信取代资本主义自由心证的原因主要有两个方面:一方面是受心理学法学思潮的影响。例如,俄国法律哲学家雷昂·彼德拉日茨基认为,法律现象是由独特的心理过程构成的,并提出了"直觉法律"理论。这种理论认为个人的法律意识和人的内在经验在解释法律现象和社会现象时具有重大的作用。另一方面是受阶级性的影响。社会主义学者认为社会主义国家法官的"内心确信"是值得信赖的,而资本主义国家法官的"心证"是不可靠的。在资产阶级法院中,所谓法官根据内心确信"自由"判断证据,在过去和今天都总是带有严重的阶级性的,因为资产阶级法官的内心确信,是同他们的资产阶级的"良心",同他们为资本主义基本经济基础服务密切联系在一起的。参见〔苏联〕阿·阿·多勃罗沃里斯基等:《苏维埃民事诉讼》,李衍译,法律出版社 1985 年版,第 209 页。

② 参见〔苏联〕M. K. 特列乌什尼科夫:《苏联民事诉讼中的证据和证明》,李衍译,西南政法学院诉讼教研室编译室,1983 年,第 90 页。

③ 参见〔苏联〕安·扬·维辛斯基:《苏维埃法律上的诉讼证据理论》,王之相译,法律出版社 1957 年版,第 214 页。

④ 同上书,第 212 页。

判案件时是真正自由和独立的,他们只服从于法律,这是由社会主义国家的社会制度和政治制度保证的。社会主义国家的法官在判断证据时是完全独立的,社会主义法律和法律意识是法官内心确信的基础。尽管社会主义国家对内心确信原则的论述具有较浓的阶级色彩,但该原则要求法官独立判断证据的内容是相当进步的。只有确保法官在审理过程中不受任何干扰,独立地判断证据、认定事实,才能实现法官独立。从这种意义上讲,内心确信原则是法官独立原则不可或缺的内容,同时又是法官独立原则实现的必要保障。

三、我国人民法院独立行使审判权原则在民事审判中的瓶颈

众所周知,我国自古行政与司法不分,行政长官往往也是司法长官。中华人民共和国成立后,1954年《宪法》第78条规定:"人民法院独立进行审判,只服从法律。"1954年的《人民法院组织法》和1979年的《人民法院组织法》作了同样的规定。1975年《宪法》只字未提法院独立审判。1978年《宪法》诞生于粉碎"四人帮"不久,由于当时的历史局限性,对法官独立审判没有作出规定。1982年《宪法》可以说是对1954年《宪法》的继承和发展,但对司法独立的规定在表述上有了变化,即将1954年《宪法》中的"人民法院独立审判,只服从法律"改为"人民法院依照法律规定独立行使审判权,不受行政机关、社会团体和个人的干涉"。1983年修订的《人民法院组织法》确立了与现行《宪法》相一致的内容。同样,现行《民事诉讼法》第6条、《行政诉讼法》第4条、《刑事诉讼法》第5条的规定,与1982《宪法》的规定相同。2004年《宪法》的修订,没有触及人民法院独立行使审判权原则;三大诉讼法在修订过程中,为维护宪法的权威,也没有涉及该原则的内容。与社会主义国家法官独立原则相比,我国人民法院独立行使审判权原则的不足之处捉襟见肘。从立法规定来看,我国相关法律对该原则中的"审判独立"规定不彻底、不完

善。由于立法上规定的不完善,该原则在民事诉讼的实践运行中困难重重。

（一）法官无法独立于法院内部体系,民事诉讼直接言词原则无法确立

在论及法官独立原则时,有学者认为,"我国现行《宪法》和所有社会主义国家宪法中关于法官和法院的规定不论用了什么语言,独立行使审判权也好,法官独立、审判员独立也好,其中'独立'二字均没有宪法其他条款赋予它实在的内容"①。笔者认为,社会主义国家的民事诉讼基本原则虽在立法技术上存在某些缺陷,但在立法体例上和内容上的完善性是不容置疑的②,特别是将法官独立作为民事诉讼基本原则之一是相当进步的。同为社会主义国家,我国民众一直对司法存在着一定程度的不信任。民众对司法不信任的直接表现是对法院(法官)不信任,究其原因主要是我国法官不能独立办案。我国《民事诉讼法》第6条规定:"民事案件的审判权由人民法院行使。人民法院依照法律规定对民事案件独立进行审判,不受行政机关、社会团体和个人的干涉。"可见,我国实行的是"法院独立行使审判权",而不是"法官独立行使审判权",法官在法院体系中没有独立性。也就是说,"民事案件的审判权统一由人民法院行使,一是民事案件由各级人民法院和专门人民法院审理,其他任何机关都无权行使民事审判权;二是指由整个人民法院行使审判权,而不是由某个审判员或者人民法院某个审判庭拥有审判权"③。法官独立性缺失的必然结果是,法院内部层层把关、层层汇报、层层审

---

① 童之伟:《宪法独立审判条款的完善及其配套改革》,载《江海学刊》2005年第6期。
② 笔者认为,苏联等社会主义国家的民事诉讼基本原则带有阶级性,但这只是立法技术上的缺陷。从体例上看,社会主义国家的民事诉讼基本原则是一个统一体,一切基本原则都服务于完成社会主义的审判任务;从内容上看,法官独立原则、法制原则、直接言词原则、辩论原则、客观真实原则在决定诉讼整体结构和确定诉讼宗旨方面所起的作用是不可低估的。
③ 全国人大常委会法制工作委员会民事室编著:《中华人民共和国民事诉讼法解读(2012年最新修订版)》,中国法制出版社2012年版,第11页。

批,下级法院向上级法院请示等问题成为我国民事审判的常态。① 可以说,我国司法权的运行须经历烦琐、冗长的过程,但司法质量与效率并不高。承办法官层层汇报,导致各主体职责不明,难以落实司法责任,更不用说确保宪法和法律至上了。毕竟"对法官而言,法律规范则是目的本身,而且在法官那里,降临尘世的法律还不能受到异物的侵入:为使法官绝对服从法律,法律将法官从所有国家权力影响中解脱出来。'只在仅仅服从法律的法院中,才能实现司法权的独立'"②。

此外,审判委员会讨论决定案件的方式是法官独立的另一障碍。审判委员会作为人民法院实行集体领导的一种方式,与法官独立是不相容的。"法院独立进行审判和审判员独立进行审判,这两者是有区别的。根据苏联的审判员独立进行审判的原则,审判员在审理具体案件时是完全独立的;评议案件时,合议庭成员以外的人员不能进入评议室,由合议庭(独任审判时由审判员一人)独立作出判决和裁定。但是,根据我国的法院独立进行审判原则规定,各级人民法院的审判员在审理具体案件时,则与苏联有所不同,评议案件时,院长和庭长可以参加并提出意见,有的案件的判决和裁定还须送经院长或审判委员会审核批准,只有经审判委员会规定可由合议庭决定的案件,合议庭才能单独作出判决和裁定。"③由于实行集体负责制,民事诉讼所要求的法官亲自到庭、到庭参加审理的法官才能判决案件的直接言词原则在我国民事诉讼法中无法确立。

---

① 据一位在法学院工作的同志透露,法院审判组织的正式层级和非正式层级加起来是九个,即主审法官、审判长、主管庭长、庭长、审判长联席会议、庭务会、主管院长、院长、审委会。有些案件须经历九个层级,才能作出裁决。
② 〔德〕拉德布鲁赫:《法学导论》,米健、朱林译,中国大百科全书出版社1997年版,第101页。
③ 蒋松:《"法院独立"与"审判员独立进行审判"有什么不同?》,载《司法工作通讯》1954年第1期。

（二）法官无法独立于外部环境，内心确信原则在民事诉讼中不能确立

在我国民事审判中，法官经常会遭遇各方面的干扰。其一，政府部门以直接或间接方式干涉法院独立审判的情况时有发生。有些政府部门常常借"保护国有资产""维护社会稳定"之名干涉司法；有些政府部门则直接致函人民法院干涉案件的判决。① 政府部门干涉司法原因在于，我国人民法院在人、财、物上依赖于当地政府。当民事案件的处理涉及行政机关及某些官员的利益时，涉事机关和人员干涉审判就难以避免。其二，人大不当监督法院（法官）。众所周知，我国相关立法规定的人大监督是一种常规监督和事后监督，而不是对具体个案的监督和事中的监督。但是，不少地方的人大代表利用监督权对法官正在审理的具体案件进行个案监督。有的代表甚至直接对办案法官提出案件处理意见、亲自去调查取证，干扰了法院正常的审判秩序，也影响了法官独立审判权的实现。其三，党委一些部门不自觉地干涉法官审判。中国共产党是我国的执政党，审判工作离不开党的领导，但这种领导是指导方针上的领导，而不是对具体审判工作的指导。然而，在实际工作中，党委一些部门把坚持党的领导理解为对每一具体案件、每一承办法官的审判工作的指导，往往不自觉地干涉司法，妨碍了司法工作的独立性。法官没有独立的办案环境，显然无法独立行使审判权。

四、社会主义法官独立原则对我国的借鉴意义

法官独立原则在我国立法上似乎是一个不可触及的话题，然而，要全面落实党的十八大关于"确保审判机关、检察机关依法独立公正行使审判权、检察权"的法治理念，立法上必须突破这一禁区。从法律意识

---

① 参见王国强：《公函发至最高法 谁在干预司法》，载《中国青年报》2010年8月2日。

形态上看,社会主义法官独立原则对我国民事诉讼审判独立原则之完善不无借鉴意义。首先,我国社会主义法律性质决定了实行法官独立是可行的。和其他社会主义国家一样,我国社会主义法律代表的是广大人民的意志。法官独立审判且只服从法律,实质上是使体现于法律中的广大人民的意志得以体现。其次,随着中国社会转型和司法改革的深入,特别是《法官法》的出台,我国对法官素质和独立裁判的能力要求不断提高。此外,随着经济体制改革和政治体制改革的深化和拓展、社会法治化的推进,人们的法治意识和法治观念也在不断地强化、提升,要求法官独立是人们法治意识强化和提升的直接表现。在司法实践中,要想消除各种各样的干扰,确保法官始终保持独立,公正司法,必须有相应的保障措施。

第一,将法官独立作为一项基本原则加以规定。所谓独立性,从哲学上看包括客观和主观两个要素:在客观方面,独立性意味着主体能够在活动的内容、方法及时空之范围内不受他人阻碍、指令;在主观方面,独立性意味着主体的自由意志,即主体可以根据自己的内心判断、意愿和理性自由决定,采取行为。换言之,司法主体能够自己选择决定行为方式与内容,由自己的理性、有意识的目的所驱使,成为一个能自我决定的行动者,而不是成为别人意志的工具或他人行为的对象,受外来原因和别人决定所左右。① 以苏联为首的社会主义国家的法官独立原则至少表明了以下内容:首先,法官在法院体系内部是独立的,法官独立于本级法院和上级法院的其他法官。任何人一旦被选任为法官,他就享有独立、平等的审判权,而且其审判权不受其他法官的干预。其次,法官独立于其他机关、团体和个人。正如维辛斯基在论述法院的作用时说:"因此在苏联的宪法内明确规定:审判员只服从法律。这就意味着,审判员应当依照法律办事,而不能独断专行。这还意味着,审判员

---

① 参见左卫民、周长军:《司法独立新论》,载《四川大学学报(哲学社会科学版)》2003年第5期。

在自己的审判活动中,必须使自己的行为和裁判只是与法律相符合。"①事实上,"在现代法治国家,为了确保规范精密、审判公正,必须承认司法独立——不仅独立于政府的权力,而且还要独立于人世间的舆论。司法也因独立而产生信任和权威"②。因此,结合社会现实,将法官独立作为民事诉讼法的基本原则具有重要意义。民事诉讼基本原则的基本内涵包括两方面:一方面,民事诉讼基本原则贯穿于民事诉讼始终。法官独立原则作为民事诉讼基本原则,应贯穿于民事诉讼始终,即从立案受理到判决执行,无不要求法官居于独立地位。另一方面,基本原则的内容具有根本性,法官独立原则是民事诉讼法所有价值的负载者。如果说法律代表着正义,那么法官独立原则的最大意义在于能体现民事诉讼法的正义。因为唯有法官的审判服从于法律,才能确保诉讼的公正和民主。同时,只有把法官独立原则放在民事诉讼基本原则的高度,才能在民事诉讼中真正贯彻执行这一原则,诉讼公正和民主才能实现。

第二,改革审判委员会③,确立直接、言词原则和不间断审理原则。随着中国社会转型和司法改革的深入,法官独立问题也应纳入这一语境下进行分析考察。首先,要确保法官独立,必须取消审判委员会。众所周知,审判委员会制度是我国革命根据地时期司法水平有限、司法与行政不分的直接产物。当时,由于司法队伍的文化、业务素质普遍较低,绝大多数没有从事过司法工作,为了及时处理大批案件且不出或少出差错,组建审判委员会是当时比较有效的措施。随着我国社会转型和司法改革的深入,特别是《法官法》的出台,大部分法官的素质已有较大提高,独立进行裁判的能力不断加强。加上人们对司法正义和民主的呼声日益高涨,这种不亲自审理,而仅靠道听途说对案件进行简单审

---

① 〔苏联〕安·扬·维辛斯基:《苏维埃法律上的诉讼证据理论》,王之相译,法律出版社1957年版,第12页。
② 季卫东:《法官如何对待民意——舆论审判的陷阱》,载《中国改革》2011年第11期。
③ 李喜莲:《论审判委员会审判职能的"回归"》,载《宁夏大学学报(人文社会科学版)》2007年第3期。

批的方式,与诉讼公正和民主背道而驰。因此,改革审判委员会是中国社会转型和司法改革的必然要求。其次,确立直接、言词原则,只有参与案件审理的法官才能裁决案件。法官必须亲自参加庭审,直接听取当事人、证人及其他诉讼参与人的陈述、辩论,才能形成心证,才能作出公正合理的裁决。最后,确立不间断审理原则。法官独立不仅要求法官具有独立的人格、独立的身份,还要求法官在审理过程中不可更换,如有更换,诉讼必须重新开始。此外,审判庭在没有对正在审理的案件作出判决前,不能审理其他案件。

  第三,理顺外部关系,确立自由心证原则。法官独立要求法官具有独立的人格、独立的身份,要求法官能在判断证据方面独立,完全按自己的"良心""理性"和"法律意识"进行判断,不受制于任何第三者。这就需要理顺法院与其他党政机关的关系。首先,实行司法预算,为法官独立提供制度保障。当前,法院经费开支由国家和地方各级政府所掌握,法院办公条件的高低、办公经费的多少、法院工作人员工资及福利待遇的高低等,往往取决于本级政府所给予的经费的多少。法院在经济上依附于政府,从而使地方政府有干预审判的物质决定权。这种财政体制使审判难于摆脱地方行政干预,使统一的审判权被行政区域分割开,法院变成纯粹为地方服务的另一种意义上的"地方法院"。为改变这一现状,有必要实行独立的司法预算,即所有法院的经费由中央财政支付,使法院摆脱地方预算和编制的控制,为法官审判独立创造更好的外部条件。其次,明确界定人大监督的含义。人大主要是通过立法、代表的观察、法官的任免、对司法的质询、对特定问题的调查等方式来对审判权进行监督。一方面,人大监督是对法院整体工作的监督,而不是对个案的监督。对于法官审理的每个具体案件,当事人可以通过上诉、申诉等多种司法途径声明不服,人大作为权力机关不应主动干预。另一方面,人大监督应是事后监督。在法官承办案件过程中,要相信法官能够依法行使好审判权,不能用人大的权力来代替审判权。最后,正确理解党的领导与法官独立审判的关系。坚持党的领导与法官独立审判并不矛盾,坚持党的领导是对法官思想政治觉悟的要求,而独立审判是对法官办案的业务要求,也是法官公正办案的重要保障,因此不应该将党的领导作为干预法官办案的借口。综上,理顺法院与党政机关的关系,才能为法官独立审判创造良好的外部环境,才能使人民法院独立行使审判权成为现实。

公正和民主已成为各国民事诉讼的共同理念,法官独立是确保诉讼公正和民主的灵魂与支柱。作为苏联等社会主义国家民事诉讼基本原则之一的法官独立原则,无论在立法上还是在学理上,都可被称为民事诉讼中的"奇葩",我们没有理由对其视而不见。"他山之石,可以攻玉",在民众对司法存有一定程度的不信任的情势下,将法官独立作为宪法和民事诉讼法的基本原则,更能全面推进依法治国。

诉讼诚实信用原则的法系意识考察
——以日本法为中心

2012年4月,在十一届全国人大常委会第二十六次会议继续审议《中华人民共和国民事诉讼法修正案(草案)》的过程中,最高人民法院、一些地方人大和专家针对民事审判领域经常发生当事人恶意诉讼、拖延诉讼等滥用诉讼权利的现象,建议在本次民事诉讼法修正案中增加当事人在诉讼活动中恪守诚信的规定。对此,全国人大常委会法制工作委员会会同有关方面研究,建议在《民事诉讼法》第13条中增加第2款"当事人行使权利应当遵循诚实信用原则"。2012年8月,十一届全国人大常委会第二十八次会议通过《关于修改〈中华人民共和国民事诉讼法〉的决定》,其中将诚实信用原则列为《民事诉讼法》第13条第1款,即"民事诉讼应当遵循诚实信用原则"。据此,我国民事诉讼法正式确定了诚实信用原则。众所周知,民事诉讼法规定的各项基本原则均有贯穿整个民事诉讼法的指导意义,因此诚实信用原则亦概莫能外。然而,此等重要原则该适用于何种诉讼情形,其构成要件及法律效果又是如何,立法者尚未对此作出细部说明。从学理上而言,在立法上倘若不就此相关问题有所规定和解释,诚实信用原则日后可能因内容过于抽象及空泛而不具可操作性,甚至被空置于楼阁。与此有别,我国学者就民事诉讼法引入诚实信用原则的讨论已有时日,相关成果也颇为丰富①。不可否定,这些论作对于推动民事诉讼诚实信用原则的立法化确有助益,但从整体上考察,基于周知原因,这些论作中的绝大多数属于重复劳作,而有关外国立法例的专论尚无一篇。以引用次数及下载频次均为榜首的刘荣军教授的专论《诚实信用原则在民事诉讼中的适用》为例,该文虽对日美民事诉讼诚实信用原则的法理及适用有一定程度涉及,且相关内容被后来者反复引用,但该文在关涉日本法的法理及适用的阐述方面,仍为写作本文留下了相当程度的拓展空间。立法乃一国大事,借外国立法例丰富和扩展我们对同一诉讼原则的认识,有着"他山之石,可以攻玉"之效。因此,本文依据日语文献,就日本民事诉讼法上诚实信义原则在立法、理论及判例三个方面的"到达点"情况作一阐述,以为我国学者在讨论现行《民事诉讼法》上的诚实信义原则相关问题时提供一份有所助益的比较法上的参考文献。

一、日本法上诚实信义原则之语义

我国学者通常将日本法上的"信義誠実の原則"译成"诚实信用原则",但此种译法值得商榷。这是因为,在日本法中,"信義"(しんぎ)和

---

① 2012年5月12日,笔者通过"知网"以"诚实信用"和"民事诉讼"为主题词进行检索,其中以"民事诉讼诚实信用原则"作为选题的期刊论文有186篇,博士学位论文2篇,硕士学位论文168篇。在期刊论文中,排行前三位的分别是刘荣军:《诚实信用原则在民事诉讼中的适用》,载《法学研究》1998年第4期,引用次数153,下载频次1003;王福华:《民事诉讼诚实信用原则论》,载《法商研究(中南政法学院学报)》1999年第4期,引用次数99,下载频次692;黄娟:《对在我国民事诉讼法中确立诚实信用原则的冷思考》,载《法商研究》2001年第6期,引用次数52,下载频次544。此外,还有杜丹的专著《诉讼诚信论:民事诉讼诚实信用原则之理论及制度构建》(法律出版社2010年版)。关于民事诉讼诚实信用原则的外国法研究,除了刘荣军教授涉及日美立法例的研究,还有张家慧在专著《当事人诉讼行为法律研究》(中国民主法制出版社2005年版)第五章"诚实信用原则下的当事人诉讼行为"中,就美日韩三国的民事诉讼诚实信用原则进行了研究,这两件研究成果为当下我国学者研究外国民事诉讼诚实信用原则的代表性成果。

"信用"(しんよう)属于两个意义有别的概念①。依日本通说所释,"信义"是指"真心守约,完成任务",而"信用"是指因相互信任而取信或授信。信义以道德为基础,它原本属于道德规范的评价对象;而信用不包含道德因素,信用关系作为一种社会关系,属于经济学的研究对象。关于信义,日本《民法》第1条第2款规定:"行使权利及履行义务,须遵从信义,诚实为之。"该条作为日本民法上诚实信用原则之规定,其立法宗旨是要求民事主体在民事交往中本着不辜负相对方信赖之态度进行活动。关于信用,其存在及取得多以债权债务关系为基础,实物信用和金融信用是其著例,其以当事人间的相互信任为成立条件。信义和信用在民事活动中的表现是,当事人间可以根据信任关系取得信用。例如,民事主体可以根据合同对时空上有先后履行顺序之债的关系达成合意,亦乃取信与授信,日后则应当遵从信义,依照先后顺序诚实地履行债务。信用不以道德因素为成立条件,也不接受道德规范评价,例如银行可以仅从经济角度考虑是否对相对方授信——信用贷款;信义却与当事人的道德有关,例如债务人借钱不还或迟滞履行,既属于不讲信义的违反道德行为,也属于应受法律调整的民事行为。

日本法上有关信义与信用的区别,对于我国的立法及法律解释也有一定的借鉴意义。通说主张,诚实信用原则既是市场经济活动的一项基本道德准则,也是现代法治社会的一项基本法律规则,其基本含义是:当事人在市场活动中应当恪守诺言、诚实不欺,在追求自己利益的同时不损害他人和社会的利益,从而在民事活动中维持当事人双方利益以及其与社会利益的平衡。与日本法相比较,通说有关诚实信用原则的解释实质上是偏重于"信义"而非"信用"的解释。在汉语中,信用

---

① 日本学者通常将作为法律概念的"信义"德译为"Glauben",英译为"Beliefs";将"信用"德译为"Kredit",英译为"Credit"。由此不难理解,信义和信用在日本法上属于两个意义不同的概念。日本民法和民事诉讼法是采用"必须遵从信义诚实地……"来表述"信義誠実の原則",日本学者将其译成德语是"Prinzip von Treu und Glauben",但因法系不同,英译时只好译意为"……in good faith"。

是指一个人因能履行诺言而取得他人的信任（取信与授信的结合）。从法律角度分析，市场经济在一定程度上体现为信用经济，从事经济活动的民事主体若不能取得相对方的信用（授信），则很难开展经济活动。但是，能否取得信用毕竟与道德无因果关系。例如，某一民事主体未能获得银行信贷，可能仅与其不能提供担保或缺乏还款能力有直接关系，而与其道德是否高尚无关；相反，某一地产商之所以能够获得银行信贷，可能仅与其经济实力有关，而与其经常拖欠农民工"血汗钱"的道德低下行为无关。倘若将道德因素纳入信用之中，则可能为"富人有道德，穷人无道德"的"以经济力评价人品观"披上合理外衣。可见，市场经济虽为信用经济，但信用本身与道德无关。因此，将"诚实信用原则"表述为市场经济活动的一项基本道德准则进而奉为现代法治社会的一项基本法律规则的观点，值得我们再进行一番思考。在现代法治社会中，信义是一个与道德规范相联系的法律原则，它具有超越时空的普适性价值，任何人都必须"真心守约"，都应当以不辜负他人之信赖的道义行使权利和履行义务。因此，我们可以将信义或诚实信义原则奉为市场经济活动的一项基本道德准则以及现代法治社会的一项基本法律规则。此外，在汉语中，信用可及于物，如"此物甚好，信用此物"；而信义不可及于物，只及于人。

由于信义和信用这两个概念在日本法中具有不同的含义，因此本文将日本法上的"信義誠実の原則"译为"诚实信义原则"。此种译法绝非故弄玄虚，而是正本清源。

二、日本民事诉讼诚实信义原则的立法经纬

1998 年，日本在大幅修订 1926 年《民事诉讼法》的基础上制定了现行《民事诉讼法》，并在其第 2 条中规定了诚实信义原则，即"法院致力于民事诉讼得以公正且迅速地进行；当事人必须遵从信义诚实地进行

民事诉讼"①。该条与第 1 条"立法宗旨"和第 3 条"最高法院规则"共同构成日本《民事诉讼法》的"通则",并成为贯穿整部法律的基本原则。日本《民事诉讼法》第 2 条的条旨是"法院及当事人的责务"(裁判所及び当事者の責務)。在日本法律用语中,"責務"是指因属于自己的责任而必须履行的情形。因此,所谓法院和当事人的责务,就是指法院和当事人在诉讼过程中必须履行的自我责任。如上所述,日本《民事诉讼法》第 2 条规定由两项内容组成:前半段是关于法院在民事诉讼中的责务规定,后半段是关于当事人在民事诉讼中的责务规定。这两项规定在适用上有紧密联系,但本文限于篇幅和写作目的,仅以后半段规定的诚实信义原则为研究对象,而有关前半段的法院在民事诉讼中的责务研究,则另文进行。

　　学界周知,诚实信义作为一项法律原则,始于罗马法,近代以来成为大陆国家民法普遍确立的一项基本原则,后经法的理念由维护私人间利益关系衡平向着维护社会利益关系衡平(协动关系)层次发展,现已成为包括公法在内的各个法律分野皆普遍适用的一项基本原则。与大陆法诚实信义原则的演进相同,日本法对该原则的确立和发展也经历了一个由民法领域拓展到其他法律领域的过程。日本民法虽是移植大陆国家民法的产物,但直到 1947 年才通过修订明确规定了诚实信义原则,即上述第 1 条第 2 款。在此之前,日本是以判例形式确立了诚实信义原则,其首个判例系大审院(现为最高裁判所)大正 9 年(1920 年)12 月 18 日判决。该判决指出,债权关系的调整应当受"信义原则"支配。可以认为,日本民法上的诚实信义原则是判例和学说推动而成的产物,此乃其生成与发展之特色,与大陆国家民法典相比,在适用范围

---

① 日本《民事诉讼法》第 2 条:[日文]"裁判所は、民事訴訟が公正かつ迅速に行われるように努め、当事者は、信義に従い誠実に民事訴訟を追行しなければならない。"该条文的英译参见日本法务省"法令外国语译数据库"(http://www.japaneselawtranslation.go.jp),属于日本官方译本。有该本条文的汉译,参见段文波译:《日本民事诉讼法》,载陈刚主编:《比较民事诉讼法(2006 年卷·总第六卷)》,中国法制出版社 2007 年版。

上更为广泛。日本学者认为,法国民法典将诚实信义原则限定为"契约履行"的一般原则,德国民法典虽较之有所扩展,将其规定为"债务履行"的一般原则,但两者实质上都是将诚实信义原则当作债权法上的一项原则。而日本民法典是将诚实信义原则作为民法的一项基本原则规定在"总则"中,其适用范围不囿于"契约履行"或"债务履行"之领域,而是贯穿于整部民法"行使权利和履行义务"的一项指导性原则。①

日本法院不仅以判例形式将诚实信义原则适用于民法领域,而且以判例形式将其适用于包括民事诉讼法在内的其他法律领域。当下日本通说主张,诚实信义原则应当是适用于所有法律领域的最上位法律理念。如上所述,将来自民法领域的诚实信义原则拓展到民事诉讼法领域,在日本有着相当深厚的判例和学理基础,因此借1998年《民事诉讼法》的制定将其立法化可谓是水到渠成之举。尽管如此,基于立法的严肃性,日本立法者在将诚实信义原则正式写入民事诉讼法之前,仍然按照通常的立法调查程序,就其立法的理由、可行性、立法基础及外国立法例等一系列问题进行了广泛深入的论证。

关于民事诉讼诚实信义原则的立法理由,日本立法者指出:由于当事人实施妨碍相对方立证、拖延诉讼之类的不诚实诉讼活动有碍民事诉讼得以公正、迅速的进行,因此为了防止此类现象发生,正确地实现法的理念,就有必要让进行诉讼的当事人承担诚实信用义务。② 同时,立法者还强调,当事人之间以及当事人与法院的关系中存在着诚实信用义务,这已为旧《民事诉讼法》所肯定,现行《民事诉讼法》第2条只是将旧法下的这种解释以条文形式加以明确而已。③ 需要指出的是,尽管日本现行《民事诉讼法》第2条从诉讼法律关系立场上将诚实信义规定

---

① 参见〔日〕四宫和夫、能见善久:《民法总则(第6版)》,弘文堂2002年版,第18页。
② 参见〔日〕法务省民事局参事官室编:《新民事诉讼法》,商事法务研究会1996年版,第29页。
③ 同上。

为当事人进行诉讼的"责务",但若按照立法者的解释,诚实信义在性质上应当属于当事人的义务("信義誠実義務")。

关于民事诉讼诚实信义原则的可行性论证,在立法过程中,日本最高法院以"有关制定'法院致力于民事诉讼得以公正且迅速的进行,当事人必须遵从信义诚实地进行民事诉讼'的总则规定"为题,对全国58所各级地方法院进行了问卷调查。结果显示,赞成立法的有57所法院,无反对者,另有一所法院建议将两项内容分开规定。[①] 立法者最后采纳了多数法院的意见,将法院的责务和当事人的责务列为一条,并将之规定在民事诉讼法的"通则"中。

在民事诉讼法中规定诚实信义原则是日本立法者对判例及法院规则实施经验的总结。早在法律规定出台之前,日本法院就已通过判例确立了民事诉讼诚实信义原则。不仅如此,日本最高法院还根据规则制定权在1956年《民事诉讼规则》第3条中规定:"法院致力于审理得以公正且迅速的进行,当事人及其他诉讼关系人必须对之予以协力。"[②]此条规定是为日本现行《民事诉讼法》第2条的立法基础及原型[③]。另外,在立法过程中,日本立法者还参考了意大利和韩国有关民事诉讼诚实信义原则的立法例[④],通过比较并结合日本司法经验,最终在《民事诉讼

---

① 参见〔日〕最高法院事务总局民事局:《各法院对于民事诉讼程序修改要纲草案的意见》,第150页。

② 规则制定权是根据日本《宪法》第77条第1款赋予日本最高法院的一项权限。1956年,日本最高法院以最高法院规则第2号颁布了《民事诉讼规则》,其汉译本参见段文波译:《日本民事诉讼规则》,载陈刚主编:《比较民事诉讼法(2006年卷·总第六卷)》,中国法制出版社2007年版。

③ 关于诚实信义原则的立法过程以及与1956年《民事诉讼规则》第3条的关系,参见〔日〕铃木正裕:《新民事诉讼法中的法院与当事人》,载〔日〕竹下守夫主编:《讲座新民事诉讼法Ⅰ》,弘文堂1998年版,第37页。

④ 意大利《民事诉讼法》第88条第1款规定:当事人及辩护人有本着诚实信义实施诉讼行为的义务。韩国《民事诉讼法》第1条规定:法院努力使诉讼程序得以公正、迅速且经济地进行;当事人及关系人必须遵从信义对此诚实地予以协力。有关韩国民事诉讼法的汉译本,参见陶建国、朴明姬译:《韩国民事诉讼法典》,载陈刚主编:《比较民事诉讼法(2004年—2005年卷)》,中国人民大学出版社2006年版。

法》第 2 条的"法院和当事人的责务"条旨下确定了该项原则。

关于诚实信义原则的立法意义,日本通说认为,此项原则的法定化可以为法院处理法律没有明文规定的当事人诉讼行为问题提供一般性参考准则。因此,在具体的诉讼案件中,它不仅具有规范当事人诉讼行为的行为规范之功能,还具有调整当事人诉讼行为的裁判规范之功能。[1] 关于诚实信义原则与其他法律规定在适用上的关系问题,日本通说认为,规定诚实信义原则的日本现行《民事诉讼法》第 2 条在性质上属于一般条款,其适用具有例外性、补充性。也就是说,在根据其他的现行法律规定和特定的法解释理论可以得出妥当结论的情形下,法院不应当适用诚实信义原则进行裁判。[2]

三、日本民事诉讼诚实信义原则的法理依据

关于民事诉讼适用诚实信义原则的法理依据,日本学界有两种代表性观点。

一种观点认为,民事诉讼领域适用诚实信义原则是该原则的法理本身不断发展与诉讼观转变相互作用的结果,而立法正是对这一结果的承认和体现。持这种观点的代表学者是中野贞一郎教授。按照这种观点的解释,首先,从诉讼观上考察,民事诉讼关系不是当事人间的对抗关系,而是当事人和法院间的协动关系。民事诉讼是通过这种协动关系来实现其解决纠纷、维护法律秩序、保护民事权利等的制度设置之目的,而这种协动关系的存在及展开有赖于各诉讼主体的"诚实"(Treu)和"信义"(Glauben),亦乃有赖于诚实信义。其次,从诚实信义原则理论

---

[1] 参见〔日〕小室直人等主编:《基本法解释之民事诉讼法 1》,日本评论社 2003 年版,第 12 页。

[2] 参见〔日〕松浦馨:《作为当事人行为的规制原理的信义原则》,载〔日〕新堂幸司主编:《讲座民事诉讼法(4)》,弘文堂 1984 年版,第 251 页。

发展上考察,在当下的法世界中,诚实信义原则在理念上如正义和衡平一样,也已成为具有普遍正当性的理念,其适用范围日益广泛,因此民事诉讼领域也应当适用诚实信义原则。① 简而言之,这种观点主张,协动主义诉讼观和诚实信义原则的普适性是民事诉讼法确立诚实信义原则的法理依据之所在。

另一种观点认为,民事诉讼领域适用诚实信义原则是为了适应社会关系以及民事诉讼的发展状况之要求,而立法是对这一要求的回应。持此观点的代表性学者是山木户克己。按照这种观点的解释,即使不将民事诉讼关系解释为法院和当事人间的协动关系,在民事诉讼领域也应当适用诚实信义原则。这是因为,在现实社会发展条件下,当事人在实体法律关系上的利益冲突有所激化(如群体纠纷等),进而导致民事诉讼关系也日趋多样化、复杂化(如现代型诉讼等),诉讼上的攻击防御变得愈加紧张激烈,而这些情形的出现是立法者在立法之初始料不及的。因此,为了妥善解决现行法的不足,以应对各种诉讼上事宜,民事诉讼领域应当适用诚实信义原则作为法律对策。② 归纳而言,这种观点是从诚实信义原则所具有的衡平理念以及弥补现行法不足(法律漏洞)的特质出发,将其作为补充性法律规范,借此应对日益复杂化的民事诉讼,并认为此乃民事诉讼法确立诚实信义原则的法理依据。

对此,有日本学者主张,上述两种观点并非相互排斥的关系,而都应当是民事诉讼诚实信义原则的法理依据。目前,此种观点属于日本学界的有力学说。按照这种观点解释,就上述第一种观点而言,由于民事诉讼法规定法院具有促进诉讼程序得以公正且迅速地进行的责务,而若使法院顺利地履行这种责务,则有赖于当事人遵从诚实信义原则进行诉讼活动。否则,任由当事人过度"两造化"地进行诉讼,就会出现

---

① 参见〔日〕中野贞一郎:《诉讼关系与诉讼行为》,弘文堂1961年版,第60页。
② 参见〔日〕山木户克己:《民事诉讼与信义原则》,载〔日〕末川博:《权利的滥用(中)》,有斐阁1962年版,第266页。

不适时提出重要的诉讼攻击防御方法之类的现象,进而对法院审理的正当性构成妨碍。因此,从协动主义诉讼观立场调整当事人诉讼行为,应当是民事诉讼法规定诚实信义原则的一个重要法理依据。就上述第二种观点而言,在日本现行《民事诉讼法》明文规定不能对诉讼行为进行合理调整的情形下,诚实信义原则作为补充性法律规范,具有对诉讼行为进行具体妥当性调整的功能,这也是民事诉讼法规定诚实信义原则的法理之所在。①

四、日本民事诉讼诚实信义原则的适用范围

关于民事诉讼诚实信义原则的适用范围,日本学界讨论的主要问题有两个:一是诚实信义原则在何种诉讼主体之间适用,以及其适用的法理依据是什么?二是对于法院对当事人的诉讼行为(审判行为)是否也适用诚实信义原则进行调整?

(一) 诚实信义原则的适用主体范围及其法理依据

日本学界多数说认为,诚实信义原则既适用于当事人之间的诉讼关系,也适用于当事人对法院之间的诉讼关系。其中,有关多数说法理依据的解释又分为通说和少数说。通说以诚实信义原则的功能为依据主张,对于当事人对法院之间的诉讼关系适用诚实信义原则具有确保两者间实现实质性协同关系的功能;而对于当事人间的诉讼关系适用诚实信义原则,则具有维持两者间实质性衡平关系的功能。但是,少数说认为,当事人对法院之间的诉讼关系适用诚实信义原则是为了满足"诉讼制度运营的必要性"之要求;而在当事人对当事人之间的诉讼关系适用诚实信义原则则是出于"处理诉讼案件和妥当性"之需要。②

---

① 参见〔日〕秋山干男等:《民事诉讼法解释Ⅰ》,日本评论社 2006 年版,第 46 页。
② 参见〔日〕三宅省三等主编:《注解民事诉讼法(1)》,青林书院 2002 年版,第 23 页。

另外，多数说主张，以两种关系为标准划分民事诉讼诚实信义原则的适用范围，有着非常重要的实际意义。由于在当事人之间适用诚实信义原则的目的及功能是为了确保双方当事人之间的衡平，因此在这一范围内适用诚实信义原则应当以当事人提出申请为原则，即只有在当事人申请适用诚实信义原则的情形下，法院才应当就是否适用进行斟酌和判断。与之相反，在当事人对法院之间发生关涉诚实信义原则的问题时，是否适用该原则进行调整，则应当由法院依职权作出裁量。① 但是，对于多数说持反对观点的学者认为，法院是否适用诚实信义原则与上述依诉讼主体划分该原则的适用范围观点之间没有直接关系，因为对于一个具体案件究竟是依据当事人申请还是依据法院职权适用诚实信义原则，应当根据案件的性质加以决定。② 在实务中，对于当事人没有就相对方违反诚实信义原则的诉讼行为提出适用该原则加以调整的情形，法院也会依职权根据诉讼的具体情形作出是否适用的判断。在这个意义上，日本判例实际上是持反对说③。

日本学界关于诚实信义原则适用范围的少数说认为，该原则只适用于当事人之间，其代表者是竹下守夫先生。他认为，诚实信义原则的功能是调整和衡平具有对等和平等诉讼地位及关系的当事人之间的利益，由于法院和当事人之间属于权力和服从的关系，法院履行职务无须以取得当事人的信赖为条件，且法院还有权对当事人的不诚实、不信义之行为以滥用诉讼权利为理由加以排斥，因此法院和当事人之间不适用诚实信义原则。与此同时，少数说还主张，按照当事人之间和法院与

---

① 参见〔日〕中野贞一郎：《民事诉讼中的信义原则与禁反言》，载〔日〕三个月章、青山善充编：《民事诉讼法的争点》，有斐阁1979年版，第42页。
② 参见〔日〕新堂幸司等主编：《注释民事诉讼法》，有斐阁1991年版，第51页。
③ 相关判例有日本最高法院的1959年3月26日民事判决、1966年7月14日民事判决、1968年2月27日民事判决等。本项资料引自〔日〕篠田省二：《论是否需要提出滥用权利、违反公序良俗之主张》，载〔日〕铃木忠一、三个月章主编：《新·实务民事诉讼讲座2》，日本评论社1981年版，第35、50页。

当事人之间的关系划分诚实信义原则的适用范围，未必是一种体系化把握民事诉讼诚实信义原则适用状况的确切方法。①

（二）法院对当事人的诉讼行为是否适用诚实信义原则问题的讨论

如上所述，日本学界多数说认为，法院和当事人之间的关系也适用诚实信义原则进行调整，并就当事人对法院的诉讼行为适用诚实信义原则调整达成共识。但是，就法院对当事人的诉讼行为是否也适用诚实信义原则调整的问题，多数说之间却存在肯定论和否定论的对立。

肯定论者主张，对于法院变更法律观点和判例之类的诉讼行为（审判行为），应当适用诚实信义原则进行调整。也就是说，法院在开示法律见解之后，未对当事人进行告知，而径直在判决中采用新的法律见解变更先前法律见解的情形，或者在变更判例前未将此情况告知当事人，进而未向当事人提供辩论机会的情形，都应当属于违反诚实信义原则。肯定论者的理由是，诉讼关系属于协动性法律关系，从公平立场出发，它不仅要求作为协动主体一方的当事人之诉讼行为遵从信义，也要求同作为协动主体一方的法院的诉讼行为符合信义。② 对此，否定论者引用立法资料认为，由于立法者对诚实信义原则适用范围的文字解释是"承担诚实信义义务者限定为当事人"③，因此法院对当事人的诉讼行为不适用诚实信义原则进行调整。另有学者认为，虽然就法院对当事人间的关系不适用诚实信义原则进行调整，但对于法院不行使释明权的消极行为，当事人可以以法院违反释明义务为理由，主张自己的诉讼行

---

① 参见〔日〕竹下守夫：《诉讼行为与信义原则》，载〔日〕小室直人主编：《判例演习讲座之民事诉讼法》，世界思想社1973年版，第146页。

② 参见〔日〕山本和彦：《民事诉讼中法律问题的审理构造·4》，载《法学协会杂志》107卷第3号，1990年。

③ 《日本法务大臣官房司法法制调查部及法律审议会民事诉讼法部会第28次会议议事记录》（1992年4月30日）。

为不违反诚实信义原则。①

五、日本民事诉讼诚实信义原则的法律效果

日本通说认为,诚实信义原则的法律效果虽然因适用的具体案件情形不同而不同,但是从整体上考察,可以分为实体法上效果和诉讼法上效果。

（一）实体法上效果

这里的实体法上效果是指对违反民事诉讼诚实信义原则的行为进行实体法评价所产生的法律效果,其中损害赔偿义务是典型,而东京地方法院平成11年（1999年）7月30日判决又是代表性判例。该案是以当事人在另案中违反诚实信义原则为理由提起的损害赔偿请求诉讼。在该案中,原告X以土地借租人A为被告提起诉讼,要求法院判决A给付包括支付土地租金以及与之同等数额的损害赔偿金在内的多项诉讼请求。Y因对该土地上A的建筑物设有抵押权,并且为A提供了同于X租金请求部分的履行保证（弁济供託）②,所以以被告方辅助参加人（相当于无独立请求权第三人）身份参与诉讼。该案一审判决对原告X除支付租金请求以外的其他诉讼请求均予以支持,仅就支付租金请求部分以Y提供的偿还保证有效为理由予以驳回。对于一审判决,只有Y表示不服提起控诉（日本实行三审终审制,上诉审分为控诉审和上告审两级）,但控诉法院驳回了其控诉请求。在控诉审辩论程序终结之后,Y取回了对租金请求部分提供的保证金。因此,原告X的支付租金

---

① 参见〔日〕伊藤真:《民事诉讼法（补订第二版）》,有斐阁2002年版,第264页。
② 这里的履行保证是对"弁济供託"的汉译,它是供托的一种。日本法上的"供托"是指供托人依据法律规定的情形,将金钱、有价证券等财产提交国家设置的供托机关管理,并由供托机关让某人取得该财产,据此实现一定法律目的的制度。日本法上的供托类似于我国的提存,但两者在制度目的、适用要件和法律效果上有较大区别。

请求权受到侵害。这是因为，一审判决驳回 X 支付租金请求的理由是其可以通过接受保证金来满足此项请求，X 并没有对此表示不服而提出控诉，进而也就失去了要求控诉法院保护其支付租金请求权的机会。与此同时，Y 取回保证金的行为是发生在控诉审辩论终结之后，X 又因错过提出附带控诉的时机而丧失了对支付租金请求提出附带控诉的机会[1]。加上日本法院的第三审级属于法律审，而一、二审法院在适用法律上并没有错误，因此 X 也不能通过上告审保护其支付租金请求权。在此背景下，X 以 Y 为被告，以其取回保证金的行为构成侵权行为为理由，向东京地方法院提起损害赔偿请求诉讼。东京地方法院在判决中认为，依照民事诉讼诚实信义原则，Y 取回对租金请求部分的保证金行为侵害了 X 的权利，因此，Y 应当向 X 支付与保证金等额的损害赔偿金。

日本学者认为，对于当事人在诉讼中实施的违反诚实信义原则的行为，应当按照其具体情形进行实体法评价，该实体法上效果除损害赔偿外，还应当包括与实体法评价相对应的其他法律效果（如无效、停止等），当事人可以根据相应的法律效果提出不同的诉讼请求，如行为无效请求、停止妨碍请求等。[2]

（二）诉讼法上效果

日本通说认为，依据诉讼行为的性质不同，违反民事诉讼诚实信义原则的诉讼法上效果也不同。诉讼行为依性质分为取效诉讼行为和与

---

[1] 日本法上的附带控诉是指在一审败诉方提起的控诉审程序中，被控诉方当事人可以就一审判决中对自己不利的部分向法院申请变更。与控诉方当事人可以在控诉审辩论程序终结前申请扩张控诉的范围及请求相对应，被控诉方当事人也必须在控诉审辩论程序终结前提出附带控诉。在本案中，如果 Y 是在一审判决后并控诉审提出期间内取回保证金，则 X 可以以此为理由，要求控诉审法院以判决支持其支付租金请求；如果 Y 是在控诉审进行过程中取回保证金，则 X 可以通过提出附带控诉要求控诉审法院以判决支持其支付租金请求。但是，由于 Y 是在控诉审辩论终结后取回保证金的，因此 X 丧失了提出附带控诉的机会。

[2] 参见〔日〕新堂幸司等主编：《注释民事诉讼法》，有斐阁 1991 年版，第 52 页。

效诉讼行为,前者是指当事人要求法院为特定裁判行为以及向法院提供诉讼资料的诉讼行为;后者是指当事人无须法院介入而实施的能够直接产生诉讼法上效果的诉讼行为。

对于违反诚实信义原则的取效诉讼行为,法院应当判断其为不合法,同时还应当不考虑该行为所指向的具体目的和内容是否成立或存在而直接予以排除。例如,当事人的提供证据行为若违反诚实信义原则,则法院可以不问该项举证是否能够证明某一案件事实而直接予以排除。另外,对于取效诉讼行为,当事人可以任意撤回。因此,对于当事人已经撤回的取效诉讼行为,法院因无必要对其合法性进行判断,进而也无须再对之适用诚实信义原则进行调整。

对于违反诚实信义原则的与效诉讼行为,法院应当判断其为无效,使之不发生行为本身所应发生的诉讼法上效果。因为与效诉讼行为可以直接引起诉讼法上效果的发生,所以从维护法的安定性立场出发,不应当允许当事人任意撤回这种诉讼行为,而应当由法院直接判断其为无效。

日本通说认为,相对于现行法律规定和法解释理论,诚实信义原则的适用具有补充性,因此应当对该原则的具体适用持谨慎态度,否则诚实信义原则有可能在适用上出现"有害功能"。[1] 对于当事人违反诚实信义原则的诉讼行为,即使在满足将其判断为不合法或无效的情形下,也不是一律加以限制或排除。对此,有的学者主张,当事人的不诚实行为虽然违反诚实信义原则,但若排除该行为将对其实体法上利益带来远远大于其不诚实行为所造成的损失,在此情形下,就应当限制诚实信义原则的适用。[2] 还有学者主张,当诚实信用原则的适用有可能对诉讼

---

[1] 参见〔日〕坂口裕英:《信义原则在民事诉讼中的功能》,载《法学教室 8》,有斐阁 1975 年版,第 148 页。

[2] 参见〔日〕竹下守夫:《诉讼行为与信义原则》,载〔日〕小室直人主编:《判例演习讲座之民事诉讼法》,世界思想社 1973 年版,第 143、148 页。

程序的安定性和可靠性（確実性）造成损害时，则应当不予适用。还有学者认为，当后行主张与先行主张发生矛盾构成禁反言即违反诚实信义原则时，如果不论后行主张是否真实都否定其效力，则有可能在诉讼中出现因适用诚实信义原则而妨碍发现真实的情形。因此，为了避免发生此种弊害，对于要求发现实体真实的诉讼（如人事诉讼、家事诉讼等），即使后行行为与先行行为相矛盾，但只要后行行为符合发现实体真实的需要，就不应当适用诚实信义原则否定其诉讼法上的效果。[①] 日本判例也支持这种观点[②]。

另外，对于法院根据证据资料认定违反诚实信义原则的事实为存在时，如果当事人没有基于这些事实申请法院适用诚实信义原则进行裁判，则法院是否可以依职权适用该原则进行裁判的问题，日本的多数说持肯定态度，理由是：诚实信义原则是公益性色彩极强的法律规范，因此它是不能交由当事人私自处分的一般法律原则，其适用也不受由私权自治所支持的辩论主义约束。例如，对于违反诚实信义原则的具体事实倘若有证据加以充分证明，那么即使当事人没有申请适用诚实信义原则，法院也可以依职权对是否适用该原则作出裁量。[③] 对此，持反对意见的少数说主张，对于上述情形，为了保障当事人间的衡平，对于当事人间的关系适用诚实信义原则时，必须由当事人提出申请；而对于当事人对法院间的关系适用时，则可以由法院依职权裁量。[④]

[①] 参见〔日〕梅善夫：《矛盾性、重复性主张与信义原则》，载〔日〕新堂幸司等编：《判例民事诉讼法的理论（下）——中野贞一郎先生古稀祝贺》，第225、233页。
[②] 代表性判例有东京高等法院1960年11月18日民事判决。
[③] 参见〔日〕青山善充：《主要事实、间接事实的区别和主张责任》，载〔日〕新堂幸司主编：《讲座民事诉讼法（4）》，弘文堂1984年版，第367页。
[④] 参见〔日〕中野贞一郎：《民事诉讼中的诚实信义原则及禁反言》，载〔日〕伊藤真：《民事诉讼法的争点》，有斐阁1979年版，第42页。

六、日本民事诉讼诚实信义原则的适用类型

诚实信义原则是诉讼中针对具体案件进行利益衡平的裁判规范,为了维护法的安定性,防止其在适用上出现"有害功能",明确其适用要件,日本学理对于诚实信义原则的具体内容按其表现形式予以类型化,并将之称作"信義則の発現形態",本文译作"诚实信义原则的适用类型"。日本通说将诚实信义原则的适用类型分为四类:排除不当形成的诉讼状态(訴訟状態の不当形成の排除),禁止矛盾举动或诉讼上的禁反言(矛盾挙動禁止の原則、訴訟上の禁反言),诉讼权能的丧失(訴訟上の権能の失効),禁止滥用诉讼权能(訴訟上の権能の濫用の禁止)。但是,少数说主张,禁止滥用诉讼权能不属于诚实信义原则的适用类型,只承认除此以外的其他三类。

日本通说与少数说之间的争议焦点是,诚实信义原则和禁止滥用诉讼权能[①]在解释上和适用上是否存在着重复可能性。通说对此持肯定意见。少数说则持否定意见,认为两者之间在解释和适用上不存在重复可能性,所以也不认可禁止滥用诉讼权能属于诚实信义原则的适用类型。日本民事诉讼法学者之间的这一争议,实际上来源于日本民法学者对同一问题的判研。对于日本《民法》第 1 条第 3 款规定的诚实信

---

① 在日本法中,"权利"和"权能"这两个法律概念在解释和使用上都有着一定区别。权利是指法律上认可法律关系主体主张及享有一定利益的地位,即可以要求他人为或不为一定行为的地位,以及自己为或不为某一行为的资格;权能是指法律关系主体对某一事情能够主张及行使权利的能力。就诉讼权能失效和禁止滥用诉讼权能而言,其重点旨在强调当事人因违反诚实信义原则,丧失了主张和行使某项诉讼权利的能力,当事人在丧失权能的情形下主张或行使某项诉讼权利,其行为因被法院判断为不合法或者无效,而不能实现其主张或行使某项诉讼权利所欲达到的目的。但是,在这种情形下,并不意味着否定当事人具有某项诉讼权利及某种法律上认可的地位。例如,民事诉讼当事人享有证明权,但若不按法律规定行使,则有可能丧失主张及行使证明权的能力,而这并不意味着当事人不享有证明权。综上,本文中沿用日本学者的表述,将"訴訟上の権能"译为"诉讼权能"而不是"诉讼权利",以示区别。

义原则和第 4 款规定的禁止滥用权利在解释上和适用上的关系,一些日本民法学者认为存在着重复可能性,其观点又细分为违反诚实信义原则的行使权利行为基本上都构成滥用权利和并非全部构成滥用权利这两种见解。与此相对,有日本民法学者认为,诚实信义原则适用于债权法领域,其目的是对具有特别权利义务关系的当事人之间的利益进行平衡;而禁止滥用权利适用于物权法领域,其目的是对不具有特别权利义务关系的当事人之间的权益进行调整。因此,两者之间在解释上和适用上都不具有重复可能性。① 对于诚实信义原则和禁止滥用权利在民事诉讼领域的关系,日本通说认为,由于在现代法理中,诚实信义原则已经从传统的调整特定当事人间的特别权利义务关系领域向着调整他们所涉及的社会性关联关系领域拓展,因此民事诉讼诚实信义原则的适用也应当依据这一法理,将禁止滥用诉讼权能当作其一种适用类型。② 下面按照日本通说的分类方法,结合相关法理及判例,对民事诉讼诚实信义原则的适用类型作一简述。

1. 排除不当形成的诉讼状态

排除不当形成的诉讼状态是指当事人恶意制造符合诉讼法规定的诉讼状态,以造成该项诉讼法规定被不当适用,或不当妨碍相对方当事人诉讼行为的有效实施,对于这种诉讼状态,法院应当根据诚实信义原则否定该当事人所预期的法律效果。日本法院通过判例确认的不当形成的诉讼状态之典型表现有骗取管辖③、以犯罪手段强迫当事人自认④、所有人违反公序良俗提起第三人异议之诉⑤、原被告合谋制造虚假诉讼

---

① 参见〔日〕秋山干男等:《民事诉讼法解释Ⅰ》,日本评论社 2006 年版,第 40—41 页。
② 参见〔日〕小室直人等主编:《基本法解释之民事诉讼法 1》,日本评论社 2003 年版,第 14 页;〔日〕竹下守夫主编:《讲座新民事诉讼法Ⅰ》,弘文堂 1998 年版,第 42 页;〔日〕中野贞一郎:《诉讼关系与诉讼行为》,弘文堂 1961 年版,第 76 页。
③ 日本札幌高等法院 1966 年 9 月 19 日民事裁定。
④ 日本最高法院 1961 年 10 月 5 日民事判决。
⑤ 日本东京地方法院 1964 年 7 月 13 日民事判决。

骗取判决①等。对于判例的做法,日本有学者认为,不应当将不当形成的诉讼状态视为违反诚实信义原则的形态,而应当将之当作规避相关法律规定适用的问题。因此,应当通过对相关法律规定的解释及明确其构成要件的方式处理相关问题,而不是适用诚实信义原则处理这类问题。②

2. 禁止矛盾举动及诉讼上的禁反言

禁止矛盾举动或诉讼上的禁反言,是指当事人的先行行为与后行行为发生矛盾,而一旦认可后行行为发生法律效果,则将对信任先行行为而获得某种法律地位的相对方当事人的诉讼利益造成侵害,为此,法院通过适用诚实信义原则否定后行行为的法律效果。对于禁止矛盾举动的适用要件,日本通说认为有三:(1)当事人前后实施的两个诉讼行为间有矛盾;(2)相对方当事人对先行行为已经形成信赖;(3)认可后行行为将给相对方当事人带来诉讼上的不利益。对于通说,日本判例也持肯定态度③。需要指出的是,禁止矛盾举动的目的在于防止后行行为给相对方当事人带来诉讼上的不利益,但对于"诉讼上的不利益"之判断,则要结合具体案件作出具体判断。为此,日本学者认为,禁止矛盾举动在适用上存在一定条件的限制和例外。例如,对于身份关系诉讼,因为追求实体真实的价值大于当事人间的衡平,所以在婚姻家庭关系诉讼领域限制适用禁止矛盾举动及诚实信义原则。对于申请、立证、主张之类的取消诉讼行为,因为当事人在原则上有撤回自由,所以在可以自由撤回的限度内,不发生禁止矛盾举动的适用问题。但是,对于日本《民事诉讼法》第179条规定的裁判上自认,则应当适用禁止矛盾举动,不准当事人自由撤回。

---

① 日本最高法院1968年2月27日民事判决。
② 参见〔日〕松浦馨:《作为当事人行为的规制原理的信义原则》,载〔日〕新堂幸司主编:《讲座民事诉讼法(4)》,弘文堂1984年版,第251页。
③ 日本最高法院1973年7月20日民事判决。

3. 诉讼权能的丧失（失权效）

诉讼权能的丧失是指，因一方当事人长期懈怠某项诉讼权利的行使，相对方当事人有充分理由以为其不再行使该项诉讼权利，并据此判断进行诉讼活动，但其后该当事人又通过行使该项诉讼权利侵害了相对方当事人的诉讼利益。对此，法院应当以诚实信义原则认定当事人行使该项诉讼权利的能力（权能）已经失效。与禁止矛盾举动是对当事人的积极行为适用诚实信义原则进行调整相反，诉讼权能的丧失之适用对象是当事人的消极行为。诉讼权能的丧失主要表现为各种没有规定行使期间的诉讼权能的丧失。例如，日本判例认为，对于原告长达35年间不采取诉讼进行措施的情形，应当认定为诉讼权能的丧失，对之起诉，应当以诉之不合法为理由予以驳回[①]。

4. 禁止滥用诉讼权能

诉讼权能是指当事人主张和行使诉讼权利的能力，但当事人不得违反法律规定的宗旨行使诉讼权利，即滥用诉讼权能，而应当根据日本《民事诉讼法》第2条规定的诚实信义原则行使诉讼权利。对于当事人滥用诉讼权能的情形，法院应当适用诚实信义原则加以禁止。日本法院通过判例确认的滥用诉讼权能典型情形有滥用回避申请权[②]、滥用指定期日申请权[③]、滥用起诉权[④]、滥用上诉权[⑤]等。

七、日本法经验对我国民事诉讼诚实信用原则之适用的启迪——代结语

通过上述对日本民事诉讼诚实信义原则法理及适用的介绍，可以认

---

① 日本最高法院1988年4月14日民事判决。
② 日本札幌高等法院1976年11月12日民事裁定。
③ 日本名古屋地方法院1965年9月30日民事裁定。
④ 日本东京地方法院2000年5月30日民事判决。
⑤ 日本最高法院1994年6月4日民事判决。

为，在民事诉讼领域适用诚实信义原则，具有贯彻协同主义诉讼观、平衡当事人间的诉讼利益、追求客观真实、实现"胜者应胜，败者应败"等方面的重要意义。但是，诚实信义原则毕竟是一种抽象的法理念，或是贯穿于整个民事诉讼的一般原则，它虽具有一般条款的特质，但其适用仅是对现行法律规定的例外和补充。因此，如何相对于具体案件适用诚实信义原则，或者如何规范其适用要件和法律效果，应是一个极具理论意义和实践意义的课题。民事诉讼诚实信义原则若得不到实际适用，则会使其立法目的及应有功能被束之高阁。但是，倘若不具规范及不分场合泛用民事诉讼诚实信义原则，则又可能破坏法的安定性和可预测性。上述日本法经验告诉我们，对于民事诉讼诚实信义原则的立法尤其是适用，应当持积极的谨慎态度。2012年，我国《民事诉讼法》通过修改第13条第1款明确规定了民事诉讼诚实信用原则。对于如何解读和适用此项新原则，成为当下我国学界和实务界共同关注的热点课题。

第一，与日本法不同，从条文表述上考察，我国民事诉讼诚实信用原则的适用范围不仅包括当事人之间的诉讼关系，还包括人民法院与当事人之间的诉讼关系，即"民事诉讼应当遵循诚实信用原则"。笔者以为，此种立法更加体现了协同主义诉讼观（新诉讼法律关系说）[①]，也符合现代民事诉讼法制的发展潮流。日本法则有将当事人的诉讼地位由诉讼主体降为诉讼客体之嫌，似乎在民事诉讼中只有当事人是遵守诚实信用原则的义务者，而法院享有不遵守该原则的优越地位。但是，从民事诉讼诚实信用原则的立法目的上分析，中日两国十分相似：日本是为了遏制当事人的不诚实诉讼活动，我国则是为了防止当事人滥用

---

① 新诉讼法律关系说是在批判旧诉讼法律关系说和汲取诉讼法律状态说的基础上，以协同主义诉讼观为指导，以诉讼权利、诉讼义务和诉讼责任为内容的三面诉讼法律关系理论。关于新诉讼法律关系说的阐述，参见陈刚：《民事诉讼的基本意义》，载陈刚主编：《比较民事诉讼法（2009—2011年合卷·总第八卷）》，中国法制出版社2012年版，第478页以下。

诉讼权利。结合我国民事诉讼诚实信用原则的立法过程分析,在 2012 年修改《民事诉讼法》的过程中,最初条文草案的表述是"当事人行使权利应当遵循诚实信用原则",并将之置于第 13 条第 2 款,其适用主体范围仅限于当事人间的诉讼关系。尽管最终通过的条文是"民事诉讼应当遵循诚实信用原则",将适用主体范围扩展到民事诉讼整个领域,即包括人民法院、当事人、诉讼参与人等一切参加民事诉讼活动的主体。但是,这是否就意味着立法者有将适用主体范围扩展到人民法院与当事人之间诉讼关系之考虑?由于目前尚缺乏公开的立法资料加以支持,因此该问题的最终解释尚待立法者作出。

这里有种推测,在 2012 年修改《民事诉讼法》的过程中,第 13 条第 2 款条文草案关于民事诉讼诚实信用原则的表述似乎与立法目的之间发生了脱节。如上所述,我国民事诉讼诚实信用原则的立法背景是基于实务中当事人恶意诉讼、拖延诉讼等滥用诉讼权利现象频繁发生,其立法目的在于有效遏制此类现象,并没有强调人民法院的审判活动应当遵守民事诉讼诚实信用原则之预设。况且,从立法技术上分析,此项原则之安排也并非如日本法那样置于民事诉讼法的"通则"之中,而是先被置于第 13 条处分原则之下,作为该条的第 2 款,后经修改和调整作为第 13 条第 1 款。然而,众所周知,处分原则是仅适用于当事人的诉讼原则,不适用于人民法院。因此,仅从我国民事诉讼诚实信用原则的立法体例上考察,似乎也在说明处分原则不适用于人民法院。

另有需要指出的一点是,民事诉讼诚实信用原则应当是贯穿于整个民事诉讼法的一项诉讼基本原则,其不仅适用于受处分原则支配的诉讼领域,也适用于受辩论原则支配的主张、立证等诉讼领域。因此,立法上应当将民事诉讼诚实信用原则单列一条加以规定,而不应当将其置于处分原则条文之下或与处分原则合并为一条。退一万步而言,即使不将民事诉讼诚实信用原则单列一条加以规定,而是出于某种考虑将其合并于其他法条之中,但立法者将其合并于处分原则而不是其他法条中的法理意味何在呢？对此,也尚待立法者作出解释。

　　第二,民事诉讼诚实信用原则既是一项诉讼基本原则,也是一条高度抽象的裁判规范。如何将高度抽象的法律规范适用于具体案件,实在是一件十分复杂的法解释活动。日本法院是采用判例方式指导民事诉讼诚实信义原则的具体解释及适用,并加之类型化。而按照我国民事审判的惯常做法,今后有可能是通过最高人民法院出台司法解释和指导性案例方式指导民事诉讼诚实信用原则的具体适用。但是,有学者指出,制定司法解释面临的困难之一是,如果从规范技术上对民事诉讼诚实信用原则的适用加以抽象化和类型化,就需要以相当的司法经验和抽象能力为基础,而一旦抽象化又有可能存在一些抽象规范与具体案情无法对接适用的问题;如果通过指导性案例指导民事诉讼诚实信用原则的适用,又会因为典型案例收集需要时日,且指导性案例的产生程序也相当复杂,导致这种方法在短时期内处于"远水不解近渴"的状态。①

　　日本法院之所以能够通过判例灵活地指导民事诉讼诚实信用原则的解释和适用,是因为日本有着不同于我国的审级制度。日本最高法院属于最高上诉审和法律审法院,由于其审理的每一类型具体案件都只涉及法律适用问题,因此必然会引起法学界和各级法院的关注。日本最高法院的判例按照各部法律条文顺序以判例集的形式对外公布,这便于各级法院理解和把握最高法院对某一法律条文的解释和适用,从而便于民事诉讼诚实信用原则在解释和适用上的类型化。但是,我国最高人民法院虽有解释法律适用的权限,但由于同时兼具事实审和法律审的功能,因此其审理的每一类型具体案件并不当然地引起法学界和地方各级人民法院的关注,也不便或难以按各部法律条文顺序编辑出版判例集。最高人民法院近年来出台的指导性案例虽对指导地方

---

　　① 参见张卫平:《论民事诉讼中的诚实信用原则》,载《人民法院报》2012年9月12日。

各级人民法院的法律适用有所助力,但缺乏体系性,不同于包括日本在内的各国最高法院定期公布和出版的判例集,因此其指导性作用也相当较小。可以认为,建立法律审或类似法律审机构以发挥最高人民法院的法律适用解释之功能,是构建我国判例体系的必然出路。只有这样,民事诉讼诚实信用原则的适用也才有可能具备规范化、类型化的条件,否则,此项原则极有可能或因为"适用难"被置于空阁,或因为缺乏规范性和类型化而被滥用。

第三,按照上述日本法理和判例的解释,在民事诉讼诚实信用原则的解释和适用上,必须厘清一般条款和个别条款的适用关系,以及诉讼基本原则意义上的诚实信用原则和裁判规范意义上的诚实信用原则之差异①。民事诉讼诚实信用原则是民事诉讼法上的基本原则,但它同时也是具有裁判规范性质的一般条款。对于民事诉讼中当事人故意拖延诉讼、提供伪证、恶意起诉或上诉等之类的诉讼行为,我们应当将其判断为违反了民事诉讼诚实信用原则。但是,某一诉讼行为是否违反诚实信用原则以及是否对之适用《民事诉讼法》第 13 条进行调整,这在法理上属于两个范畴。这是因为,裁判规范意义上的民事诉讼诚实信用原则属于一般条款,与处理违反民事诉讼诚实信用原则行为(如故意拖延诉讼、提供伪证、恶意起诉或上诉等)的法律具体规定之间,存在着一般条款与个别条款的关系。按照特别法(特别规定)优先于一般条款适用的法理及法律原则,民事诉讼诚实信用原则因属于补充规定及例外规定,应当在某一行为违反民事诉讼诚实信用原则且现行法没有明确规定相应的调整规范(个别条款)之前提下,才可以以民事诉讼诚实信

---

① 实际上,诚实信用原则在实体法领域的适用也是如此。例如,不履行合同的行为虽然属于违反实体法上诚实信用原则的行为,但是对之首先应当适用法律规定的违约责任(个别条款)予以追究,而不是直接适用实体法上诚实信用原则为裁判规范进行追究。只有当现行民事实体法上有关违约责任的规定出现"法律漏洞"抑或是不足以追究某种不诚实信用行为时,方可适用作为补充条款的实体法上的诚实信用原则作为裁判规范追究。此乃民法学界之通说。

用原则为裁判规范进行调整。例如,恶意诉讼虽然属于违反民事诉讼诚实信用原则的行为,但由于《民事诉讼法》第 112 条规定,"当事人之间恶意串通,企图通过诉讼、调解等方式侵害他人合法权益的,人民法院应当驳回其请求,并根据情节轻重予以罚款、拘留;构成犯罪的,依法追究刑事责任",因此对于符合该条情形的恶意诉讼行为,不应当适用《民事诉讼法》第 13 条进行调整,而应当按照该条规定追究法律责任。需要指出的是,如果在理论上没有明确认识到民事诉讼诚实信用原则的裁判规范意义和诉讼基本原则意义之区别,以及其作为一般条款与个别条款在适用上的顺序关系,在民事审判实践中就极有可能出现以一般条款取代个别条款之适用的乱象。

例如,就《民事诉讼法》第十章规定的"对妨害民事诉讼的强制措施"以及第 65 条第 2 款有关逾期提供证据行为的法律责任与作为裁判规范的民事诉讼诚实信用原则的适用关系而言,虽然妨害民事诉讼行为和逾期提供证据行为在一定程度上也属于违反诉讼基本原则意义上的民事诉讼诚实信用原则之行为,但由于民事诉讼法已经对这些行为的处理方式作了具体规定,因此这些行为不属于《民事诉讼法》第 13 条的适用对象,或者说不属于作为裁判规范的民事诉讼诚实信用原则的适用对象。反之,如果在民事审判实践中,人民法院不对规制这些行为的具体法律规定进行调查,而是直接适用民事诉讼诚实信用原则为裁判规范,就很有可能构成民事诉讼诚实信用原则的滥用。

第二部分

民事诉讼制度的现代化

壹　民事诉讼鉴定制度的完善与法系意识

按照时下较为流行的观点,"鉴定乱"是存在于我国民事诉讼鉴定领域的主要问题之一,它对包括民事审判制度在内的司法制度的正常运行构成一定影响,因此应当通过加强司法鉴定工作管理和推进司法鉴定体制改革予以根治[①]。对此,本文的问题意识是:第一,"鉴定乱"与现行司法鉴定体制之间究竟存在着何种意义上的联系?这种联系倘若具有必然性,那么仅仅通过推进现行司法鉴定体制改革就能够加以根治吗?第二,"鉴定乱"究竟以何种方式于何种程度上影响了民事审判制度的正常运行?第三,我们应当建设一个什么样的民事诉讼鉴定制度,以促成民事审判制度目标的实现?上述设问将构成本文的研究对象及范围,或者说本文将围绕着这些问题展开论述。

毋庸讳言,理论界和实务界对于我国民事诉讼鉴定领域问题以及相关对策的讨论十分热烈,相关研究成果更是堆积如山。但是,与既有的

[①] 笔者以"司法鉴定"和"鉴定体制改革"为关键词,通过"中国知网"查询的结果发现,与之相关的中文期刊论文有192篇,其中研究主题涉及"司法鉴定"的论文竟高达11011篇(2012年8月26日最终访问)。另外,笔者又以"鉴定乱"和"司法鉴定体制改革"为关键词,通过"搜狗"搜索引擎的查询结果显示,相关网页为38831条(2012年8月26日最终访问)。本文中有关我国学界和实务界对"鉴定乱"问题的表现、影响、对策的观点以及"流行观点"的整理和描述,是参考和建立在上述文本基础上的,由于这些文献中的绝大多数内容重复、观点相同,因此本文中除特别之处以引注表示出处外,原则上不再标明出处。

研究成果有所不同,本文将以法系意识论①为指导展开所思所论。本文的研究结论如下:一是从现行民事诉讼鉴定法制所具有的"双重目的论"立场考察,所谓的"鉴定乱"是其必然产物。二是具有充实对抗性辩论意义的"鉴定乱"不但没有从实质上影响民事审判制度目标的实现,反而着眼于未来,在促成民事审判制度目标的实现方面保有值得期待的积极作用。三是我国现行民事诉讼鉴定法制面临的危机来自两个方面:首先,由于制度运行缺乏保障当事人充分行使辩论权的程序设计,因此鉴定程序难以充分发挥消化和吸收当事人的疑虑和不满之功能,进而使以鉴定结论为认定事实依据的判决因难以获得当事人的信服而失去权威性和确定性;其次,由于司法诚信体系建设的空间甚大,民事审判的公信力还有待于大幅度提高,因此以鉴定结论为认定事实依据的判决时常不容易获得当事人的信服。为此,应当考虑在充分保障当事人辩论权的基础上,建立对等、公正、透明的凝聚共识型民事诉讼鉴定体制,以实现公正、高效、权威的民事审判制度。

一、民事诉讼鉴定制度的目的论与"鉴定乱"

有流行观点认为,对我国民事审判制度有序运行造成严重影响的"鉴定乱"问题主要体现为"多头鉴定""重复鉴定""鉴定分歧"等,而现行司法鉴定体制的不完善是引发这些问题的主要原因。但是,本文以为,造成"鉴定乱"的根本原因不在于现行司法鉴定体制,而在于现行鉴定制度尤其是其设置目的具有"双重性"。这是因为,从制度与体制的

---

① 法系意识论是笔者结合我国民事诉讼法制及其理论流变之实际提倡的学术方法论。与通常的比较法学研究方法不同,法系意识论是通过梳理和解读我国民事诉讼法制的演进实况,以认识和解决现行民事诉讼法制及其理论本身存在的问题为指向,服务于健全我国民事诉讼法制及其理论之目的的学术方法论。关于法系意识论的意义,参见陈刚:《中国民事诉讼法现代化百年进程中的法族意识》,载江伟主编:《比较民事诉讼法国际研讨会论文集》,中国政法大学出版社2004年版。

关系上考察,鉴定制度是司法鉴定体制的基础,它决定着司法鉴定体制的根本特质和发展方向。同时,司法鉴定体制服务于鉴定制度,并使鉴定制度得以体现以及巩固、发展、完善。由于鉴定制度需要通过与之相适应的司法鉴定体制反映出来,因此司法鉴定体制不能背离鉴定制度的要求,否则将会架空鉴定制度的设置目的。

作为本文研究对象的鉴定制度仅限于民事诉讼领域,更确切地说,是指我国现行民事诉讼法制上的鉴定制度。制度既是人为也是历史的产物,民事诉讼鉴定制度乃国家制度的一种,当然也是如此。在当今诸国法制体系中,因国情及法政策不同,各个国家民事诉讼鉴定制度的设置目的各异。倘若从比较法上考察,可以将诸国设置民事诉讼鉴定制度的目的大致分为两类:一是以英美法系国家为代表的专家证人制度,在对抗制诉讼理念支配下,其设置目的是充实当事人的诉讼攻击防御方法。二是以德国等大陆法系国家为代表的鉴定制度,以发现真实诉讼理念为指导,其设置主要是为了辅助法官在认定事实方面的判断能力。两大法系国家的民事诉讼鉴定制度因设置目的不同,其具体运行方式也差别甚大,对此,我国学者已论著颇丰,恕不在此赘述。

(一)我国民事诉讼鉴定制度的目的

从法系意识上考察,我国现行民事诉讼法上的鉴定制度乃沿袭苏联法理[①]而成。苏联学者主张,鉴定是法院在缺乏专门知识的情形下所利用的一种认识、研究和审查证据的方法[②],即鉴定制度的设置是为了辅

[①] 有关苏联民事诉讼法上鉴定制度及其法理的文献,参见〔苏联〕C. H. 阿布拉莫夫:《苏维埃民事诉讼(上)》(中国人民大学民法教研室译,中国人民大学,1954年)第十一章第十二节"鉴定";〔苏联〕阿·阿·多勃罗沃里斯基等:《苏维埃民事诉讼》(李衍译,法律出版社1985年版)第十五章第十四节"鉴定人意见";〔苏联〕安·扬·维辛斯基:《苏维埃法律上的诉讼证据理论》(王之相译,法律出版社1957年版)第四章第八节之"鉴定的意见";等等。

[②] 参见〔苏联〕阿·阿·多勃罗沃里斯基等:《苏维埃民事诉讼》,李衍译,法律出版社1985年版,第220页。

助法官认定事实的能力。我国通说认为,"人民法院审理民事案件,需要解决专门性问题时,可以通知有关部门指定有专业知识的人进行鉴定"①。由此不难理解,鉴定是为了人民法院解决专门性问题之需要而设,即以辅助法官判断能力为目的。现行《民事诉讼法》建立在《民事诉讼法(试行)》的基础之上,虽然前者对后者有关鉴定的规定尤其是指定鉴定人的方式进行了实质性修改,但就鉴定制度的设置目的却完全保持一致。《民事诉讼法(试行)》第63条规定以"人民法院需要解决专门性问题"为鉴定制度之目的,而现行《民事诉讼法》第76条是以"人民法院对专门性问题认为需要"为鉴定制度之目的,虽然两条在表述上略有差异,但无关鉴定制度乃以辅助法官判断能力为目的之宏旨。由于鉴定制度之设置目的在于辅助法官判断能力,因此按照《民事诉讼法(试行)》和现行《民事诉讼法》的规定,对于具体诉讼案件中的问题是否需要使用鉴定,全由人民法院根据案件审理情况自行裁量,即鉴定程序启动权属于人民法院。在法官中立原则下,由于鉴定人属于辅助法官进行事实认定的专家并由法官指定,因此其诉讼地位同于法官地位,必须保持中立性。因此,当事人也可以与法官一样,对鉴定人申请回避。由比较法上观之,我国民事诉讼法上鉴定制度之设计,虽亲近于德国等大陆法系国家,但立于英美法系国家专家证人制度之另端。

但是,就我国现行民事诉讼鉴定法制的整体而言,近些年随着所谓"当事人主义诉讼模式"的渗透,尤其是在具有司法解释性质的《最高人民法院关于民事诉讼证据的若干规定》(下称《证据规定》)和具有法律性文件性质的《全国人民代表大会常委会关于司法鉴定管理问题的决定》(下称《鉴定决定》)的推动下,其不仅在运行方式上日趋"当事人主义化",而且制度性目的也在相当程度上质变成了当事人的诉讼攻击防

---

① 法学教材编辑部《民事诉讼法教程》编写组:《民事诉讼法教程》,法律出版社1983年版,第211页。这部教材由新中国民事诉讼法学缔造者共同编写,现被我国民事诉讼法学界奉为学习和研究我国民事诉讼法学的必备经典,并以此教材所持观点为通说。

御方法。按照《鉴定决定》第 1 条规定的解释,鉴定不再是《民事诉讼法》第 76 条规定的"人民法院对专门性问题认为需要",而是"鉴定人运用科学技术或者专门知识对诉讼涉及的专门性问题进行鉴别和判断并提供鉴定意见的活动"。与此同时,《鉴定决定》还以"司法鉴定"概念取代了民事诉讼法上特指的"鉴定"概念,在所谓的"司法鉴定"概念下,民事诉讼中的鉴定既包括民事诉讼法上由法院启动以辅助法官判断能力为目的的鉴定,也包括当事人通过自行委托方式向人民法院提交鉴定结论,以充实当事人诉讼攻击防御方法为目的的鉴定(《证据规定》第 41 条)。同时,对于司法鉴定程序的启动,按照《证据规定》的规定采用职权主义和当事人主义并行的"双轨制"(《证据规定》第 31、40 条)。

笔者认为,《鉴定决定》和我们通常使用的"司法鉴定"概念,有可能是来自苏联法的概念。但是,苏联法上的司法鉴定概念之意义不同于《鉴定决定》中所指的"司法鉴定"。苏联法将由法院指定进行鉴定的人称作司法鉴定人,同时又在一定场合将司法鉴定人进行的鉴定称作司法鉴定。因此,苏联法上的司法鉴定是指:"法院通过其所指定的在科学、艺术及工艺方面具有专门知识的人,根据其对案情的了解及对某些客体的研究向法院所作的意见而取得对案件有意义的事实材料的一种方法。"[①]而《鉴定决定》中使用的司法鉴定概念,其意义既包括苏联法上的司法鉴定,又包括大陆法上所指的"私鉴定",即当事人自行委托专家进行的鉴定。

综上,由于《民事诉讼法》《证据规定》《鉴定决定》都是调整我国民事诉讼鉴定制度的法律依据,因此我国现行民事诉讼鉴定制度具有了"双重目的",即一方面是辅助法官的判断能力,另一方面是充实当事人进行诉讼攻击防御的方法。可以认为,我国现行民事诉讼鉴定法制是兼具英美法系和大陆法系之法系意识的混合型法制,若从比较法上考

---

① 〔苏联〕C. H. 阿布拉莫夫:《苏维埃民事诉讼(上)》,中国人民大学民法教研室译,中国人民大学,1954 年,第 297 页。

察,它与日本民事诉讼鉴定法制最为相近。①

(二)"双重目的"与"鉴定乱"的成因

流行观点认为,当下影响我国民事审判制度得以顺利运行的鉴定乱象包括"多头鉴定""重复鉴定""鉴定分歧"等。就它们之间的相互影响关系而言,由多个鉴定机构对同一问题进行的"多头鉴定"是引发和导致"重复鉴定"和"鉴定分歧"的重要基础,而"重复鉴定"和"鉴定分歧"可谓"多头鉴定"的必然产物。目前,诸多论述偏重于改进司法鉴定体制尤其是司法鉴定管理体制,在此前提下提出克服"鉴定乱"对策,但笔者认为,按照这种思路进行的改革或许可能在一定程度及某些方面减少"鉴定乱"问题,但最终只能起到治标不治本的效果。这是因为,造成"鉴定乱"的根本原因在于制度设计者以"双重目的"改变了民事诉讼法对鉴定制度目的的定位,而这种具有"双重目的"的鉴定制度在运行中必然伴生着"鉴定乱"问题。如前所述,体制是对制度的反映,欲通过推进司法鉴定体制改革来彻底解决"鉴定乱"问题,可谓"搭错了脉开错了处方"。

在辅助法官判断能力的鉴定制度目的论下,鉴定程序启动权仅由法官依自由裁量决定,因而也就不可能发生多个鉴定机构对同一问题进行"多头鉴定"的现象。即使法官认为首次鉴定的过程有问题或其结论不能够达至辅助自己判断能力的目的,有必要对同一问题进行二次鉴定抑或是再鉴定,也不可能发生中国式对同一问题由法院和当事人并行启动鉴定程序的"多头鉴定"现象。简言之,在辅助法官判断能力的鉴定制度目的论下,民事诉讼中的鉴定仅指法官依职权启动的鉴定,抑或是民事诉讼理论上所称的"公鉴定",它不包括当事人自行委托的鉴定(理论上称之为"私鉴定")。虽然在"公鉴定"设计下,有些国家法律

---

① 参见陈刚主编:《自律型社会与正义的综合体系——小岛武司先生七十华诞纪念文集》,陈刚、林剑锋、段文波等译,中国法制出版社2006年版。

规定当事人享有申请鉴定权,但是否需要启动鉴定程序最终仍由法官依自由裁量决定。因此,中国式的"多头鉴定"现象无处生根,继而也就不会发生由此引起的"重复鉴定""鉴定分歧"之乱象。需要指出的是,在辅助法官判断能力的鉴定制度目的论下,当事人的私鉴定与公鉴定之间可能发生"鉴定分歧"现象。但是,私鉴定属于当事人的诉讼攻击防御方法,不具备辅助法官判断能力之制度设计目的,提供私鉴定的专家之诉讼地位属于证人,其就鉴定事项发表的意见属于当事人陈述。因此,在德日民事审判实践中,私鉴定与公鉴定之间的分歧不同于我国民事审判实践中在同谓司法鉴定名义下发生的"鉴定分歧",而是在严格区分公鉴定与私鉴定之意义基础上的分歧,其实质是具有中立地位的鉴定人与"党派证人"之间发生的分歧。

在当事人攻击防御方法的鉴定制度目的论下,是否聘请专家证人以及聘请何人为专家证人都由当事人自行决定,因此专家证人具有强烈的"党派性"特征,其参与诉讼活动的目的是利用自己的专业知识及经验帮助本方当事人获得利己的事实认定。由于在对抗制诉讼中当事人各方都可以自行委任专家证人,而专家证人也可以为本方当事人的诉讼利益各抒己见,因此"多头鉴定"(各方专家证人同时出庭或一方当事人同时委托数位专家证人)、"重复鉴定"(替换专家证人)、"鉴定分歧"(专家证人意见对立)是为常态。但是,专家证人制度下的这种"鉴定乱"(专家证人间的相互对抗)不同于当下中国式的"鉴定乱",因为专家证人不同于以自己的专业知识辅助法官判断能力的鉴定人,专家证人的诉讼地位不具中立性,也不适用回避制度,他只需为本方当事人的诉讼利益负责。换言之,如果我国法律也规定鉴定人不再具有中立性且不适用回避制度,其诉讼地位属于只为委托方当事人诉讼利益服务的专家证人,那么我们也就没有必要从理论上和实践上讨论如何解决"鉴定乱"的问题了。

如上所述,在辅助法官判断能力和当事人诉讼攻击防御方法的鉴定制度目的论下,都可以杜绝或避免中国式的"鉴定乱"现象发生。但是,我国现行民事诉讼鉴定制度具有"双重目的",它要求鉴定的过程和结果在保持中立性的同时又具有"党派性",但毕竟中立性和"党派性"属于对立关系,两者不可能同时兼顾。简言之,若从现行民事诉讼法的解释论立场考察,因鉴定程序启动权属于人民法院的职权,所以"多头鉴定"现象无从发生,进而也就不可能产生因之引起的"重复鉴定""鉴定分歧"等乱象①。但是,《鉴定决定》和《证据规定》打破了民事诉讼法的立法趣旨,认可人民法院和当事人双方、律师事务所等齐头并进以及当事人主义和职权主义并行的鉴定程序启动方式,这在赋予"多头鉴定"以法律依据的同时,也为"重复鉴定""鉴定分歧"等乱象的发生埋下了伏笔。

总之,现行司法鉴定体制不完善并非造成"鉴定乱"的主要原因,而具有"双重目的"且决定着这种体制的民事诉讼鉴定制度才是引发"鉴定乱"的根本原因。在"党派化"和司法鉴定体制"市场化"的当事人诉讼攻击防御方法的鉴定制度目的论下,要求鉴定机构和鉴定人保持中立性不仅不符合事物的发展规律,甚至就如同要求资本不以追求利润而以承担社会责任为目的一样,完全是一种不切实际的妄语。我国民事诉讼鉴定制度的运行现状已经对此予以充分证明②。如后所述,只有将两种制度性目的不同的鉴定即公鉴定和私鉴定加以区分,让鉴定机构尤其是鉴定人在从事公鉴定时依法保持中立性,在从事私鉴定时成为具有"党派性"的专家证人,才能够从根本上厘清和理顺鉴定人与人

---

① 需要指出的是,在试行民事诉讼法时期,由于鉴定机构和鉴定人制度尚未建立,因此引发了"人情鉴定""关系鉴定"之类所谓的"鉴定乱"现象,并破坏了鉴定结论的科学性和权威性。但是,缺乏中立性的"人情鉴定"的鉴定启动权仍属于人民法院的职权,因此,由"人情鉴定""关系鉴定"引发的"重复鉴定""鉴定分歧"问题不同于当下"多头鉴定"引起的"重复鉴定""鉴定分歧"。

② 按照《鉴定决定》第9条"鉴定人应当依照诉讼法律规定实行回避"的规定,鉴定人不论是受当事人委托还是人民法院指定,都应当保持中立性。但是,在鉴定机构走向"社会化"之后,鉴定人面临着恶性竞争和经济利益的诱惑,加上"双重目的"的鉴定制度本身就内含有"党派化"的要素,因此不可能保持中立性。参见赵蕾、苏永通、褚福民:《司法鉴定改革期望结束乱局》,载《南方周末》2006年10月26日。

民法院、当事人之间的民事诉讼鉴定法律关系,促成新型司法鉴定体制及其管理体制的形成和发展。

二、"鉴定乱"给民事审判制度目标的实现带来了何种影响

公正、高效、权威既是我国社会主义司法制度的建设目标,也是我国民事审判制度的建设目标。"鉴定乱"所涉及的乱象诸多[①],但本文的问题意识是,以"多头鉴定""重复鉴定""鉴定分歧"等为代表的"鉴定乱"问题,是否给民事审判制度目标的实现带来了负面影响?倘若答案是肯定的,那么我们就有必要说明"鉴定乱"究竟是以何种方式于何种程度上对民事审判制度目标的实现造成了哪些负面影响。倘若答案是否定的,那么我们也就有必要对"鉴定乱"的意义进行一番重新认识了。

(一)关于"鉴定乱"的负面影响论之评述

有关"鉴定乱"对我国民事审判制度造成负面影响的观点有许多,以下对其中主要观点作一归纳,并给予评述。

有观点认为,正是因为"多头鉴定""重复鉴定""鉴定分歧"等"鉴定乱"问题,我国民事审判实践中才频现"鉴定大战"现象,而这种现象会导致迟延诉讼和诉讼成本的增加,从而对我国民事审判制度的运行造成负面影响。应当肯定,"鉴定大战"能在一定程度上造成诉讼迟延和诉讼成本的增加,而这有可能妨碍民事审判制度之高效的实现。但是,倘若从民事诉讼法及其法理上考察,"鉴定大战"只是导致诉讼迟延和诉讼成本增加的表象,而允许随时提出新的诉讼攻击防御方法的民事诉讼程序构造及审级制度,才是促成这两种现象的根本原因。具体而

---

① 例如,还包括"鉴定收费乱""鉴定标准乱"等。但是,这些"鉴定乱"因不与民事审判发生直接关系,所以不纳入本文的研究范围。

言，我国民事一审程序采用苏联法构造，分为起诉与受理、庭审前准备、开庭审理三个主要阶段。但是，我国立法者在设计民事一审程序时未采用苏联法上的直接审理原则、不间断审理原则、内心确信原则等，当事人在随时提出主义下可以不分诉讼阶段提出新的诉讼攻击防御方法，从而导致我国民事一审中的审前准备程序和开庭审理程序之划分形如虚设。另外，我国民事上诉审在审级功能定位上没有采用苏联法上的法律审，允许上诉审法院对新的诉讼攻击防御方法进行审理，而当事人也可以在上诉审提出新的诉讼攻击防御方法。综上所述，因新的诉讼攻击防御方法之提出而造成的诉讼迟延和诉讼成本增加现象，是我国民事诉讼程序构造和审级制度使然。由于鉴定仅是诉讼攻击防御方法的一种，因此在我国民事审判制度运行过程中，即使不发生"鉴定大战"，抑或是在具体的民事案件审理过程中不涉及鉴定问题，也会因当事人随时提出新的诉讼攻击防御方法（例如书证、物证等）而发生诉讼迟延和诉讼成本增加的现象。换言之，我们不能将因新的诉讼攻击防御方法的提出而导致的诉讼迟延（影响审判制度高效目标的实现）和审判成本增加问题，全部"归功"于"鉴定大战"。也就是说，因为"鉴定大战"不是引发诉讼迟延和诉讼成本增加的根本原因，所以"鉴定乱"并没有对我国民事审判制度目标的实现带来实质性的负面影响。

　　有观点认为，"鉴定乱"将导致"鉴定分歧"，而有分歧的鉴定结论又可能成为当事人申请再审的事由，所以"鉴定乱"有可能破坏判决的法律效力，进而影响民事审判制度的权威性。但是，对当事人权利进行非常救济的再审制度本来就是以破坏确定判决的法律效力（确定力、既判力）为设置前提，而设置再审制度恰恰是为了保障民事审判的权威性和公正性，此乃各国的共识。就一国民事再审制度而言，究竟允许当事人可以在何种范围内利用之进行权利救济，抑或是如何确定再审事由的范围，此乃依国家的法政策具体决定之事，可大可小。我国民事审判制度强调"实事求是"，民事诉讼法以及法律性文件规定的再审事由范围较之许多国家为宽,允许当事人将包括新的鉴定结论在内的诉讼攻击防御方法当作"推翻原判决、裁定"认定事实基础的申请再审之事由。因此,以包括新的鉴定结论在内的"新证据"作为申请再审的理由,乃当事人依法行使诉讼权利之表现,与损害确定判决的权威性之间没有因果关系。换言之,因"鉴定分歧"导致再审启动进而破坏确定判决的法律效力之情形,实乃我国民事再审制度之设计使然,与所谓的"鉴定乱"之间没有必然的因果关系。换言之,如果将新的鉴定结论排除在申请再审的事由之外,那么"鉴定分歧"就自然不再有可能对确定判决的权威性构成损害。

有观点认为,"重复鉴定"需花费时日,给维护审限制度和举证时限制度造成了巨大压力。但是,笔者认为,我国民事诉讼法规定的审限制度建立在随时提出主义之上,任何一种新的诉讼攻击防御方法的提出,都有可能对审限制度的维护构成压力。换言之,将审限制度建立在随时提出主义之上的制度设计本身就不具科学性和合理性。所以,"重复鉴定"只是一种表象,不是造成审限制度难以维系的根本原因。为了修正民事诉讼法上的随时提出主义,2002年《证据规定》第34条就包括证据在内的诉讼攻击防御方法的提出时机规定了限时提出原则,以此保障审限制度功能的落实。但是,2002年《证据规定》第34条的限时提出原则是与民事诉讼法的立法精神相冲突的规定,实践证明,它不符合我国民事诉讼的实情,已在2019年对《证据规定》进行修改时予以删除。因此,"重复鉴定"也仅是造成举证时限制度难以维系的一种表象,而举证时限制度在设计上的不合理性才是导致其不能维系的根本原因。

另外,有观点认为,"重复鉴定"也是造成法官超时限判案的主要原因,它对法官的审判绩效考核构成不利影响。所谓审判绩效考核,是人民法院在审判制度改革中创立的一种新型审判管理体系,是一种有悖审判独立的"新举措"。这是因为,法官不是"计时工",审判管理不能仅以绩效为目标,我们虽不应当取消司法行政管理,但不能对审判工作进行所谓的绩效或其他功利指导下的管理。总之,这种绩效性、功利性、行政化的法官审判绩效考核体制,不仅无助于形成公正、高效、权威的社会主义司法制度[①],反而会阻挠人民司法制度终极价值的实现。所以,超时办案对法官的审判绩效考核所造成的影响,不应归因于"重复鉴定",而应归因于不合理的审判绩效考核体制本身。

有观点认为,"鉴定乱"尤其是"鉴定分歧"将导致法官对具体民事案件的事实认定无所适从、难以下判,或者说即使下判也会引起当事人不服判,如此也就影响了民事审判的公正性和权威性。但是,笔者认为,民事审判权是法律适用权、认定事实权、程序指挥权三位一体的国家权力,由人民法院依法独立行使。借助鉴定这种证据方法查明案件情况,仅是人民法院行使事实认定权的一种方式。在审判权独立行使的原则下,法院可以采纳鉴定人的结论或拒绝其结论的全部或部分,甚至另行指定鉴定人进行再鉴定。当然,法院在不采纳鉴定结论时应当详细说明理由,以便上级人民法院审查原审法院判决在认定事实方面是否正确。但是,人民法院独立行使事实认定权不受鉴定结论的约束。反之,以鉴定结论约束人民法院的事实认定权,不仅破坏了审判独立原则,还会将证明评价带回到证据法定主义时代。因此,"鉴定分歧"并不是导致法官难以行使审判权的理由,进而也不会对民事审判制度目标的实现造成危害。

(二)"鉴定乱"是否可以促进民事审判制度目标的实现

通过以上考察,笔者认为,"鉴定乱"并没有对我国民事审判制度目标的实现构成实质性不利影响。如前所述,在"双重目的"论的现行民事诉讼鉴定法制下,以"多头鉴定""重复鉴定""鉴定分歧"为代表的"鉴

---

① 参见陈刚:《新型审判管理体系建设的新举措及评价标准》,载《人民法院报》2010年7月15日。

定乱"是一种不可避免的现象。虽然这种现象没有对民事审判制度目标的实现构成实质性负面影响,但它是否有可能促成民事审判制度目标的实现呢?从比较法上考察,答案是肯定的。在实行专家证人制度的英美民事诉讼实践中,"鉴定乱"是一种常态,它是对抗制下的鉴定制度(专家证人制度)的目的,乃充实当事人诉讼攻击防御方法的必然产物。但是,几乎没有英美法系国家学者认为,因"党派化"证人专家制度所造成的"鉴定乱"对其民事审判的公正性、权威性造成了实质性负面影响。无独有偶,以新近震惊世界的挪威"布雷维克枪击案"为例,围绕着"极端主义是否属于一种精神疾病?"这个关涉布雷维克是否构成犯罪的重大问题,挪威法庭指定了两个精神病专家团队分别对布雷维克进行鉴定,但这两个专家团体的鉴定报告完全对立。此外,挪威法庭还传召了宗教学家、历史学家、政治学家和哲学家分别对"极端主义是否属于一种精神疾病?"的问题进行了专家论证,而专家们的意见分歧甚大。[①] 尽管挪威的司法实践中也存在着"鉴定乱"问题,但至今尚未有报道认为,这一问题给挪威法院的审判活动造成了严重影响,或者让挪威国民对自己国家司法制度的公正性、权威性产生了怀疑。

如前所述,我国现行民事诉讼鉴定制度在法系意识上属于兼具两大法系特质的混合法制,与日本法最为接近。为此,接下来通过对日本法的考察,简述"鉴定乱"在促进民事审判制度良性运行方面可能具有的积极意义,进而为我国学者重新考虑"鉴定乱"的意义及对策提供一份比较法上的资料。从法系意识上考察,日本民事诉讼法以德国法为蓝本制定,第二次世界大战以后因美国占领而移植了部分美国民事诉讼程序。这使得日本在鉴定制度以及向法院提供专业知识的方法方面,尤其是有关证人、鉴定人的询问程序方面,具有了自己的独特方式,即在对立的德国型法院主导模式与美国型当事人主导模式之间构建了日

---

① 参见沈茜蓉:《审判"屠杀者"》,载《南方周末》2012年7月19日。

本型混合模式。

日本民事诉讼法规定鉴定人（法院指定的鉴定人）具有中立性，这与德国等大陆法系国家的规定并无二致。但是，日本民事诉讼法同时还规定对鉴定人适用交叉询问制，加上私鉴定的运用也比较常见，因而在日本的民事审判实践中出现了从事私鉴定的专家对担任公鉴定的专家进行非常激烈的交叉询问的情景。对于这样一种民事诉讼鉴定制度，日本学者认为，其设计理念是为了保障当事人能够在法庭上充分利用专业知识展开对抗性辩论，尽管它在实际运行中有时伴生诉讼迟延甚至被滥用等情形，但着眼于民事司法的未来发展，它是构成民主社会对司法信赖的基础。具体而言，以诉讼地位中立的专家鉴定人为中心，可以保障法官获得相较于英美法上专家证人制度更为客观的专业知识，而赋予当事人对鉴定人以反询问机会甚至提供私鉴定，则可以保障当事人选择和充实诉讼攻击防御方法的机会。由当事人于利己立场出发选择专家补充公鉴定及获得反询问机会，还可以使法官和当事人从中立的鉴定人那里得到更具说服力的事实说明，这在提高民事审判的客观真实性的同时，也增加了当事人对于自己参与诉讼程序的公平感。

日本法的经验或许能够给我们提供这样一种启迪：在以辅助法官判断能力为目的的大陆法系国家民事诉讼鉴定制度中，倘若导入以充实当事人诉讼攻击防御方法为目的的英美法系国家专家证人制度中的交叉询问制，将有可能使得整个民事诉讼变成更为公正、更充满活力的对抗性辩论体系。

三、建立凝聚共识型民事诉讼鉴定体制的意义——代结语

综上所述，以"多头鉴定""重复鉴定""鉴定分歧"为代表的"鉴定乱"问题，是由我国现行民事诉讼鉴定法制具有辅助法官判断能力和充实当事人诉讼攻击防御方法这一双重目的造成的，有其产生的必然性。

现行司法鉴定体制只是这种民事诉讼鉴定制度的反映，并不是造成"鉴定乱"的根本原因，因此我们无法通过推进司法鉴定体制改革来解决"鉴定乱"问题。虽然"鉴定乱"表面上会对我国民事审判制度目标的实现造成一定程度的负面影响，但生成这些负面影响的实质性原因并不在于"鉴定乱"，而在于我国民事诉讼法制本身在设计上不具科学性和合理性，因此我们不可能通过治理"鉴定乱"这一表象来促成我国民事审判制度目标的实现。"鉴定乱"的实质是在传统的职权探知主义中立型鉴定制度中引入了对抗制要素，它打破了传统的证据调查程序的构造，使得现行民事诉讼法在鉴定这种证据方法的收集调查程序的规定上出现了滞后性。因此，我们除了有必要研究"鉴定乱"可能为促成民事审判制度目标的实现带来积极性意义，还有必要考虑如何建设一个能够满足和发挥"鉴定乱"积极意义的新型民事诉讼鉴定体制。

我们应当在以辅助法官判断能力为目的的传统民事诉讼鉴定制度中，有序地引入以充实当事人诉讼攻击防御方法为目的的"党派式鉴定"，通过设置有别于证人交叉询问制的鉴定人询问制度，在充分保障当事人行使辩论权的基础上加强对抗，以对等、公正、透明的程序理念促成人民法院和当事人、律师对鉴定及其结论达成共识，以实现公正、高效、权威的民事审判制度建设目标。笔者将具有这些精神和意义的新型民事诉讼鉴定体制称作凝聚共识型民事诉讼鉴定体制。

贰　苏联民事诉讼法上 возражение 制度研究

苏联法上的 возражение 类似于德日法上的抗辩，在民事诉讼领域是指被告实施的一种诉讼防御方法。从法系意识上考察，我国民事诉讼法上的反驳诉讼请求制度(《民事诉讼法(试行)》第 46 条、现行《民事诉讼法》第 51 条)，是对苏联民事诉讼法上 возражение 制度的移植及本土化。然而，遗憾的是，我国法学界至今尚无一篇研究 возражение 的专论。在此情形下，我们既不可能从法理上推进 возражение 及其相关制度的研究，也无力对其实践提供有益的理论支撑。制度是历史的产物，认识和把握苏联民事诉讼法上 возражение 制度的意义，才能促进我国反驳诉讼请求制度的发展。鉴于此，本文将运用法系意识方法，首先，对我国学者关于 возражение 概念的汉译及解读进行梳理，利用手中的苏联法汉译文献尽力描述 возражение 的基本意义。其次，在前述基础上，就我国民事诉讼法移植 возражение 的经验得失发表若干评述，借此为推进我国学者和立法对 возражение 的再认识提供一份参考文献。

一、возражение 概念之意义

(一) 关于 возражение 概念的汉译

关于我国学者对苏联民事诉讼法上 возражение 概念的汉译，倘若借

"丰富"和"有趣"二词加以形容，实不为过。在这里，"丰富"是指汉译概念的多样化，"有趣"是指汉译概念的使用不合常规。为了便于同行阅读，下文对我国民事诉讼法进行相关阐述时，将以"反驳"一词代之；而在叙述苏联法时，则不对之汉译，照录原文。

首先，就译词"丰富"梳理如下：

译词一，"抗辩"。例如，徐福基和艾国藩二位先生合译了1923年《苏俄民事诉讼法典》，他们将其中第118条规定译为："当事人对于其请求及抗辩（возражение）所根据之事实，应证明之。"①（文中 возражение 为笔者所加，下文中亦同）。无独有偶，刘家辉先生在翻译德国学者霍斯特·克利纳教授等使用俄文著述的《德意志民主共和国民事诉讼》②一书时，将该书第四章第四节标题译为"抗辩，反诉"。经查原文得知③，这里的"抗辩"是刘先生对"возражение против иск"（针对起诉的 возражение）的汉译。显然，刘先生在此处省略了原文中"针对起诉的"

---

① 徐福基、艾国藩译：《苏俄民事诉讼法典》，大东书局1950年版，第29页。
② 霍斯特·克利纳教授等撰写的《德意志民主共和国民事诉讼》，收录于《社会主义国家——经互会成员国民事诉讼》一书中。该书是现存仅一部系统介绍苏东社会主义国家民事诉讼法制的珍贵文献，由匈牙利法学家L.涅瓦伊教授主编，目前仅有部分内容被汉译，其中绝大多数属于西南政法大学（时为西南政法学院）作为教学参考资料使用的内部出版物，即：〔匈〕L.涅瓦伊等：《经互会成员国民事诉讼的基本原则》，刘家辉译，法律出版社1980年版（内部发行）；〔罗〕格·波卢姆勃：《罗马利亚社会主义共和国民事诉讼》，李衍译，西南政法学院诉讼教研室、西南政法学院科研处，印刷时间不详；〔蒙〕多弗顿基因·鲁弗桑沙拉夫：《蒙古人民共和国民事诉讼》，李衍译，西南政法学院法律系诉讼法教研室，1986年；〔波〕M.沙弗丘克、э.文格列克：《波兰人民共和国民事诉讼》，徐冀鲁译，西南政法学院法律系诉讼法教研室，1987年；〔保〕日·斯塔列夫：《保加利亚人民共和国民事诉讼》，李衍译，西南政法学院诉讼法教研室，印刷时间不详；〔民主德国〕霍斯特·克利纳等：《德意志民主共和国民事诉讼》，刘家辉译，西南政法学院诉讼法教研室，印刷时间不详；〔捷克〕Ф.施太格尔、з.乔什卡、O.普隆格尔：《捷克斯洛伐克社会主义共和国民事诉讼》，李衍译，西南政法学院法律系诉讼法教研室，1986年。

③ см.；4. Возражение против иска, встречный иск во главе IV Иски из《Гражданский процесс Германской Демократической Республики》（под редакцией проф. Хорст Бельнер, проф. Иоахим Геринг, проф. Герберт Кнетц）；данный процесс является одной частью из《Гражданский процесс в социалистических странах—членах СЭВ 2》（Под редакцией проф. A. Добровольского и проф. Л. Неваи, Издательство《Юридическая литература》, 1978）.

表述。① 需要指出的是，虽然刘先生将该节标题"возражение против иск"译为"抗辩"，但在译述该节内容时，又将之译为"对诉状的抗辩"②。

译词二，"答辩"。例如，中国人民大学民法教研室在翻译苏联学者 С.Н. 阿布拉莫夫著述的《苏维埃民事诉讼》一书时，将该书中有关 1923 年《苏俄民事诉讼法典》第 118 条的解释，译为"实体法意义上的辩护称为答辩（возражение），答辩（возражение）以实体法为根据"③。又如，在李衍先生翻译、常怡先生校译的苏联学者多勃罗沃里斯基等著述的《苏维埃民事诉讼》一书中有此表述："答辩（возражение）和反诉，是被告人对付起诉的两种主要保护手段。"④ 在这里，译者和校译者都选用"答辩"一词来表示 возражение。

译词三，"异议"。例如，由梁启明、邓曙光二位先生合译，刘家辉先生校译的 1964 年《苏俄民事诉讼法典》中，将该法第 141 条规定译为"必要时传唤被告人，向被告人讯问案情，了解被告人对诉讼有何异议（возражение）"⑤。又如，我国学者在翻译《苏俄民法典》时，也将其中的 возражение 译为异议。⑥

译词四，"反驳"。例如，在王之相、王增润二位先生合译的苏联学者克列曼著述的《苏维埃民事诉讼》一书有此表述："这种附有理由的否认，如果被告人没有提出反面请求，就称为反驳（возражение）。"⑦ 又如，

---

① 参见〔民主德国〕霍斯特·克利纳等：《德意志民主共和国民事诉讼》，刘家辉译，西南政法学院诉讼法教研室，印刷时间不详，第 56 页。

② 同上书，第 56—57 页。

③ 〔苏联〕С.Н. 阿布拉莫夫：《苏维埃民事诉讼（上）》，中国人民大学民法教研室译，中国人民大学，1954 年，第 236 页。

④ 〔苏联〕阿·阿·多勃罗沃里斯基等：《苏维埃民事诉讼》，李衍译，法律出版社 1985 年版，第 183 页。

⑤ 梁启明、邓曙光译：《苏俄民事诉讼法典》，法律出版社 1982 年版，第 51 页。

⑥ 参见中国社会科学院民法教研室译：《苏俄民法典》，中国社会科学出版社 1980 年版，第 68 页。

⑦ 〔苏联〕克列曼：《苏维埃民事诉讼》，王之相、王增润译，法律出版社 1957 年版，第 212 页。

梁启明、邓曙光二位先生在翻译 1964 年《苏俄民事诉讼法典》第 197 条时，也使用了"反驳"一词，即"判决的事实部分包括原告人的请求、被告人的反驳（возражение）和参加案件的其他人的陈述"①。

译词五，"辩护"。将 возражение 译作"辩护"的情形较少，其代表例有中国人民大学民法教研室对苏联学者 С. Н. 阿布拉莫夫著《苏维埃民事诉讼（上）》一书第十章第七节"辩护"（возражение）的翻译②。

其次，就 возражение 概念的汉译之"有趣"而言，它表现为同一译者不仅在同一部译作中对之选择了不同译词，甚至在同一条文的汉译中也选择了不同译词。就前者而言，几乎在每一部汉译苏联民事诉讼教科书或《苏俄民事诉讼法典》中都能找见，可谓比比皆是；就后者而言，相关例子也不鲜见。以下例举梁启明、邓曙光二位先生合译的 1964 年《苏俄民事诉讼法典》第 141 条（2）加以佐证。

> 第 141 条（2）：必要时传唤被告人，向被告人讯问案情，了解被告人对诉讼有何异议（возражение），用什么证据来证明这些反驳（возражение），对于特别复杂的案件，应要求被告人就案件提出书面陈述，向被告人说明他的诉讼权利和义务。③

> в необходимых случаях вызывает ответчика, опрашивает его по обстоятельствам дела, выясняет, какие имеются *возражения* против иска и какиими доказательствами эти *возражения* могут быть подтверждены, по особо сложным делам предлагает ответчику представить письменные обьяснения по делу, разьясняет ответчику его процессуальные права

---

① 梁启明、邓曙光译：《苏俄民事诉讼法典》，法律出版社 1982 年版，第 67 页。
② 〔苏联〕С. Н. 阿布拉莫夫：《苏维埃民事诉讼（上）》，中国人民大学民法教研室译，中国人民大学，1954 年，第 235—237 页。
③ 梁启明、邓曙光译：《苏俄民事诉讼法典》，法律出版社 1982 年版，第 51 页。笔者将该条款译为：（法院）遇必要情形，得传唤被告，询问案情；弄清被告对诉有无反驳（抗辩），以及能够利用何种证据证明其反驳（抗辩）；对于特别复杂的案件，敦促被告对之提供书面说明；向被告说明其诉讼中的权利和义务。

и обязанность.

通过中俄文对照不难发现,梁启明、邓曙光在同一著述中就《苏俄民事诉讼法典》第141条(2)中 возражение 的汉译,分别使用了"异议"和"反驳"这两个概念。

另外,就多勃罗沃里斯基等在《苏维埃民事诉讼》一书对《苏俄民事诉讼法典》第141条的解释,李衍先生将之译为"对起诉进行答辩(возражение)的被告人也应当举出他作为反驳(возражение)理由的法律事实"。在此段译述中,возражение 也被一词二译,即"答辩"和"反驳"。①

综上所述,我国学者关于苏联民事诉讼法上 возражение 概念的汉译,至少有五种表达。但是,这种一词多译尤其是对同一著述和同一法条也采用一词多译的情形,无疑将给我们在根据汉译文献认识和研究 возражение 制度时造成难以想象的困扰。

(二) возражение 与抗辩

法律概念的翻译是一项技术性极强的困难之事。在法律移植和比较法研究中,一方面必须将外国法概念译成汉语或者本国法上的概念,另一方面又难免发生望文生义或者内容失真的后果,此种状况已在 возражение 概念的汉译过程中充分体现。笔者认为,可以通过 возражение 和抗辩的概念比较,为之找到一个最为恰当的译词。

如前所述,在苏联法中,возражение 既是民事诉讼法上的概念,同时也是民法上的概念。关于 возражение 在苏联民法上的意义之解释,笔者因目前尚未找见较为详细的汉语文献,在此不敢妄语。然而,查询汉译《苏俄民法典》有关 возражение 的规定及立法趣旨,却发现它与我国民法典的相关条文完全相同。以下试举两例加以佐证。

---

① 参见〔苏联〕阿·阿·多勃罗沃里斯基等:《苏维埃民事诉讼》,李衍译,法律出版社1985年版,第198页。

例一,关于债务人在债权转让后,其对让与人(原债权人)的抗辩权仍然可以对抗受让人(新债权人)的问题。《苏俄民法典》第214条规定:"债务人有权对新债权人的请求权提出他在得到请求权转让通知之前对原债权人有过的一切异议(возражение)。"① 与此相应,我国《民法典》第548条规定:"债务人接到债权转让通知后,债务人对让与人的抗辩,可以向受让人主张。"

例二,关于债务承担中,新债务人可以主张原债务人对债权人的抗辩权问题。《苏俄民法典》第215条第2款规定:"新债务人有权根据债权和原债务人之间的关系,对债权人的请求提出各种异议(возражение)。"② 与此相应,我国《民法典》第553条中规定:"债务人转移义务的,新债务人可以主张原债务人对债权人的抗辩。"

通过上述两条中苏法律规定之比较不难发现,虽然我国学者将苏联民法上的 возражение 译为"异议",但这里的"异议"实质上同于我国现行民事实体法上的抗辩。另外,即使在苏联解体和我国原《合同法》颁布之后,学者们在译介《俄罗斯联邦民法典》时,仍将 возражение 译为"异议"而不是"抗辩"。例如,黄道秀教授等在翻译《俄罗斯联邦民法典》第386条、第392条时,仍将 возражение 译为"异议",而这两条正是对上述《苏俄民法典》第214条、第215条的沿用③。

возражение 除具有实体法上抗辩的意义外,还具有同于德日民事诉讼法上的抗辩的意义。按照德日通说的解释,民事诉讼法上抗辩属于当事人的诉讼攻击防御方法的一种,是指当事人为了排斥相对方的申

---

① 中国社会科学院民法教研室译:《苏俄民法典》,中国社会科学出版社1980年版,第68页。

② 同上。

③ 《俄罗斯联邦民法典》第386条[债务人对新债权人请求权的异议]:债务人在收到关于债权移转于新债权人的通知后,对原债权人所提出的一切异议,均有权对新债权人提出。第392条[新债务人对债权人的异议]:新债务人有权对债权的请求提出基于债权人与原债务人之间关系的异议。参见黄道秀译:《俄罗斯联邦民法典》,北京大学出版社2007年版,第163—164页。

请（Antrag，Sachantrag）和主张（Behauptung）而提出的独立事项，它分为关涉诉讼程序事项的程序抗辩（也称"诉讼抗辩"）和关涉实体法上事项的实体抗辩。与此相应，按照苏联法理的解释，民事诉讼法上的 возражение 是指被告为维护自己诉讼权利而实施的一种诉讼防御方法，分为实体性 возражение（материально—правовые возражение）和程序性 возражение（процессуальные возражение）。如下文所述，其功能和适用方法也分别与德日民事诉讼法上的实体抗辩和程序抗辩相对应。

综上所述，苏联法上的 возражение 与我国民法上以及民事诉讼法理上使用的抗辩具有本质上的一致性。

（三）法系意识对 возражение 概念汉译的影响

尽管 возражение 与抗辩具有本质上的一致性，但是从法系意识上考察，在民事诉讼领域是否应当将之译为抗辩，这尚是一个值得考量的问题。

在我国，抗辩是随着清末修律由西法移植本土的一个法律概念。在深受德国法影响的汉字圈国家和地区的法律术语中，通常将来源于罗马法上"Exceptio"的德国法概念"Einrede"译为"抗辩"，此种译法始于日本法。从现代法观念上考察，罗马法采用诉权法体系（Aktionensystem），它是诉讼法和实体法的混合体，因此 Exceptio 也具有诉讼法和实体法的双重性质。近代以来，因诉讼法和实体法自成体系，传承 Exceptio 的德国法概念 Einrede 也就具有了双重含义：诉讼法意义上的 Einrede 和实体法意义上的 Einrede。与罗马法不分实体法和诉讼法之别使用 Exceptio 不同，现代德国法是从不同的法域立场使用和解释 Einrede 的。实体法上的 Einrede 是指民事主体为阻止相对方所行使的请求权发生其应有效力而享有的权利；而诉讼法上的 Einrede 是指民事诉讼当事人实施的诉讼中的攻击防御方法。

需要指出的是，德国学者较为容易根据自己的法律发展史以及学术背景，正确地识别其所使用的 Einrede 究竟属于哪个法域，进而在概念共识的基础上展开有益的讨论①。但是，对于其他国家和地区的学者、立法者而言，这种一词两义的现象往往是导致学术上无益之争或法律术语含义不清的要因。日本在移植德国法的 Einrede 及其理论过程中，为了避免一词两义可能带来的混乱，特地将实体法意义上的 Einrede 译作"抗弁权"，同时将诉讼法意义上的 Einrede 译作"抗弁"，从而使原本具有双重属性及意义的 Einrede 变成了两个法域属性明确的概念。我国清末民国时期的民法和民事诉讼法沿用日译概念，分别将实体法和诉讼法意义上的 Einrede 称作"抗辩权"和"抗辩"。但是，我们若将"抗辩"和"抗辩权"译成德语，则都可以译作"Einrede"。

今天在我国民事实体法领域，抗辩仍是一个法律概念，其本质是民事主体的一项权利，即抗辩权。但是，今天在我国民事诉讼法领域，抗辩却不是一个法律概念，它仅是我们用以研究民事诉讼法理的一个学理概念。从法系意识上考察，民事诉讼法的立法者并没有采用来源于德日法的抗辩概念，而是以反驳诉讼请求之名借鉴了苏联民事诉讼法上的实体性 возражение。возражение 在俄语中具有"反对""反驳"和"异议"等意思，它作为苏联法上的一个固有概念使用时，采用的是名词形态。但是，我国在移植 возражение 制度时，将其当作了动词使用，并为其加上了宾语"诉讼请求"，从而以动宾结构方式规定了反驳诉讼请求制度。倘若我们去掉反驳诉讼请求中的"诉讼请求"一词，不妨认为，我国民事诉讼法是以"反驳"移植了 возражение。

但是，有趣的是，就反驳和抗辩的实际使用情况来看，虽然反驳是现行《民事诉讼法》中的法定概念，但有关民事诉讼法的司法解释却偏于使用抗辩概念，甚至在一条规定中出现两者混用的现象。关于司法

---

① 有部分德国学者主张，应当专以 Einrede 指代实体法上的抗辩权，以 Einwendung 指代民事诉讼领域的抗辩。德国民事诉讼法有些条文采用"Einwendungen""Einwande"（异议）表示抗辩。

解释中偏向于使用抗辩的现象,例如,当事人在民事诉讼中行使减价权的,按照《最高人民法院关于审理买卖合同纠纷案件适用法律问题的解释》(法释〔2012〕8号)第44条第1项的规定,应当定性为抗辩;再如,按照《最高人民法院关于适用〈中华人民共和国合同法〉若干问题的解释(二)》(法释〔2009〕5号)第27条的规定,当事人在民事诉讼中可以采用抗辩方式行使调整违约金请求权。关于同一条司法解释规定混用抗辩和反驳及反驳诉讼请求的现象,例如,按照《最高人民法院关于审理涉及人民调解协议的民事案件的若干规定》(法释〔2002〕29号)第3条第1款规定,"当事人一方起诉请求履行调解协议,对方当事人反驳的,有责任对反驳诉讼请求所依据的事实提供证据予以证明",而该条第3款又规定,"当事人一方以原纠纷向人民法院起诉,对方当事人以调解协议抗辩的,应当提供调解协议书"。因此,笔者认为,如果司法解释认为抗辩不同于反驳及反驳诉讼请求,就应当对两者的区别作出解释;如果认为两者本质和趣旨相同,就至少不应当在同一条文中混用,因为这样会使诉讼实务发生"紊乱"。

由于现行民事诉讼法在概念上是采用"反驳"而非"抗辩"来表述 возражение,而司法解释却又将两者混用,因此今后究竟是使用"抗辩"还是"反驳"来表述 возражени,就成了一个值得考量的问题。笔者认为,从一国法律体系的自治性目标来看,为了保持民事诉讼程序法与民事实体法概念的一致性,统一译为"抗辩"应当是一种合理的选择。否则,"抗辩"和"反驳"这两个概念只是在部门法学领域保持了法系渊源上的前后一致性,而在综合适用法律解决实际法律问题的司法领域却会带来不必要的困扰。此外,从技术层面上分析,我国现行法律体系尤其是民事诉讼法具有混合法制的特质。[①] 因此,从推进法律体系以及法学的科学化发展立场考虑,我们也应当考虑使用现在民法制度中已经统一

---

① 有关我国现行民事诉讼法制之混合法制特质的形成及意义的研讨,参见陈刚、廖永安主编:《移植与创新:混合法制下的民事诉讼》,中国法制出版社2005年版。

且诉讼法理论已趋于共识的"抗辩"概念。

二、возражение 在苏联民事诉讼法上的意义

（一）возражение 是被告的诉讼防御方法

按照苏联民事诉讼法的规定，任何人都享有要求法院给予司法保护的权利①。从比较法上考察，我们通常将这种权利称作司法保护请求权、接受司法裁判的权利②、裁判请求权等，本文称之为司法保护请求权；在苏联法上，司法保护请求权不仅为原告享有，也为被告享有，原告可以通过起诉以及诉讼的方法，行使自己的司法保护请求权，被告则可以运用"被告对付起诉的诉讼保护手段"（процессуальные средства защиты ответчика против иска）、"被告权益的保护手段"（средства защиты интересов ответчика）对抗原告的起诉以及诉讼，以维护和实施自己的司法保护请求权③。为了便于阐述，笔者将被告为维护自己诉讼权利而实施的诉讼保护手段，称作被告的诉讼攻击防御方法。苏联民事诉讼法教科书通常是在"诉"（иска）的一章下专设一节讲解"被告的诉讼攻击防御方法"。按照苏联法理的解释，被告的诉讼攻击防御方法主要有两种：возражение 和反诉（встречный иск）。

如下文所述，与反诉在性质上是被告实施的诉讼攻击方法不同，

---

① 《苏联和各加盟共和国民事诉讼法纲要》第 5 条：任何有利害关系的人，都有权按照法定程序请求法院保护被侵犯或被他人争议的权利或者法律所保障的利益。《苏俄民事诉讼法典》第 3 条：任何利害关系人都有权按照法律规定程序，请求法院保护其被侵犯或被争议的权利或合法利益。

② 有关裁判请求权的体系化研究，参见刘敏：《裁判请求权研究——民事诉讼的宪法理念》，中国人民大学出版社 2003 年版。

③ 本节有关苏联民事诉讼法上被告的诉讼攻击防御方法之阐述，主要根据 C. H. 阿布拉莫夫著《苏维埃民事诉讼（上）》第十一章第七节"辩护"、阿·阿·多勃罗沃里斯基等著《苏维埃民事诉讼》第十四章第六节"被告人对付起诉的诉讼保护手段"、克列曼著《苏维埃民事诉讼》第五章第二十六节"被告人的诉讼辩护手段"的内容撮述而成。

возражение 是被告为维护自己诉讼权利而实施的诉讼防御方法,是为了使原告的起诉或者诉讼请求不成立,据此达到原告或于诉讼程序上或于实体上败诉的结果。按照苏联法理的解释,возражение 具有双重性质——实体性 возражение 和程序性 возражение,若将其与德日法上的抗辩双重性(实体抗辩和程序抗辩)相对应,则可以将之译作实体 возражение 和程序 возражение。

实体 возражение 是指被告根据实体法规范,针对原告的诉之理由所依据的法律事实(请求原因事实)提出反对性事实主张,以此要求法院作出驳回原告诉讼请求的判决。苏联学者多勃罗沃里斯基认为,实体 возражение"实质上就是要否定或反驳作为起诉理由的事实,或者否定和反驳原告人依据作为起诉理由的事实而作出的法律结论"[①]。因此,从比较法上考察,实体 возражение 与德日民事诉讼法上的实体抗辩具有相同的目的和意义:二者都是被告的诉讼防御方法,其目的都是反对原告的诉讼请求得以成立,后果都是在其成立的情形下,法院以实体判决裁判原告的诉讼请求不成立,抑或是驳回原告的诉讼请求。

那么,被告主张的何种事实才能构成实体 возражение 呢?由于苏联通说主张,实体 возражение 原则上必须以实体法为根据,因此实体 возражение 的构成事实(事项),应当是指相当于实体法上反对请求权规范构成要件的事实。关于实体 возражение 的类型化构成事实(事项),苏联学者 С.Н.阿布拉莫夫列举如下:"一、否认作为诉的理由的事实,即确证这些事实实际上并未发生;二、确证某些能证明诉的理由事实与真相不符的事实;三、确证借以清偿或消灭原告权利的事实;四、确信阻碍原告权利发生的事实;五、确认由于原告所确证的事实中应得出另一

[①] 〔苏联〕阿·阿·多勃罗沃里斯基等:《苏维埃民事诉讼》,李衍译,法律出版社 1985 年版,第 185 页。

种法权后果。"①对此,若从比较法上考察上述所谓"确证借以清偿或消灭原告权利的事实""确信阻碍原告权利发生的事实"的表述,实际上与德日法理依照要件事实分类说所确定的事实抗辩之识别标准,并无二致②。

程序 возражение 是指被告主张原告提起的诉讼因不具成立或继续所必需的前提条件(民事诉讼法律关系产生的先决条件,предпосылки возникновения гражданских процессуальных правоотношений),而要求法院排除对本案实体审理的必要性。从比较法上考察,这里的民事诉讼法律关系产生的先决条件类似于德日法上的诉讼要件。与实体 возражение 的制度目的不同,被告提出程序 возражение 并不是要求法院驳回原告的诉讼请求及实体要求,而是要求法院终止或延缓诉讼程序。因此,对于程序 возражение 成立的情形,按照苏联法的规定,法院将依裁定作出裁判,从比较法上看,即由法院作出相当于德日法上的诉讼判决。按照苏联民事诉讼法的规定,程序 возражение 一旦成立,将会引起诉讼程序的中止、终止或本案不予审理的法律效果。与实体 возражение 原则上必须以实体法规范为依据不同,程序 возражение 的依据来源于诉讼法,即被告"是以诉讼法规范为根据并用来反对诉讼的"③。需要指出的是,诉讼要件作为本案审理程序的前提条件,属于法院职权探知范围之事项,因此,苏联法规定,关于诉讼要件的调查,可以依职权和被告的程序 возражение 进行。按照程序 возражение 法律效果的不同,可以将其分为诉讼中止、诉讼终止和本案不予审理的 возражение。其中,诉讼中止 возражение 一旦成立,诉讼程序将暂停进行,但此后可以依当事人申

---

① 〔苏联〕C. H. 阿布拉莫夫:《苏维埃民事诉讼(上)》,中国人民大学民法教研室译,中国人民大学,1954年,第236—237页。
② 德日通说认为,作为诉讼防御方法的实体抗辩由权利抗辩和事实抗辩组成。其中,事实抗辩又以要件事实分类为标准,分为权利障碍抗辩、权利消灭抗辩和权利阻止抗辩。同时,由于权利阻止抗辩是依据实体法上抗辩权、形成权等权利提出的抗辩,因此又将其列为权利抗辩。
③ 〔苏联〕阿·阿·多勃罗沃里斯基等:《苏维埃民事诉讼》,李衍译,法律出版社1985年版,第184页。

请或法院职权予以恢复(《苏俄民事诉讼法典》第218条)。而诉讼终止возражение一旦成立,法律将禁止原告以同一被告、同一诉讼标的、同一案由向法院提起诉讼(《苏俄民事诉讼法典》第220条)。本案不予审理возражение成立后,当事人可以在阻碍案件审理的情况消除后,重新提起同一诉讼(《苏俄民事诉讼法典》第76条)。从比较法上分析,苏联法上的上述三种程序抗辩在性质上相当于德日法上程序抗辩中的妨诉抗辩。

(二) возражение与反诉的异同

在苏联民事诉讼法中,возражение与反诉是一对泾渭分明的概念和诉讼制度,前者在性质上属于诉讼防御方法,而后者属于诉讼攻击方法[1]。所谓苏联法上的反诉,是指被告在本案判决之前,对本诉原告提出相反的实体请求及反请求,并要求法院将本诉和反诉合并审理(《苏俄民事诉讼法》第131条)。苏联学者认为,被告提起反诉是"使原告人的诉讼要求失去力量"[2],它是被告应对本诉的一种诉讼保护手段。

反诉和возражение的区别如下:第一,尽管主张反诉和возражение的主体都是被告,但在反诉中,被告的诉讼地位相当于原告,即反诉是以本诉原告为被告提起的诉,本诉原告在反诉中的诉讼地位相当于被告。而在возражение中,本案的原告和被告的诉讼地位不发生任何变化。第二,反诉是一种独立的诉,并且有独立的诉讼请求为诉的标的,它是法院进行实体审理和判决的对象,不因本诉撤回而丧失其独立性。但是,возражение只是一种独立的诉讼防御方法,它必须依附于本案诉讼而存在,在本案原告撤诉之后,возражение因不属于法院的判决对象

---

[1] 关于苏联法上反诉制度的研究文献,参见〔苏联〕Д.施维采尔:《反诉》,时筊节译,载《政法译丛》1957年第3期;刘玉林:《苏维埃民事诉讼中的反诉是怎样进行的》,载《法学研究》1957年第3期。

[2] 〔苏联〕阿·阿·多勃罗沃里斯基等:《苏维埃民事诉讼》,李衍译,法律出版社1985年版,第185页。

而不能独立存在。第三,反诉的成立除必须符合法定的反诉条件外,还必须符合法定的起诉要件,但 возражение 的提起不以符合起诉要件为前提。

按照《苏俄民事诉讼法典》第 132 条规定,反诉的成立要件有三:第一,反诉请求的目的是为了抵消(不是民法意义上的抵销)本诉请求;第二,反诉请求成立后可以全部或部分排除对本诉的满足;第三,反诉与本诉之间存在着相互关系,合并审理有助于更加迅速和正确地审理争议。但是,就被告能否以 возражение 代替反诉,尤其是以抵销 возражение 代替反诉的问题,苏联学者间有肯定说和否定说之争。肯定说的代表是 С. Н. 阿布拉莫夫教授,他主张在特定条件下,被告可以利用 возражение 方式向原告提起反诉。① 否定说则认为:"如果被告没有独立请求,则其反诉也就失去基础。如有这种独立请求,则这种独立请求即不能为反驳(возражение)诉讼所代替……总之,被告对原告提出独立请求,必须以反诉方式进行,不能以反驳(возражение)诉讼方式进行。"②

按照苏联法理的解释,抵销(зачет)是债的消灭方法之一种。③ 当事人可以在诉讼外和诉讼内主张债的抵销(权)。倘若被告在诉讼中主张债的抵销,则其方式也有二,即 возражение 和反诉。被告在诉讼中主张抵销 возражение,因其目的是消灭(冲抵)或减少诉额,所以其在性质上属于被告的诉讼防御方法。而被告在诉讼中提出抵销之诉,其目的是要求法院对其主张的诉讼请求作出利己的胜诉判决。举例而言,按照否定说的解释,如果被告对本诉诉额为一千卢布的债务,以一千二百卢布的债权提出抵销,那么即使该项抵销 возражение 成立,法院也不能判决原告向被告支付抵销后剩余的二百卢布债务。这是因为,被告并没

---

① 〔苏联〕С. Н. 阿布拉莫夫:《苏维埃民事诉讼(上)》,中国人民大学民法教研室译,中国人民大学,1954 年,第 240 页。
② 〔苏联〕Д. 施维采尔:《反诉》,时筱节译,载《政法译丛》1957 年第 3 期。
③ 参见〔苏联〕Л. И. 库德利雅夫采夫主编:《苏联法律辞典(第一分册·民法部分选译)》,法律出版社编译,法律出版社 1957 年版,第 90 页。

有以反诉方式向法院提出抵销之诉,法院也无权对被告未提出的反诉请求作出判决。但是,若按照肯定说的解释,则法院应当判决原告向被告偿还这二百卢布债务,因为被告在本案诉讼中是以抵销 возражение 方式从事实上提出了反诉请求。

(三) возражение 与证明责任分配的关系

罗马法上有关抗辩与证明责任分配关系的论述,集中体现在乌尔比安的如下论述中:"于各类抗辩之中,应释被告担当原告之相同角色,故应使这些抗辩同于原告请求得到证明(In exceptionibus dicendum est reum partibus actoris fungi oportere ipsumque exceptionem velut intentionem implere)。"①由于罗马法将抗辩者的诉讼地位同于原告,并要求抗辩者对抗辩承担证明责任,因此罗马法学者提出了"抗辩者承担证明,否认者不承担证明"的证明责任分配原则。依据这项原则,诉讼中主张抗辩者,应当对抗辩的构成事实承担证明责任。苏联立法肯定了罗马法的这条原则,按照《苏俄民事诉讼法典》第50条前半文规定:"当事人应当证明其诉讼请求及 возражение 的根据事实。"(каждая сторона должна доказать те обстоятельства, на которые она ссылается как на основания своих требований и возражений)。苏联学者有关 возражение 与证明责任分配关系的论述,也同于罗马法理,即被告应当对于自己提出的 возражение 之法律事实承担证明责任;被告对原告的诉讼请求提出否认的,对此不承担证明责任,则"诉讼根据的事实的举证责任,应由原告人担负"。②

按照苏联法理的解释,证明责任的对象事实——证明对象,是指对

---

① 转引自〔意〕桑德罗·斯奇巴尼选编:《司法管辖权:审判·诉讼》,黄风译,中国政法大学出版社1992年版,第31页。

② 参见〔苏联〕克列曼:《苏维埃民事诉讼》,王之相、王增润译,法律出版社1957年版,第212页。

解决案件有意义的法律事实,其中包括起诉理由的事实和 возражение 理由的事实,抑或是请求原因事实和 возражение 事实(事项)。如前所述,被告在民事诉讼中提出 возражение 的,应当以实体法规范为依据,因此,被告也应当对 возражение 所依据的法律规范的法律事实承担证明责任。但是,何谓法律事实,尤其是关于法律事实的分类标准问题,在苏联法学界一直存有争议,并且这种争议对我国法学界的影响也颇为深刻,以致我国民事诉讼理论及民事审判实务至今未就证明责任分配一般原则达成共识。简言之,法律事实的分类标准不同,证明对象也就不同,进而导致以证明对象真伪不明为适用条件的证明责任在分配标准上也不相同。

按照苏联通说的解释,法律事实(юридические факты)是指"法律规范所规定的,引起法律关系的建立、改变和终止的各种情况"[①]。据此,有苏联学者将法律事实分为四类:"(1)产生权利和义务的法律事实;(2)终止权利和义务的事实;(3)变更权利和义务的事实;(4)妨碍权利产生和义务的法律事实。"[②]就比较法上而言,苏联学者关于法律事实的概念解释及其分类的通说,实质上与德日学者关于要件事实的概念及其分类之通说完全相同。

就法律事实或要件事实与证明责任分配一般原则的关系,德日民事诉讼以辩论主义为基本,以法律要件分类说(罗森贝克的规范说)为证明责任分配一般原则。与之相比,就法律事实分类(说)作为证明责任分配一般原则,苏联的法理、立法和实务原则上都持肯定态度。就苏联法理而言,苏联学者主张,"每一方当事人,都应当证明那些他所举出作为自己请求和反驳理由(возражение 理由)的事实"[③],主张请求权成立

---

① 〔苏联〕Л. И. 库德利雅夫采夫主编:《苏联法律辞典(第三分册·国家和法的理论部分)》,法律出版社编译,法律出版社 1957 年版,第 118 页。
② 〔苏联〕阿·阿·多勃罗沃里斯基等:《苏维埃民事诉讼》,李衍译,法律出版社 1985 年版,第 200 页。
③ 同上书,第 201 页。

者,对诉讼请求的成立事实承担证明责任;主张 возражение 者,对 возражение 理由的成立事实承担证明责任。就苏联立法而言,如《苏俄民法典》第212条就转让请求权的债权人之义务及责任规定:"债权人如果将请求权转让给他人,则必须将证明该请求权的文件转交该人。"请求权转让属于权利变更行为,其构成要件属于权利形成要件,因此,主张转让请求权的债权人应当对权利形成要件事实(请求权转让文件)承担证明责任。就苏联民事审判实务而言,"在有关合同的诉讼中,对于产生合同债务的证明责任,要由债权人负担;而对履行债务的证明,则是债务人的责任"[1],主张权利成立要件和权利消灭要件者,分别对权利成立要件事实和权利消灭要件事实承担证明责任。但是,我们也应当知道,由于苏联民事诉讼带有深刻的国家干预主义及职权探知主义的色彩,法院可以依职权主动收集证据以便查明当事人之间真实的法律关系,因此苏联学者和立法并没有明确肯定法律事实分类(说)就是证明责任分配一般原则。简言之,苏联立法、法理及审判实务是采用比较"暧昧"的态度承认了法律事实分类(说)作为证明责任分配一般原则的实质意义。

与苏联通说将法律事实分类为权利和义务的发生、终止、变更和妨碍之事实不同,苏联一些学者主张以主体的意志为标准,将法律事实分为事件和行为,并以两者为证明对象,按照事件和行为的性质及其产生的法律效果为标准分配证明责任(这里称之为有力说)。[2] 需要指出的是,尽管有力说的法律事实分类方法与苏联通说大相径庭,但这并不意味着它完全否定通说所倡导的证明责任分配一般原则的实际意义。从实质上分析,有力说的证明责任分配原则与通说具有殊途同归的效果。

---

[1] 〔苏联〕阿·阿·多勃罗沃里斯基等:《苏维埃民事诉讼》,李衍译,法律出版社1985年版,第201页。

[2] 参见〔苏联〕克列曼:《苏维埃民事诉讼》,王之相、王增润译,法律出版社1957年版,第232页。

例如,被告以合同违法(例如违反国家法律①)或不可抗力(又译作"不可抗拒的力量",непреодолимая сила,如地震、水灾等)为理由,对原告提出的履行合同诉讼请求提出 возражение。由于按照苏联民法的规定,合同违法或不可抗力可以引起合同无效或免责的法律效果,因此从通说立场出发,被告是以主张权利消灭事实和权利阻止事实提出了 возражение。因此,按照"主张权利消灭和权利阻止者应当分别对权利消灭和权利阻止的法律事实承担证明责任"的一般分配原则,被告应当对自己主张的 возражение 事实承担证明责任。然而,若从有力说立场出发,合同违法和不可抗力分别属于行为和事件,再以行为和事件与法律秩序②的关系为标准,就可以将不法行为和地震、水灾之类事件分别与法律规定的合同无效和免责联系起来,并按照这种法律事实(行为和事件)与法律规定的关系分配证明责任。③ 如此一来,在有力说的解释下,被告以不法行为和地震、水灾之类事件主张合同无效或不可抗力之 возражение 的,应当对合同无效或不可抗力的事实承担证明责任。由此认为,有力说的这种证明责任分配原则实质上与通说的法律事实分类(说)具有相同的效果。

三、我国民事诉讼法对 возражение 制度的移植及评述

从法系意识上考察,我国现行民事诉讼立法废弃了清末民国时期由日本法移植而来的抗辩制度,转而从苏联民事诉讼法引进了 возражение

---

① 《苏俄民法典》第 48 条规定,实施目的违反国家和社会利益的法律行为无效。

② 关于行为与法律秩序的关系,按照《苏俄民法典》第 222 条规定,公民和组织确立、变更或终止民事权利和义务的行为,是法律行为。因此,法律行为的效果和法律事实分类的效果相同,也被分成权利和义务成立行为、权利和义务变更行为、权利和义务终止行为。当事人主张权利成立、变更、终止行为的,应当分别对权利和义务成立、变更、终止行为的成立事实承担证明责任。

③ 参见〔苏联〕克列曼:《苏维埃民事诉讼》,王之相、王增润译,法律出版社 1957 年版,第 234 页。

制度。但是,如下所述,这种引进不仅具有片面性,而且还存在着至今尚未被意识到的诸多误区,从而导致民事审判实践中问题丛生。

(一)反驳诉讼请求与实体性 возражение

现行《民事诉讼法》第 51 条规定,被告可以反驳诉讼请求。此项规定是对《民事诉讼法(试行)》第 46 条中相同规定的沿用,也是对苏联民事诉讼法上 возражение 制度的移植及本土化。关于反驳诉讼请求制度的意义,虽然不同时期的法案起草者都是沿用苏联法理进行解释,但是在理解上有所不同。由于我国至今没有全面公开民事诉讼法立法资料,也没有公开出版官方的立法理由书,因此本文中将法案起草者在自己编写的民事诉讼法条文释义类书著中所作的解释,称作"准立法解释"。

首先,就《民事诉讼法(试行)》起草者的解释叙述如下[①]:反驳诉讼请求是被告为维护自己的权益,实现审判上保护所采取的一种诉讼手段,也是其享有的诉讼权利。在民事诉讼进行中,被告有权提出各种理由来反对、批驳原告的请求,使原告败诉。被告反驳诉讼请求可以从两个方面进行:一是从程序上进行反驳;二是从实体上进行反驳。程序上的反驳就是以诉讼程序立法的规定为理由,反对原告的请求,证明原告违反了诉讼程序的要求,即不具备引起诉讼发生和进行的条件;实体上的反驳就是以实体法律的规定为理由,反对原告关于实体权利的请求,即否定原告实体上的诉权。

[①] 参见唐德华、杨荣新、程延陵、朱锡森编著:《民事诉讼法基本知识——常用概念释义》,法律出版社 1981 年版,第 141 页。其中,唐德华、杨荣新、程延陵为试行民事诉讼法起草小组成员。关于试行民事诉讼法起草小组成员的组成情况,参见沈宗汉:《参加民事诉讼法的起草工作等于进了一趟大学校》,载《人民法院报》2007 年 10 月 15 日。

其次，就 2012 年《民事诉讼法修正案（草案）》起草者的解释叙述如下[①]：反驳诉讼请求是指被告提出证据或者理由反对原告的诉讼请求，这是被告为维护自己的权利、实现审判上的保护而采取的一种诉讼手段。反驳诉讼请求可以从两方面进行：一是实体上反驳，即以实体法的规定为理由反对原告关于实体权利的请求；二是从程序上反驳，即以程序法的规定证明原告违反了诉讼程序的要求。

从整体上说，两个"准立法解释"之间除了对反驳诉讼请求的具体行使方法在解释上有所区别外，即《民事诉讼法（试行）》起草者解释为可以"提出各种理由"，而 2012 年《民事诉讼法修正案（草案）》起草者解释为可以"提出证据或者理由"。但是，在有关反驳诉讼请求的制度目的和构成的解释上，两者却完全一致，并且也与苏联民事诉讼学理关于 возражение 的解释，宏旨相同。

笔者认为，上述沿用苏联法上 возражение 法理对我国反驳诉讼请求制度进行的"准立法解释"，实际上是"南橘北枳"般的解释。这是因为，我国反驳诉讼请求制度只是对苏联民事诉讼法上 возражение 中的实体 возражение 的移植，而不是包括程序 возражение 在内的全面移植。如前所述，苏联民事诉讼法上的程序 возражение，是指被告针对诉讼要件提出的 возражение，它是不涉及本案实体问题或者针对诉讼请求的 возражение。因此，将程序反驳（程序 возражение）归为反驳诉讼请求的内容之一，实际上是混淆了民事诉讼中实体问题和程序问题的性质及区别。

另外，如前所述，возржение 在苏联法上是一个具有固有名词属性的法律概念，但 2012 年《民事诉讼法修正案（草案）》起草者却将之视为动

[①] 全国人大常委会法制工作委员会民法室编著：《〈中华人民共和国民事诉讼法〉释解与适用》，人民法院出版社 2012 年版，第 63 页。按照全国人大常委会的立法规划和工作程序，由全国人大常委会法制工作委员会担任该次民事诉讼法修正案的起草单位及提请审议机关，而具体起草工作实际上由其民法室担任。

词而译成"反驳",如此一来,不仅使 возржение 丧失了作为一个法律概念及制度的本质意义,还会误导我们从行为角度(动词)理解其意思。从法系意识上考察,虽然法律上将 возржение 译作反驳诉讼请求,但我们应当将其解释为"对诉讼请求的反驳",以此强调其作为一个法律概念以及一种诉讼制度的本质意义。

或许正是因为受到了上述概念"译植"有误的影响,2012年《民事诉讼法修正案(草案)》起草者甚至将被告提出证据反对原告诉讼请求的情形,也纳入反驳诉讼请求概念之中。然而,这种"准立法解释"完全混淆了诉讼中的主张行为与提供证据行为(证明行为),也混淆了实体对象与证明对象之间的区别。简言之,反驳诉讼请求属于被告的实体防御方法之主张,其所基于的理由事实才是需要通过证据加以证明的对象。

(二)反驳诉讼请求的确定标准

法律移植并非引进一个概念术语即可实现制度设计的本来目的及功能。虽然我国民事诉讼法以反驳诉讼请求之名引进了苏联民事诉讼法上的实体 возражение 制度,但对该制度在法理上缺乏真切认识,在制度运行上缺乏相应的配套保障措施,以致在民事诉讼实践中因失去正确的理论指导和相应的运行环境保障而陷入"罗生门"。笔者认为,围绕着我国反驳诉讼请求制度所生的诸多问题的根本原因就在于,我们于理论上尚未清楚地认识到反驳或者其"母法"上的 возражение,在本质上是被告的一种独特的诉讼防御方法。也许有人会问,我国的"准立法解释"都将反驳诉讼请求解释为被告维护自己诉讼权利的一种诉讼手段,难道这还不算是对其本质有了正确的认识吗? 实际上,问题的本质并不在于是否从表面上认识到反驳诉讼请求是被告的一种诉讼防御方法,而在于是否认识到其与其他诉讼防御方法或诉讼手段之间在本质上的区别,尤其是因这种区别而产生的实益。倘若要厘清反驳诉讼请求与其他相关制度之间在本质上的区别,抑或是认识其独特的功能,就必须首先弄清反驳诉讼请求的确定标准是什么？抑或是被告在诉讼中提出的何种主张才属于反驳诉讼请求？就这些问题,笔者曾以民事诉讼实践中最为常见的民间借款诉讼为例,就被告对原告提出的返还本金请求权主张(返还本金诉讼请求)的各种陈述(主张)、何者才能够构成反驳诉讼请求的问题,咨询过多名有丰富审理经验的现职法官。

设问：被告的下列陈述(主张)中,何者属于反驳诉讼请求？

① "我从来没有借过原告的钱！"

② "我承认是收到过原告所说的这笔钱,但这笔钱是我替张三收的。"

③ "这笔钱根本不是原告借给我的,而是原告送给我的。"

④ "原告主张的这笔借款,我早已经还给他了！"

⑤ "我承认是借了原告这笔钱,也确实还没有还给他。但原告也欠我一笔数额相同的钱未还。"

⑥ "我承认是借了原告这笔钱,也确实还没有还给他。但原告也欠我一笔相同数额的钱。我现在想用这笔钱冲抵我借原告的这笔钱。"

⑦ "不是我不想还原告这笔钱,而是原告也借了我一笔钱,而且原告欠我的钱数要大于我借他的钱数。既然现在原告告我还钱,那我也请法官判决原告全部还清我的钱！"

对于以上设问,法官朋友们的回答可谓"五花八门",恕不在此一一介绍。显然,如果按照"准立法解释"的观点,由于以上被告针对原告诉讼请求的陈述都属于于己有利的主张,其目的都是"反对"或"批驳"原告的诉讼请求,因此它们都可以被认作被告维护自己诉讼权利的诉讼手段,进而也都可以构成反驳诉讼请求。然而,我们如果根据苏联通说或者参考德日抗辩法理的解释,答案就截然不同。

如前所述,苏联学者关于实体 возражение 确定标准的通说是法律事实分类说(苏联有力说在实质上也承认这个标准),它与德日抗辩法理的要件事实分类说(规范说)并无二致。若按照以上苏联法理和德日法理的解释,对于原告的诉讼请求(返还本金请求权主张),只有被告根据实体法规定提出权利消灭、权利妨碍、权利阻止(包括权利变更或形成)之主张的,才构成真正意义上的 возражение(抗辩)。倘若按照这一标准进行分析,上述设问中只有④⑥才能构成反驳诉讼请求,因为被告依据④提出了权利消灭主张(债因履行而消灭),依据⑥提出了权利形成主张(抵销权主张,能使法律关系终止的形成权)。关于设问⑤能否构成反驳诉讼请求的问题,若按照辩论主义支配下的德日抗辩法理的解释,由于被告在诉讼中只是陈述了可以构成抵销抗辩的事实但没有提出行使抵销权的主张(权利抗辩),而是否行使抵销权抗辩属于处分主义的支配范围,法院不能越俎代庖"代理"被告行使,因此这种纯粹的事实陈述(主张)并不能够构成抗辩。但是,若按照当下辩论主义修正说的解释,法院在一定条件下可以运用释明方式"提示"被告行使抵销权抗辩(权利抗辩)。可以认为,因苏联民事诉讼强调法律真实,所以极有可能像德日的辩论主义修正说一样,法官会主动依职权提示被告行使抵销权 возражение,甚至直接将⑤视为抵销权 возражение。

关于上述设问①②③,若按照苏联通说和德日法理的解释,它们都不构成 возражение 或者抗辩。也就是说,被告在诉讼中的这些于己有利的陈述及主张,应当被归为否认。此外,若按照苏联通说和德日法理的解释,设问⑦应当构成反诉,而不是反驳诉讼请求。

从法系意识上考察,以苏联法上法律事实说作为反驳诉讼请求的确定标准究竟有何实益呢?在苏联民事诉讼中,возражение 和否认都属于被告维护诉讼权利的诉讼手段,而将两者作出明确划分的重要意义是,主张 возражение 者,应当对之法律事实承担证明责任;主张否认者,则无须对之真实性承担证明责任。如前所述,这也是罗马法和德日法所遵循的基本法理,即"抗辩者承担证明责任"。由此不难理解,明确反驳诉讼请求的确定标准,对于证明责任分配具有举足轻重的实际意义。反观我国民事诉讼立法,正是因为没有对反驳诉讼请求制度预设同于苏联法上的法律效果,即主张反驳诉讼请求者应当对之法律事实(要件事实)承担证明责任,所以使得该制度在适用上丧失了基本功能。倘若我们要恢复反驳诉讼请求制度的原本功能,就必须明确该制度的确定标准及其与主张责任和证明责任的关系。从法系意识上考量,我国民事诉讼法应当参考苏联法,以法律事实分类说作为反驳诉讼请求的识别和确定标准,即被告针对原告的诉讼请求提出权利消灭、权利障碍、权利变更之主张的,属于反驳诉讼请求,原则上应当对反驳诉讼请求的理由事实承担主张责任和证明责任。

（三）反驳诉讼请求与反诉

长期以来,我国民事诉讼实践中存在着如何识别反驳诉讼请求和反诉的问题,其典型案例如下:在买卖合同纠纷诉讼中,原告向被告主张支付货款诉讼请求,而被告却以货物存在质量问题为理由,主张减少货款数额①或者退货②。对于被告的减少货款数额或者退货等主张,其性质上究竟是属于反驳诉讼请求还是反诉的问题,随着《最高人民法院关于审理买卖合同纠纷案件适用法律问题的解释》(2012年7月1日施行)的出台,这一争议才算是在法律层面上告一段落。该司法解释第44条规定,对于原告的支付货款请求权主张,被告以货物存在质量问题为理由,主张减少货款数额的,应当视为抗辩;被告主张退货的,则应当视为反诉。

如前所述,在苏联法理中,возражение 与反诉是两种泾渭分明的被

---

① 张金浪:《被告对质量有问题的主张是反诉还是反驳》,http://www.110.com/ziliao/article-245327.html,2014年1月11日访问。

② 钱军、王坚:《从本案谈被告的反驳与反诉》,http://www.chinacourt.org/article/detail/2004/07/id/123571.shtml,2014年1月11日访问。

告的诉讼攻击防御方法。苏联学者也在 возражение 和反诉的适用关系上有所争议,但其争议的焦点是,法官能否依职权将 возражение 视为反诉,或者是否允许被告以 возражение 方式提出反诉。可见,虽然中苏法理都在反驳诉讼请求(возражение)和反诉的适用关系认识上存在争议,但两者争议的焦点及问题意识完全不同。前者的争议焦点是,以什么作为反驳诉讼请求和反诉的识别标准;后者的争议焦点是,被告能否以 возражение 方式提出反诉。具体而言,前者所要解决的问题是反驳诉讼请求与反诉的划分标准问题,而后者恰好是以 возражение 和反诉已有明确划分为前提所产生的问题,其问题意识在于如何协调和处理辩论原则、处分原则与职权主义之间的关系。这里的问题是,为何在我国民事诉讼实践中会发生反驳诉讼请求与反诉的识别标准问题,而在苏联的法理及实务中却不会发生类似问题呢?

首先,苏联民事诉讼法学是一门理论体系自洽的法律科学。科学是知识的体系化,其本身并不等于真理,但它是我们探索真理所不可或缺的方法(科学的方法)。作为苏联民事诉讼法学之一部,возражение 和反诉都有着体系化的法理,并且与相关诉讼制度的法理融会贯通。就 возражение 而言,其法理体系由实体 возражение 和程序 возражение 构成,进而涉及民事诉讼全般理论,即关涉 возражение 的识别标准及适用与民事诉讼原则尤其是处分原则、辩论原则的关系,以及 возражение 与证明责任分配一般原则的关系、与法院的裁判方式的关系等。而我国民事诉讼法理至今连反驳诉讼请求的确定标准甚至其概念本身都没有达成共识,遑论反驳诉讼请求法理体系的确立。因此,在反驳诉讼请求理论毫无科学化构成的背景下,民事诉讼实践中出现反驳诉讼请求与反诉的划分标准不明问题,可谓在所难免。

其次,苏联具有完备的民事实体法律体系,能够保障民事诉讼得以正常运行。苏联法理主张民事诉讼是司法保护民事权利的形式。在立法上,苏联民法规定了民事权利和义务的发生根据(《苏俄民法典》第 4

条)和民事权利的司法保护方法(《苏俄民法典》第 6 条),而作为诉讼制度与实体法的对接配套措施,苏联民事诉讼法规定了当事人的司法保护请求权(《苏俄民事诉讼法典》第 3 条),以此强调和保护了民事诉讼的规范化、法制化运作。按照苏联法理的解释,被告必须以法律为依据主张 возражение,而完备的民事实体法律体系为被告利用 возражение 保护自己的诉讼权利提供了充分保障。反观我国《民事诉讼法(试行)》在规定反驳诉讼请求制度之时,不仅民事实体法律体系尚未建立,甚至连《民法通则》也还处于制定之中。在民事权利以及请求权发生根据都缺乏明确规定的背景下,针对民事权利以及请求权主张(诉讼请求)之反动的反驳诉讼请求,其法律依据更是无从谈起。因此,在我国民事审判实务中出现反驳诉讼请求与反诉的识别标准不明的问题,应当属于意料之中。

四、结语

近年来,随着民事诉讼规范化意识的一定程度提高,科学地建设民事诉讼抗辩体系已成为实体法学者和诉讼法学者的共识。然而,从法系意识上考察,现行《民事诉讼法》在制度构建及其法理上深受苏联法及其法理的影响,今天我们在反驳诉讼请求制度的设计、实践及法理上直面的诸多问题,几乎皆与不了解或者有违苏联法理相关。可以预计,在我国民事诉讼之反驳及反驳诉讼请求制度的建设与发展过程中,苏联法研究仍是一个不可逾越的前提,此乃法系意识使然。

叁 民事诉讼中抗辩与否认的界分

——以民间借贷诉讼为例的论述

2015年9月1日施行的《最高人民法院关于审理民间借贷案件适用法律若干问题的规定》(下称《民间借贷规定》)中共有五处使用了"抗辩"一词①。这五处尽管都使用了"抗辩",但在具体情形中对被告的证明活动进行了不同的规定:有的要求"有事实依据",有的要求"提供证据证明",有的要求"作出合理说明"。这五处"抗辩"的含义是否相同?对被告的这些要求分别是什么性质的责任或义务?理清这些问题不仅对正确理解和适用该司法解释、妥善处理民间借贷纠纷案件有着重要的实践意义,对于准确区分"否认"与"抗辩"、正确认识这两个概念的法学功能也极具理论价值。

---

① 分别是第2条第2款、第15条第1款、第16条第1款、第16条第2款以及第17条。其中,第2条第2款规定被告可以对"原告的债权人资格提出有事实依据的抗辩";第15条第1款规定被告可以"依据基础法律关系提出抗辩或者反诉";第16条第1款规定被告可以进行"已经偿还借款"的抗辩;第16条第2款规定被告可以进行"借贷行为尚未实际发生"的抗辩;第17条则规定在"原告仅依据金融机构的转账凭证提起民间借贷诉讼"时,被告可以进行"转账系偿还双方之前借款或其他债务"的抗辩。

一、相关要件事实的梳理

《民间借贷规定》中的五处"抗辩"均与民间借贷纠纷案件中基本事实的认定有关。在民间借贷纠纷案件中,通常为出借人起诉请求借款人返还已到期的借款本金并支付利息,而出借人的诉讼请求想要获得支持,依赖于借贷关系真实成立且不存在请求权实现的障碍事实。

实践中,民间借贷关系是否真实存在,特别是自然人之间借贷关系的事实认定,既是法院审理的重点,也是难点。在民间借贷关系的发生过程中,双方当事人达成借贷的合意并不意味着出借人取得了向借款人请求归还借款的请求权,该请求权的成立还需要出借人实际履行了合意的内容即向借款人交付了款项,以及在此之后不存在借款人已经偿还而导致请求权已经消灭等障碍事实。上述事实的认定都有赖于对证据的调查,而由于自然人之间的民间借贷常常采用较为简便的交易方式,法律对于前述两部分事实并无要式性的规定,因此使得实践中当事人所留存的证据五花八门:有的出借人依据借条起诉,有的出借人依据欠条或收条起诉,还有的出借人依据银行转账凭证起诉。而在不同情形中,作为借款人的被告也会提出各种各样的反驳意见。此时,法官多依靠自己的经验法则来对证据材料进行审查和认定,以推断当事人之间所发生的有关借贷债权产生、变更、消灭或受妨害的事实是否存在。但是,经验法则作为一种具体事实认定的大前提,需要具体事实的配合,且在得出具体的结论之时,依赖的是法官的职权。① 因此,如果凡事都依赖于经验法则的适用,则可能出现事实认定标准不统一的情况,从而导致司法裁判的恣意,最终影响司法裁量的公信力。为了

---

① 参见常宝莲:《民事诉讼证明的方法论》,厦门大学出版社2015年版,第160页。

"统一裁判尺度,为司法实践提供指引"①,最高人民法院出台《民间借贷规定》,旨在对民间借贷案件的事实认定路径进行详细规定。在民间借贷纠纷案件中,出借人的诉讼请求想要得到法院裁判的支持,需要同时具备程序上的要件以及实体上的要件。程序上的要件即诉讼行为的合法进行,其中最重要的是满足起诉的要件。而实体上的要件实际上就是指借款返还请求权成立的要件,包含正向和反向两个方面,即借贷关系成立以及无权利实现的障碍要件。借贷关系成立实际上由以下两个主要事实构成:一是当事人之间存在借贷合意;二是款项实际交付,即借贷行为实际发生。

在诉讼运行过程中,被告想要阻却原告请求权的实现,一般也需要从上述要件事实②入手。根据被告的事实主张,可对《民间借贷规定》所涉及的"抗辩"行为作以下四种划分:第一种是对原告债权人资格的"抗辩",即《民间借贷规定》第2条第2款的相关规定;第二种是对当事人借贷合意的"抗辩",即《民间借贷规定》第15条第1款以及第17条的相关规定;第三种是对借贷行为实际发生的"抗辩",即《民间借贷规定》第16条第2款的相关规定;第四种则是通过提出权利实现的障碍事实,主张"已经偿还借款"来进行抗辩,即《民间借贷规定》第16条第1款的相关内容。从要件事实的角度来看,前三种"抗辩"针对的都是权利成立的要件事实,而第四种"抗辩"依据的是权利消灭的要件事实。

---

① 杜万华主编:《最高人民法院民间借贷司法解释理解与适用》,人民法院出版社2015年版,第3页。

② 在民事诉讼法理上,基于辩论主义的原则,为明确法官认定事实的最终对象,一般将诉讼过程中的待证事实分为主要事实、间接事实与辅助事实。主要事实也被称为要件事实或直接事实,是"判断权利得失变更等法律效果所直接必要的事实"。参见许可:《民事审判方法——要件事实引论》,法律出版社2009年版,第32页。

表 3　相关事实的分类

具体条文	被告的事实主张	相关事实的法律属性
第 2 条第 2 款	原告不具有债权人资格	权利成立要件事实①
第 15 条第 1 款 第 17 条	双方不存在借贷合意	权利成立要件事实
第 16 条第 2 款	款项并未交付	权利成立要件事实
第 16 条第 1 款	已经偿还借款	权利消灭要件事实

二、实践中对要件事实的认定逻辑

对于上述四种要件事实的审查认定，虽然《民间借贷规定》中分条目进行了规定，但基本遵循着相同的逻辑：首先，对原告所提出证据的证明力进行了认可；其次，允许被告进行"抗辩"，但是需要提供相关依据；最后，由法官自由心证，对相关事实进行认定。就此规定所展示的原、被告相互攻防以及最终由法官认定的动态画面来说，其中仍存有空白之处，需要通过进一步的解释来予以填充。一是被告在进行"抗辩"之后需要提供相关依据（证据），但此种依据（证据）需要达到何种程度？二是在双方提供完证据后，若相关待证事实真伪仍不明确，则法院应当如何裁判？对于这些问题，《民间借贷规定》的相关条文并没有明确给出答案。那么，审判实践中遇到此类问题时是如何处理的呢？

---

① 《民间借贷规定》第 2 条第 2 款中规定："被告对原告的债权人资格提出有事实依据的抗辩，人民法院经审理认为原告不具有债权人资格的，裁定驳回起诉"。从"裁定驳回起诉"的规定来看，该司法解释是将债权人资格作为程序要件来处理的，究其原因可能是受《民事诉讼法》第 119 条起诉条件中"原告是与案件有直接利害关系"内容的影响。从理论上来说，"有直接利害关系"本身就是一个权利保护要件，将其规定在起诉条件中是不适当的。即使规定在起诉条件中，法院在立案时也不应作实质性审查，而是要经过审理后才作出判定。对此，《民间借贷规定》也是明确规定要"经审理"。如果认为原告不具有债权人资格，则应当判决驳回诉讼请求。其实，对于到底是"判决驳回诉讼请求"还是"裁定驳回起诉"，在《民间借贷规定》的制定过程中也存在争议和反复，具体参见杜万华主编的《最高人民法院民间借贷司法解释理解与适用》（人民法院出版社 2015 年版）第 59—60 页，可惜的是该书并没有给出最终选择"裁定驳回起诉"的理由。本文仍从学理观点出发，将债权人资格作为权利成立要件进行论述。

笔者以浙江省为例,借助中国裁判文书网对法院的裁判情况进行了具体考察。笔者以相关法条序号为关键词对一审裁判文书进行了检索,发现自《民间借贷规定》颁布以来,该省涉及《民间借贷规定》第2条第2款的案件有52份,涉及《民间借贷规定》第15条第1款的有428份,涉及《民间借贷规定》第16条第1款的有335份,涉及《民间借贷规定》第16条第2款的有385份,涉及《民间借贷规定》第17条的有954份。现对其中有代表性的裁判思路总结在表4中。

表4 代表性的裁判思路

适用条文	原告的主张及证据	被告的主张	法院的裁判思路	具体表述
《民间借贷规定》第2条第2款	债权债务关系存在,提供的借条上未载明债权人	与原告不认识/有其他债权人	1. 法院重点关注点为原告举证是否充分; 2. 被告需要提供相关证据,并对其证据进行审查,必要时依职权进行调查; 3. 当对借贷关系的存在产生怀疑时即驳回原告起诉。	1. 鉴于借条出具时出借人处为空白,原告亦未能举证证明借贷关系发生时其向被告披露了自己的出借人身份,被告有理由相信案涉借款的实际出借人系案外人而非原告。本案中,被告对原告的债权人资格提出的抗辩意见,本院予以采纳。① 2. 综上,原告虽提供被告出具的借款借条及收条,但对借款经过及款项交付的陈述显然有违常理,难以排除合理怀疑。被告对债权人资格提出的抗辩有事实依据,本院予以采信,依法应裁定驳回原告的起诉。②
《民间借贷规定》第15条第1款	债权债务(合意、交付)	达成了其他类型合意	1. 法院通过审查原、被告提交的证据来对案件事实进行认定; 2. 当被告未能提供证据,或其证据证明力不够时,即按照原告主张事实进行认定。	1. 本院认为,被告的质证意见与其在电话录音中的通话和向公安机关报案的材料相矛盾,且原告持有借条,故原告提供的证据能相互印证,可以作为认定本案事实的依据。③ 2. 根据两被告陈述他们与原告及第三人合伙……但未能提供有效证据证明用对账或协商如何分配利润事宜,有悖常理,两被告提供的证据存在欠缺,未能形成证据链,原告及第三人质证意见成立,被告举证不足以反驳原告主张,因此本院认定原告通过银行转账汇入被告银行账户100000元的款项性质为两被告向原告的借款。④

---

① 参见(2018)浙0109民初979号之一民事裁定书。
② 参见(2016)浙0402民初1195号民事裁定书。
③ 参见(2017)浙0282民初6339号民事判决书。
④ 参见(2017)浙0205民初4186号民事判决书。

（续表）

适用条文	原告的主张及证据	被告的主张	法院的裁判思路	具体表述
《民间借贷规定》第16条第1款	债权债务关系存在(合意、交付)，提供了转账凭证	已还款	被告应当对借款归还的事实承担举证责任。	本院认为，对于借款的归还事实，应由被告方承担举证责任，被告未提供证据证明已还清借款的事实，因此对其抗辩主张，本院不予支持。①
《民间借贷规定》第16条第2款	债权债务关系存在(合意、交付)，提供了借条及收条(写在同一张纸上)	未交付	法院实务操作分析两种思路：第一种，认为借条等债权凭证是证明当事人之间存在借贷关系的直接证据，应当赋予债权凭证较高的证明力，在被告不能提供足够的相反证据的情况下，应认定借贷关系成立；第二种，认为不能仅依据借条等债权凭证来进行认可，当被告对借款是否实际交付提出异议时，借贷关系是否真实发生不明确时，应当由原告承担证明责任。	1. 借条是民间借贷案件中证明双方存在借贷合意和借贷关系实际发生的直接证据，除有确凿的相反证据足以推翻借条所记载的内容外，对借条的证明力应当予以认定。两被告抗辩称该笔借款未实际交付，其未作出合理解释，亦未提供证据予以证明，原告就本案诉争借款的款项来源等事实已尽到举证义务，本院认为原、被告双方借贷关系成立，对两被告的抗辩理由，本院不予采纳。② 2. 本案的主要争议焦点在于案涉借款有无实际交付。作为债权人的原告，应当对借贷金额、时间、地点、款项的交付等借贷合意和事实承担证明责任。本案原告本人未到庭对上述借贷合意和事实进行说明，在被告对借款发生的地点、在场人员、款项交付方式、财产变动情况均有异议情形下，原告未提供充分证据证明案涉借款已实际交付，应当承担举证不能的法律责任。③
《民间借贷规定》第17条	债权债务关系存在(合意、交付)，提供了转账凭证	原告转账凭证显示钱款并非为借款，而是基于其他事由。	大多数法院处理思路是当被告提出转账有其他事由之后，以该事实是否成立为对象，要求被告提供的证据达到较高证明标准。少数法院认为被告在此提出的是"否认"，并明确其只需要提供反证，最终通过比较原、被告双方提供的证据证明力大小来对事实进行认定。	1. 在欠缺借款合同的民间借贷案件中，被告所为否认必须附具证据，但提供证据只需要达到反证标准即可。本案中，原告提供了其向两被告转账的交易凭证，无证据表明该款项系他人所有，故原告已完成了初步举证责任。两被告辩称案涉款项系原告妻子赵社会的投资款，因原告及其家属不认可，而两被告提供的现有证据材料不足以证明该意见，应承担举证不能的不利后果，故本院认定原告与被告胡维芳、张峰铨之间的民间借贷关系成立，原告有权向债务人主张权利。④ 2. 本案中原告仅依据凭证提起民间借贷诉讼，要求被告归还借款，但被告提供相应证据证明原告向被告汇款系原告投资在被告名下的公司投资款。原告现有证据无法达到高度盖然性标准，而被告提供的系列证据能够形成证据链，原、被告之间存在隐名投资关系可能性较大，但被告相对原告需提供的证据有更强的证明力。此时原告需要进一步举证，证明本案的借款合意的事实存在。现原告未完成对该要件事实的证明责任，应承担不利后果。⑤

---

① 参见(2018)浙0825民初688号民事判决书。
② 参见(2017)浙1121民初5061号民事判决书。
③ 参见(2018)浙0604民初809号民事判决书。
④ 参见(2017)浙0110民初19958号民事判决书。
⑤ 参见(2017)浙0382民初6506号民事判决书。

从表4中可以看出,审判实务中各个法院对于同一问题的裁判思路的差异与共性都较为明显。

一方面,对《民间借贷规定》第16条第2款的适用存在着明显差异,即对原告仅以借条、欠条等债权凭证起诉的情况,有的法院认为该类债权凭证能够反映借贷关系的发生,有的法院则认为不能仅以此来认定借贷关系的存在。这种认识上的偏差在我国司法实践中由来已久,而在《民间借贷规定》的制定过程中也一直存在。[①] 这种认识差异的存在会直接导致被告对法官心证突破的难易程度不同,持前种观点的法官将会对被告所作说明的合理性以更高的标准来进行审查。

另一方面,当被告对原告提出的事实表示不认可时,各个法院均要求被告对其意见进行具体化陈述,并且提出证据。但是,似乎无论被告提出的是何种意见、何种事实,各个法院均要求被告提出的证据能够达到较高的标准,甚至以高度盖然性来对其进行要求。但是,根据前文对于要件事实的拆分,被告提出的事实种类实际上存在差异,有的直接与原告所主张的对立,有的则与原告所主张的不矛盾,可以两立,即属于前文所述的权利妨害、消灭或者阻碍的事实。上述分类反映了被告所提出事实的本质差异,而这种差异直接导致其承担的证明责任的不同,对相关事实的证明要求也不同。如此,对于上述列表中的被告,审理的法院都施加了较高的证明负担,而此种做法是否合理则不无疑问。

笔者认为,要对上述问题进行正确解答,首先要梳理问题产生的历史原因,其次才从法理上厘清被告主张的诉讼法属性,只有在此基础之上才能对被告的证明行为与法官的事实认定之间的相互作用关系进行正确处理。

[①] 参见杜万华主编:《最高人民法院民间借贷司法解释理解与适用》,人民法院出版社2015年版,第289—291页。

三、苏联法的历史影响

不可否认,我国在立法制度和司法实践中缺乏对抗辩与否认的界分,与民事诉讼法制发展历史中苏联法的影响不无关系。

正如陈刚教授在《苏联民事诉讼法上 возражение 制度研究》一文中指出的,对于兼有诉讼抗辩和实体抗辩含义的 возражение,最初存在"抗辩""答辩""反驳""异议""辩护"等多个译词。[①] "共时"是外文词语译介中常见的现象,而随着时间的推移,最终会择一而定。对于 возражение 翻译的择一在于法律用语的选定。1982年制定的《民事诉讼法(试行)》第46条明确规定了"被告可以……反驳诉讼请求",可以说 возражение 的译词有了定论。然而,立法者并未对"反驳"的含义作出法理解释,或者说"反驳"一词的选择并非基于法理的考量,最终导致"反驳"的理解泛化,与一般的生活用语无异。因此,无论是对原告所主张的要件事实进行"否认",还是对原告所主张的权利作受妨害、消灭等"抗辩",都被理解为反驳。如此,由于"反驳"涵盖了两个诉讼法性质完全不同的概念,导致其作为法律概念功能的丧失。

如果说上述原因仅仅是一个翻译问题,或者说是由于缺乏对苏联 возражение 制度的深刻了解而出现的一种错误,与苏联法及其理论并不相干,那么苏联民事诉讼制度及理论中"否认"概念的缺失,则着实地影响了我国在民事诉讼制度以及理论上对"否认"与"抗辩"的界分。

翻遍20世纪50年代我国翻译出版的苏联民事诉讼法学著作和论文,均未发现对"否认"的论述。究其原因,可能有以下几点:

一是苏联民事诉讼以查明客观真实为目标,并课以当事人真实义

---

① 参见陈刚:《苏联民事诉讼法上 возражение 制度研究》,载《中外法学》2014年第5期。

务,在客观上致使"否认"不能。《苏俄民事诉讼法典》第 5 条规定,"法院必须用一切方法查明诉讼当事人的真实权利和相互关系,不应当受已经提出的陈述和材料的限制;法院应当用讯问当事人的方法查明解决案件所必需的重要情形,并且用证据加以证实";第 6 条规定,"当事人应当正当地行使自己的一切诉讼权利,任何以拖延诉讼或者混淆是非为目的的舞弊行为和声请,法院应当立即制止"。① 实践中,苏联最高法院也明确指出,"全面的调查案情和正确的确定事实是第一审法院的主要责任"。② 学者们也普遍认为,"苏维埃民事诉讼的当事人如果尊重社会主义共同生活规则,牢记苏维埃公民对于自己的真正人民的法院的义务,就应当对法院作真实的陈述"。③ 如果当事人违反了真实义务,恶意提起诉讼或者为无理由答辩的,或妨碍案件的及时审理和正确裁判的,"法院得为他方当事人的利益而命其赔偿他方工作时间的实际损失"④。真实义务的存在导致当事人必须如实陈述案件事实,如果一方否认另一方所主张的案件事实,客观上来说,一定有一方的陈述是不真实的,其不仅要承受案件处理上的不利益,还有可能受到相应的处罚。因此,真实义务的存在大大减少了诉讼实践中"否认"的出现。对于一个不太可能出现的诉讼现象,立法上及学理上未给予关照也是自然的事情。

二是苏联民事诉讼贯彻职权主义,致使"否认"作为法律概念的意义不大,因而法学上亦无充分的讨论。虽然苏联民事诉讼中也确立了辩论原则,但基于《苏俄民事诉讼法典》第 5 条规定了"法院必须用一切方法"查明案情,使得辩论原则发生了实质性的变化,成为"最全面的与最完满的确定真实情况的手段","当事人关于事实和法律关系的一切

---

① 参见郑华译:《苏俄民事诉讼法典》,法律出版社 1955 年版,第 6 页。
② 参见〔苏联〕C. H. 阿布拉莫夫:《苏维埃民事诉讼(上)》,中国人民大学民法教研室译,中国人民大学,1954 年,第 61—62 页。
③ 同上书,第 136 页。
④ 同上书,第 135 页。

声明,都应当符合案情"。① 苏联民事诉讼中对职权主义的贯彻是全面的、彻底的,贯通于证据、事实和诉讼请求三个层面,即在这三个层面上,当事人的诉讼行为对法院都没有必然的拘束力。例如对于证据的抛弃,"当事人如拒绝使用所提供出来的证据时,法院依然具有为确定案件实质真实而使用这些证据的权利"②;又如对于事实的承认,"当事人对于个别的不符合实际情况的承认,法院应无条件地加以拒绝";再如对于诉讼请求,"诉讼请求的数额如果不是根据当事人间以前所成立的协议或者依照法律所规定的程序决定(票据、合同和税则等)的时候,法院可以依照已经查明的情况作出超过原告人请求数额的判决"③。基于法院的职权调查,无论当事人是否认还是承认,都无法作为诉讼资料直接成为判决的根据;能够成为判决根据的,只有法院依职权所查明的事实。因此,"否认"也就没有能够作为一个法律概念写进法典之中,亦未成为学界研讨的对象。

三是苏联民事诉讼中结果意义上的证明责任概念缺失,也导致对"否认"与"抗辩"的界分丧失了必要的基础。苏联学者在论述证明责任时,均是以《苏俄民事诉讼法典》第 80 条和第 118 条的规定④展开的,而从具体内容上来看,这两条中所规定的证明责任(义务),均是指行为意义上的,即提供证据的责任,从而得出了不仅原告、被告、第三人和参加案件审理的检察长承担证明责任,法院在一定的情况下也承担证明责

---

① 参见〔苏联〕Б. К. 普钦斯基:《苏维埃民事诉讼中的诉讼承认》,载〔苏联〕Н. Б. 泽吉尔等:《苏维埃民事诉讼论文集(一)》,师根鸿等译,法律出版社 1956 年版。
② 〔苏联〕C. H. 阿布拉莫夫:《苏维埃民事诉讼(上)》,中国人民大学民法教研室译,中国人民大学,1954 年,第 122 页。
③ 《苏俄民事诉讼法典》第 179 条。
④ 第 80 条第 4 项规定:在收到诉状的时候,应当用讯问原告人的方法了解被告人可能提出的答辩,并且命令原告人提出证明诉讼请求的必要证据。第 118 条规定:每一方当事人都应当证明他的请求原因或者答辩中引用的事实。证据应当由当事人提出,但是法院也可以根据自己的职权进行搜集。如果当事人所提出的证据不充分,法院可以命令他提出补充证据。

任的结论。① 界分"否认"与"抗辩"的实践意义就在于正确地分配结果意义上的证明责任,而结果意义上证明责任概念的缺失,使得界分"否认"与"抗辩"失去了逻辑前提,理论的探讨自然也就无从展开。

基于以上原因,苏联无论在立法还是理论上,都没有能够确立"否认"的概念,因此学界也未能对"否认"与"抗辩"展开讨论。而中华人民共和国成立初期,民事诉讼法的制定与研究均是向苏联学习,苏联法制中的不足自然被带入我国的民事诉讼法制之中。从1957年最高人民法院制定的《民事案件审判程序(草案)》到1982年的《民事诉讼法(试行)》,其中关于证明责任的规定,表述均与《苏俄民事诉讼法典》大体相同②。而在80年代初期的讲义、教材中,也都只有提供证据责任(举证责任)的概念。③ 然而,随着此后证明责任双重含义的确立以及民事诉讼模式由职权主义向当事人主义的转换,必须从法理上对"否认"与"抗辩"进行界分,进而为立法和司法提供理论支撑,以促进我国民事诉讼法制的现代化发展。

四、抗辩和否认的法理辨析

(一) 抗辩与否认的本质区别

民事诉讼中原被告两造对立,通过双方之间的攻击防御使得案情

---

① 参见〔苏联〕安·扬·维辛斯基:《苏维埃法律上的诉讼证据理论》,王之相译,人民出版社1954年版,第276—277页;〔苏联〕C. H. 阿布拉莫夫:《苏维埃民事诉讼(上)》,中国人民大学民法教研室译,中国人民大学,1954年,第267—268页。

② 《民事案件审判程序(草案)》第6条:"证据应当由当事人提出,人民法院为了查清案情,必要时也应当主动地调查、搜集证据,并可以进行鉴定。"《民事诉讼法(试行)》第56条:"当事人对自己提出的主张,有责任提供证据。人民法院应当按照法定程序,全面地、客观地收集和调查证据。"

③ 具体可参见法学教材编辑部《民事诉讼法教程》编写组:《民事诉讼法教程》,法律出版社1983年版,第213—214页;华东政法学院民事诉讼法教研室编:《民事诉讼法讲义》,1985年6月,第111—112页。

呈现于中立之法官。实践中,对于原告所主张的事实,被告的回应通常有以下几种:第一种,不进行任何回应,即保持沉默。对此,经法院释明后仍保持沉默的,则视为自认。第二种,单纯地作"不清楚""不知道"或者"不记得"的陈述。被告作此种陈述的,应视为否认。第三种,明确予以认可,即承认原告所主张的事实为真。对于被告自认的事实,原告无须举证证明,法院应当予以认定。第四种,明确予以否认,即主张原告陈述的事实不存在、不真实。根据被告的否认是否附有理由,又可分为"消极否认"(又称直接否认、单纯否认)和"积极否认"(又称间接否认、附理由否认)。其中,在积极否认中,被告是通过主张一个与原告所主张的事实在实际生活中不能并存的事实,从而达到否定原告所主张的事实的目的。若被告否认的事实属于有争议的事实,法院应当通过审查当事人提供的证据来加以认定。

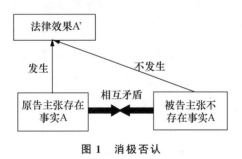

图 1　消极否认

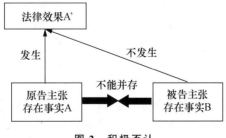

图 2　积极否认

民事诉讼中还存在一种攻击防御方法,即抗辩,其常被与否认特别是积极否认相混淆。所谓抗辩,通常是指被告为了阻却原告的诉讼请求获得支持,依据一定的事实来推翻原告所主张事实的法律效果。抗辩并非针对对方当事人主张的事实本身进行直接否定,"而是针对其法律效果作出否定性陈述"①。

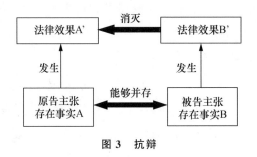

图 3　抗辩

否认和抗辩作为诉讼防御手段,其目的均在于阻却原告的请求获得支持。但是,从根本上看,抗辩是提出了权利妨害事实、权利阻碍事实或者权利消灭事实,以阻却原告请求的成立。而从逻辑上看,权利妨害事实、权利阻碍事实或者权利消灭事实作为反对规范中的要件事实,与基本规范中的权利成立事实是能够同时存在的,即抗辩所提出的事实并不排斥原告请求原因事实本身的成立,而是通过提出相关事实使一定的法律效果产生,而该种法律效果的产生使得原告主张的事实引起的法律效果归于消灭。

否认则是"从根本上否定请求原因事实本身"②。在否认中,尽管否认者也有可能主张了新的事实,但是该事实并非本案中权利发生、变更或者消灭的要件事实。例如,在消极否认中,原告主张某年某月某日于某地以现金方式将借款交付给了被告,被告则提出某年某月某日自己出差在外地,原告的主张不真实。被告主张的"自己出差在外地"并非本案中的要件事实,而是能够对"借款交付"这一要件事实起推导作用的间接事实,所以被告无须对"自己出差在外地"承担证明责任。同时,

---

① 许可:《民事审判方法——要件事实引论》,法律出版社 2009 年版,第 139 页。
② 袁琳:《证明责任视角下的抗辩与否认界别》,载《现代法学》2016 年第 6 期。

被告对这一间接事实的主张，也不改变原告对"借款交付"这一要件事实的证明责任。而在积极否认中，虽然否认者主张的新的事实是可以引起一定法律效果的要件事实，但并非本案的要件事实。例如，原告主张交付的钱款系借款，而被告主张该钱款系赠予，虽然"赠予的合意"真实存在可以得出双方产生赠予关系的法律效果，但"赠予的合意"对于原告所主张的借贷债权来说，并非其产生、变更或者消灭的要件事实。被告主张"赠予的合意"目的在于否定"借贷的合意"的存在，而非用"赠予的合意"产生的法律效果来消灭"借贷的合意"的法律效果，因为被告根本就不承认双方存在"借贷的合意"。此时，被告对"赠予的合意"并不承担证明责任，无论其对"赠予的合意"证明到何种程度，都不改变原告对"借贷的合意"的证明责任。因此，无论被告是在消极否认中对间接事实的主张，还是在积极否认中对矛盾事实的主张，都仅仅是为了去说明原告主张的要件事实并不存在。

在否认中，由于被告并未主张本案的要件事实，因此不存在证明责任承担的问题；而在抗辩中，由于被告主张了新的要件事实，即在原告提出的权利产生的要件事实之外提出了权利妨害、权利消灭或者权利阻碍的要件事实，因此发生了证明责任承担的问题。这就是证明法学领域公认的规范：主张请求权和抗辩者承担证明责任，否认者不承担证明责任。[①]

（二）《民间借贷规定》中"抗辩"的诉讼法属性

尽管否认和抗辩从根本上存在不同，但许多时候，立足于不同的立场，对于同一事实可能会产生否认与抗辩两种不同的认识。但是，为了保证证明的同一性以及裁判的安定性，需要对否认和抗辩进行可靠的识别。

在我国，民事诉讼法以法规出发型方法论为特征，因此，笔者尝试

---

① 参见陈刚：《抗辩与否认在证明责任法学领域中的意义》，载《政法论坛》2001年第3期。

站在民间借贷的要件事实基础上对《民间借贷规定》中的五处"抗辩"情形进行逐个分析，明确其诉讼法属性，为进一步讨论相关证明法上的责任和义务奠定基础。

《民间借贷规定》第 2 条第 2 款所针对的是债权人资格问题。首先应该明确的是，债权人资格问题实际上就是判断原告是否享有其所主张的债权，即理论上所说的正当当事人问题，属于权利保护要件[①]。如果被告认为原告不具有债权人资格，实际上是主张原告不是债权人，从借贷债权的产生要件上来说，是针对"借贷的合意"提出了异议，即主张原告与自己不存在"借贷的合意"，则其诉讼法属性为否认，而非抗辩。从前文列举的争执情形中也可以看出，被告通常以主张实际出借人另有其人来否定原告的债权人资格，这实际上是对原告所主张事实作相异的主张，而非提出另一事实来消灭原告所主张事实的法律效果。值得注意的是，在作者搜集的法院判决中，此种情况下无一例外地都使用了"抗辩"一词，反映了实务对"抗辩"概念的理解仍存在偏差。

《民间借贷规定》第 15 条第 1 款规定，对于原告提起的民间借贷纠纷，被告主张双方的债权债务并非基于借贷行为而产生，而是存在其他基础法律关系，此种情况意味着被告不认可双方之间存在"借贷的合意"，因此其主张不是抗辩，而是否认，而且是积极否认。例如，原告依

---

① 在我国学界，一直以来将"正当当事人"与"当事人适格"作同一含义对待，并且存在着其到底属于诉讼要件还是权利保护要件(本案要件)的争议，原因在于各位学者赋予其的含义不一致；如果从与案件实体有直接利害关系的角度来理解，则其属于权利保护要件；如果从诉讼实施权的角度来理解，则其属于诉讼要件。在比较法上，德日学界普遍将"正当当事人"作为诉讼要件来对待，原因就在于他们认为其含义是指对特定的权利或者法律关系可以实施诉讼并请求本案判决的资格，而这种资格与是否系本案的实体法律关系主体无关(具体参见〔德〕汉斯-约阿希姆·穆泽拉克：《德国民事诉讼法基础教程》，周翠译，中国政法大学出版社 2005 年版，第 74 页；〔日〕高桥宏志：《民事诉讼法：制度与理论的深层分析》，林剑锋译，法律出版社 2003 年版，第 206 页）。《民间借贷规定》第 2 条第 2 款所规定的债权人资格显然属于权利保护要件，因为债权人资格是实体法问题，是直接的实体利害关系问题，而该款规定的"人民法院经审理认为原告不具有债权人资格的，裁定驳回起诉"，则是以处理诉讼要件的方式对待之，在法理上无法圆通。

据欠条提起诉讼,主张欠款系借款,而被告主张欠款系买卖的货款,但因原告货物存在质量问题已被退回,自己无须支付。在这里,被告主张以"买卖的合意"来否定"借贷的合意",而非以"买卖的合意"所产生的法律效果来消灭"借贷的合意"所引起的法律效果,因为在该笔欠款上"买卖的合意"与"借贷的合意"是不能并存的。

《民间借贷规定》第16条的两款中都使用了"抗辩",其中第1款针对的是被告所主张的"已经偿还借款"事实,而第2款针对的是被告所主张的"借贷行为未实际发生"事实。这两种事实如果存在都会导致出借人要求借款人返还借款的请求无法获得支持,但实质上,这两种情况下被告所进行的攻击防御方法是不同的。被告如果主张"已经偿还借款",实际上包含着认可双方之间的借贷关系成立并生效,只不过另外提出了权利消灭的事实来阻却原告的请求,按照上文所列举的学理上的分类,此种主张属于抗辩。被告如果主张"借贷行为尚未实际发生",实际上是对能够引起借贷法律关系发生的"款项交付"这一事实的直接否定,因此属于消极否认,并非抗辩。

《民间借贷规定》第17条中所规定的被告的主张行为亦属于否认,而非抗辩。被告主张"转账系偿还双方之前或其他债务",实际上是对于借贷法律关系发生所依据的"借贷的合意"这一要件事实进行否定。由于是主张存在另一与"借贷的合意"不能同时并存的事实来进行否认,因此是积极否认。

表5 《民间借贷规定》中"抗辩"一词的诉讼法属性

相关条文	具体表述	诉讼法属性
第2条第2款	"被告对原告的债权人资格提出有事实依据的抗辩"	否认
第15条第1款	"被告依据基础法律关系提出抗辩"	否认
第16条第1款	"被告抗辩已经偿还借款"	抗辩
第16条第2款	"被告抗辩借贷行为尚未实际发生"	否认
第17条	"被告抗辩转账系偿还双方之前借款或其他债务"	否认

综上所述,本文所关注的五处"抗辩"用语实际上仅有一处属于学理上所讲的抗辩,其他四处均属于否认。而具有实践指导意义的《民间借贷规定》的用语实际上也影响了实务中审判人员对相关概念的理解与运用。从前文对裁判文书的总结分析来看,法院裁判中对"抗辩"与"否认"基本不加区分,且多使用"抗辩"一词。

理论与实务的话语体系显然存在分野。那么,是否有必要进行用语的严格区分?区分"抗辩"与"否认"是否只是学者的"文字游戏"?笔者认为并非如此,否认与抗辩的区分有着重要的制度功能。这种必要性实际就反映在抗辩与否认的本质差异上,即学界所认可的公理:抗辩者承担证明责任,否认者不承担证明责任。对于这两者的区分影响着诉讼中证明责任的分配问题,而证明责任作为"民事诉讼的脊梁骨"[1],不仅在事实真伪不明时显在地发挥着重要作用,更是潜在地牵引着当事人的证明行为,从而推动诉讼向前运动,直至到达可以作出裁判的终点。混淆抗辩与否认,就会混淆相关证明责任的分配,无法科学、规范地进行审理和裁判。

五、被告之"提供证明"或"合理说明"应达到的标准

在厘清了抗辩和否认的差异,并对《民间借贷规定》中相关规定所涉及的被告行为进行了分析之后,证明法学领域公认的规范得以彰显:抗辩者承担证明责任,否认者不承担证明责任。对此基本观念,《民间借贷规定》虽有所引进,但未能彻底贯彻,从而导致了前文所介绍的实务乱象。

《民间借贷规定》在其第 16 条第 1 款和第 17 条均明确使用"抗辩"表述的基础上,并未施加这两处"抗辩者"相应结果意义上的证明责任,

---

[1] 〔日〕高桥宏志:《民事诉讼法:制度与理论的深层分析》,林剑锋译,法律出版社 2003 年版,第 421 页。

反而赋予了其"否认"的特征：在规定了被告应提出相关证据证明之后，附加了一句"原告仍应就借贷关系的成立承担举证证明责任"。此规定所表达的意思为：当被告和原告同时对借贷关系的存在提出了正面与反面陈述，法律仍然将证明责任施加给原告——若该正、反两面主张的同时提出导致"借贷关系是否存在"这一事实不清，原告应当承担败诉风险。《民间借贷规定》第16条第1款和第17条虽使用了"抗辩"一词，但其后对于证明事项的规定却遵循着"否认"的证据法效果。

此外，依据本文的分析结论，由于第16条第1款中"已经偿还借款"的表述是真正意义上的"抗辩"，因此被告对于该"已经偿还借款"的事实应当承担结果意义上的证明责任。但是，法条仅强调了原告对"借贷关系的成立"的证明责任，而未涉及被告对于"已经偿还借款"这一权利消灭事实的证明责任。

与上述两处不同的是，《民间借贷规定》的第2条第2款、第15条第1款以及第16条第2款仅仅规定了被告应当"提供证据证明"或是"作出合理说明"，并未对证明责任的分配进行说明。在这种表述之下，势必造成实践中证明责任分配的混乱情形。

笔者认为，在学界所公认的"抗辩者承担证明责任，否认者不承担证明责任"原则之下，应当继续明确此条公理的真正内涵，以及否认者在诉讼中的证明活动应该如何开展，如此才能对实践进行有效的指引。

（一）基础：否认与证明

证明责任问题在民事诉讼中之所以如此重要，是因为在证据调查之后，争议的事实并不总是表现为"真"或"伪"两种状态，在这两种状态之中还存在着"真伪不明"。当事实真伪不明时，法院不能搁置对该事实的处理，而必须要进行判断，这是"法院不得拒绝裁判原则"的要求。[①]

[①] 参见占善刚、刘显鹏：《证据法论（第三版）》，武汉大学出版社2015年版，第174页。

证明责任规范的引入为法院的裁判提供了方法,具体来说,即在"案件审理终结时,要件事实真伪不明的,法官根据证明责任规范对本案争议的法律效果是否发生、变更或消灭作出判断"①。

根据《最高人民法院关于适用〈中华人民共和国民事诉讼法〉的解释》(下称《民诉法解释》)第91条的规定以及学界通说"规范说"的解释,我国证明责任分配的一般原则是当事人需要对自己主张的要件事实承担证明责任,且对于同一要件事实仅可能由一方当事人承担证明责任。如果对于同一要件事实双方当事人都承担证明责任,则证明责任规范就丧失了其基本功能,因为法官无法据此对要件事实真伪不明做出处理。那么,什么是当事人的"主张"? 此时,如何界定"主张"这一概念就显得尤为重要。

广义上当事人关于案件事实的陈述,均为"主张",但作为证明责任分配之对象的"主张",应作更准确之界定。在证明法上,"主张"专指当事人对本案要件事实的陈述。因此,原告方的主张就表现为权利产生事实的提出,而被告方的主张则表现为权利妨碍、权利阻却或权利消灭事实的提出。②

如前文所述,当事人提出的否认是对对方所主张事实的直接否定。也就是说,否认者对对方承担证明责任的要件事实表示否定。对于该事实,负有证明责任的当事人为了避免其不被认定的不利后果,会努力提供证据以使法官获得其成立的内心确信;而否认者在此过程中,其行为目的为动摇法院对于对方当事人所主张的事实的内心确信。③ 否认者为了达到上述目的,可以通过具体化其否认理由并提供相关证据,但无论其理由以怎样的方式呈现,都不属于提出了新的主张,否则就属于

---

① 〔日〕新堂幸司:《新民事诉讼法》,林剑锋译,法律出版社2008年版,第393页。
② 参见江伟、邵明主编:《民事证据法学(第二版)》,中国人民大学出版社2015年版,第154页。
③ 参见占善刚:《附理由的否认及其义务化研究》,载《中国法学》2013年第1期。

抗辩。

在证据法理论上,负有证明责任一方当事人所提出的用于证明其所主张的要件事实的证据为本证;不负证明责任的一方当事人提出的用于证明该要件事实不存在或不真实的证据为反证。否认者所提出的证据为反证,因而其只需达到反证的证明程度,即动摇法院对于本证所证明事实的内心确信即可。而如果要求反证对要件事实(证伪)的证明程度也达到使法院产生内心确信的程度,则相当于改变了证明责任的法定分配,也与民事诉讼的基本原理相悖。

(二) 理解:否认与事案解明义务

根据民事诉讼原理,否认者可以自行选择是否进行有理由的否认,而《民间借贷规定》明确要求被告在否认时"提供证据证明"或者"作出合理说明"。那么,我们应当如何理解《民间借贷规定》做出此种规定的意图呢?

有观点认为,可以将《民间借贷规定》的设计看作赋予了被告事案解明义务,即《民间借贷规定》秉持保障合法债权人的价值倾向,而施加被告事案解明之义务,以降低对原告所主张事实的认定难度。

所谓事案解明义务,是指"不负证明责任的一方当事人对于事实理清负有积极的、具体的陈述和说明义务,包括提出相关证据资料的义务"[1]。但是,民事诉讼法理并不承认一般性的事案解明义务,而是将该义务的适用范围限制在信息偏在型案件中,即只有当案件的某些信息形成和保存都被一方当事人控制时,负有举证责任的另一方当事人无法对要件事实进行具体的陈述,而拥有信息的一方当事人被期待进行事案解明。[2] 民间借贷关系并不属于该类案件:民间借贷案件中,双方当事人地位平等,且在关系形成的各个环节都处于能够充分进行信息

---

[1] 袁琳:《证明责任视角下的抗辩与否认界别》,载《现代法学》2016年第6期。
[2] 参见吴泽勇:《民间借贷诉讼中的证明责任问题》,载《中国法学》2017年第5期。

获取的对等状态。因此,民间借贷案件中的被告并不应当被赋予所谓的事案解明义务。《民间借贷规定》要求被告"提供证据证明"或"作出合理说明"实际上体现了对债权人父爱般的倾斜式关怀,而忽略了对民间借贷纠纷案件中当事人双方的平等保护。

(三) 总结:被告证明活动的梳理

本文所关注的《民间借贷规定》中的五处"抗辩"仅有第 16 条第 1 款中的为真正意义上的抗辩,即"已经偿还借款"为权利消灭事实抗辩。作为抗辩的事实,"已经偿还借款"的证明责任应由主张者被告承担,但是《民间借贷规定》第 16 条中仅对被告提供证据的责任进行了规定,即"被告提供相应证据证明",而没有明确规定被告的证明责任,再加上"被告提供相应证据证明其主张后,原告仍应就借贷关系的成立承担举证证明责任",无疑会使人产生错觉,即只要被告对还款的事实提供了证据,其证明责任就得到了免除,转而由原告对借贷关系的成立承担证明责任。事实上,被告对还款事实承担证明责任与原告对借贷关系承担证明责任之间并无逻辑关联,并不是此消彼长的关系。法官对被告所主张的还款事实进行认定时,应该遵循高度盖然性的证明标准,在形成内心确信的基础上作出认定;如无法形成确信,则要对被告作不利的认定。

《民间借贷规定》第 2 条第 2 款、第 15 条第 1 款、第 16 条第 2 款以及第 17 条所规定的"抗辩"情形并非诉讼法学理上的抗辩,而是否认。在以上情形中,对于被否认的事实,被告只承担提供证据责任,并不承担证明责任。被告为证明自己的否认所提出的证据为反证,且只需以动摇法官对原告主张事实的确信为标准即可。

肆 确定判决的法律效力(既判力)制度与法系意识

一、问题的提出

对我国法律工作者而言,"法律效力"是一个耳熟能详的概念,只是其释义不一。通常情形下,"法律效力"可指法律的适用范围,即法律对人、对事、对时的效力范围;亦可指法律后果,即行为于法律上所产生的结果(如合同的法律效力等);此外亦可指法律的约束力(例如,宪法是国家的根本大法,具有其他法律都不得与之相抵触的效力);等等。但是,现行《民事诉讼法》规定的"法律效力"虽与上述语境中的"法律效力"字面相同,却旨趣相异。这是因为,现行《民事诉讼法》中的"法律效力"是对苏联法上"законная сила"的借用和汉译,仅指确定判决发生的诉讼法上效果,抑或是判决确定后所发生的诉讼法上效力。此般意义上的"法律效力"是民事诉讼法的一个固有概念,与其他语境下的"法律效力"概念不存在借用或混用关系。我国立法者选用一词多义的"法律效力"来表述"законная сила",不免有些失当。

本文的研究对象是民事诉讼中的法律效力,即民事确定判决(民事确定裁判)发生的诉讼法上的效果。从制度层面上解释,法律效力是民事诉讼的核心制度,其目的在于通过确认当事人间的民事法律关系,维护民事法律秩序,以实现法院审判的权威性。民事确定裁判若不具有法律效力,那就如同一张以法院名义打出的"白条",不具任何实际意义。从制度生成史上考察,我国民事诉讼法规定的法律效力制度是对苏联法的移植与本土化,但此项制度的意义及其法理却被今人忘却。造成此种境况的原因概括有三:一是我国在引进法律效力制度时比较"匆忙",当时的立法者和学者尚未对其基本意义进行深度解读;二是在移植后的相当长一段时期里,由于"中苏交恶"、法治虚无主义盛行等诸多历史原因,立法者和学者都被迫失去了对之开展深入研究的客观可能性;三是在恢复法制和民事诉讼法试行阶段,由于意识形态的"作怪"和法系意识的淡薄,立法者和学者都自觉或不自觉地放弃了对之认真探讨的主观能动性。据笔者调查,自苏联法上法律效力制度移植至今,我国学界对之尚未有一篇严格意义上的专论①。

  理论上的"真空"必然导致实践上的"盲动"。当下我国民事诉讼法制中存在的诸多痼疾,都与法律效力制度理论的缺位有着直接或者间接的联系。例如,因判决主文与诉讼标的相悖引起的"判决突袭"问题,是由于未能正确把握实质法律效力之客观范围造成的;又如,因判决主文没有全面回答诉讼请求所导致的"审理不尽"问题,也是基于上述同样原因引起的。另外,由于我们对法律效力制度缺乏应有的认识和把握,因此民事诉讼实践中破弃法律效力的现象居高不下,审判监督程序和当事人申请再审程序也由非常救济程序嬗变成普通诉讼程序(再审

---

  ① 不仅如此,有关苏联民事诉讼法上法律效力制度的汉译文献也相当少,除汉译法典外,专论仅有 M. A. 顾尔维奇的《苏维埃法院的民事判决是保护主体民事权利的手段》(载〔苏联〕H. Б. 泽吉尔等:《苏维埃民事诉讼论文集(一)》,师根鸿等译,法律出版社1956年版)。其他文献主要有苏联学者编写的民事诉讼法教材的相关部分,其中包括 C. H. 阿布拉莫夫:《苏维埃民事诉讼(下)》第十五章第五节"法院判决的法律效力"(中国人民大学民法教研室译,中国人民大学,1954年);克列曼:《苏维埃民事诉讼》第十一章第五十六节"法院判决的法律效力"(王之相、王增润译,法律出版社1957年版);阿·阿·多勃罗沃里斯基等:《苏维埃民事诉讼》第十八章第六节"法院判决的法律效力"(李衍译,法律出版社1985年版)。

程序的审级化)①,民事审判的权威性横遇挑战。

　　笔者一直主张,我国民事诉讼法制属于混合法制,是中国经验与德日法、苏联法的混合产物。因此,法系意识于我国民事诉讼法学研究领域具有特殊意义,而无视法系意识的所谓的研究成果,极有可能无助于现实问题的解决。值得注意的是,近年来我国学者在有关德日法上法律效力制度(既判力制度)的研究方面颇有收获②。但是,现行《民事诉讼法》规定的法律效力制度,并不是对移植德日法而成的清末民国时期民事诉讼法上法律效力制度的直接援用,而是对苏联法上"законная сила"的学习和借鉴。因此,正确认识苏联法上法律效力制度的意义,应是当下展开现行《民事诉讼法》上法律效力制度研究的前提。需要指出的是,在此强调正确认识苏联法上法律效力制度的意义,并非是为了鼓吹和建言我国民事诉讼的法律效力制度之设计应当全面回归苏联法。正如本文结论所述,由于苏联法上实质法律效力(实质确定力,既判力)的规定远不如德日法精细、明确,加之学界目前对苏联法的研究水准也大幅落后于德日法之实情,因此我们应当考虑在保留已移植的苏联法上形式法律效力(形式确定力)的基础上,注重参考德日法上有关实质法律效力的规定,以改革和完善我国民事诉讼的法律效力制度。

---

　　①　我国民事审判监督程序是学习苏联法建立的,其法理依据也来自苏联法理。所谓苏联法上的审判监督程序(надзорная инстанция),是指苏联法院对于法律赋予全权的公职人员(检察长、法院的院长和副院长)就确定裁判提出的抗议进行再审的程序。按照苏联法理解释,民事诉讼中设立审判监督程序的意义在于维护苏维埃法制的统一性和苏维埃法院审判的权威性,它是与苏维埃上级法院对下级法院的审判监督职能和苏维埃检察院的法律监督职能相联系的,由于公民不属于审判监督机关和法律监督机关,因此只有法定公职人员才有权按照审判监督程序对确定裁判提出抗议并要求再审。可以认为,我国现行《民事诉讼法》在审判监督程序名义下设置当事人申请再审制度是有违苏联法理的。另外,苏联民事诉讼法的再审程序由审判监督程序和"依新情况的再审程序"(возобновление производства)这两种性质、目的、适用范围不同的程序构成。前者由法定公职人员提出;后者由当事人提出,类似于我国民事诉讼法规定的当事人申请再审程序。

　　②　其中仅专著就有邓辉辉:《既判力理论研究》,中国政法大学出版社 2005 年版;林剑锋:《民事判决既判力客观范围研究》,厦门大学出版社 2006 年版。而以既判力为研究对象的论文可谓汗牛充栋,不胜枚举。

二、法律效力概念认识上存在的误区

对于我国法律工作者而言,法律效力该当一个既熟悉又陌生的概念。所谓熟悉,是因为"发生法律效力的判决"这句话在法条、判决书和教科书中经常使用;所谓陌生,是因为我们已经几乎忘却法律效力仍是现行《民事诉讼法》中的一个固有概念,有着自我特定的制度意义。正如前所述,法律效力是指确定裁判发生的诉讼法上效果。我国民事判决有一审判决、二审判决(上诉审判决,终审判决)之分,未确定的审级判决(终局判决)虽然也具有相应的诉讼法上效力(如一审判决对一审法院的约束力),但不能将之也称作"законная сила"意义上的法律效力。换言之,因为法律效力仅指确定判决发生的诉讼法上效果,所以其概念本身就已经排除了对未确定判决的适用。

确定判决是指因通常申请不服方法用尽而得以确定的审级判决(终局判决)。或许有同行质疑,通说和司法解释均是采用生效判决来表述确定判决的,本文为何要将法律效力表述为确定判决而非生效判决所发生的诉讼法上效果呢?诚然,确定判决并不是现行《民事诉讼法》上的概念,而只是传统立法及当下民事诉讼法学上的一个概念[①]。但是,本文使用确定判决概念恰恰是为了使其有别于生效判决。这是因为,确定判决与生效判决有着全然不同的法理基础。通说认为,生效判决是指具有法律效力的判决,抑或是只有发生法律效力的判决才是生效

---

① 《人民法院暂行组织条例》(1951年9月3日中央人民政府委员会第十二次会议通过)第38条曾使用过"确定判决"概念,即"人民检察署对于人民法院的确定判决,认为确有重大错误者,得提起抗诉,请予依法再审。最高人民检察署对于最高人民法院的确定判决,亦得提起抗诉,请予依法再审"。据此而言,确定判决是新中国法律曾经使用过的法律概念。另外,在未正式实施的《诉讼程序试行通则(草案)》(中央人民政府法制委员会于1950年12月31日草拟)第21节"判决的确定和执行"、第22节"再审"、第23节"监督审判"中,都使用了"确定判决"的概念。笔者推断,我国学者以"发生法律效力判决"或"生效判决"来取代"确定判决"概念的时间,大约是在1954年《人民法院组织法》颁布以后。

判决。因此，法律效力成了判决的生效条件或得以确定的前提①。然而，这种解释是错误的，它颠倒了判决确定（所谓的"生效"）与法律效力之间的逻辑关系，并带来了两个认识误区：其一，基于通说的错误认识，许多教科书都将"民事判决的效力"同于"民事生效判决的效力"，从而混淆了民事判决的法律效力与民事判决的其他效力之间的区别。众所周知，民事判决因审级不同而于成立后产生了不同的诉讼法上效力。以一审判决为例，其就具有终结本审级诉讼程序的效力（终局效力）。由此不难理解，一审判决作为民事判决的一种，虽不当然具有法律效力，但仍具有独自的诉讼法上效力。因此，民事一审判决在宣布后也应当属于生效判决，即可以发生一定诉讼法上效果的判决。否则，我们就需要从逻辑上将民事一审判决定性为无效判决或不具有诉讼法上效力的判决。其二，通说所谓的"生效判决"，是将"发生法律效力"当作判决的生效条件或确定条件，但这种理解是对判决确定（所谓的"生效"）与法律效力关系的本末倒置。从逻辑上讲，判决是在"生效"（确定）以后才发生法律效力，而在确定前并不发生法律效力。换言之，判决并不是因为发生法律效力才得以"生效"（确定），而法律效力却必须以确定判决为发生条件——法律效力是确定判决发生的诉讼法上效果。鉴于上述分析，本文弃"生效判决"而采"确定判决"来定义法律效力的存在基础。

三、苏联法上法律效力制度之考察

我国现行《民事诉讼法》的法理在相当程度上受到了苏联法的影

---

① 例如，《最高人民法院关于执行〈中华人民共和国行政诉讼法〉若干问题的解释》第44条第1款规定，诉讼标的为生效判决的效力所羁束的，人民法院应当裁定不予受理；已经受理的，裁定驳回起诉。对于该项规定中"生效判决"概念的解释，通常以为是指"发生法律效力的裁判"。在这里，发生法律效力成了裁判得以生效的前提，而实际上"裁判生效"才是法律效力得以发生的基础。

响,但其使用的概念却几乎是对清末民国时期法律术语的直接援用。不过,法律效力概念却属于一个例外。现行《民事诉讼法》上的法律效力是对苏联法上"законная сила"概念的汉译,而我国民事诉讼法学中的"确定力""既判力"概念,则是对日译德国法上"Rechtskraft"概念的直接援用。苏联法上的"законная сила"属于专有名词,德国法上的"Rechtskraft"属于复合词。在俄语中,"законная сила"是"法律+力"两个词的组合;在德语中,"Recht"具有"法"或"法律"的意思,"kraft"具有"力"或"效力"的意思。因此,照字面理解,"законная сила"和"Rechtskraft"都可以被直译为"法律效力"。此外,从比较法上看,"законная сила"和"Rechtskraft"也属于对译概念,在俄语民事诉讼法研究文献中,通常将"Rechtskraft"俄译为"законная сила"。① 直言之,由于新旧两个时代移植法律效力制度的路径不同,因此才对同一概念有了两种称谓。有趣的是,法律效力作为现行《民事诉讼法》上的法定概念及制度,其意义所在,当下并没有引起法律工作者的应有关注。与此相对,现已成为民事诉讼法学概念的"确定力"尤其是"既判力"[②],其意义所在却引起了理论界和实务界的极大兴趣。这种现象可谓是我国民事诉讼法学领域一道令人倍感尴尬的风景线。

(一)苏联法上法律效力制度的法理依据

按照苏联法理的解释,法律效力来源于判决本身,即"Вступление решения суда в законную силу"。在这句固定的法言表述中,"Вступление"

---

① 参见〔苏联〕克列曼:《苏维埃民事诉讼》,王之相、王增润译,法律出版社1957年版,第323页;〔民主德国〕霍斯特·克利纳等:《德意志民主共和国民事诉讼》,刘家辉译,西南政法学院诉讼法教研室,出版时间不详,第97—100页。以上两部汉译文献均译自俄语,其中涉及德国法上"Rechtskraft"俄译概念"законная сила"的,我国学者均汉译为"法律效力"。

② 最初,日本法将德国法上的"Rechtskraft"译为"确定力"。这种译法也属于意译。例如,1890年日本《民事诉讼法》第244条规定"判决限于其主文之部分有确定力",后于修改时将"确定力"改为"既判力",并沿用至今。

一词为"产生、发生"的意思;"решения суда"为"法院判决";"в"为前置词,是动词的接格要求,没有具体含义;"законную силу"是"法律效力"的意思。我国立法者将之译为"判决发生法律效力",即"法律效力从确定判决中长出"。但是,确定判决为何能够发生法律效力呢?对此,苏联法理解释,确定判决之所以能够发生法律效力是由判决的本质所决定的,而判决的本质在于它是苏维埃法院确认当事人间法律关系的命令。① 如果仅凭这一解释,似乎尚不足以说明法律效力的法理依据究竟何在,但如果从判决的本质与法律的关系上分析,则不难理解其中的答案了。需要指出的是,在苏联法学中,如何理解判决和法律的关系是一个极其重大的理论问题,因为它涉及如何正确理解和处理立法和审判在社会主义法治国家中的关系这一重大理论问题。判决的本质是苏维埃法院确认当事人间法律关系的命令这一定义中内含两层意思:其一,判决是苏维埃法院对当事人间法律关系的确认;其二,判决是苏维埃法院的命令。

就判决的本质是确认法律关系与法律的关系而言,按照苏联法理解释,法律关系是依据法律调整的权利义务关系,但法律关系本身不同于法律,法律只是判断法律关系是否存在的依据。与之相应,判决以确认法律关系为内容,但其本身并不是法律,即判决"不是在实体法律关系方面调整当事人行为的规则"②,而是对法律关系的确认。因此,如果将判决理解为法律,则混同了审判与立法的关系,也违反了社会主义法制原则。苏联法理之所以如此解释判决与法律之间的关系,是因为社会主义法制是苏联上层建筑及政治制度的一个重要组成部分。苏联以《宪法》第 4 条"苏维埃国家及其一切机关根据社会主义法制进行工作,

---

① 参见〔苏联〕М. А. 顾尔维奇:《苏维埃法院的民事判决是保护主体民事权利的手段》,载〔苏联〕Н. Б. 泽吉尔等:《苏维埃民事诉讼论文集(一)》,师根鸿等译,法律出版社 1956 年版,第 81 页。

② 同上。

保证维护法律秩序,维护社会利益和公民权利与自由"的规定,在宪法中确立了社会主义法制原则。实行社会主义法制的前提是建立社会主义法律体系。苏联十分强调法制建设,以制定法形式建立了包括民法和民事诉讼法在内的完备的社会主义法律体系。苏联法理认为,苏联法是苏联人民意志的体现,根据法律形成法律关系(依法行事)就等于是实现了体现在法律中的人民意志。在通常情况下,法律关系的实现建立在苏联人民高度自觉的基础上,"因为他们理解到苏维埃法律是保护全体苏维埃人民利益的"①。但是,正如列宁所说:"若没有一个能够强迫人们遵守法的规范的机关,则所谓法便等于零。"②因此,对于违反法律的行为以及引起争议的法律关系,有必要通过法院行使审判权加以确认。在这个意义上,判决无非审判权行使结果的一种表现方式,它以确认法律关系的方法来实现法律中的人民意志,即判决是法院对当事人间法律关系的确认。

就判决是政权机关即人民法院的命令这一本质与法律的关系而言,判决在确认法律关系的同时,以命令形式保障着法律规范的实行。判决的命令性这一本质体现在苏维埃法院对法律关系确认的肯定性、不可反驳性、强制性三个方面,抑或是确定判决对其确认的法律关系能够发生"一般拘束力的、不可动摇的、不可变更的"③诉讼法上后果——法律效力。

综上所述,苏联法上法律效力制度的法理依据是:法律效力源于判决本身,即确定判决发生法律效力,而确定判决之所以能够发生法律效力,是因为判决的本质在于它是一种确认法律关系的命令。

---

① 〔苏联〕M. A. 顾尔维奇:《苏维埃法院的民事判决是保护主体民事权利的手段》,载〔苏联〕H. Б. 泽吉尔等:《苏维埃民事诉讼论文集(一)》,师根鸿等译,法律出版社1956年版,第75页。
② 《列宁文选》,人民出版社1953年版,第246页。
③ 〔苏联〕克列曼:《苏维埃民事诉讼》,王之相、王增润译,法律出版社1957年版,第334页。

（二）苏联法上法律效力制度的内容

法律效力制度的内容是指法律效力在诉讼法上的具体效果及特质。从比较法上考察，苏联法不同于德日法那样将法律效力制度的内容分为形式法律效力和实质法律效力①，而是采用"特性"（свойствые обязательности）一词加以表示。另外，在汉译苏联法教科书和论文中，有关法律效力的具体效果及特质的阐述也有所区别，且译词也不统一。但是，就整体而言，苏联学者认为确定性、排他性、预决性是法律效力内容的主要方面。

确定性（обязательность）是指确定判决的法律效力阻断救济方式的特性及效果。也就是说，确定判决因发生法律效力而具有不可取消性，除依审判监督程序予以救济外，任何苏维埃法院都无权改变确定判决。从比较法上分析，苏联法上的确定性类似于德日法上的形式法律效力（形式确定力）。因为德日法上的形式法律效力也是以判决达至申请不服手段用尽为发生条件，抑或是判决在达至申请不服手段用尽之状态时得以确定，且判决一旦确定，便随之产生不可取消性。关于判决的确定时间及确定性的发生时间，按照《苏维埃民事诉讼纲要》第 39 条规定，未被提起上诉或抗议的判决，自上诉和抗议期限届满后发生法律效

---

① 德国法上的法律效力（Rechtskraft）本来是指各种确定判决通用的一项判决效力，它具体包括两个方面内容，即"formelle Rechtskraft"和"meterielle Rechtskraft"。日本在移植德国法时分别将之译为"形式的确定力"和"实体的确定力"。按照德国法的解释，"formelle Rechtskraft"是指判决在诉讼程序内达到不得通过普通申请不服方法（比如上诉等）予以取消之状态，即申请不服手段用尽。"meterielle Rechtskraft"是指具有形式确定力的判决（确定判决）对诉讼对象之实体法律关系所产生的约束力，即确定判决对本案（主体、客体、时空）的约束力。为了保持法用用语的统一性，本文中将形式确定力统称作形式法律效力，将实体确定力统称作实质法律效力。需要指出的是，实质法律效力是立足于本案诉讼程序相对于形式法律效力而言的一个概念，它旨在强调本案判决所确定的内容，而形式法律效力则旨在宣告本案判决在形式上已经确定。但是，若就实质法律效力与后诉的关系而言，由于后诉不得否定前诉确定判决就诉讼对象之实体法律关系所为的判断，因此日本法专门将实质法律效力对后诉意义上的约束力称作"既判力"，并沿用至今。

力;上诉或抗议案件未被撤销的,于上级法院审理后发生法律效力;苏联最高法院和各加盟共和国最高法院的判决,自宣告后立即发生法律效力。

排他性(исключительность)亦称形式预决力,是指同一诉讼主体之当事人不能就确定判决所解决的争议法律关系,以同一诉讼对象和诉讼理由提起后诉;也不能在后诉中对法律效力及于的事实认定和法律判断提出争议。从比较法上分析,苏联法上的排他性具有德日法上实质法律效力的某些功能,尤其是其中有关当事人"不得在其他诉讼程序中对法院已认定的事实和法律关系提出争议"的规定(《苏俄民事诉讼法典》第208条第3款)则更是如此。苏联法理认为,排他性旨在保障确定判决的稳定性。但是,作为例外,《苏俄民事诉讼法典》第208条第5款规定,给付定期付款判决发生法律效力之后,如果影响付款数额计算或付款期限的情况发生了变化,则每一当事人都有权通过提起新的诉讼请求来改变付款的数额和期限。

预决性(преюдициальность)也称实质预决力,是指禁止苏维埃法院在后诉中重新审判具有法律效力之判决所判断的事实问题和法律问题。由于预决性所产生的预决效力是指前诉确定判决的事实判断和法律判断的法律效力对于后诉法院的约束力,它与德日法上的既判力具有类似的功能。但是,与德日法贯彻的发现真实的认定事实理念不同,苏联法强调客观真实,对于必须以其他民事、刑事、行政诉讼程序的审理结果为本案审理前提的情形,法院必须中止本案审理,待到其他诉讼程序的判决已发生法律效力后才可以审理本案(《苏维埃民事诉讼纲要》第40条第1款第4项)。也就是说,法院在审理本案时要充分考虑本案的预决问题,否则就应当中止审理。

就预决性与排他性的关系而言,排他性是关于形式预决力的规定,其适用对象是当事人;而预决性是关于实质预决力的规定,其适用对象是法院。

除上述三种特性外，有些苏联学者认为，法律效力的内容还应当包括可执行性和形成性。

可执行性（исполнимость）是指确定判决得以强制执行的可能性。苏联法规定，判决除应当立即执行的情形外，在发生法律效力之后付诸执行（《苏俄民事诉讼法典》第 209 条）。否认可执行性属于法律效力的学者认为，由于法律规定未发生法律效力的判决（立即执行的判决）也可以得到执行，因此可执行性并不是法律效力具有的特性。但是，对此持否定论的学者认为，判决的可执行性是与判决的不可改变性相联系的，执行不具有稳定性的判决是一种不节约的司法行为，而法律规定的立即执行只是对判决在发生法律效力之后付诸执行这种一般规则的例外，因此可执行性是法律效力的一个特性。①

形成性（образование）是指形成之诉的确定判决所具有的形成法律关系的效力。关于民事判决是否具有形成力的问题，在苏联法理中有肯定说和否定说之争，其焦点是围绕着苏联民事诉讼是否承认形成之诉的问题展开的。这是因为，具有形成力的判决是建立在形成之诉基础上的，不承认形成之诉也就等于否定了形成判决及形成力的存在可能性。肯定说的代表性学者是顾尔维奇，他主张苏维埃法院的任务应当包括"在监督实现公民和组织的形成权利的行为，或独自地规定一系列的民事法律关系时，还有使命积极地参与个别具体的权利与义务的形成与变更"②。持否定说的学者主要有克列曼、多勃罗沃里斯基、泽吉尔等，他们认为苏维埃法院的任务是保护现实存在的权利和合法利益，而这些权利和合法利益的产生不是根据法院的判决，而是发生在法院的判决之前，并且不以法院的判决为转移。换言之，由于法院的任务不

---

① 关于执行力是否属于法律效力的否定说和肯定说之争，参见〔苏联〕阿·阿·多勃罗沃里斯基等：《苏维埃民事诉讼》，李衍译，法律出版社 1985 年版，第 278—279 页。

② 参见〔苏联〕М. А. 顾尔维奇：《苏维埃民事诉讼中的诉的种类》，载《苏联科学院通报》1945 年第 2 期。转引自〔苏联〕Н. Б. 泽吉尔：《民事诉讼中争论的问题》，载〔苏联〕Н. Б. 泽吉尔等：《苏维埃民事诉讼论文集（一）》，师根鸿等译，法律出版社 1956 年版，第 4 页。

是创造权利,因此民事诉讼中也就不存在形成之诉。否定说为苏联通说①。否定说还认为,肯定说所主张的形成之诉,实际上或属于确认之诉或属于给付之诉。以离婚诉讼为例,法律规定夫妻有离婚的权利,当这个权利受到侵害或争议时,当事人可以提起离婚诉讼,但法院在离婚诉讼中的任务只是保护法律规定的当事人变更或者终止婚姻关系的权利(离婚权),而不是创造离婚权。②

(三) 苏联法上实质法律效力的界限

实质法律效力是指确定判决对本案(主体、客体、时空)的约束力,相对于后诉而言,它又被称作既判力,抑或是实质法律效力对后诉的约束力。任何一项确定判决都是于一定时空下作出的,因而也只能对一定时空范围内的人和事发生法律效力。因此,苏联学者主张"判决的法律效力有符合其内容的界限"③。但是,何谓"符合其内容"的界限呢?苏联学者认为,由于判决在本质上是法院运用审判权对争议法律关系确认的命令,因此法律效力只能与作为判决对象的有争议的法律关系有关,即只能及于该争议法律关系的主体、内容及根据。④ 以下以苏联立法和通说为基本,阐述苏联法上实质法律效力的界限。

1. 法律效力的客观范围

法律效力的客观范围是指法律效力及于确定判决内容的范围,即确定判决中的哪些内容发生法律效力。从比较法上考察,德日法规定,实

---

① 参见〔苏联〕克列曼:《苏维埃民事诉讼》,王之相、王增润译,法律出版社1957年版,第198页;〔苏联〕阿·阿·多勃罗沃里斯基等:《苏维埃民事诉讼》,李衍译,法律出版社1985年版,第174—175页;〔苏联〕Н. Б. 泽吉尔等:《苏维埃民事诉讼论文集(一)》,师根鸿等译,法律出版社1956年版,第3页以下。

② 参见〔苏联〕阿·阿·多勃罗沃里斯基等:《苏维埃民事诉讼》,王之相、王增润译,法律出版社1957年版,第174—176页。

③ 〔苏联〕Н. Б. 泽吉尔等:《苏维埃民事诉讼论文集(一)》,师根鸿等译,法律出版社1956年版,第85页。

④ 同上。

质法律效力的客观范围仅及于确定判决的主文。由于判决主文是对诉讼请求的应答,因此判决主文的范围必须与诉讼请求相一致,否则将破坏处分主义。与德日法理相同,苏联法理也认为判决主文应当包括法院对诉讼要求(诉讼请求)的答复[①],即确定判决对法律关系的确认应当体现在判决主文中。苏联法规定,判决主文原则上应当根据诉讼请求的范围确定,因为苏联民事诉讼贯彻社会主义处分原则。苏联法理认为,处分原则是当事人可以在诉讼过程中自由支配自己的实体权利以及保护这种权利所必要的诉讼手段。在处分原则下,"诉讼一般只能由权利受到侵犯或被提出争议的利害关系人主动提起而发生。争议的标的本身和要求保护的范围也由利害关系人决定"[②]。不仅如此,苏联法也规定,当事人享有变更诉讼理由及诉讼标的、放弃和承认诉讼请求、和解等之类的处分权利(《苏俄民事诉讼法典》第34条)。对于当事人的诉讼请求,法院不仅应当在判决主文中给予答复,而且这种答复必须是明确、肯定、确切和彻底的[③],否则将违反了社会主义处分原则。

与我国民事诉讼法不同,苏联民事诉讼法实际上是一部集普通民事诉讼程序与人事诉讼程序、公益诉讼程序、非讼事件程序等为一体的综合性民事诉讼法典,它将适用职权主义和当事人主义的诉讼程序规定在一部法典之中。为了按照各种诉讼程序的性质进行诉讼活动,苏联法对处分原则的适用规定了诸多例外情形。也就是说,在肯定法院不得对当事人没有提出的诉讼请求进行审判的原则下,对于某些适用职权主义进行审判的案件,出于公益或客观真实等原则的考量,规定可以不严格适用处分原则。例如,法院在满足剥夺亲权诉讼请求的同时,可

---

① 参见〔苏联〕阿·阿·多勃罗沃里斯基等:《苏维埃民事诉讼》,李衍译,法律出版社1985年版,第264页。

② 〔匈〕L.涅瓦伊等:《经互会成员国民事诉讼的基本原则》,刘家辉译,法律出版社1980年版,第51页。

③ 参见〔苏联〕阿·阿·多勃罗沃里斯基等:《苏维埃民事诉讼》,李衍译,法律出版社1985年版,第262、268页。

以一并解决追索抚养费问题(《苏联婚姻和家庭法典》第59条)。又如,《苏俄民事诉讼法典》第195条规定,法院出于保护社会主义组织或公民的权利及合法利益之目的,相应于案情之必要,可以超出原告的诉讼请求范围进行审判。对于该条中"法院不受诉讼请求之约束"的规定,苏联学者间有不同的解释。一些学者认为,法院不仅有权超出原告的请求数额范围进行审判,为了保护原告的同样利益,还有权变更诉讼标的。另有一些学者认为,法院只有权超出请求数额范围进行审判,但无权变更诉讼标的。他们的理由是,根据法律规定,变更诉讼标的的权利属于原告,而不属于法院(《苏俄民事诉讼法典》第34条),因此法院不能将超出诉讼请求数额范围的规定引申为变更诉讼标的以进行审判。

关于法律效力是否及于判决理由的问题,苏联最高法院的早期判解认为,判决理由不发生法律效力。[①] 但是,后来的苏联法不仅规定判决主文当然具有法律效力,而且还规定法院在判决理由中的事实判断和法律判断也具有法律效力。在此情形下,对于后诉法院而言,在诉讼中不得对前诉法院在确定判决中对事实问题和法律问题的判断进行重新审判(实质预决力);对于当事人而言,不得在后诉中对前诉法院在确定判决中对事实问题和法律问题的判断提出争议(形式预决力)。

2. 法律效力的主观范围

法律效力的主观范围是指法律效力的对人范围,即法律效力及于哪些人发生。德日通说认为,实质法律效力原则上于对立当事人间发生。与此不同,苏联学理是从判决的对内效力和对外效力两个方面来解释法律效力的主观范围。苏联通说认为,依据"人人必须遵守判决原则",确定判决具有普遍约束力。具体而言,法律效力的主观范围一方面"仅

---

① 参见〔苏联〕C. H. 阿布拉莫夫:《苏维埃民事诉讼(下)》,中国人民大学民法教研室译,中国人民大学,1954年,第84页。

及于参加法院所审理过的纠纷法律关系的一定的当事人"①,其中包括本案当事人以及为当事人利益提起诉讼的检察长、国家机关、工会、企业、集体农庄,其他合作社组织、社会团体或公民;另一方面对所有国家机关、企业、集体农庄、其他合作社组织、社会组织以及公职人员和公民都有约束力。对于上述法律效力具有普遍约束力的观点,一些苏联学者持否定态度,认为普遍约束力并不是判决的法律效力的表现,而是判决确定的实体法律关系的表现。②

3. 法律效力的时间范围

德日法将法律效力(Rechtskraft)分为形式法律效力和实质法律效力,并据此区分判决的确定时间和实质法律效力的标准时。与此不同,苏联法规定判决的确定时间同于法律效力的对时范围,因而苏联法中没有类似于德日法实质法律效力(既判力)标准时的概念。由于我国现行《民事诉讼法》的法律效力的对时范围规定是对苏联法的照搬,因此也没有实质法律效力标准时的概念,即实质法律效力的对时范围同于形式法律效力的发生时间。

从比较法上考察,将判决的确定时间与实质法律效力(既判力)的对时范围加以区别有着十分重要的意义,它是基于将法律效力区分为形式法律效力和实质法律效力的意义所决定的。形式法律效力旨在强调判决已经确定,当事人对判决的申请不服方法已经用尽,从而使判决具有稳定性和不可变动性;而实质法律效力旨在强调确定判决对实体法律关系(诉讼对象)产生的约束力,即确定判决对本案(主体、客体、时空)的约束力。就实质法律效力的对时范围或既判力的标准时而言,它旨在强调法院对实体法律关系的判断自何时开始具有约束力。德日法通说认为,既判力以口头辩论终结时为标准时,即既判力对诉讼主体和

---

① 〔苏联〕Н. Б. 泽吉尔等:《苏维埃民事诉讼论文集(一)》,师根鸿等译,法律出版社1956年版,第86页。

② 同上。

诉讼客体发生法律效力的时间以口头辩论终结时为标准时，对于口头辩论终结后诉讼主体和诉讼客体的变动情况不发生既判力。例如，在口头辩论终结之后判决确定之前，被告自行履行债务的，法院仍将判决其履行债务。

四、我国法律效力制度的立法经纬及法理

（一）我国法律效力制度的立法经纬

据笔者考察，我国将苏联法上法律效力制度正式写入法律的历史始于1954年《人民法院组织法》。虽然我国民事诉讼通过1954年《人民法院组织法》确立了法律效力制度，且相关条款也沿用至今，但我国法律至今未就法律效力制度的意义及内容给予立法解释。实际上，立法者在拟定1954年《人民法院组织法》的法律效力制度条文时也颇费周折，前后几易其稿。以下根据最高人民法院办公厅和司法部办公厅共同编印的《中华人民共和国人民法院组织法历次草稿汇辑》中有关法律效力制度的起草情况作一说明。

表6　法律效力制度的起草情况

稿次	条款	内容
初稿一稿一	第23条	最高人民法院第一审、第二审以及省级人民法院、专门法院第二审的判决和裁定，都为终审的判决和裁定，不得再行上诉。 地方各级人民法院和专门法院第一审的判决和裁定，当事人声明不上诉或经过上诉期间不上诉，以及前项规定不得再行上诉的判决和裁定都为确定的判决和裁定，即已发生法律效力的判决和裁定。
初稿一稿二	第23条	内容同上。
初稿一稿三	第26条	最高人民法院第一审和所有人民法院第二审的判决和裁定，都是最后的判决和裁定，不得再行上诉。 人民法院第一审的判决和裁定，当事人声明不上诉或者在上诉期间不上诉，以及前项规定的最后判决和裁定，都是发生法律效力的判决和裁定。

(续表)

稿次	条款	内容
初稿二稿一	第18条	最高人民法院、省级人民法院和专门法院第二审以及最高人民法院第一审的判决和裁定,都是最后的判决和裁定,不准再行上诉。
初稿二稿二	第16条	地方人民法院、省人民法院和最高人民法院审理的第二审案件的判决和裁定,以及最高人民法院审理的第一审案件的判决和裁定,都是最后的判决和裁定。 人民法院第一审的判决和裁定,当事人声明不上诉和检察长无异议或者上诉期间当事人不上诉和检察长不抗议,以及前项规定的最后的判决和裁定,都是发生法律效力的判决和裁定。
初稿二稿三	第11条	地方各级人民法院第一审的判决和裁定,如果当事人声明不上诉、检察长无异议或者在上诉期间当事人不上诉、检察长不抗议,就是发生法律效力的判决和裁定。 中级人民法院、高级人民法院和最高人民法院审判的第二审案件的判决和裁定,最高人民法院审判的第一审案件的判决和裁定,都是最后的判决和裁定,也就是发生法律效力的判决和裁定。
初稿二稿四	第11条	内容同上。
初稿二稿四（特别稿）	第11条	地方各级人民法院第一审的判决和裁定,如果当事人声明不上诉、检察长无异议或者在上诉期间当事人不上诉、检察长不抗议,都是发生法律效力的判决和裁定。 中级人民法院、高级人民法院和最高人民法院审判的第二审案件的判决和裁定,最高人民法院审判的第一审案件的判决和裁定,都是最后的判决和裁定,也就是发生法律效力的判决和裁定。 对于发生法律效力的判决和裁定不能再行上诉或抗议。
初稿二稿五	第11条	地方各级人民法院第一审案件的判决和裁定,如果当事人声明不上诉、检察长无异议或者在上诉期间当事人不上诉、检察长不抗议,就是发生法律效力的判决和裁定。 中级人民法院、高级人民法院和最高人民法院审判的第二审案件的判决和裁定,最高人民法院审判的第一审案件的判决和裁定,都是最后的判决和裁定。
初稿二稿六	第11条	内容同上。
初稿二稿七	第11条	地方各级人民法院第一审案件的判决和裁定,如果当事人声明不上诉、检察长声明无异议或者在上诉期间当事人不上诉、检察长不抗议,就是发生法律效力的判决和裁定。 中级人民法院、高级人民法院和最高人民法院审判的第二审案件的判决和裁定,最高人民法院审判的第一审案件的判决和裁定,都是最后的判决和裁定。

(续表)

稿次	条款	内容
初稿二稿八	第11条	地方各级人民法院第一审案件的判决和裁定，当事人声明不上诉、检察长声明无异议或者在上诉期间当事人不上诉、检察长不抗议，就是发生法律效力的判决和裁定。 中级人民法院、高级人民法院和最高人民法院审判的第二审案件的判决和裁定，最高人民法院审判的第一审案件的判决和裁定，都是最后的判决和裁定。
初稿二稿九	第11条	地方各级人民法院第一审案件的判决和裁定，在上诉期间当事人不上诉、检察长不抗议，就是发生法律效力的判决和裁定。 中级人民法院、高级人民法院和最高人民法院审判的第二审案件的判决和裁定，最高人民法院审判的第一审案件的判决和裁定，都是最后的判决和裁定。
初稿二稿十	第11条	内容同上。
初稿二稿十一	第11条	内容同上。
修正稿一	第11条	地方各级人民法院第一审案件的判决和裁定，在上诉期间当事人不上诉、检察长不抗议，就是发生法律效力的判决和裁定。 中级人民法院、高级人民法院和最高人民法院审判的第二审案件的判决和裁定，最高人民法院审判的第一审案件的判决和裁定，都是最后的判决和裁定。
修正稿二	第11条	内容同上。
修正稿三	第11条	地方各级人民法院第一审案件的判决和裁定，如果在上诉期间当事人不上诉、检察长不抗议，就是发生法律效力的判决和裁定。 中级人民法院、高级人民法院和最高人民法院审判的第二审案件的判决和裁定，最高人民法院审判的第一审案件的判决和裁定，都是终审的判决和裁定，也就是发生法律效力的判决和裁定。
草案1	第11条	地方各级人民法院第一审案件的判决和裁定，如果在上诉期间当事人不上诉、人民检察院不抗议，就是发生法律效力的判决和裁定。 中级人民法院、高级人民法院和最高人民法院审判的第二审案件的判决和裁定，最高人民法院审判的第一审案件的判决和裁定，都是终审的判决和裁定，也就是发生法律效力的判决和裁定。
草案2	第11条	内容同上。
1954年《人民法院组织法》	第11条	内容同上。
2006年《人民法院组织法》	第11条	地方各级人民法院第一审案件的判决和裁定，如果在上诉期限内当事人不上诉、人民检察院不抗诉，就是发生法律效力的判决和裁定。 中级人民法院、高级人民法院和最高人民法院审判的第二审案件的判决和裁定，最高人民法院审判的第一审案件的判决和裁定，都是终审的判决和裁定，也就是发生法律效力的判决和裁定。

通过以上材料不难发现,我国法律效力制度在立法上主要是作为形式法律效力引进的,旨在强调判决的稳定性和当事人申请不服手段用尽的状态。需要指出的是,立法上已将终审判决和确定判决的概念进行了区分。立法过程中所指的"终审的""最后的"判决,是从审级制度上划分的判决种类的概念,但"确定的""发生法律效力的"判决并非如此,它是指申请不服手段用尽的判决。2006年《人民法院组织法》第11条第4款沿用了1954年《人民法院组织法》的表述,也使用"终审的判决和裁定,也就是发生法律效力的判决和裁定"来解释终审判决与法律效力的关系,即强调终审判决在审级制度上意义的同时,从判决确定角度来强调它是发生法律效力的判决。否则,立法者可以不顾终审判决的审级意义及其与确定判决的区别,而直接写作"中级人民法院、高级人民法院和最高人民法院审判的第二审案件的判决和裁定,最高人民法院审判的第一审案件的判决和裁定,就是发生法律效力的判决和裁定"。这也证明,确定判决是判决发生法律效力的前提和基础,法律效力是基于确定判决发生的诉讼法上效力。换言之,确定判决不是因为发生法律效力才得以"确定"(生效),而是因为申请不服手段用尽(终审的或最后的判决)才得以确定。

我国《民事诉讼法(试行)》和现行《民事诉讼法》规定的法律效力制度是对1954年《人民法院组织法》的继承和细化,深受苏联法的影响。现行《民事诉讼法》第155条是关于形式法律效力的规定,它同1954年《人民法院组织法》第11条、《苏维埃民事诉讼纲要》第39条第1款和第2款、《苏俄民事诉讼法典》第208条第1款和第2款规定的内容完全相当。现行民事诉讼法第111条第1款第5项是有关实质法律效力的规定,它同于《苏维埃民事诉讼纲要》第39条第3款和《苏俄民事诉讼法典》第208条第3款规定的内容。上述相关条款的内容如表7所示:

表 7　相关条款具体内容

现行民事诉讼法	苏维埃民事诉讼纲要	苏俄民事诉讼法典
第 155 条：最高人民法院的判决、裁定，以及依法不准上诉或者超过上诉期没有上诉的判决、裁定，是发生法律效力的判决、裁定。《民事诉讼法（试行）》第 123 条内容同上。	第 39 条：法院判决如果没有被上诉或抗议，应在上诉和抗议期限届满后发生法律效力。在上诉或抗议的情况下，如果判决没有被撤销，则在上级法院审理案件后发生法律效力。苏联最高法院和各加盟共和国最高法院的判决，在宣告后发生法律效力。	第 208 条：如果没有对判决提起上诉或者抗诉，则上诉或抗诉期满后，判决即发生法律效力。如果提出了上诉或抗诉，但判决并未撤销，则判决应在上级法院对该案件进行审理后发生法律效力。俄罗斯联邦共和国最高法院的判决，应在宣读后立即发生法律效力。
第 124 条第 5 项：对判决、裁定、调解书已经发生法律效力的案件，当事人又起诉的，告知原告申请再审，但人民法院准许撤诉的裁定除外。《民事诉讼法（试行）》第 84 条第 3 项：对判决、裁定已经发生法律效力的案件，当事人又起诉的，告知原告按申诉处理。	第 39 条第 3 款：判决发生法律效力后，当事人双方和案件的其他参与人以及他们的权利继承人，不得以相同的理由向法院重新提出相同的诉讼请求，也不得对已被法院确定的事实和法律关系在其他诉讼中进行争辩。	第 208 条第 3 款：在判决发生法律效力之后，当事人和参加案件的其他人以及他们的权利承继人都不得以同样的理由再次向法院提出同样的诉讼请求，也不得在其他诉讼程序中对法院已认定的事实和法律关系提出争议。

综上所述，我国民事诉讼法上的法律效力制度之规定来自苏联法，是对苏联法的本土化。

（二）我国学者关于法律效力制度的法理解释

以标志性教材为线索，可以将我国学者关于法律效力制度的法理解释分为下述三个阶段。

1. 1954 年《人民法院组织法》阶段

由于我国立法者从未对法律效力的内容及其意义给予明确的法律解释，因此对于相关内容的解读一直留于学理解释。据笔者考察，除翻译文献之外，我国学者关于法律效力制度法理的最早阐述是新中国第一部民事诉讼法教材《中华人民共和国民事诉讼讲义》第十五讲第五节"法院判决的法律效力"。该讲义由郭学贡先生主编，东北人民大学教材出版科1957年6月出版(油印本),是东北人民大学法律系三年级学生的教材。从整体上考察,郭先生的法律效力理论主要是对苏联法理的中国化。与苏联法理相同,郭先生以判决的本质作为法律效力的法理依据,并认为判决的本质是人民法院处理当事人间民事权利纠纷的决定,同时还强调这种决定不同于法律规范,如果将判决同于法律规范,就混同了审判活动和立法活动的区别。①

在明确判决本质的基础上,郭先生主张法律效力的内容或"特性"主要体现在排他性、确定性和可执行性三个方面。就排他性而言,因为确定判决是对当事人之间纠纷的最终解决,所以它排除了当事人再以同一诉讼标的、同一理由进行起诉的可能性。如果当事人采用同于前诉的理由再行起诉,则人民法院可以拒绝受理本案。就确定性而言,对于确定判决,当事人不得再利用上诉程序进行争辩,抑或是不得再次提起上诉。因超过上诉期间而不得提起上诉的判决如果确有错误,当事人可以按照1954年《人民法院组织法》第12条规定的审判监督程序要求纠正判决。就可执行性而言,由于确定的给付判决具有执行性,因此当败诉方当事人不主动履行判决义务时,胜诉方当事人可以依执行程序申请强制执行。②

关于法律效力的界限,郭先生的论述如下:

首先,就法律效力的客观范围而言,法律效力不仅及于判决主文,还应当及于判决理由。论据有三:第一,判决确定以后,当事人不得以同一理由再行起诉,既然判决理由是不准当事人起诉的原因之一,法律效力就应当及于判决理由。第二,当事人可以以法院认定事实错误提起上诉,而法院的事实认定属于判决理由的一项内容,既然事实认定能够成为上诉对象,就应当认为法律效力也及于判决理由。第三,确定判

---

① 参见郭学贡编:《中华人民共和国民事诉讼讲义》,东北人民大学教材出版科,1957年6月,第150页。

② 同上书,第155—156页。

决理由中的事实认定对另案具有预决意义,由于它可以作为后诉的判决根据而无须再经证明,因此法律效力及于事实及判决理由。在肯定法律效力及于判决理由的同时,郭先生还主张:"认为法院判决的理由不发生法律效力的主张是错误的。"①

其次,关于法律效力的主观范围,郭先生认为:"判决生效的主观范围是比较广泛的。人民法院通过发生法律效力的判决彻底地解决了当事人的纠纷,如果有无独立诉讼请求的第三人参加诉讼时,关于返还之诉也在生效的判决中同时得到解决,因此,判决当然对他们有效。当事人或第三人的权利承担人根据对民事权利的承担,而承担了当事人或第三人的诉讼权利和义务,因此,法院判决对诉讼权利承担人也是有效的。同时,由于法院判决维护着我国的法制,保证着法律的实施,因此它对一切国家机关、企业、合作社、社会团体和公民都有约束力,不得任意违反。"②通过上述内容不难发现,郭先生有关法律效力的主观范围观点与苏联法理几乎相同,即都承认主观范围包括对内效力和对外效力,法律效力的主观范围以贯彻"人人必须遵守判决原则"为标准确定。

最后,关于法律效力的发生时间,郭先生的观点也同于苏联法,将判决的形式法律效力发生时间同于实质法律效力(既判力)的标准时。具体而言,郭先生根据1954年《人民法院组织法》的规定,认为判决于下列情况下发生法律效力:"1. 在上诉期间(十天),当事人不上诉,人民检察院不抗议,而上诉期满的,或者虽然提起上诉或抗议,但经上诉审法院驳回的判决,就发生法律效力;2. 终审判决。这指的是中高级人民法院和最高人民法院对第二审案件所作的判决,以及最高人民法院审判第一审案件的判决,这些判决都是发生法律效力的判决;3. 法院审判选民名单案件所宣布的判决,也是发生法律效力的判决。另外,上诉期

---

① 参见郭学贡编:《中华人民共和国民事诉讼讲义》,东北人民大学教材出版科,1957年6月,第156页。

② 同上。

未满,当事人双方都表示不上诉的判决,也不应认为是发生法律效力的判决。因为上诉是当事人的权利,而且受法律保护。同时,在上诉期间,人民检察院也有权提出抗议。为切实保护上诉权和抗议权,避免法院工作被动,只要在上诉期间内,不管当事人是否提起上诉,都不应认为判决已经发生法律效力。"①

2.《民事诉讼法(试行)》阶段

1982年10月1日起试行的《民事诉讼法(试行)》是新中国首部民事诉讼立法,它以法典形式确立了我国民事诉讼的法律效力制度的基本内容,并沿用至今。为了满足《民事诉讼法(试行)》和法学教育的实际需要,法律出版社法学教材编辑部特邀全国最优秀的民事诉讼法学者,组成《民事诉讼法教程》编写组撰写高等学校法学试用教材《民事诉讼法教程》(1983年7月出版)。这部被公认为奠定新中国民事诉讼法学体系的教材在第十八章第一节中,将"民事判决的法律效力"单列为一项内容(第五项),执笔者为曾昭度先生。曾先生关于法律效力制度的解释几乎同于苏联法理,也与前述郭先生的观点基本相同,只是根据《民事诉讼法(试行)》的规定增加了一些新的内容。

关于法律效力的概念及意义,曾先生认为:"所谓法律效力,并不是说,人民法院的判决,就是法律,而是说,人民法院依照法律规定,对争议的法律关系作为权力判定,使争议的法律关系确定下来,变为非争议的法律。就所解决的法律关系来说,它具有普通的约束力,不仅案件的当事人受其约束,所有的人都遵守。只有这样,才能使人民法院的判决,具有严肃性、权威性、稳定性和执行性。"②从这段阐述的字里行间不难发现,曾先生也强调判决和法律的关系属于审判和立法的关系,认为

---

① 郭学贡编:《中华人民共和国民事诉讼讲义》,东北人民大学教材出版科,1957年6月,第154—155页。
② 法学教材编辑部《民事诉讼法教程》编写组:《民事诉讼法教程》,法律出版社1983年版,第342页。

判决的本质是人民法院对争议法律关系的确定而不是立法,判决具有对内对外的普遍约束力。

关于法律效力的内容,曾先生认为:"人民法院的民事判决发生法律效力后,产生一定的后果,这在理论上称之为:民事判决的排除性、不可争议性和执行性。1. 排除性。民事判决发生效力后,彻底解决了当事人间争议的法律关系,排除了同一当事人重新起诉的可能,排除了人民法院对同一案件重新审理的可能。2. 不可争议性。对发生法律效力的民事判决,不得提起上诉。3. 执行性。民事判决一经发生法律效力,负有履行义务的当事人就应自动履行,若不履行,人民法院的执行组织可以根据申请强制执行。"①

关于法律效力的发生时间(形式法律效力),曾先生按照《民事诉讼法(试行)》的规定,认为民事判决发生法律效力的时间根据法律规定有三种情形:其一,对于准许上诉的一审民事判决,如果当事人在上诉期间不提出上诉,则于上诉期届满即发生法律效力;其二,不准许上诉的一审民事判决,自判决送达之日起发生法律效力;其三,最高人民法院的一审民事判决,自判决送达之日起发生法律效力。此外,中级以上人民法院所作的二审民事判决,自判决送达之日起发生法律效力。②

虽然曾先生的阐述在字数上少于郭先生,但我们可以根据曾先生的上述阐述归结出以下几点:第一,关于法律效力的主观范围,曾先生同于郭先生,都采用苏联法理上的"人人必须遵守判决原则"为确定标准,即承认判决具有普遍约束力,抑或是法律效力的主观范围及于当事人和案外人。第二,关于法律效力范围的标准,曾先生同于郭先生,都持苏联法理上形式法律效力的发生时同于法律效力范围的标准时(既判力的标准时)之观点。第三,与郭先生和苏联法理有所不同,曾先生没

---

① 法学教材编辑部《民事诉讼法教程》编写组:《民事诉讼法教程》,法律出版社 1983 年版,第 343 页。

② 同上书,第 344—345 页。

有就法律效力的客观范围进行阐述。

应当肯定的是,上述两部标志性教材对法律效力制度的解释是符合苏联法理的,也符合苏联法上法律效力(законная сила)制度的本来意义,是对苏联法理的本土化。

3. 现行《民事诉讼法》阶段

正如本文开头部分所述,在当下中国民事诉讼法学领域,法律效力已经成了一个陌生概念,甚至有许多学者不再体认它是民事诉讼法中的一个固有概念以及有着特定的、不可或缺的制度上意义。对于这一判断,笔者可举曾共同参与创立新中国民事诉讼法学理论体系的三位大家主编的教材加以佐证。常怡先生、江伟先生、杨荣新先生都是高等学校法学试用教材《民事诉讼法教程》编写组的成员。据常怡先生介绍,这部被学界公认为创立新中国民事诉讼法学理论体系的教科书是经编写组成员共同审定的成果。换言之,虽然其中的"民事判决的法律效力"一节是由曾昭度先生执笔的,但其内容是经编写组成员讨论后才定稿的。可见,法律效力在作为体系书的《民事诉讼法教程》中是一项具有特定意义的重要内容。

但是,在常怡先生主编的高等政法院校规划教材《民事诉讼法学(第六版)》(中国政法大学出版社 2008 年版)中,《民事诉讼法教程》中的"民事判决的法律效力"一节已由"民事判决的效力"(第二十二章第一节,蔡虹教授执笔)代之,甚至使用"法律上的约束力"来代替"法律效力"的表述。不可否认的是,这部教材中的"民事判决既判力"(第八章,蔡虹教授执笔)和"民事判决的效力"在内容上都是在讲授法律效力,但是在不交代法律效力概念的前提下阐述法律效力的内容,不免令人有舍本求末之感。从一定意义上说,这部教材对法律效力制度的阐述是不具体系化的,它易使学习者误认为法律效力和既判力属于两个性质和内容皆不相同的概念。

在江伟老师主编的 21 世纪法学系列教材《民事诉讼法》(中国人民

大学出版社 2000 年版）中，《民事诉讼法教程》中的"民事判决的法律效力"一节被"既判力理论"（第十三章第七节，孙邦清执笔）代之。由于这部教材没有明确解释法律效力的概念，同时又混同了法律效力的类型、内容、界限等概念之间的区别，因此难以使学习者从体系上把握法律效力制度的意义。

在杨荣新先生主编的《新民事诉讼法教程》（南开大学出版社 1992 年版）中，《民事诉讼法教程》中的"民事判决的法律效力"虽以"判决的法律效力"（第十四章第七节）予以保留，但内容极为简略，与法律效力制度在民事诉讼法中的应有地位相距甚远。

五、我国民事诉讼的法律效力制度及其理论的完善

如前所述，我国民事诉讼法使用"法律效力"一词来表述苏联法上"законная сила"确实有些欠妥，但若以其他概念代替之，不仅涉及民事诉讼法的修改问题，而且还将涉及行政诉讼法、刑事诉讼法、人民法院组织法等诸多法律的修改问题。法律修改并非易事，笔者认为，应当在保留"法律效力"一词的基础上，再行讨论我国民事诉讼的法律效力制度及理论的完善问题。本文因篇幅关系，在此提出要点如下：

1. 关于法律效力的概念及特质

民事诉讼法规定的法律效力，是指确定裁判发生的诉讼法上效果。因此，它不仅指确定判决的法律效力，还包括确定裁定及调解书的法律效力，其特质为：首先，法律效力是确定民事裁判才具有的诉讼法上效果，未确定的民事裁判不具有法律效力，从这个意义上看，确定民事裁判是法律效力得以发生的基础。其次，法律效力是一种诉讼法上效果，其成立要件、适用范围等的确定，都必须依据民事诉讼法的相关规定。最后，确定民事裁判包括确定判决、确定裁定、确定调解书、人民法院承认的外国判决裁定，这些确定民事裁判都可以成为法律效力发生的基础。

2. 关于法律效力制度的目的

笔者认为,法律效力制度的目的在于保障民事裁判的权威性(审判权威保障说),其理由为:从法系意识上分析,我国法律效力制度来自苏联法,而在苏联民事诉讼中,法律效力的依据来自判决的本质,即民事判决在本质上是法院确认当事人间法律关系是否存在的命令,判决本身并不等于法律,所以确定判决只有通过发生法律效力才能获得权威性。按照我国民事诉讼法的规定,可以成为法律效力适用对象的民事裁判有确定判决、确定裁定、确定调解书、人民法院承认的外国判决裁定,而这些民事裁判相当于苏联法上的民事判决,它们在本质上都是人民法院确认当事人间法律关系是否存在的命令,因此必须规定法律效力制度使其获得权威性。也就是说,我国民事诉讼法规定法律效力制度的目的在于保障民事裁判的权威性。

3. 关于法律效力的种类

在学理上,我们可以以法律效力的作用领域为标准,将法律效力分为形式法律效力和实质法律效力。形式法律效力是指裁判于形式上确定,非经再审程序不得予以撤销的诉讼法上效果;实质法律效力是指确定裁判对于本案的诉讼主体、诉讼对象以及时空范围的约束力。此外,实质法律效力又可分为对本案诉讼的约束力和对后诉的约束力(既判力)。

4. 关于形式法律效力

在民事诉讼中,民事裁判于法定申请不服方式用尽时得以确定,因此,民事裁判的形式法律效力自裁判确定时发生。确定的民事裁判发生形式法律效力,非经再审程序不得予以撤销。我国民事诉讼原则上贯彻两审终审制,依据现行《民事诉讼法》第155条、第175条的规定,对于地方各级人民法院第一审民事案件的判决和裁定,于上诉期限内,当事人不提起上诉、人民检察院不提起抗诉,即成为确定的民事裁判,并于确定之时发生形式法律效力;中级人民法院、高级人民法院和最高人民法院审判的第二审民事案件以及最高人民法院审判的第一审民事案件的判决和裁定,由于它们都属于终审裁判,对其申请不服的法定手段已经用尽,因此这些裁判又是确定的民事裁判,并于确定之时发生形式法律效力。另外,法院调解属于民事裁判的一种,按照《民事诉讼法》第97条规定,调解书经双方当事人签收后即具有法律效力。据此可以认为,法院调解于各相关当事人签收调解书时成为确定的民事裁判,并于确定之时发生形式法律效力。由于外国法院的确定判决必须经人民法院承认后才可以在我国发生法律效力,因此外国的确定判决于人民法院作出承认外国判决裁定时得以确定并发生形式法律效力(《民事诉讼法》第282条)。

5. 关于实质法律效力

从法系意识上考虑,笔者倡导借鉴德日法的既判力理论完善我国民事诉讼的实质法律效力制度。由于我国学者对德日法的既判力理论已有较为深入的研究,因此在此仅为最低必要限度的交代。实质法律效力的内容由其客观范围、主观范围和对时范围组成,分别述之如下:

其一,实质法律效力的客观范围是指实质法律效力及于确定判决内容的约束力,即确定判决的哪些部分发生实质法律效力。一般而言,由于确定判决是对当事人间有争议的法律关系的解决,而在处分原则下,人民法院的审判对象原则上限于当事人提出的诉讼请求范围,判决主文是对当事人诉讼请求的回答,因此实质法律效力的客观范围原则上仅限于判决主文。对于判决书的其他部分,尤其是人民法院在判决的事实和理由部分所作的判断,原则上不具有实质法律效力。需要指出的是,笔者是以旧实体法的诉讼标的说为标准确定实质法律效力的客观范围。

就实质法律效力对于后诉的约束力而言,笔者认为,只有确定判决的主文部分对后诉发生实质法律效力,而人民法院在确定判决的事实和理由部分所作的判断,对于后诉仅有预决效的作用,但不发生实质法律效力。所谓预决效,是指后诉人民法院对前诉人民法院在确定民事裁判的事实和理由部分所作的判断,按照无相反证明则为有效的原则予以承认。举例而言,对于前诉人民法院在事实认定及判决理由中作出的某书证为真的判断,当事人可以在后诉中直接引用此项判断支持自己的主张;如果相对方当事人对此提出争议,则应当对该书证为伪提供证据加以证明,倘若不能提供证据加以证明,后诉人民法院可以直接引用前诉人民法院的判断认为该书证为真。需要指出的是,后诉人民法院若作出不同于前诉确定判决在事实认定和理由部分所作判断的判断,则必须说明理由,否则其作出的民事裁判将构成审理不尽,当事人可以此为理由提出上诉或再审。

其二,实质法律效力的主观范围是指接受实质法律效力约束之人的范围。由于我国民事诉讼制度以解决当事人间的民事法律争议为目的,因此实质法律效力的主观范围应当仅及于当事人。由于无独立请求权第三人不属于本案当事人,对其也发生实质法律效力将侵害其平等进行诉讼的权利,因此可以考虑取消现行《民事诉讼法》第56条有关判决无独立请求权第三人直接承担民事责任的规定。

其三,实质法律效力的对时范围是指实质法律效力的发生时间。由于确定判决以确认一定时空下当事人间发生的法律关系为目的,因此实质法律效力对主体和客体的约束力都必须有一定时空的限制,抑或是确定判决不对超出实质法律效力对时范围以外的人和事发生约束力。由于民事诉讼法适用随时提出主义、贯彻处分原则和辩论原则,当事人可以在庭审结束前提出诉讼攻击防御方法;由于审判活动应当贯彻以事实为根据、以法律为准绳的审判原则,人民法院为了防止判决突袭、保障诉讼平等和诉讼公正,应当只能以庭审中调查审理的诉讼资料为裁判基础。因此,实质法律效力的发生时间应当是庭审结束时,即实质法律效力只对庭审结束时争议的法律关系产生约束力,不对庭审结束后出现的争议法律关系发生约束力。

实质法律效力的对时范围及其发生时间不同于形式法律效力的发生时间。形式法律效力的发生时间是指判决的确定时间,旨在强调当事人对判决的申请不服方法已经用尽,从而使判决获得了稳定性和不可变动性。而实质法律效力的发生时间旨在强调确定判决对实体法律关系(诉讼对象)产生约束力的时间标准,对于本案而言,它旨在说明受案人民法院就何人间何种法律关系作出了裁判;对于后诉而言,它旨在说明后诉法院应受前诉法院裁判所约束的范围。需要指出的是,虽然实质法律效力的对时范围是自判决确定后才真正获得诉讼法上效力,但其发生时间(标准时、确定时间)是在判决确定之前。简而言之,确定判决发生法律效力的时间和法律效力范围的发生时间属于两个不同的概念。

六、结语

在民事诉讼中,法律效力制度宛如"太阳",不因"黑夜、迷雾、风雪"而失去意义。法律效力的制度性设计涉及民事诉讼制度及其理论的全般,笔者希望通过本文对我国民事诉讼制度及其理论展开全方位的再认识、再研究,并据此推进法律效力制度的改革与完善。我国民事诉讼的法律效力制度与苏联法、德日法有着千丝万缕的联系,虽然当下学者在研究过程中自觉或不自觉地回避了这种联系,但是从法系意识上考虑,它们是挥之不去的"幽灵"。

伍　上诉法院的审级功能与法系意识

依据现行《人民法院组织法》第 10 条"上级人民法院监督下级人民法院的审判工作"之规定，在四级法院两审终审制（下称"四级两审制"）之审级制度下，我国一审法院和上诉法院的审级关系属于审判监督关系。但是，出于现行法未明确规定上诉法院审级职能的原因，在司法实践中，上级人民法院通常采一审法院判案方式对下级人民法院的裁判进行审判监督，抑或是采重复一审法院"劳作"方式审理上诉案件，从而引发诸多有损司法制度公平、高效、权威之弊病。就有损司法公平而言，由于担当上诉审的上级人民法院于地理距离上远于一审法院，加之重复了一审法院审判活动，因此给大多数当事人直接实施上诉活动带来的不便性就要高于一审法院。这种诉讼不便既增加了诉讼成本，又妨碍了当事人有效实施诉讼行为，进而从实质上破坏了当事人诉讼权利平等原则，损害了司法制度的公平性。就有损司法高效而言，担当上诉审的上级人民法院数量总是少于一审法院，重复一审法院审判活动，就会增大上级人民法院直接审理案件的负担，加上上级人民法院于人员编制上亦总是少于下级人民法院，从而形成积案并导致诉讼迟延，不便于当事人及时获得权利救济。就有损司法权威而言，上级人民法院的工作重点应当集中于审理级别管辖案件，对下级人民法院的审判活动进行审判监督，而重复一审审判活动，不仅会分散上级人民法院处理重点工作的精力，也易使下级人民法院产生依赖心理——让上级人民法院代其履行正确适用法律和查明案件事实之职责，从而"草率下判"，导致上诉率居高不下，使当事人对司法制度之权威抱有怀疑。上述问题皆因上诉法院审级职能不明确所致，眼下当从努力建设公正、高效、权威的社会主义司法制度立场完善之。

近年来，学界有关民事审级制度及上诉制度的改革、"重构"之讨论热闹非凡，相关著述汗牛充栋，但研究套路多囿于借西方发达国家新近审级制度改革之成果，言我国审级制度和上诉审之不足，或直接效仿西方发达国家之立法例予以重构。此类研究于学术积累上有些助益，但于法制建设上效用甚低。制度乃历史之产物，我国民事上诉审系现行民事诉讼制度的一部分，乃习苏联法而成，其法理依据（审判监督理论）及制度设计皆有别于西方发达国家。因此，借西方发达国家立法例，图我国民事上诉审所存不适应问题之解决，不仅于法理上难以周全，且于制度设计上无助。归根结底，我国民事上诉审所存不适应问题之解决，必须基于宪法所定四级两审制之审级制度，以及上级人民法院监督下级人民法院审判工作之审级关系，于实定法所定的趣旨框架内寻求对策。

在本文中，笔者依向来所持的法系意识研究方法，研析我国民事上诉法院之审级职能，以就解决现行民事上诉审所存不适应问题向立法者提供若干建言。作为结论，本文以为，现行民事上诉审所存之不适应问题，并非四级两审制之审级制度，以及审判监督制度所定上下级人民法院审级关系之法理和制度设计不具科学性所致。相反，乃因立法上、实践上未全面贯彻落实四级两审制之设计初衷，以及未明确上级人民法院对下级人民法院进行审判监督之具体审级职能所致。因此，借苏联法之经验，结合我国国情现状，完善实现四级两审制本旨之制度性基础，明确上级人民法院之具体审级职能，乃避免上诉法院重复一审法院审判活动处理上诉案件，从根本上解决现行民事上诉审所存诸多不适应问题之不二法门。

一、司法便民和司法民主：四级两审制的生成及趣旨

现行民事审级制度四级两审制乃1954年《人民法院组织法》所定，系立法者于总结人民司法经验并参照当时社会主义法制之样板——苏联法的基础上，为了全面贯彻人民司法的司法便民以及司法民主之宗旨定制的审级制度。不可否认，四级两审制于今日司法实务上面临诸多不适应之处，但个中原因，究竟是始创者过误所致，还是运行中力有不逮所生，又或是后来立法者、司法者有违立法初衷引发，均是涉及我国民事审级制度各般问题之先决问题。

实行四级两审制的国家只有我国和苏联。于此意义上，此种审级制度之设计实属罕见。人民司法曾于红色政权时期规定有四级两审制[①]，但此种设计皆因战争环境所致，与现行民事审级制度形成之间关系甚微。中华人民共和国成立之初，为建立依靠人民、联系人民、便利人民的人民司法制度，人民法院的兴建工作开始了。1949年11月，中央人民政府设立最高人民法院为全国最高审判机关，负责领导和监督全国各级人民法院的审判工作，随后又在各大行政区设立最高人民法院分院。当时，由于统一全国法院编制的法院组织法尚未制定，因此各地人民法院的兴建工作普遍采用"首先是吸收了老解放区20年来的经验，其次是学习了苏联和其他人民民主国家的先进的经验"[②]的方法。同时，由于全国各地解放时间不一，各地人民法院的兴建时间也有早有晚，因

---

① 参见韩延龙、常兆儒编：《中国新民主主义革命时期根据地法制文献选编（第三卷）》，中国社会科学出版社1981年版，第288—289、306、321—322页。

② 沈钧儒：《人民法院工作报告——一九五零年六月十七日在人民政协全国委员会第二次会议上的报告》，载《山东省人民政府公报》1950年第6期。沈钧儒先生时任最高人民法院院长，也是该院首任院长。

此各地在审级制度上的做法各异。① 1951 年,为了加强与巩固新中国法治②,中央人民政府颁行《中华人民共和国人民法院暂行组织条例》(下称《法院暂行条例》),将人民法院统一为三级:县级人民法院、省级人民法院、最高人民法院,同时确定了"基本上实行三级两审制"的审级制度。1954 年,为了加强与巩固新中国法制③,全国人民代表大会第一次会议制定了《中华人民共和国人民法院组织法》,在撤销最高人民法院分院、改省级人民法院为"高级人民法院"的同时,于基层人民法院与高级人民法院之间增设中级人民法院,明确规定两审终审制。自此,四级两审制的审级制度正式建立,并沿用至今。

从审级制度演进史上考查,1954 年《人民法院组织法》为何于法院等级设计上改《法院暂行条例》的三级制而采用四级制呢?具体而言,为何在保留基层人民法院、省级人民法院(高级人民法院)、最高人民法

---

① 参见《最高人民法院、司法部关于审级诸问题的批复》(1950 年 5 月 3 日发布)。"审级问题——现在各地皆订有一套,各省及等于省的行政区有规定为四级三审的如山东,有定为三级三审的如皖北,其相同点皆以省一级法院为终审机关,殊不知分割局面已不存在,现在是全国统一的局面,从分割局面出发把省级法院规定为终审机关,是不合乎统一局面要求的。最高人民法院早已成立,虽尚未颁布人民法院组织法,但总不能忘却最高人民法院的存在,这种观点必须改变……"

② 参见人民日报社论:《加强与巩固人民革命的法治》,载《人民日报》1951 年 9 月 5 日。通说以为,始于 1996 年关于"法制"和"法治"的话语之争,乃推动我国法治建设之重大事件。不少学者也乐于以"从'法制'到'法治'"的推动者、始作俑者自居,但历史文献证明,中华人民共和国强调法治的历史,至少始于其建立之初。

③ 此时,我国官方话语开始将"法治"一词替换为"法制",如《最高人民法院、司法部关于学习与贯彻〈中华人民共和国人民法院组织法〉的指示》(1954 年 12 月 7 日)、《司法部史良部长在"全国司法座谈会"闭幕时的讲话》(1954 年 11 月 17 日)等。上述两个文献,载《司法工作通讯》1954 年第 3 期。关于中华人民共和国成立初期如何在话语上进行"从'法治'到'法制'"的演变,应是今天研究"从'法制'到'法治'"意义的先决问题。否则,所谓"创新"之"发展",不过是自言自语。

院的同时又增设了中级人民法院呢?① 对此,立法者认为,中级人民法院"是总结了我国建国五年来省人民法院分院的经验而创设的"②。在《法院暂行条例》下,省级人民法院分院是省级人民法院视需要设立的执行其职务的派出机关,其设置本意是为了司法便民。但是,在三级法院体制下,由于省级人民法院分院的裁判就是省级人民法院的裁判,因此当事人若对此不服,不得上诉于省级人民法院(《法院暂行条例》第26条),而只能向最高人民法院及其分院提出上诉,如此就造成"三不便":一是不便于当事人上诉;二是案件"跳过"省级人民法院而直接上诉至最高人民法院及其分院,使省级人民法院被"架空",不便掌握和监督本辖区的审判工作;三是因省级人民法院被"架空"而导致大量上诉案件集中到最高人民法院及其分院,不便于案件的及时处理。③ 为了克服上述弊端,1954年《人民法院组织法》的立法者们认为,通过增设中级人民法院并使之不同于省级人民法院分院而成为独立一级审判机关,改省级人民法院为高级人民法院和中级人民法院的上一级法院,加之两审终审制的确立,可以使绝大部分案件在本省、本地区或本市内得到及时解决,如此"既便于群众诉讼,又便于高级人民法院和最高人民法院集中主要力量,加强重要案件的审判工作和对下级人民法院的审判监督工作"④。

另外,1954年《人民法院组织法》为何又改《法院暂行条例》的"基本

---

① 实际上,有关四级人民法院的设置,经过了一个相当复杂的论证过程。1954年《人民法院组织法》由中华人民共和国宪法起草委员会起草,自1954年4月23日开始,止于同年9月6日,初稿第一稿计有三回稿,初稿第二稿计有十一回稿,修正稿计有三稿,共计有十七回稿之多。中级人民法院是于1954年7月2日初稿第二稿第三回稿中写入的。参见最高人民法院办公厅、司法部办公厅编印:《中华人民共和国人民法院组织法历次草稿汇辑》,1954年10月。

② 《对于我国人民法院组织法和人民检察院组织法中一些名词的初步解释》,载《法学研究》1954年第4期。

③ 参见魏文伯:《对于"中华人民共和国人民法院组织法"基本问题的认识》,上海人民出版社1956年版,第14页。

④ 同上书,第15页。

上实行三级两审制"为"两审终审制"呢？立法者认为，审级制度是保障人民诉讼权利的民主精神体现，但审级过多既不便于人民诉讼，也有碍于上级法院集中时间总结审判经验和考虑其他工作；《法院暂行条例》实施后的审判实践证明，案件经过两审判决，通常都可以得到正确处理，没有经过三审的必要。此外，由于人民法院提审制度、再审制度以及审判监督程序的完善，对于已发生法律效力但确有错误的裁判仍可以再行救济，因此采用两审终审制"完全是一种实事求是、便利人民的审级制度"①。

1954年《人民法院组织法》确定四级两审制审级制度的趣旨有二，除上述的司法便民外，另一项是司法民主，具体表现为一审案件审理原则上应采用人民陪审制，此乃学习苏联法之规定。就人民陪审制与审级制度的关系而言，苏联法理认为，人民陪审员参加审判是"苏维埃国家人民法院中得到实现的社会主义审判民主的根本体现"②。因为一审实行人民陪审员制，所以上诉审（第二审及终审）再次审理案件事实成为多余，而上诉审的功能仅以审查原判是否违法和有无根据为限。③ 也就是说，以人民陪审员制为基础，一审为事实审，二审为对原判依法进行审查的上诉审和终审。苏联法上的人民陪审制为《法院暂行条例》所引进，而1954年《人民法院组织法》为进一步贯彻和深化人民司法的民主精神，将《法院暂行条例》第6条"视案件性质，实行人民陪审制"的规定，改为"人民法院审判第一审案件，实行人民陪审员制度，但是简单的民事案件、轻微的刑事案件和法律另有规定的案件除外"（1954年《人民法院组织法》第8条）。这种修改是对苏联法审级制度的进一步接近，其意义在于明确规定人民法院审理一审案件原则上采用人民陪审制。另

---

① 参见《对于我国人民法院组织法和人民检察院组织法中一些名词的初步解释》，载《法学研究》1954年第4期。

② 〔匈〕L.涅瓦伊等：《经互会成员国民事诉讼的基本原则》，刘家辉译，法律出版社1980年版，第21页。

③ 〔苏联〕克列曼：《苏维埃民事诉讼》，王之相、王增润译，法律出版社1957年版，第394页。

外,1954年《人民法院组织法》为贯彻其第8条的立法精神,又以第9条规定,人民法院审理一审案件原则上由审判员和人民陪审员组成合议庭进行(合议制)。综上不难得出结论,1954年《人民法院组织法》下的两审制是建立在一审采人民陪审制为原则之基础上的两审终审制。直言之,1954年《人民法院组织法》下的一审应当是以人民陪审制为原则的事实审,二审应是同于苏联法上不重复一审事实认定的审查式上诉审。

二、审判监督:上下级人民法院审级关系之定位

以四级两审制民事审级制度为基础,上下级人民法院的审级关系属于审判监督关系,即上级人民法院对下级人民法院的审判工作进行监督,这也是现行法所沿用之审级关系。审判监督理论源于苏联法理,因此,我国上下级人民法院审级关系的法理亦源于苏联法理,此乃不争之事实。① 然而问题在于,由于缺乏对苏联法上审判监督理论及制度的深入研究,加之既有研究或偏于检察体制的审判监督作用,或偏于审判监督程序(再审程序)的运行,以致作为民事审级制度之根本的,且为现行法律所明定的"下级人民法院的审判工作受上级人民法院监督"这一层面上的审判监督法理之研究几乎被忘却,甚至司法实务中出现了视上级人民法院依上诉程序对下级人民法院审判活动进行审判监督为非常态,而依审判监督程序对下级人民法院已生效裁判进行审判监督为常态的本末倒置的错误观点。②

---

① 通说将上级人民法院对下级人民法院的审判监督称作法院内部监督。
② 目前,有观点认为,上级人民法院对下级人民法院进行审判监督的主要形式是审判监督程序意义上(再审)的审判监督。参见周明昌:《法院审判监督体系的建立及完善》,http://www.chinacourt.org/html/article/200807/01/309963.shtml,2008年11月4日访问。另外,我国法律有关本级法院对本院判决发动再审的规定(《人民法院组织法》第37条第1款第3项、《民事诉讼法》第198条第1款),也是与苏联法理不通的,因为它违反了上级人民法院对下级人民法院进行审判监督的法理。

按照苏联法理解释,审判监督(надзор судебный)是指上级法院监督下级法院的判决、裁定和决定之合法性,事实认定的诉讼活动是对下级法院在法律适用方面作出权威解释,甚至解决法院之间纠纷;审判监督是法院体制保证正确适用法律、纠正审判错误的唯一正确方法,上级法院可以通过审理未发生法律效力的判决、裁定和决定的上诉和抗诉实施审判监督。① 与苏联法理相通,按照立法者当时的解释,审判监督是对1954年《人民法院组织法》第4条以及1954年《宪法》第78条规定的"人民法院独立进行审判,只服从法律"的司法根本原则的制度性保障。② 法院独立审判乃社会主义国家普适性司法原则,就本质(阶级性)而言与非社会主义国家同一原则有别。所谓社会主义国家的法院独立审判,是指在共产党领导下的独立审判,以及坚持以共产党领导为前提的独立审判,此乃苏联、东欧社会主义国家和新中国初期之通说。因为人民法院担负着保障社会主义法制的任务,所以必须保障其能够正确地、不受外界任何干扰地履行审判职责。换言之,人民法院独立审判是实现社会主义法制的保障,如果人民法院独立审判得不到切实保障,其也就不能担负起保障社会主义法制的任务。在这个意义上,审判监督就成了法院体制不受外部干扰,维护社会主义法制权威性、统一性(只服从法律)的重要方法。

从保障"人民法院独立进行审判"的要求出发,上下级人民法院的关系不属于普通行政机关的从属关系,而是审级关系。这种审级关系以上级人民法院对下级人民法院审判工作实施审判监督方式得以体

---

① 参见〔俄〕A. Я. 苏哈列夫、B. E. 格鲁斯基主编:《法律大辞典》,莫斯科出版社2004年版,第346页。

② 按照当时的解释,1954年《人民法院组织法》和1954年《宪法》规定的"法院独立审判"原则包括四层含义:第一,法院在处理具体案件时,不受他人或其他机关的干涉;第二,上下级人民法院不属于行政从属关系,只是审级关系;第三,对司法人员的任免和产生进行程序保障;第四,法院服从法律进行审判,是司法人员的义务。参见刘昆林:《对"人民法院独立进行审判,只服从法律"的认识》,载《法学研究》1955年第1期。

现。需要指出的是,这种审判监督不是无条件的监督,而是依据法律规定进行的监督,因为上级人民法院也必须按照"只服从法律"的原则进行审判。因此,"上级人民法院不能命令下级人民法院对某一具体案件如何确定判决,只能根据法定的上诉程序变更或废弃下级法院的判决和裁定,此外就是在发现下级人民法院已发生法律效力的某一案件的判决和裁定确有错误时,可根据审判监督程序进行提审或指令再审"①。根据上述内容,我们可以发现,上下级人民法院的审级关系是依据审判监督制度建立的,其目的在于保障"人民法院独立进行审判,只服从法律"的司法根本原则。

在四级两审制审级制度下,不言自明,一审乃事实审,即以事实问题、法律问题为审理对象的审级。因此,上级人民法院对下级人民法院审判工作进行审判监督,实质上也就是上诉法院对不服一审法院裁判的上诉案件进行审判监督。因此,上级人民法院如何审理上诉案件(对下级法院裁判进行审判监督)就成了认识上诉法院审级职能问题的关键。

1954年《人民法院组织法》学习苏联法设计了以人民陪审制为基础的事实审,并确定了以审判监督为依据的上下级人民法院的审级关系。但是,由于1954年《人民法院组织法》没有明确规定实施日期,加之各地情况不一,当时大多数担当上诉法院的上级人民法院在审理上诉案件时,都采用了同于今日二审法院的做法,即采用重复一审(事实审)判案方式审理上诉案件。如此一来就出现了同于今日上诉法院因受案过多引起的积案成堆、诉讼迟延、审判监督功能难以发挥的现象。为了统一全国各级人民法院认识1954年《人民法院组织法》的审级制度设计思想并贯彻于实践,将上诉法院的审级职能定位于对一审裁判的适用法律问题进行审判监督,1956年2月召开的第三届全国司法工作会议

---

① 刘昆林:《对"人民法院独立进行审判,只服从法律"的认识》,载《法学研究》1955年第1期。

特别分发了"关于第二审案件应该实行法律审的问题材料"①。此次会议上,时任司法部长的史良女士在谈及上诉审的功能时强调:"划清上诉审与一审的职能,使上诉审不代替一审重复作事实审,而能充分发挥上诉审的监督职能作用,不仅办案效率提高将近两倍,并且使一审、上诉审和诉讼当事人三方面均感满意,克服了基层人民法院办案草率和对上依赖的缺点,加强了上级人民法院对下级人民法院的审判监督。"②与此同时,最高人民法院发出指示:"根据人民法院组织法规定的精神,上诉审人民法院的主要任务是通过审理上诉或抗议案件,对下级人民法院实行审判监督。因此,上诉审人民法院审理上诉或抗议案件的方式应该与第一审人民法院不同。它不是像第一审人民法院那样对案件作出实体审理,而是根据原审案卷和当事人补充提出的理由,审查原审人民法院的判决和裁定是否合法和有无根据。"③

根据上述史良部长和最高人民法院的指示精神不难理解,在1954年《人民法院组织法》下,上诉法院的审级职能是依法对一审或事实审的裁判进行审判监督,而不是代替一审重复事实审或对案件进行实体审理。④ 也就是说,上诉法院的审级职能是审查一审裁判是否合法(法律适用是否合法)和有无根据(认定事实是否合法),不再实施同于一审法院的直接调查收集证据及认定事实之活动。

此次会议上,时任司法部普通法院司司长的王怀安先生在总结我国

---

① 《第三届全国司法工作会议关于第二审案件应该实行法律审的问题材料》,发布单位、日期不详,收于上海市档案馆(档号:B2-2-41-34)。

② 《第三届全国司法工作会议上史良部长讲话》,载《第三届全国司法工作会议关于第二审案件应该实行法律审的问题材料》,第8页。

③ 马锡五:《关于〈十四个大城市高、中级人民法院刑、民事案件审理程序初步总结〉的试行总结和今后在全国试行的意见》,载《第三届全国司法工作会议关于第二审案件应该实行法律审的问题材料》,第2页。

④ 这里的实体审理并非指今日所言的对案件的实体问题进行审理,而是指同于事实审方法对案件的事实问题及法律问题进行直接审理。换言之,如果上诉审采用实体审理方法审理上诉案件,则意味着上诉审的审判活动是对一审(事实审)的重复。参见夏维扬:《我国民事诉讼中上诉审法院的职能问题》,载《法学研究》1956年第4期。

一些法院实行法律审的情况时指出,"坚决划清上诉审与一审的职能,是当前改进中级和高级人民法院工作方法中的一项关键。上诉审职能应是审理原审法院的判决是否合法和有无根据,而不是代替下级法院作实体审",并向大会推荐了北京市中级人民法院试行法律审的经验。①

如前所述,由于1954年《人民法院组织法》规定的民事审级制度是对苏联法的中国式重述,加之当时法制建设及法学理论均朝苏联"老大哥"一边倒,因此第三届全国司法会议上一些代表向与会的苏联专家巴萨温先生讨教苏联法院法律审的经验。巴萨温先生在发言中指出:"目前在中国的许多高级人民法院和中级人民法院在审理上诉案件时,采取实体审理的方式,也就是重复一审法院的工作,我认为这是没有法律根据的。不仅如此,这种做法要使二审法院审理案件的期间拖长,形成大量积案。这一点是很自然的,因为国家并没有给二审法院规定按照这种程序审理案件的人员编制②。有的同志主张二审法院应当根据人民法院组织法第十一条的要求按照上诉程序而不是按照一审法院的审判程序来审理案件,我十分同意这个意见。"③巴萨温先生言及的上诉程序,是指基于苏联法上审判监督制度建立的审查式上诉程序,即上诉法院仅对一审(事实审)裁判是否合法和有无根据依法进行审查。

综上所述,1954年《人民法院组织法》规定的上下级人民法院的审级关系,应当是以上诉法院对一审裁判是否合法和有无根据依法进行

---

① 参见王怀安:《关于全面推广先进经验问题的发言》(1956年2月17日),载西南政法学院民、刑法教研室编:《刑、民事诉讼参考资料》,1956年,第64页。此外,有关北京市中级人民法院试行法律审的经验总结,参见贺战军:《如何划清上诉审和一审的职能》,载《法学研究》1956年第2期。

② 由于上诉审采用同于一审程序的方式处理上诉案件,积案甚多,当时有些法院同志认为,积案问题是由"任务大,编制小"造成的,并将"增加编制"当作解决积案问题的唯一有效办法。巴萨温先生发表这段话是为了反驳这种观点,即积案问题是由没有认清审级制度的意义造成的,属于工作方法问题,而不是人力不足的问题。

③ 《苏联专家巴萨温同志对苏联法院法律审的介绍》,载《第三届全国司法工作会议关于第二审案件应该实行法律审的问题材料》,第8页。

审查为审判监督内容的审级关系。据此,上诉法院的审级职能是对一审裁判是否合法和有无根据以审查方式进行审判监督。笔者称根据上述审级关系及上诉法院审级职能建立的上诉审为审查式上诉审。

三、蓝本:苏联民事上诉法院的审级职能

按照苏联法的解释,民事上诉法院的审级职能是对原判是否合法和有无根据以审查方式进行审判监督,我国1954年《人民法院组织法》通过学习苏联法经验,也确定了审查式上诉审之思想。但是,这种上诉审制度并未因第三届全国司法工作会议的召开而一路前行,相反,它因后来各般事情之影响而被尘封至今。从法系意识上分析,今天我们是否通过证明1954年《人民法院组织法》审查式上诉审之设计就能在现行民事诉讼法制框架下再现此种上诉审职能呢?抑或是克服当下因上诉法院重复一审法院审判活动所造成的诸多不适应问题呢?答案是否定的。因为1954年《人民法院组织法》虽引入了苏联法上的审查式上诉审之思想以及相关的四级两审制、人民陪审制、审判监督制度等,但没有全盘引进此种上诉审得以顺利运行不可或缺的其他核心诉讼制度。需要指出的是,这些核心诉讼制度之缺位,不仅是造成1954年《人民法院组织法》审查式上诉审设计思想难以践行的主要原因,也是造成我国现行民事审级制度诸多不适应问题"剪不断、理还乱"的重要原因。

如前所述,苏联民事上诉审是基于审判监督理论建立的,以对一审及事实审裁判是否合法和有无根据进行全面审查的法律审。苏联学者认为,这种审查式上诉审是诉讼便民和诉讼民主的体现及贯彻,在法理上有别于任何西方国家,其确切含义是上级法院不再重新审判案件实体问题,而是从适用法律和认定事实两个方面全面检查及审查一审裁判是否合法和有无根据,如果发现一审裁判不合法或缺乏根据,则以裁定方式撤销或变更原判决,无须像西方发达国家上诉审法院那样作出

终局判决①。这里的全面审查是指，二审法院既要认真审查一审法院是否调查和查明了全部案情，其判决是否以现有案件材料为根据，是否符合法律，也要根据自己主动调取或当事人在二审中申请的补充材料审查原判是否合法和有无根据。

审查式上诉法理形成于苏俄民事诉讼诞生初期，当时，一审法院判决是终审判决，当事人不得对此依照控诉审（апелляционная инстанция）提出上诉，但可以要求上级法院（而不是上诉法院）撤销原判。在这里本来并不存在俄语中的上诉（обжалование）和上诉法院之概念，但因为必须对当事人要求上级法院撤销原判的行为给出概念，以及对上级法院审查一审判决是否正确及有无根据给出"说法"，所以就借用了沙俄时期的"кассация"一词加以表示。"кассация"在俄语中有破毁、毁弃的意思，我国学者在引进苏联法时，通常将其译成"上诉"，从而就出现了类似"当事人对一审判决可以向上级法院提出上诉"的表述，但确切的表述应是："当事人对一审判决可以向上级法院提出破弃"②。

苏联法明确规定了第二审法院的审级权限③，即上级法院根据审查原判是否合法和有无根据的结论，以及对原判作出维持、撤销和变更的裁定。裁定的具体情形包括：第一，维持原判，驳回上诉。二审法院通过对一审判决的全面审查，认为原判的事实关系和法律关系符合客观真实的，抑或是事实清楚，适用法律正确的，须以裁定维持其效力（对原判不予破弃）。第二，撤销原判，发回一审法院更审。二审法院通过对一审判决进行全面审查，认为原判不合法或没有根据的，以裁定撤销原判，将案件发回原审法院重新审理。按照苏联学者的解释，判决不合法

---

① 终局判决实质上是指审级判决，即民事诉讼法上各审级法院就审结本审级案件作出的判决，如一审终局判决、控诉审终局、上告审终局判决等。

② 有关"кассация"汉译为"上诉"的例子，参见〔苏联〕克列曼：《苏维埃民事诉讼》，王之相、王增润译，法律出版社1957年版，第397页；〔苏联〕阿·阿·多勃罗沃里斯基等：《苏维埃民事诉讼》，李衍译，法律出版社1985年版，第393页。

③ 参见《苏联和加盟共和国民事诉讼纲要》第46条、《苏俄民事诉讼法典》第305条。

是指原判错误适用法律或违反了实体法和诉讼法的规定;判决没有根据是指原判不符合案件真实情况。第三,撤销原判,终止诉讼或决定不予受理本案。按照苏联法的规定,在诉讼进行过程中,法院(包括二审法院)如果发现有使诉讼全然不能再继续之情形,可以不对案件为实体判决,而以终止诉讼或不予审理之方式终止案件审理。第四,变更原判。原判认定事实正确,但适用实体法律错误的,上级法院可以不将案件发回更审,而以裁定变更原判。按照苏联法规定,上级法院仅在案件事实十分清楚且无须再行收集、补充、调查证据的条件下,才可以变更原判。需要指出的是,苏联上诉法院不就案件事实进行判决,仅就一审法院的认定事实是否正确进行审查,且无权引用原审未确认的情况或新的案件材料变更原判。

苏联民事上诉审是建立在体系完整、理论自洽、结构严谨的民事诉讼法及民事审级制度基础之上的,因此有着十分科学的运行基础。需要指出的是,支撑苏联民事上诉审得以顺利运行的基础性制度或条件几乎关涉苏联司法制度的全般,而本文限于研究能力及篇幅所限,仅从中选择与本文写作趣旨最为相关的若干制度加以析述。其一,完备的事实审是民事上诉审得以科学运行的前提。苏联民事上诉审以贯彻审判监督制度为宗旨,上级法院不再重复一审法院审理活动,以审查原判是否合法和有无根据为己任,为使事实审达至保障上诉审得以顺利运行之目的,苏联法明确规定一审法院的基本任务就是全面地调查案件的情况以及正确地判明事实。① 为使一审法院的功能和任务得以真正落实,苏联建立了以严格的审前准备程序、不间断审理的庭审程序和人民陪审制为三大特征的事实审。其二,以审判员独立为核心的体系化审判原则是上诉审得以科学运行的保障。为了明确上下级法院间的审级关系,苏联法规定了一系列以审判员独立为核心的审判原则。苏联

---

① 参见中华人民共和国最高人民法院办公厅编:《苏联法院审理刑、民事案件的程序》,1954年11月,第32页。

法理解释,审判员独立是实现社会主义法制的保障,如果审判员独立得不到切实保障,审判员也就无须担负起保障社会主义法制之任务。为了在民事诉讼中切实保障审判员独立,苏联法规定了笔者以为最重要的两项审判原则:直接原则和内心确定原则。直接原则要求审判员只能以自己审理过的诉讼材料作为判决的依据,从而排除类似于我国审判委员会那样"不见病人开处方"的现象发生;内心确定原则是保障审判员在认定事实方面排除非法律因素的干扰,独立判断案件的事实真相。因此,直接原则和内心确定原则是保障法院独立行使审判权尤其是法官独立审判不可或缺的两项审判原则。

四、移植与创新:我国民事上诉法院审级职能再定位

(一)我国民事上诉法院审级职能再定位的依据

笔者认为,应当按照1954年《人民法院组织法》所定的审查式上诉审之精神定位现行民事上诉法院之审级职能。也就是说,上诉法院的审级职能是通过依法审查一审裁判是否合法和有无根据来对下级人民法院的审判活动实施审判监督。如此,上诉法院可以不再重复原审法院判案活动,从而于根本上克服因重复原审"劳作"所引发的一系列不适应问题。此种定位上诉法院审级职能之主张,立于下述三个依据之上。

第一,审查式上诉审之法理依据。首先,审查式上诉审建立在现行四级两审制审级制度之上,而这种审级制度之趣旨在于司法便民和司法民主。此种法理精神非但不落后于今日社会进步,且仍需发扬光大。具体而言,应当讨论如何以人民群众的司法需求为出发点,充分发挥四级两审制所具之司法便民和司法民主之精神的优越性,以解决人民群众日益增长的司法需求与审级制度之间出现的一些不适应问题,而不是照搬西方发达国家审级制度尤其是三审终审制解决这些问题。其

次,审查式上诉审依社会主义固有之审判监督理论定位上下级人民法院间的审级关系。审判监督理论以"议行合一"的治国理论为基础,旨在通过上级人民法院依法审查原判是否合法和有无根据之方式,保障人民法院体制依照法律规定对民事案件独立进行审判,进而从根本上保障人民法院履行维护社会主义法制之职能。这种审级关系之法理依据为西方发达国家所不具,因此理论上也无法通过借鉴西方发达国家上诉审法理来定位我国民事上诉法院之审级职能。

第二,审查式上诉审之现行法上依据。四级两审制之民事审级制度以及上下级人民法院依据审判监督建立的审级关系,乃现行法律之明确规定。以西方发达国家审级制度尤其是三审制改变我国现行民事审级制度和上诉审之审级职能,势必关涉现行《宪法》及相关法律之修改,因此不易或无望达成现行制度以推行。相反,以现行法为依据讨论上诉法院审级职能之定位,既可使立法者顿悟其学理上意义,又便于顺利达成立法以推行。现行法承1954年《人民法院组织法》民事审级制度及其审级关系之规定,虽在相关文字上有所调整,但无关宏旨。1954年《人民法院组织法》所定审查式上诉审之立法精神,盖因是时推行条件不具而未全面践行,今日实施审查式上诉审的条件已具,应当借1954年《人民法院组织法》立法精神之恢复,克服现行上诉法院审级职能不明所导致的不适应问题。因此,建立审查式上诉审实乃依据现行法之举,无涉修宪问题。

第三,审查式上诉审之实践依据。如前所述,审查式上诉审于1954年《人民法院组织法》实施之初已有实践,其实际效果曾得到最高人民法院、司法部门领导一致好评。同时,试行经验表明,此种上诉审职能之设计好处有三:其一,有助于充分发挥上诉审之审判监督作用,使上诉法院从事实审中解放出来,集中更多时间和精力审查下级人民法院审判工作之质量,及时指导下级人民法院纠正错误;同时有助于下级人民法院审判员增强工作责任心,使自身业务水平在改正错判中得到提高。其二,能够充分发挥人民法院依据宪法规定实行集体审判制度、发挥集体领导作用①。其三,便于人民诉讼。上诉审不重复一审程序进行事实审,可以做到程序简单、审理及时、当庭裁定,从而克服积案和诉讼迟延现象,及时向人民提供法律保护。② 昔日试行审查式上诉审所获好处,可为今日再建之必要性讨论提供最佳实践依据。

审查式上诉审以上诉法院依法审查原判是否合法和有无根据为具体的审级职能,抑或是以此种审查方式实现现行法所定上级人民法院对下级人民法院的审判工作进行审判监督之审级关系。此种上诉审之设计虽系1954年《人民法院组织法》所定、所倡,且不违背现行法的精神,但实际推行尚需具备相关条件,否则,1954年《人民法院组织法》下推行审查式上诉审受阻之"悲剧"必定重演。

(二)苏联法的可借鉴性

需要指出的是,本来1954年《人民法院组织法》立法者仅定我国民事审级制度及上下级人民法院审级关系之基本框架,细部问题拟交民事诉讼立法者参考苏联法具体制定,但因后来法制建设受阻,民事诉讼立法活动停滞,加之"中苏交恶"影响,苏联法理几乎被尘封。改革开放以后,西风东渐迅速,苏联民事诉讼法理于我国民事诉讼法制建设之意义已鲜有人问津。在此背景下,有必要对苏联法的可借鉴性再做一番认识。

我国民事上诉审制度在基本方面与苏联法相同,一是都建立在四级两审制审级制度基础之上,其立法理由也相同(司法便民和司法民主);二是法理基础都来自具有社会主义法理特质的审判监督理论,上下级

---

① 这里的"集体领导"是指民主集中制。参见魏文伯:《对于"中华人民共和国人民法院组织法"基本问题的认识》,上海人民出版社1956年版,第12页。

② 参见北京市中级人民法院:《对审理上诉案件方法初步总结》,载《第三届全国司法工作会议关于第二审案件应该实行法律审的问题材料》,第7页。

人民法院的审级关系是审判监督关系。但是,囿于历史条件所限,我国在移植苏联审级制度及上诉审制度时具有不彻底性。因此,若于现行法下建立审查式上诉审并使之得以运行,必须借鉴苏联法,以弥补1954年《人民法院组织法》之时所未完备之条件。

第一,我国在移植苏联法时,因立法不足(制定法不完备),法官职业素养普遍较低,根据当时国情设立了审判委员会制度,以实现对法政策的正确把握。[①] 如今看来,审判委员会制度与苏联法上审判员独立之原理相佐:首先,破坏了言词原则、直接原则、辩论原则和内心确信原则;其次,破坏了上下级人民法院间的审级关系,部分替代了上级人民法院之地位和职能;最后,破坏了人民陪审制与司法民主精神。从建立审查式上诉审立场分析,审判委员会制度之取消并不影响人民法院体制维护社会主义法制的统一性、权威性。因为纠正一审裁判适用法律错误乃上诉审实施审判监督目的之所在,而由审判委员会保障本院裁判适用法律的正确性,自然有代替上诉法院履行审级职能之效果,从而破坏了上下级人民法院间的审级关系。此外,由于人民陪审员不能担任审判委员会委员,因此审判委员会之设计有违民事诉讼法有关"陪审员在执行陪审职务时,与审判员有同等的权利义务"之立法精神,进而损害人民陪审制之根基——司法民主。

第二,苏联法规定一审民事审判必须采人民陪审制,以司法民主之名义图一审法院实现全面调查案件情况以及正确判明事实之功能,借此提高一审判决的公信力。1954年《人民法院组织法》在移植苏联法上的人民陪审员制时,虽然规定一审法院审理民事案件原则上采用人民陪审制,但因当时条件所限,并未规定一审法院全面实行人民陪审员制的时间表,加之后来法制建设蒙受灾难,以致人民陪审制之立法初衷被

[①] 审判委员会制度由1954年《人民法院组织法》正式确定,是对此前类似制度的肯定及法定化。参见魏文伯:《对于"中华人民共和国人民法院组织法"基本问题的认识》,上海人民出版社1956年版,第12页。

尘封至今。如上文所述,人民陪审制乃事实审得以顺利运行之保障,一审判决获取公信力之源泉,实行两审终审制之基础。直言之,没有人民陪审制就没有两审终审制,也就没有审查式上诉审。但是,迄今为止,我国民事一审法院尚未贯彻以人民陪审制为基本的事实审之审级精神,甚至于一段时期里"冷落"了人民陪审制。从建立审查式上诉审立场出发,正因为一审实行人民陪审制,才使得上诉审"再次审理案件的事实是多余的"[①]。所以,欲避免上诉审采重复一审"劳作"审理上诉案件,必须首先建立健全以人民陪审制为基本的一审民事审判制度。

第三,苏联法规定审前准备程序是民事诉讼必经程序,且规定只有审前准备已达充分时,才可以将案件移送庭审程序。我国民事诉讼法虽规定有"审理前的准备"阶段,也属普通民事诉讼"开庭审理"的一个必经阶段,但并未对所达目标给予明确规定。苏联民事审前准备程序须以裁定宣布开始和结束,旨在明确此程序整理争点、收集证据之功能。而我国民事诉讼法因为未对"审理前的准备"阶段给予苏联法上"审前准备已达充分"方可结束之明确规定,导致审理前准备阶段与开庭审理阶段之功能划分有失明朗,在实务中或因"审前准备过度"或因"审前准备不足"而出现"先判后审""重复开庭"等诸多问题。从建立审查式上诉审立场分析,有效的审前准备程序是使庭审程序充实化的前提,而充实化的庭审程序有利于查明事实和正确适用法律,从而又成为上诉审得以顺利完成审查原判是否合法和有无根据之具体审级职能的保障。需要指出的是,苏联民事审前准备程序采职权探知主义,甚至可以动用检察力量收集证据,因此不存收集证据困难一说。而我国民事诉讼若要引进苏联民事审前程序,需在加强当事人申请证据以贯彻辩论主义的同时,加强包括当事人在内的证据持有人提出证据之义务及责任。为促进民事纠纷的及时解决,还可以考虑有条件地引进苏联法

---

① 〔苏联〕克列曼:《苏维埃民事诉讼》,王之相、王增润译,法律出版社1957年版,第394页。

上的审前证据调查程序,当然亦有必要考虑庭前调解、和解机制的完善问题。此外,还有必要考虑借用现代通信技术处理审前准备事宜。为使审前准备程序的进行更具条理化,我国民事诉讼还应当贯彻要件事实审判方法①。

第四,苏联民事审判实行不间断庭审原则。于比较法上分析,苏联民事一审程序类似美国之设计:一审皆系事实审,由职业法官和非职业审判员组成审判组织审理案件,诉讼程序由立案程序、审前准备程序和庭审程序组成,案件经审前程序准备充分后才能移至庭审程序,庭审程序按集中审理原则进行。按苏联法规定,自案件开始审理至判决结束,法庭无权审理其他案件,且庭审应当不间断地进行(《苏俄民事诉讼法典》第146条)。不间断庭审原则一是可以保障法官的心证不因审理新案件而削弱,从而正确地认定事实;二是可以贯彻司法便民精神。从建立审查式上诉审立场考虑,我国民事诉讼应当有条件地引进庭审不间断原则。众所周知,我国地域辽阔,当事人跨地域诉讼实属不易(如海口市当事人到乌鲁木齐市应诉),加之审前准备不足和攻击防御方法随时提出主义的影响,多次开庭现象较为普遍,以致诉讼既不便利又不经济。若有条件实施不间断庭审原则(具体条件可视地理距离、交通状况等,辅以当事人申请及法官裁量而定),一可以实现司法便民,二可以促进法庭集中精力办案,从而减少上诉率,以便上级人民法院有更多时间和精力办理本院一审案件和对下级人民法院裁判进行审判监督。

第五,苏联民事诉讼实行直接原则、辩论原则和内心确信。这三项原则皆乃贯彻法院独立审判以维护社会主义法制所必须。我国1954年《人民法院组织法》因设置审判委员会之缘故,未采上述三项原则,但这

---

① 有关要件事实审判方法的内容及意义,参见《学海》2006年第5期和2007年第1期"要件事实专题"所载各文。

些原则当时被我国民事诉讼法学所认可和推崇①。民事审判权乃内置法律适用权与认定事实权之统一体,内心确信乃审判员于认定事实面独立行使审判权之保障,而直接原则、辩论原则乃贯彻及落实内心确信之前提条件。本来,内心确信乃社会主义各国民事诉讼之普适原则,依苏联法理解释,其与西方国家奉行之自由心证纯系阶级性上的差别,除此之外别无二致,即"资产阶级的法官的自由心证是和他们的资产阶级的'良心'、剥削者的意识形态和资产阶级法律意识极其密切地联系着"②。而"苏维埃审判员的内心确信,是他们的社会主义法律意识的表现形式"③。但是,曾几何时,内心确信被我国学者莫名其妙地炒到了唯物主义与唯心主义之辩的高度,进而冠内心确信者以反唯物主义和反马列主义者之"高帽",借非学术性力量封杀和歪曲内心确信之原义。今日从建立审查式上诉审立场出发,有必要还内心确信以社会主义民事诉讼普适规律之本来面目,并为夯实其适用前提实行直接原则、辩论原则,以此提高我国一审民事法官的审判责任心,即"案件由你全权负责审理,你就必须对审判质量负责",促进上级人民法院对下级人民法院进行纠错的同时指出其错误所在,进而将审判监督工作落到实处。

(三)审查式上诉审与二审法院的审理权限

采苏联法理定位我国民事上诉法院之审级职能,盖因现行法立法精神所致,法系意识使然。因此,我国审查式上诉审之建立,必涉现行《民事诉讼法》上第168条、第170条相关上诉法院权限条款之改正,具体析述如下。

---

① 当时我国法学院及司法实务部门经常邀请苏联法律专家来华讲授民事诉讼法,其法理自然为我国法律界所认可和推崇。新中国首部民事诉讼教材也倡内心确信,参见郭学贡编:《中华人民共和国民事诉讼讲义》,东北人民大学教材出版科,1957年6月,第12页。
② 〔苏联〕克列曼:《苏维埃民事诉讼》,王之相、王增润译,法律出版社1957年版,第276页。
③ 同上。

1. 关于第 168 条的修改

本条旨在划定上诉法院的具体审级职能,即"第二审人民法院应当对上诉请求的有关事实和适用法律进行审查"。本条虽以"上级人民法院对下级人民法院审判工作进行监督"之审判监督理论为据,明确上诉法院对原判采审查方式进行审判监督,但没有明确审查的具体范围。有关"对上诉请求的有关事实和适用法律进行审查",究竟是对上诉请求本身所依据的事实和法律进行审查,还是对被上诉的原判所依据的事实和法律进行审查,抑或是二者兼有?在学理上,存有所谓的当事人主义"上诉请求范围审查说"和职权主义的"全面审查说"①。上诉审依审理对象不同,有续审制、覆审制及事后审制之划分②。"全面审查说"类似于覆审制,"上诉请求范围审查说"则类似于续审制及事后审制。

---

① 一般认为,现行《民事诉讼法》第 168 条有关二审法院审查范围的规定,是对 1982 年《民事诉讼法(试行)》全面审查原则的修正,但就审查的具体范围而言,维护当事人处分权与保障法院贯彻法律原则之间存在的紧张关系,也是诱发"上诉请求范围审查说"与"全面审查说"之争的原因。参见全国人大常委会法制工作委员会民法室编:《中华人民共和国民事诉讼法条文说明、立法理由及相关规定》,北京大学出版社 2007 年版,第 302—306 页。

② 续审制是指上诉案件之审理原则上以一审诉讼资料及审判活动为基础,但允许提出新的诉讼资料,"继续进行一审"。续审制因允许新诉讼资料之提出,有轻视一审活动之效果,有导致诉讼迟滞及违背迅速审判精神之弊端。覆审制是指上诉法院不考虑原审法院之审判活动,以"第二次一审方式"审理上诉案件,并根据新的审理结果作出判决。覆审制旨在充分实现审判程序发现真实之功能,但有无视一审程序功能及"浪费司法资源"之弊病。续审制与覆审制之间的区别是,前者以一审诉讼资料和审判活动为基础,复加考虑一审裁判后发生的事情,并进行新证据的调查;后者不考虑一审诉讼资料及审判活动,对案件再行一审活动。在续审制下,二审须延用原审的审理程序及诉讼资料,并补充新的证据资料进行审理;而在覆审制下,不同续审制"继续进行一审",是将案件恢复到起诉状态再行一审。例如,在续审制下,当事人无须再陈述本案的诉讼请求、请求趣旨及请求原因,无须对一审所涉证人再行询问;而在覆审制下,因案件审理重新开始,所以公诉人得重新陈述公诉事实,重新调查被告人的供述及证人证言(在实务中,因重新调查证人证言有违证人不得二次作证之原则,故将一审中的证人笔录视为书证使用)。事后审制是指上诉审局限于原审之诉讼资料,仅对上诉请求所涉理由之部分进行审理,并作出新的裁判。事后审与续审、覆审于审判对象上之间的区别是,前者以原判为对象,后二者皆以本案(案件)为对象。

由于立法不明、学理解释不一、司法解释暧昧①,因此实务中多采同于一审方式审理上诉案件,重复一审"劳作",进而从实质上消解了上诉法院之具体审级职能。本文以为,我国民事上诉法院之具体审级职能,可结合苏联法相关经验确定。

建议条文:"二审人民法院应当根据上诉目的及上诉理由有关的一审案卷材料以及当事人上诉期间提出的补充材料,对一审判决是否合法和有无根据进行审查。对法律规定可以申请上诉的一审裁定的审查,准用上款规定。但法律另有规定的情形除外。"

2. 关于第170条的修改

本条有关上诉法院审理权限的规定,在内容上几乎同于苏联法,但在个别方面突破了苏联法理,本文建议修改后的条文如下:

第一,第170条第1款第1项照原文保留,即"原判决、裁定认定事实清楚,适用法律正确的,以判决、裁定方式驳回上诉,维持原判决、裁定"。

第二,第170条第1款第2项"原判决、裁定认定事实错误或者适用法律错误的,以判决、裁定方式依法改判、撤销或者变更"修改为"原判决认定事实清楚,但适用法律错误,并且无须二审调查新证据的,依法改判"。修改理由是:二审法院不重复一审认定事实活动,只审查一审认定事实有无根据和适用法律是否正确,一审认定事实清楚,但判决结果错误且适用法律错误的,上级人民法院应当从维护法制统一性和权威性的立场予以纠正。此乃借鉴苏联法理所定,既符合审判监督理论,也体现司法便民精神。例如,《苏俄民事诉讼法典》第305条中规定:"如果案件无须收集证据或对证据进行补充审查,案件已由第一审法院全部和正确查清,但在适用实体法规范上发生了错误,则变更原判决或

---

① 相关司法解释参见《最高人民法院关于适用〈中华人民共和国民事诉讼法〉若干问题的意见》第180条,《最高人民法院关于民事经济审判方式改革问题的若干规定》第35、36条。

作出新判决,而不将案件发回重新审判。"

第三,第170条第1款第3项"原判决认定基本事实不清的,裁定撤销原判决,发回原审人民法院重审,或者查清事实后改判"修改为"原判决认定事实错误,或者认定事实不清,或者判决结果与认定事实不符合的,裁定撤销原判决,发回审原人民法院重审"。本项修改重点在于删除原条文中有关"或者查清事实后改判"之规定,同时增加"判决结果与认定事实不符合的"情形为裁定撤销原判决的理由。修改理由是:删除上级人民法院自行查清事实后对原判径行改判的规定,旨在突出上级人民法院的审判监督职能,发挥一审法院的事实审功能,避免上诉审重复一审之"劳作"。增加"判决结果与认定事实不符合的"情形为撤销原判决的理由,一方面是防止二审法院以"判决结果与认定事实不符合"对原判径行改判;另一方面是明确上诉法院的审级职能是依法审查一审判决有无根据和是否合法,以对下级人民法院进行审判监督,加强一审法院的审判责任心。

第四,第170条第1款第4项照原文保留,即"原判决遗漏当事人或者违法缺席判决等严重违反法定程序的,裁定撤销原判决,发回原审人民法院重审"。

五、结语

综上所述,我国民事上诉法院审级职能的生成深受苏联法的影响,今日于审级制度上直面的诸多不适应问题,几乎皆与有违苏联法理相涉。尽管我们在学术研究上试图努力忘却或有意、无意地回避苏联民事诉讼法律科学,但它的内在精神、外在形式在我国民事诉讼法制中已根深蒂固。因此,关于我国现行上诉法院审级职能的解读、改革及完善,难以逾越苏联法理。否则,所谓的"创新"和"重构",宛如天马行空。

第三部分

俄罗斯近代民事诉讼制度

在我国民事诉讼法制现代化过程中,苏联法的影响之大已是不争的事实,但对苏联民事诉讼立法及其背后的法理,学界的探讨至今仍为有限。虽然对当下俄罗斯的民事诉讼制度已有相关研究著作出版,但对于俄罗斯近代民事诉讼法制的系统研究仍是付之阙如。而后者的研究,对于我们准确理解和把握苏联民事诉讼法理,在职权主义与当事人主义之间找到平衡点,更加合理和科学地完善我国民事诉讼法制,使之与新时代中国特色社会主义国家建设相适应,将不无助益。

民事诉讼原则作为诉讼活动的指导准则,体现着民事诉讼立法的指导思想和精神实质。为此,《民事诉讼条例》确立的了辩论原则、处分原则、言词原则、直接原则、公开原则、不间断审理原则等主要原则,构成了俄罗斯近代民事诉讼原则体系的基本框架。不同原则间紧密联系、相互协调、有机结合,在共同诉讼目标和任务的统辖下互为前提,通过独立功能的发挥,进而占据独特地位,覆盖某些诉讼制度和不同阶段。这一方式和体系框架被苏维埃民事诉讼法所接纳,并为现代俄罗斯民事诉讼立法所承继。

除了原则体系的构建外,针对司法改革前诉讼程序的弊端,《民事诉讼条例》吸收了法国优秀的民事诉讼立法成果,建立了极具本国特色的简易程序,在司法实践中得到了良好的运行。除此之外,司法改革之前俄罗斯极为复杂的上诉制度,严重制约了司法运行的效率,司法改革通过司法组织的革新以及上诉审体系的改造,确定了两审实质审理原则,确立了实体上诉制度、部分上诉制度以及撤销原判请求制度,从根本上简化了上诉程序,大大提高了司法运行效率。证据规则作为司法公正的基石,《民事诉讼条例》确立了其查明真实和恢复正义的保障功能，并给予其法定分类，主要包括证人证言、书证、自认、决讼宣誓和间接证人调查等，建立了独特的证据审查和评价方法。

俄罗斯近代民事诉讼制度作为斯拉夫法系的典型代表，除具有混合性质外，兼具民族性、融合性和现代性等典型特征。通过对近代俄罗斯民事司法改革中蕴含的1864年"传统法制基因"的破解，可以帮助我们破译现代俄罗斯法治进程的"基因图谱"。

壹 俄罗斯近代民事诉讼的基本原则

民事诉讼法的基本原则是在民事诉讼整个过程或在诉讼各重要阶段起指导作用的准则,它集中体现了民事诉讼的目的,反映出民事诉讼的基本原理和内在规律,并承载着民事程序价值的追求。在俄罗斯,自17世纪中叶起,帝国君主专制政体不断发展,历届沙皇均加强了对司法权的干预,使得民事诉讼中的纠问主义色彩浓厚,行政干预司法、秘密审判、司法腐败等问题不断累积。到了19世纪下半叶,为顺应社会由封建主义向资本主义的转型,俄罗斯的统治者主动进行了司法改革。在这一具有资本主义民主性质的司法改革中,自由主义诉讼观得到了塑造,纠问式诉讼彻底被辩论式诉讼所取代,新的民事诉讼原则体系也随之确立,并随着时代的变迁不断丰富其内涵。近代俄罗斯民事诉讼法基本原则主要包括辩论原则、处分原则、言词原则、直接审理原则、公开原则、不间断审理原则。

一、辩论原则

大陆法系中所称的辩论原则又被称为辩论主义,是指只有当事人在诉讼中所提出的事实,并经辩论后才能作为法院裁判依据的一项诉讼制度或基本原则。辩论主义的内容反映了诉讼中法院与当事人的相互关系与作用界分:当事人主张事实并提供证据加以证明,法院则对当事人主张的事实,调查其所提供的证据并对该事实加以认定,最后适用法律作出判决。这实质上是反映了当事人在诉讼中的辩论内容对法院具有的约束力。因此,辩论主义是具有约束性的"辩论原则",它对法院与当事人职权作出了限定。

辩论式诉讼(contradictoire)和纠问式诉讼(inquisitorial)是历史发展中形成的两种审判组织形式。著名俄罗斯学者卡维林(К. Кавелин)这样阐释两者间的区别:纠问式诉讼(审问式)中法官是诉讼活动主导者,法官在没有当事人请求的情况下主动探究案件实质、搜集证据,据以形成对当事人正义或非正义的确信;辩论式诉讼(控诉式)是指诉讼活动由当事人自身主导,根据当事人请求启动诉讼,当事人承担对于争诉案件提出证实或证伪证据的义务,法官作为中立者只能根据当事人提出的证据作出判决。① 不同历史时期的俄罗斯民事诉讼或采取辩论式诉讼,或采取纠问式诉讼,抑或是采取两者相结合而偏重其一的混合诉讼模式。而在古罗斯时期,诉讼程序尽管未实现民事诉讼和刑事诉讼的分野,但仍具有典型辩论式诉讼的特征。

(一)近代司法改革前辩论原则的发展

俄罗斯近代诉讼程序组织方式的明显转变发生在17世纪末,彼得一世为达到强化司法干预的目的,于1697年2月21日颁布了《关于在司法案件中取消对质敕令》。究其原因,他认为"原告与被告忘记了对上帝的恐惧,违背自己的良知,以虚假的证词和狡猾的手段阻碍诉讼"②。为此,彼得一世通过敕令取消了对抗式诉讼,并将民事诉讼和刑事诉讼统一纳入纠问式诉讼模式。同时,他并显著加大了对于"程序犯罪"行为的惩戒力度,甚至引入了针对虚假宣誓和虚假证言行为的死刑制度。俄罗斯法学界通常认为,彼得一世的司法改革在终止了传统辩

---

① См.: Кавелин К. Основные начала русского судоустройства и гражданского судопроизводства, в период от Гложения до Учреждения о губерниях. М. 1844 г. С. 48.

② Российское законодательство X-XX веков: В 9 т. Т. 4. М., 1984—1994 гг.

论式诉讼模式的同时,也确立了"民事诉讼中侦查原则的统治地位"。①但是,也有俄罗斯学者认为,彼得一世改革的初衷并非是为了引入侦查诉讼模式,而仅仅是为了强化法官对诉讼运行的监督以及限制当事人恶意滥用自身诉讼权利②,其依据在于:1715年《诉讼或司法讼争简要规则》中规定,如果原告提起诉讼的目的是以恶意的方式损害被告的利益,则法官可以依据职权对原告进行询问和调查,要求原告提供用以证明自身诉讼请求的全面证据,以确认原告诉讼行为中是否存在程序犯罪,若无法证明,则原告败诉;同时,被告也应当用证据证明自身无罪。

无论怎样,从当时司法运行来看,尽管这一时期的法律中普遍规定了带有辩论主义色彩的条款,但民事诉讼仍然依照刑事诉讼程序审理,允许对被告刑讯,甚至强迫其"承认诉讼结论的正义性"。而这必然引发法院普遍滥用审判权力,也迫使彼得一世重新审视1697年敕令造成的"灾难性后果",并对诉讼规则进行再次修订。

其中,具有转折意义的重要事件是,彼得一世在1723年颁布了《诉讼程式敕令》(Указ о форме суда)后,根据这一敕令再次取消了纠问式诉讼模式,并将辩论式诉讼作为诉讼的统一模式。应该说,这是对彼得一世改革前传统辩论式诉讼的恢复,也在一定程度上完善并强化了对被告权利的保护。敕令中借鉴了瑞典法的规定:审理原告诉讼请求前,应当使被告熟悉原告的诉讼请求、诉讼理由和证据。尽管敕令中直接规定取消纠问式诉讼,但在司法实践运行过程中,仍然表现出侦查原则与辩论原则混合的特征,无论是法院还是当事人,都在诉讼中发挥着积极的作用,且这种混合式诉讼模式在司法实践中获得了快速的发展。

这种混合式诉讼带有强烈的纠问主义诉讼特征,直到19世纪中期仍然在《俄罗斯帝国法令全书》中得以体现。这种二元共存的诉讼模式

---

① Энгельман И. Е. Курс русского гражданского судопроизводства. Юрьев. 1912 г. С. 48.
② Кавелин К. Основные начала русского судоустройства и гражданского судопроизводства. в период времени от Уложения до Учреждения о губерниях. Москва. 1844 г. С. 171.

的具体特征为:(1) 承袭了传统罗马法诉讼程式,具有鲜明的辩论主义色彩。例如,必须由利益相关人提起诉讼,且原告应当证明自身诉讼请求,即具有诉权。如果无法证明,被告将免于应诉。被告应当提供具有充分依据之证据,用以证明己方正义,并借此驳斥对方不利于自身的证词(第312、313条);相对方当事人对己方不利证据的自认,可无须证明并直接采纳作为证据(第329条);当事人自行决定是否援引他人证言证明(第358条);作为上诉法院,高等审判院无权提出和认证当事人未曾援引的证据(第544条)。(2) 包含大量具有典型纠问式诉讼特征的规范,如法院可以依职权主动收集和调查证据。立法中虽然将此界定为法院职权,但在司法实践中,调查和收集证据的职权是由基层警察承担。在民事诉讼收集证据程序中,由警察实施勘验、登记和评估作为诉讼依据的财产,进行居民调查、询问证人、收集书证、查明是否造成损害以及损害后果等职权活动。这些警察职权行为又被称作"民事侦查"(гражданское следствие),在侦查活动完成后形成的案件材料由警察提交法院。

当时学者普遍认为,纠问式诉讼模式尽可能地为法官提供了揭示客观真实的所有手段。民事侦查的目的也同样在于:通过尽可能地收集各种证据、资料和调查事实,接近所允许探知的作为诉讼对象的事实真相。因此,为揭示民事讼争真相,民事侦查成为最主要的诉讼行为,其结论也成为公正判决的主要依据。[①] 但是,除了赞成声音,随之而来的还有越来越多的反对声音。在这些持反对观点的学者看来,侦查模式不仅具有重大缺陷,也影响了诉讼案件审理的质量和法院作出判决的准确性。这些缺陷包括:书面审理使法官脱离了与当事人通过开庭审理发生的接触,迫使其只能依据警察通过侦查收集的材料作出判决,这也就阻碍了法官通过内心的良知、理性对证据的取舍和证明力进行判

---

① Лапинский И. Практическое руководство к русскому гражданскому судопроизводству. СПБ. 1859. С. 35.

断,从而最终形成足够内心确信而作出正确判决。据此,这些学者认为,使用侦查程序无法真正实现查明客观真实。① 同时,纠问式诉讼也滋生了司法的专横和腐败:其一,由于警察实施民事案件侦查活动不属于法院职权行为,因此也不受其监督,从而导致法院对司法侦查的进度和质量缺少影响的能力,甚至不得不受到警察提供诉讼材料的束缚。其二,书面审理使得庭审虚化。由于法院办公室行政人员拥有出具各类证明以及审查和说明当事人提供证据的权利,因此可以根据主观意愿随意强化或者弱化当事人提供证据的效力,并借此掌握案件审前准备的控制权。此外,法律上对于证明标准概念界定的不明确,使得在司法实践中,司法机关经常以"证明"为借口,要求当事人提供无法提供的证据,而法律对此却缺乏禁止规定。

通过上述不同学术观点的梳理我们不难发现,在俄罗斯民事诉讼法发展历史中,不同时期辩论式诉讼模式和纠问式诉讼模式彼此间的博弈与互动,在很多方面都与西欧国家的法律发展史具有共性,在这些国家中都存在过类似的审判模式,以及两种模式彼此间相互替代与混同的历史阶段。例如,18 世纪的普鲁士民事诉讼具有的辩论式特征,随着发展,被侦查模式诉讼取而代之。又如,1793 年《普鲁士条例》中规定,法院应当独立直接调查并查明案件事实情况是否具有依据。法官不受当事人承担证明责任的诉讼申请的限制,甚至为了查明案件的事实情况,拥有使用违反当事人意愿之手段的权利和义务。两者的博弈在 19 世纪下半叶发生改变,《1833 年条例》和《1846 年条例》再次用辩论式诉讼取代了纠问式诉讼。②

(二) 司法改革中辩论式诉讼的形成

1864 年《民事诉讼条例》编纂委员会认真分析了 1857 年《俄罗斯帝

---

① Журнал Министерства Юстиции. СПБ. 1862 г. №65. С. 49.

② Судебные Уставы 20 ноября 1864 года за пятьдесят лет. Т. 2. Пг. 1914. С. 532 и др.

国法令全书》,并以此确定了俄罗斯民事诉讼法的主要原则。依照委员会成员的观点,现行俄罗斯诉讼程序的缺点几乎均源于诉讼行为中的侦查式要素,由此也破坏了争讼当事人依据双方利益纠纷而提起诉讼的本质,这成为全面排除侦查因素的依据。

在立法者看来,纠问式诉讼主要弊端在于:(1)法官根据自身裁量引入诉讼材料,甚至不用当事人请求就可直接提出当事人未曾援引的证据和事实,一方面迟延了诉讼,另一方面也为法院的恣意提供了空间;(2)纠问式诉讼模式施加给法官许多无法胜任的职责,强迫其与距离遥远的机构和当事人发生联系,而仅仅是为了获得当事人轻易便能获取的证据材料;(3)纠问式诉讼规范束缚了法官的良善,使其趋于懒惰和冷漠,拖延案件的审理;(4)纠问式诉讼成为书面审理和形式主义过度发展的重要诱因,导致秘密审理成为其重要表征。

俄罗斯辩论主义诉讼模式的倡导者是莫斯科大学 К. И. 马雷舍夫教授,他认为,"根据辩论主义原则,诉讼中法庭的审判行为应当依当事人的请求和申请而启动,当事人争议关系的评价与判断只能依当事人告知法院的事实作出。这一原则源于民事权利的本质,民事权利属于私法领域,当事人能够自由处分自己的权利。诉讼开始后,司法权不应当干涉当事人未提起的家庭和经济关系讼争。法院作为公权机关,其趣旨不在于保护民事诉讼中一方当事人的利益,而仅在于根据当事人提供的资料正确解决争议。但不能为一方当事人主动收集证据,进而损害另一方当事人利益"[①]。

这一时期大多数学者都对辩论式诉讼持充分肯定态度,他们将当事人、法院之间的辩论主义诉讼关系之优势概括为:(1)减轻法院负担。案件事实方面,只能根据由熟悉本案事实,了解存在何种证据以及存在何处的原告和被告提出的证据和事实查明。(2)促进当事人的积极性。

---

① Малышев К. Курс гражданского судопроизводства. Т. 1. СПБ. 1874 г. С. 352.

相对于法院，当事人在查明案件事实情况方面具有更强的积极性，因为双方都追求胜诉的结果，极力搜集并向法院提供所有事实情况和证据。(3) 减轻诉累。案件事实材料的准备由双方当事人完成，任何一方当事人都会搜集对自己有利的证据，而且双方当事人可以借助律师帮助分担诉累，相对于法院独立承担收集证据的义务来获得更为理想的结果。

1864 年《民事诉讼条例》中关于辩论式诉讼作出了基本规定：(1) 法院必须按照案件利益相关当事人的请求启动诉讼程序，必须在听取相对方当事人陈述后作出案件判决（第 4 条）；(2) 原告应当证明自身诉讼请求（第 366 条）；(3) 被告应当证明对原告诉讼请求的反驳（第 366 条）；(4) 法院无论在任何情况下都无权自行搜集证据或者制作证明，判决只能依据当事人提供的证据作出（第 367 条）；(5) 法院无权对当事人未提出请求的对象作出裁判，也不能超出当事人的诉讼请求范围作出判决（第 706 条）。

其中，《民事诉讼条例》第 4 条被立法者认为是诉讼条例中的帝王条款，是对之前立法缺陷的修正。这是因为，在条例颁布前，法院甚至警察局和其他机关是被允许启动诉讼程序的。例如，警察机关的职权包括审理各类侵权案件，即警察机关可以依职权按程序查明导致损害的事实、过错方和导致损失的数额。但是，如果对损害事实出现争议，那么案件将提交给法院确定损失真实数额。概括而言，司法改革前如果最初由警察机关或者省级官吏（губернский чиновник）受理的案件或非讼案件产生争议，将移交给法院审理，法院应当受理警察机关或者省级官吏移送的案件。法学家 A. 扎格罗夫斯基对第 4 条这样解释："民事诉讼程序的辩论性旨在保护私权利，这是国家赋予每个人的司法保护手段，因此，允许个人根据意愿决定是否要求司法保护。但这不属于刑事法院用以保护社会权利的方式，因为在刑事诉讼中国家需要在每个独立案件中侦查犯罪行为,而无须期待每个受害者都能及时提起诉讼。"①

《民事诉讼条例》第 4 条适用于包括上诉审在内的所有审级,无论是法官还是检察长都无权主动提起上诉。同时,这一条也规定了保障辩论原则的措施:(1) 法院解决案件必须以听取相对方解释说明或答辩期限届满为前提;(2) 政府机关或者个人无权解决任何应当通过法院审理解决的争议,亦不能将其移交给法院,而只能向提起请求者说明,其有权向相应法院提起诉讼。为此,参政院民事破弃审司在决议中指出,司法实践中必须严格遵循这一规定,如果被告未被传唤至一审法院,则就此剥夺了其作出答辩的权利,而据此作出的判决必须被撤销,并发回一审法院重新审理。②

在证明责任分配上,《民事诉讼条例》第 366 条确定了当事人证明自身请求和抗辩的义务,这也反映在辩论程序中,法庭只是以中立者的角色出现在争议双方当事人之间,并依据双方当事人提供的诉讼资料作出判决。相应的,证明自身主张的任何一方当事人,都应当使法院对于己方所证明事实的正义性和真实性产生确信。关于"原告应当证明自身诉讼请求"的规定,表明原告仅需证明被告提出争议的情况。如果被告未对相应情况提出异议,那么即使法院认为需要提供证据进一步证明,但也应当据此免除原告提供证据证明该情况的义务。原告仅需承担被告直接提出争议情况的证明义务,而被告应当对提出的反驳(возражение)承担证明义务。换句话说,如果原告未对争议事实加以证明,那么被告也就无须对相应情况提出的反驳加以证明。

法院在任何情况下都不能自行搜集证据和文书证明,判决应当完全依据当事人提交的证据作出。这意味着:禁止法院根据自行裁量权充

---

① Загоровский А. Очерки гражданского судопроизвоства в новых административно—судебных и судебных учреждениях. Одесса. 1892 г. С. 119.

② Яблочков Т. М. Практический комментарий на Устав гражданского судопроизводства. Т. 1. Ярославль. 1913. С. 57.

当当事人的角色,以及提出当事人未援引的证据;除此之外,在当事人提出某些证据应当收集的情况下,禁止法院自行代替当事人收集该证据。这实际上是直接借用了罗马法的规定。诉讼条例立法者试图吸纳完整的辩论式诉讼要素,既不允许法院依职权启动诉讼,也不允许主动收集证据,审判行为完全根据争议双方当事人的意愿实施。根据辩论式诉讼的主要原则,法院无权解决当事人未提出的争议,其解决范围仅限于争议事项。诉讼条例立法者将辩论主义的私法理论作为立法依据,即国家应当专注于保护既存利益关系中的私人权利。根据这一原则,法院无权对当事人未提出请求的事项作出判决,同时,法律规定部分诉讼行为法庭也无权实施。例如,驳回被告承认的原告诉讼请求,作出少于被告认可数额的判决,对于诉讼请求未全面审理,变更原告提出诉的依据,向原告未追加的被告和第三人提出追索请求等。

除上述传统辩论原则外,《民事诉讼条例》还增加了其他强化诉讼辩论原则的规定。第324条和第330条规定,当事人辩论通过言词方式进行,而不仅限于提供书面文件,言词辩论采取交叉方式,按照先原告后被告的顺序进行,辩论内容包括诉讼请求、案件情况(事实)和证据。《民事诉讼条例》为了保证当事人双方有效实施辩论,补充了相关规定:当事人双方应当在第一次就案件本质言词辩论前,提出所有诉讼请求和抗辩依据的情况(事实),提供手头拥有证据,并指出暂时无法获得的其他证据(第330-1条)。现代术语中通常称之为审前证据开示,借此使当事人事先确定自身诉讼状况,并以此确定与对方当事人法庭辩论时的进攻防御方法。法庭辩论时,当事人可以提出新的依据和证据,法院可以据此根据相对当事人请求对案件延期审理,并指定新的庭审日期,这使得当事人能够根据情势变化对法庭辩论进行准备。除此之外,被告在被直接传唤到庭无法及时获得相应证据的情况下,有权请求延期审理(第331条)。

法庭辩论由法院院长指挥,当院长认为案件事实已经足够清楚时,有权终止法庭辩论(第 338 条)。但是,在参政院民事破弃审司决议中,要求法院在司法实践中,即使根据书面文件认定案件事实清楚,也不能剥夺当事人法庭辩论的权利。当事人有权对案件本质和程序问题(关于管辖、延期审理等问题)进行言词答辩,未允许当事人进行言词答辩可以作为发生法律效力判决的撤销请求事由。法院院长只能在不破坏当事人辩论之平等地位的情况下作出释明,并有权终止答辩。

法庭应当依据书面文书以及法庭辩论作出判决,言词辩论是评价证据效力和意义以及作出判决的依据(第 339 条)。立法者认为,未经法庭辩论而仅仅依据书面文书作出的判决会导致审判程序脱离法官的接触和控制,使得形式主义占据优势地位,进而无法实现实体正义。《民事诉讼条例》规定的其他程序辩论性保障措施还包括:当事人的辩论文书以及法院关于开庭日期的指令必须向相对方当事人送达;如果被告错过开庭日期,且法院据此作出了缺席判决,那么被告有权在说明导致缺席庭审合理的原因情况下提出抗告,并以此作为案件重新回到缺席审判前诉讼状态的依据(第 731 条)。

尽管《民事诉讼条例》完全吸收了辩论原则,规定了法院的消极地位以及当事人在诉讼中的积极性,但立法委员会委员面对司法体系的现实,不得不将法院置于当事人辩论的监督者地位,并没有据此剥夺法院的诉讼指挥权。究其原因在于:"即使法治社会条件下民众对辩论原则普遍认可,也不会让法院陷于无所作为的境地,而使法官变成受当事人争议的旁观者。因为任何诉讼都是作为民事权利的司法保护手段,法院应当促成这一目标的实现,不将司法保护施于无意愿者,这就是程序的辩论性(состязательность)。对于有意愿寻求司法保护,但不具备相应能力者漠不关心,这就不是辩论式诉讼,而是一种不公正司法。"[①]

合理框定法院在查明民事诉讼案件事实方面的积极性,这是民事诉

---

① Яблочков Т. М. Практический комментарий на Устав гражданского судопроизводства. Т. 1. Ярославль. 1913. С. 67.

讼的本质所决定的。正如 И. Е. 恩格里曼所言:"民事诉讼属于公法领域,因为诉讼程序是为了保护社会利益,旨在促使社会群体和个人维护公民的合法权益,以及整个民族民事生活秩序。也正由于民事诉讼的公法性质,因此民事诉讼的目的不应当仅仅限于形式正义,更为重要的是实体正义。法院在自己的判决中应当查明现实存在的权利,形式要求上的复杂化,只会为法院实施司法保护制造障碍,破坏民事法律生活。"[1]

辩论式诉讼中这一理念不仅限于俄罗斯民事诉讼理论,也体现在欧洲国家法律学说之中。无论是 1806 年《法国民事诉讼法典》,还是 1877 年《日耳曼民事诉讼条例》,抑或是 1895 年《奥地利民事诉讼条例》,都没有将诉讼运行指挥权完全赋予当事人。例如,1877 年《日耳曼民事诉讼条例》规定,法院应当通过询问当事人查明诉讼申请不明确之处,要求当事人补充不足的事实信息,释明需要补充的证据,提供对查明案件事实方面必要的说明。除此之外,法院有权要求当事人亲自出庭以此查明案件事实情况,指定现场勘验和询问专家证人。

1864 年《民事诉讼条例》中也安排了法院积极参与诉讼、主动查明案件事实方面的有关规定。这些规范的效用受到了当时立法者的充分肯定,他们认为法院完全有能力认真对待自己的审判职责,行使释明权以及揭示实体真实。《民事诉讼条例》第 368 条规定,如果听取当事人陈述时,法庭发现当事人对其主张的一些对于解决案件重要的情况,未能提供相应的证据,那么法庭应当就此向当事人进行说明,并指定证明该事实的期限,以避免案件的迟延以及大量时间、金钱的浪费。尽管俄罗斯法学界对这一条款是否违反辩论原则争论不断,但根据参政院司法解释,这一规定并没有要求法院承担释明义务,而仅仅赋予其可以要求当事人说明情况的权利。在法院认为案件通过法庭辩论事实不够清

---

[1] Энгальма И. Е. Курс русского гражданского судопроизводства. Юрьев. 1912. С. 24, 29.

楚,并发现其中存在需要说明情况的条件下,法院就可以适用这一条款。也就是说,法院有权说明对于解决案件重要但被当事人忽视的情况(事实)。但是,法院无权要求当事人提供证据证明由于其过错而未及时提交恰当证据证明的事实。第507条规定了法院主动参与查明民事案件实体真实的内容:法院有权根据当事人的请求或者自行裁量指定现场勘验,主动要求专家作出结论。立法者认为,现场勘验和专家结论并不属于证据种类。现场勘验和专家结论的目的是发展法官对于案件实体方面的心证,从而形成内心确信。通过亲自现场勘验,将获得从证人证言和书证无法获得的确信。专家结论补充了法官对于案件情况认知的不足,但专家结论不是证据,而是根据已知事实对于未知事实,以及从已证事实向待证事实的逻辑推理。法院不仅有权根据当事人请求审查证据,也可以主动审查证据。根据规定,法院只能在当事人提交证据存在相反证据的情况下,才可以要求现场勘验和专家结论。但是,法律不禁止法院根据一方当事人提出证据,在相对方未提出争议的情况下,要求作出现场勘验和专家结论的权利。综上所述,可以将上述关于法院主动参与认定民事案件事实方面的法律规定,视作对于最初构想的完全辩论原则的温和折中。

1864年《民事诉讼条例》适用实践表明:辩论式诉讼模式的选择旨在满足社会保护民事权利方面的法律需求,俄国数十年的发展变化并未改变这一立法初衷。19世纪末,立法者考虑到这一时期社会现实变化,着手对诉讼条例进行修订。1894年,最高立法委员会在议员С. И. 卢奇雅诺夫领导下,开始着手修订《民事诉讼条例》。这一时期,欧洲各国都趋向于在辩论式程序中扩大法院的职权范围,如1895年《奥地利民事诉讼条例》中规定,允许法院根据自行裁量主动补充文书、书面文件和其他证据,询问了解案件重要情况的证人;治安法官可以在司法诉讼中对于无经验的诉讼参与人,给予完成诉讼行为相应的指令,警告完成或者拒绝完成某些诉讼行为的后果。新法典编纂委员会认为,对民事诉讼辩论原则应当进行某种限制,因为严格执行辩论原则已经导致治安法院审判工作的困难。治安法院承担审理解决微小民事案件和轻微刑事案件的职责,为了尽可能限制社会中的富裕阶层相对于普通民众在诉讼中的优势地位,治安法官有权向弱势当事人说明其答辩中未直接援引的证据。

除此之外,新修订的《民事诉讼条例》中关于限制辩论原则的条款还包括:(1)法院有权依法合并部分诉讼请求,甚至在双方当事人反对的情况下仍可以合并审理(第358-1条);(2)允许法院传唤被告时建议提交诉状的书面答辩(第312条);(3)在案情复杂且很难通过言词辩论查明的情况下,法院可以对需要说明的情况进行释明,并建议当事人提供1—2份书面答辩(第335-1条);(4)在当事人提供证据不适格,或该证据证明的情况对案件审理不具重要意义,或待证事实已经非常清楚的情况下,法院可以排除这些证据(第366-2条);(5)数额无法准确证明或较难确定时,法院有权根据自行裁量确定收入和损失的数额(第706条)。虽然《民事诉讼条例》修定时试图限制民事诉讼辩论原则,但所做修改并不关涉当事人诉讼请求的实体法律部分,更多是侧重于保障诉讼程序的合理运行。由此可见,上述原则的修改并未影响诉讼的辩论性质。

二、直接审理原则

直接审理原则是指法院审理、裁决民事案件,必须由受诉法院审判人员亲自听取当事人和其他诉讼参与人的言词陈述及辩论,亲自审查证据及其他有关诉讼资料,最后依法作出判决的原则。直接审理原则与按他人审理的结果进行裁判的间接审理原则相对应,旨在强调法官必须亲自参与案件的审理,直接听取当事人的陈述及辩论,以便通过亲身的体验形成正确的判决。[①]

[①] 参见常怡主编:《比较民事诉讼法》,中国政法大学出版社2002年版,第314页。

正如前文所述,古代俄罗斯便已存在直接审理原则,后逐渐转变为间接审理原则。彼得一世于1697年颁布的《关于在司法案件中取消对质敕令》,是为恢复传统直接审理原则、强化法官在询问当事人和调查证据中的积极作用而作出的一次尝试。1715年《诉讼或司法讼争简要规则》和1723年《审判形式敕令》进一步发展了直接审理原则的理念,规定案件审理必须由法官直接参与并采取言词方式。彼得一世去世以后,其司法改革逐步被边缘化并最终被遗忘,司法实践重新恢复了1649年《国民会议法典》中独立划分司法审判各阶段的陈旧书面审理规定,迫使法官只能依据书记员事先准备的书面报告作出判决。

由于司法实践中书面审理程序再次占据统治地位,导致当时经常出现这样的现象:法庭中同时出现不同诉讼案件的当事人进行言词陈述,书记员记录其陈述,甚至法官无须认真倾听,而仅仅是在开庭结束后根据笔录作出自己的判决。① 当时设立的法院办公室(канцелярия суда),其主要职责在于核查和调查证明诉讼事实情况的文书和文件是否齐备以及文书制作是否符合规定程序,法官在法庭调查中也就被限于通过办公室提供的事实情况和文书来了解案情,并据此作出判决。②

书记官将诉讼笔录作为向法官汇报的材料,甚至汇报案件时书记官可以在法官未开始庭审前就提出对于案件判决的意见,在当事人及其诉讼代理人提出要求时,可以允许其亲自出席庭审汇报案情。在法官认为案情清楚的情况下,可以要求当事人退出法庭,由法官开始讨论案情。事实上,只有法院办公室与当事人发生关系,而法官了解案情仅仅通过办公室制作的笔录。因此,司法改革前直接审理原则尚未成为民事诉讼独立原则,而法庭通过间接了解诉讼材料作出判决已经成为司法审判的惯例。

---

① Энгельман И. Е. Курс русского гражданского судопроизводства. Юрьев. 1912. С. 50.
② Дегай П. Учебная книга российского гражданского судоустройства и судебного делопроизводства. СПБ. 1847. С. 10.

《民事诉讼条例》草案编纂时，关于言词辩论和书面审理的选择权衡，编纂委员会内部展开了激烈讨论，最终决定根据对不同国家最新民事诉讼立法成果的分析借鉴，将不间断审理原则吸纳到此次立法中。首先是将其规定在1862年的《俄罗斯司法改革总则》中。该总则包括四个部分，即《法院组织法》《治安法官处罚法》《民事诉讼条例》和《刑事诉讼条例》，其中《民事诉讼条例》第13条规定，除法律规定情形外，允许当事人和第三人参与所有法律规定的诉讼行为，并由当事人作出言词陈述；第339条规定，法院应当依据当事人提供的文件和其他书面文书，并依据当事人言词辩论中所作陈述作出判决，法院办公室职责仅限于对庭审文书的审查。尽管此时立法中还存在大量例外规定，但直接原则已经初步确立。

在1869年《民事诉讼条例》正式颁布后的最初一段时间内，大部分学者仍未将直接审理原则作为具有独立价值的诉讼原则加以论述，但其与言词原则和公开原则在天然属性上的紧密联系，受到法学家越来越多的重视。正如当时著名法学家 А. Л. 鲍罗维科夫斯基所言，"公开性、言词性和辩论性，是俄罗斯民事诉讼的三大基石"。М. Н. 卡特托夫指出，"言词性是司法理想状态的最典型特征，其最大优点是由法庭及其法官来保障诉讼运行，而不是由行政性质的法院办公室主导诉讼"。[①] 这一时期的学者强烈批判了书面审理制度，认为不能将诉讼书面形式作为强制性规定，提倡建立现代民事诉讼理念中法庭与当事人之间的直接联系；认为只有这种直接性才能使法庭调查深入到法律关系实质。这一理念促使《民事诉讼条例》中程序的辩论性与言词性发生紧密联系，而这种有机联系也促进了直接审理原则的发展。

言词原则、不间断审理原则和直接审理原则由此被认为是诉讼程序的基本原则。俄罗斯学者认为："转述会导致法庭查明的事实距离真相

---

① Адамович. В. И. Очерк русского гражданского процесса. 2-е изд. и доп. СПБ. 1895 г. С. 99—100.

越来越远，因为每个转述人都会抛弃某些细节，并添加其他带有主观色彩的内容。"①直接审理原则最早出现于刑事诉讼理念，而民事诉讼诸多学说理论都建立在刑事诉讼学说之上。刑事诉讼中的直接审理原则表现是，使"法官与被调查犯罪事件之间尽可能少的存在中间因素，法官借助良知通过亲自直接感受刑事证据效力和信度，形成内心确信。这一原则确立了诉讼程序中主要的调查和收集诉讼材料方法，法官借助这一原则获得了亲自感知诉讼材料的手段，借此审查和查明诉讼证据的优势和缺陷，以此也避免内心判断与被调查事件间其他主观因素的介入，影响其作出的判断"。②

直接审理原则和言词原则之间的紧密联系，使当时多数诉讼法学家经常将两个原则彼此混淆，虽然在诉讼程序中这两个原则经常同时出现，但彼此并不重合，有时甚至完全以对立的形式出现。1864年司法改革后，直接审理原则的独立价值和独立原则属性逐渐形成并被接受。А.Х.科里姆斯金认为，直接审理原则是指法庭审理案件时应当与争讼当事人、证人和其他诉讼参与人直接发生关系，从他们的言词中听取案件的情况；而间接审理是指法院借助书面文书或者其他人转述了解诉讼资料。1864年《民事诉讼条例》完全吸收了直接审理原则并将其作为普通规范，内容包括：法官亲自询问当事人；当事人亲自或委托诉讼代理人作出陈述；法官亲自询问证人；证人亲自作出陈述等。但是，其中也有例外规定：(1) 询问证人、监督鉴定、现场勘验和询问间接证人等诉讼行为，可以由部分庭审法官进行；(2) 可以由不承担判决职责的法院和法官完成的诉讼行为，如区法院可以委托其他法院核查书面证据和进行现场勘验。

---

① Щегловитов С. О значении начал устности и непосредственности в уголовном процессе. Журнал гражданского и уголовного права. СПб. 1888 г. No 8. С. 103—104.

② Случевский В. Учебник русского уголовного процесса. Судопроизводства. СПБ. 1892 г. С. 43.

Е.В.瓦西科夫斯基为直接审理原则奠定了理论基础，将直接审理行为与实体真实原则联系在一起。他认为，直接审理原则可以概括为法庭应当尽可能依据亲自了解的诉讼资料确定案件事实情况，在法庭和被调查事实之间应当尽可能减少中间环节。Е.В.瓦西科夫斯基则将直接审理原则效用概括为三个方面：(1) 根据直接审理原则，法庭审理过程中所有案件事实材料和证据，只能由最终解决该案件的法官调查和认证。因此，如果案件审理过程中出现法庭组成成员的变更，那么新法官必须在重新听取案件情况汇报和当事人辩论之后才能作出判决。(2) 直接审理原则要求法官必须亲自感受认识物证，而不能借助于他人的讲述和描述。(3) 直接审理原则要求法院必须亲自与说明案件事实情况的证人进行交流，听取证人证言。Е.В.瓦西科夫斯基还将直接审理原则与集中审理原则联系在一起。他认为，法院应当在一次开庭审理中直接调查所有证据，听取当事人辩论，形成正确而清楚的内心确信并作出判决。这也体现出不间断审理原则与直接审理原则的内在联系。

　　应该说，1864年《民事诉讼条例》中关于直接审理原则的规定，改变了法院借助于笔录、报告和摘要间接了解证据、诉讼理由和当事人论据的书面审理模式，使法官直接接触并了解诉讼资料。虽然该原则并未形成独立的法律规范，但是在学理上已经将其作为独立原则予以确定。1864年司法改革经验成为现代俄罗斯立法理念与学理概念上直接审理原则确立的主要依据。

　　20世纪初，直接审理原则被确立为民事诉讼基本原则，并逐渐走向成熟。1914年，И.Д.莫尔都汉·鲍托夫斯基将直接审理原则概括为：法院应当基于自身对于相关证据的理解，形成对当事人提供事实资料的内心确信，一方面是为了在民事审判中发现实体真实；另一方面是因为借助中间人接触证据时，总是不可避免地带有中间人的主观性，导致产生不正确的认识。① 但是，随着历史发展，我们不难发现，出于诉讼经

---

① Судебные Уставы 20 ноября 1864 года за пятьдесят лет. Т.1. Пг. 1914 г. С.558.

济的考虑和技术手段的革新,现代立法中对不间断审理原则不断趋于限制。完全严格遵守直接审理原则有时并不可能,有时即便可能,也会给诉讼参与人和法官造成极大的不便。这也导致实践中对于直接审理原则不可避免的疏离。例如,1864年《民事诉讼条例》第385条规定,必须通过开庭审理询问证人,但在法律严格规定的情况下,允许通过法院工作人员在庭外询问证人。而1889年修订版《民事诉讼条例》规定,如果现场距离区法院所在城市较远,或者在下属法院更为便利的情况下,区法院有权委托下属县法院和司法区治安法官现场询问证人。此外,1914年修订版《民事诉讼条例》第386条规定,法庭有权在所有能够加快案件审理的情况下,委托其成员询问证人。

随着科学技术的快速发展,已经出现了传播和获取信息新的技术手段和方式,包括数字信息技术、因特网和视频传输技术等直接审理原则无法涵盖的新手段。在现代俄罗斯,已经可以通过互联网借助视频信息传输技术审理案件,这虽然摒弃了纯粹的直接审理原则,但是可以发挥司法审判的灵活性,节约当事人时间和成本。俄罗斯学界认为,尽管上述技术手段具有自身优势,但是仍然应当慎重对待,最重要的是保持合适的度,避免走向另一个极端。而构建利用新技术审理讼争与传统的诉讼规范相结合的合理机制,是解决这一问题的理想路径。

三、言词原则

俄罗斯民事诉讼中言词原则的形成与发展,与不间断审理原则、直接审理原则和公开原则的历史演进具有紧密的有机联系,存在着诸多共性,四个原则之间形成了相互联系、相互制约、相互依存的关系。

这里主要讨论言词原则与书面审理原则之间的历史博弈。

古代俄罗斯诉讼程序传统上奉行言词审理方式,而书面审理是随着社会进步而获得不断发展的。特别是彼得一世颁布的《关于在司法案件中取消对质敕令》，使书面审理最终成为法庭审理主要方式，纠问式诉讼模式也借此得到了强化，并在一定程度上间接地促进了直接审理原则和言词原则的发展。书面审理原则最具代表性的特征是办公室书面审理和秘密审理制度，尽管当时的参政院已经充分认识到其弊端并且规定：法庭必须在听取当事人陈述后才能作出审判摘要，但这显然未能真正改变当时诉讼程序的书面性和秘密性。

言词审理与书面审理不同诉讼方式间的博弈，在司法改革前表现为法令规定的混乱和冲突：1723年彼得一世颁布的《审判形式敕令》，旨在逐步向辩论式诉讼模式过渡，虽然仍保留了复杂的诉讼文书体系，但大量强化言词原则的规范被保留下来。然而，1765年《叶卡捷琳娜二世敕令》的颁布，再一次废除了法庭言词辩论，重新确立了有限适用的书面审理程序。

缺乏统一性的历任沙皇法令规定，也导致了司法实践中法院适用不同诉讼形式的恣意，进而加剧了诉讼拖延、司法腐败和法官滥用权力等司法问题。[①] 在当时的司法实践中，言词程序适用的复杂性和缺少操作性，无疑加速了书面审理程序的确立，尤其是言词审理相对于书面审理并未提供更多便利。然而，书面审理程序在当时社会经济条件下仍具有自身独特的价值和优势。例如，书面程序不要求当事人和诉讼代理人必须出庭，其可以提前陈述诉讼理由并以书面形式提交法庭，这也免去了在当时交通不发达的历史条件下当事人和诉讼代理人的奔波辛苦。而如果以言词方式审理，则需要当事人到法院所在城市，并居住一段时间参加庭审或者雇佣代理人参加诉讼，当庭口头提出自己的诉讼请求并作出陈述。书面审理程序则可以使当事人在相对集中的时间内，以安定状态更为周密、全面地书面表达诉讼请求和作出陈述，因此也更具有准确性和依据性。应该说，书面诉讼程序的普遍适用是对时

---

① См.：Владимирский—Буданов М. Ф. Обзор истории русского права. М. 2005 г. С. 741.

代要求和社会条件的回应。

对此,书面审理也规定了独特的程序。1857年俄罗斯帝国《法令全书》第441条第2款规定了法院的释明义务:法院应当毫不隐瞒地全面说明诉讼审理所要求提供的案件相关情况(事实),尤其是使其内心怀疑而要求说明的事项,并要求必须提供证实当事人提交文件以及证言真实性的证明文书(справка),该证明需由法院内设行政办公室经调查后出具,双方辩论文件的数量不受限制。

第446条规定,法院办公室搜集补充材料和制作相关证明后,应当据此制作案情摘录(выписка)或者证据清册(доказательная записка),其中应当反映案件审理从开始到结束的整个过程和案件本质:(1)以何种起诉方式提起诉讼;(2)当事人提交的答辩或反驳;(3)当事人提交用以反驳对方的文件、证据或者契照。汇报笔录制作完成后原告和被告被传唤到庭了解笔录内容并签字画押确认,签字画押后的笔录由书记官在开庭审理时宣读,并根据提供的相关文件对案件情况进行必要的说明。案件汇报期间,法官之间无须进行商议或提出对案情的判断,当事人及其诉讼代理人有权参与法庭汇报。这导致事实上只有法院行政办公室(концелярия)与当事人发生关系,而法官只能根据办公室制作的笔录了解案情。[1] 如果当事人认为笔录有所遗漏,则只能对此提出申请,而不能就此进行辩论,当法官开始讨论案情时,当事人退出法庭。(第462、465、467条)。法官听取案件汇报,只是为了监督案件事实与法律适用未有遗漏,汇报是否"公正地照顾到所有细节以及符合诉讼真实情况"(第466条)。同时,法官在听取汇报笔录后作出书面判决。书面审理并不排除言词程序的适用,在通过书面程序无法判断原告或者被告何方胜诉时,可以适用言词辩论程序。[2] 可以说,在司法改革之前,

---

[1] Энгельман И. Е. Курс русского гражданскогосудопроизводства. Юрьев. 1912 г. С. 51.
[2] Костылев П. Заметка о суде по форме//Юридический вестник. СПБ. 1860 г. вып. 1. С. 16—18.

书面审理程序占有绝对的统治地位,并以法官间接采纳证据、作出判决作为特征,由此也导致了程序上的不连续性,违反了不间断审理原则。最终,委员会多数成员意见占据了上风,即在根据言词原则设置的新程序中,当事人有权在言词辩论阶段提出新证据,用以说明之前提交文件中援引的案件事实。

直到1864年《民事诉讼条例》的颁布,才正式以法律形式确定了诉讼言词原则。1864年《民事诉讼条例》第13条概括了言词原则的主要法律形式:所有法律规定的民事诉讼行为,除法律规定情形外,均允许当事人和第三人参与,并允许当事人进行言词陈述。① 参政院解释该条款时指出:应当将法庭禁止当事人言词陈述作为再审事由,即要求法庭必须允许当事人就案件本质以及程序事项(如管辖、庭审延期等)作出言词陈述,不允许以书面形式陈述代替言词陈述,书面形式案情汇报和当事人言词辩论必须通过开庭方式进行(第324条);案情汇报由法院院长根据裁量,采取言词方式或者提交案情简录方式进行汇报(第328条);当事人言词辩论依法定顺序展开,按先原告后被告的顺序就诉讼请求、诉讼请求依据的案件事实情况和理由展开攻击与防御,双方当事人均可以提出新的依据说明案件情况(事实)(第330条);言词辩论由法庭庭长指挥,双方当事人交叉陈述后,如果发现案情足够清楚,即可以终止言词辩论(第338条)。之后,参政院司法解释补充指出:法院院长无权禁止当事人作出陈述,即使案件书面材料已经足够清楚说明案情。② 当事人提供的材料、其他文书以及辩论时作出的陈述具有同等效力,法院应当据此作出判决(第339条)。除此之外,具有相同效力的还包括证人口头询问、检察长口头结论等。1914年修订版《民事诉讼条

---

① Устав гражданского судопроизводства/Сост. В. И. Буковский. Рига. 1925 г.

② Сборник 200 гражданских и уголовных дел, производившихся по С.—Петербургским столичным мировым учреждениям с 1866 по 1874 год. 2-е изд./Сост. Н. А. Петровский. СПб. 1875 г. С. 169.

例》第335条规定,如果法庭确信,由于案情复杂仅依靠言词辩论难以查明案件真相,因此当事人应当提供书面陈述。如果原告需要变更诉讼请求,则必须向法庭提交书面申请。

从上述规定我们不难发现,俄罗斯帝国时代的民事诉讼兼具言词原则和书面原则的混合诉讼形式特征。其中,书面申请和言词申请都具有相同法律意义:无论是交换辩论材料还是口头辩论,都并非强制性规定,当事人既可以在未提交书面陈述的情况下直接参与庭审,完全采取言词形式诉讼程序,也可以仅仅交换书面辩论文件而无须出庭,此时程序完全采取书面形式。除此之外,当事人也可以同时选择两种形式。某种程度上,这种混合性质诉讼程序对于俄罗斯法律现实而言更具有合理意义。

就实际而言,单纯的言词诉讼和书面诉讼都不可取。纯粹的言词诉讼是指法庭仅仅依据庭审时当事人言词陈述的情况(事实)查明案件事实,而书面文书、询问证人笔录、勘验笔录等材料在未经当事人言词提出的情况下,都不具有可采性;纯粹的书面诉讼是指诉讼材料必须经书面形式提出,法院只能依据当事人提交的书面文件和法庭记录中的内容形成心证,而这就消解了当事人的言词陈述的意义,导致对诉讼文件中未表达的内容不予认证。因此,当时司法实践中,两种审判形式通常是以不同权重的组合方式加以适用。

著名诉讼法学家E. B.瓦西科夫斯基认为,首先,言词原则应当严格区别于直接审理原则。言词原则仅仅确定了诉讼的外在形式,以及诉讼材料被提交至法院被采纳的方式;而直接审理原则是作为采纳诉讼材料的方法,即法庭只能在亲自了解案件最原始材料的情况下作出裁判。其次,书面审理应当与法律文书制作程序加以严格区分,否则将导致行政权对司法审判权的不当干预。在他看来,只有赋予言词辩论和书面辩论同等法律地位的诉讼体系,才具有正当性和合理性。①

司法改革时期俄罗斯诉讼法学家普遍接受了混合诉讼形式理论,并认为所有诉讼行为在形式上都应当采用混合形式,主动权应当交由当事人,而不应当以立法方式排除其他诉讼模式的适用。②诉讼的言词形式和书面形式作为证明规则贯彻于整个诉讼过程,其中书面形式多用于审前准备阶段(审前书面准备),言词性质多体现在法庭调查阶段。③俄罗斯学者进一步将言词原则效用与直接审理原则和公开原则相联系,普遍倾向于诉讼的言词性,反对司法改革前的书面审理模式。言词原则形式上虽然是西欧"资本主义的舶来品"④,但其理论内涵构成了俄罗斯新民事诉讼体系的基石。但是,立法上之所以并未将出庭作为当事人义务,原因在于充分考虑了当时刚刚获得解放的农民的利益。由于农民大多居住在离法院较远的偏远农村,因此保证其出庭仍有极大困难。

概言之,近代俄罗斯学界对于言词原则的研究在当时达到了较高水平,并根据当时欧洲流行学说通过法律形式将其固定下来。司法改革之前,该原则研究形成的学术观点仅仅停留在作为证明规范层面,因而适用范围较窄。而司法改革实施后,程序言词性不仅与证明规则联系在一起,还在整体上框定了诉讼审判形式,其主要内容包括以言词方式提出诉讼请求、申请回避、宣布法庭组成及其他诉讼参加人、说明诉讼参加人的权利和义务、参与法庭辩论、宣布判决等,由此也确定了法庭审理中参与者之间的信息传递方式。

---

① Васьковский Е. В. Курс гражданского судопроизводства. С. 148.

② Гольмстен А. Х. Учебник русского гражданского судопроизводства. 5-е изд. , испр. и доп. С. 124.

③ Адамович В. И. Очерк русского гражданского процесса. 2-е изд. ,испр. и доп. СПб. 1895 г. С. 100.

④ Катков М. Н. Передовая статья " Московских ведомостей" №81, 15-го апреля 1865 г. Собрание передовых статей " Московских ведомостей" о судебной реформе. 1865г. . М. 1897 г. С. 222.

由此可见，俄罗斯民事诉讼发展过程中，言词诉讼与书面诉讼形式在诉讼体系构造中的影响此消彼长，不同观点间发生了激烈的博弈和交锋，并最终以立法形式构建了合理优化的诉讼程序体系。司法运行中，俄罗斯法学家以及贵族阶层对言词原则的实际效果给予了积极评价，并通过各方合力促进了立法设计的优化，其中立法机关的法律意识发挥了重要功用。现代俄罗斯民事诉讼尽管沿袭了言词原则，但在案件激增的法律现实面前，也规定了无须开庭审理的命令程序（类似于我国公示催告程序）以及仲裁诉讼简易程序，对言词审理与书面审理的合理调适，再次成为现代俄罗斯司法改革中的重要命题。

四、处分原则

处分原则是指在民事诉讼中，当事人有权按照自己的意志支配、决定自己的实体权利和诉讼权利。这一原则是由民事法律关系的性质所决定的，即主体地位的平等，使得民事主体有权按照自己的意志支配自己的民事权利。延伸到因民事法律关系发生争议而进行的诉讼过程中，当事人也同样应当享有依法处置自己权利的自由，这是民事实体领域当事人意思自治原则在纠纷解决领域乃至国家公权力行使的诉讼活动中的必然要求和延伸。通过审视俄罗斯近代处分原则的形成过程，可以帮助我们深刻理解法律原则的演进以及社会现实和理论研究的历史互动。

长期以来，处分原则在法理上被认为是辩论原则的一部分，而未被作为独立的原则存在，关于这一原则的论述最早出现在 K. 马雷舍夫1876年的民事诉讼教材中。该教材指出，辩论原则作为重要的民事诉讼原则，是指法庭诉讼行为的实施取决于当事人的诉讼请求，法庭对当事人争议法律关系的评价只能根据当事人提出的事实作出，该原则源于民事权利本质所涵摄的自由处分权。与之相对立的是侦查原则，依据侦查原则,司法机关有权积极主动调查法律事实和法律关系,或为了维护社会秩序和社会安全,法院可以自行或者根据其他机关申请而启动诉讼程序,此种调查方式旨在借助所有可能手段揭示客观真实,侦察原则在刑事诉讼中得到了强化。

(一) 处分原则的近代发展

以 1864 年《民事诉讼条例》编纂为标志的俄罗斯民事诉讼近代化改革,尽管塑造了诸多创新性诉讼原则,但其中的处分原则更多是承袭了俄国法律传统,即诉讼依据原告申请启动,由原告确定诉讼对象(诉讼对象),当事人有权通过和解协议终结诉讼等。通过对这一原则近代发展进程的梳理,不难发现法律原则对于良法善治的重要意义。

1697 年,彼得一世颁布了《关于在司法案件中取消对质敕令》,规定民事案件应当采取与刑事案件类同的审理方式,诉讼不仅可以根据原告申请启动,亦可以由国家机关根据当事人言词告发而启动,并且禁止当事人和解。法庭积极参与诉讼并占据主导地位,甚至职权覆盖诉讼对象(诉讼请求)和请求依据的确定。从司法运行来看,该敕令显然偏离了当时既已形成的司法实践,并且混淆了私权争议行为和危害社会犯罪行为之间的界限,导致了司法实践上与其他法规适用的冲突。由于立法缺少对诉讼形式的具体规定,因此滋生出法庭裁判的恣意,从而严重限制了被告捍卫自身权利的能力,导致了民刑不分的尴尬处境。为此,彼得一世在 1715 年颁布的《简要规则》中,便尝试将强化法院积极性的相关规范与传统对抗式诉讼模式结合在一起,并将起诉重新确定为个人事项,被告依据原告诉状和诉讼请求作出答辩,并保留法庭辩论的相关规定。彼得一世司法改革是 1864 年司法改革前民事诉讼领域的一次重大变革,这次改革通过加强国家干预排除了诉讼中的一些私权要素,加强了沙皇政府对于司法的监督。

1864 年《民事诉讼条例》进一步建立了与处分原则的紧密联系。该条例规定,法院必须根据当事人请求启动诉讼程序,必须在听取被告答辩陈述或在被告答辩期限届满的情况下才能审理解决诉讼(第 4 条);政府机关或个人无权审理解决法院主管案件,只能将案件移交给法院审理(第 3 条);法院必须依照原告提交的符合形式要求的诉状启动诉讼程序(第 256 条);诉状中除规定情形外应当指明诉讼标的额(цена иска),说明据以提起诉讼的事实情况,列明作为依据的证据和法律,以及要求法院作出判决的事项和原告的诉讼请求(第 257 条);未遵守上述要求将导致起诉不予受理(266 条);不同诉讼依据(основание иска)的诉讼请求不应当在同一诉状中提出,而应当另行起诉,当事人言词辩论根据提出诉讼请求、诉讼请求依据的事实情况范围进行,原告仅有权缩小而无权扩大诉讼请求范围,无权变更诉讼请求的本质或者提起新的诉讼请求(第 332 条);增加利息以及关于财产增值方面的请求不视作变更诉讼请求(第 333 条);法院应当促进当事人和解,在当事人达成和解时应当制作调解协议,并由双方当事人签字,调解协议具有相当于判决的最终效力,不允许提起上诉(第 337 条);被告有权提起反诉(第 340 条);自认被视作有效证据,一方当事人承认另一方当事人所承担证明责任之事项时,则该事项被认为另一方当事人无须提供进一步证据证明(第 480 条);法院无权就当事人未提出的请求作出判决,如果当事人未提出关于诉讼时效问题,法院亦无权提出(第 706 条)。该条例第二分编中规定的普通法院不服判决的上诉程序、撤销原判程序[①],必须根据利益相关人请求才能启动。

俄罗斯法学家传统上将处分原则普遍视作辩论原则的一部分,或者说认为处分原则脱胎于辩论原则,其生成和演进与辩论原则具有不可分割的历史联系。处分主义(处分原则)与辩论主义(约束性辩论原则)的类似特征,体现在其实质同样反映了当事人与法院在诉讼中的相互

[①] 包括法国法所谓的撤销判决请求、根据新发现情况的再审请求以及根据第三人提出判决损害其权益的撤销判决请求。

关系,但从处分原则内涵来看,当事人处分权的形式对法院(审判权)具有实质的约束力,在当事人意思自治的领域里,法院必须尊重当事人的选择,法院无权干预。①

应该说,西方民事诉讼理论中,辩论主义与处分权主义在内容上存在交叉。广义上的辩论主义含有处分权的内容,"辩论主义的适用范围与当事人的处分权范围紧密联系,当事人不能处分的事项,自然也不能适用辩论主义"②。两者在具体内容上的差别为:辩论主义承认当事人在法院裁判形成基础(包括案件事实和证据)上的主导性,而处分主义尊重当事人在诉讼的开始、发展、结束、决定诉讼对象范围等方面的自治权。③ 无论如何,辩论权与处分权就所反映的实质内容是一致的,即当事人与法院在诉讼中的关系。这种关系表现为:凡是属于当事人处分权领域的事务,法院必须尊重当事人的选择,审判权不得介入当事人意思自治的领域。

在俄罗斯诉讼法学家传统观念中,辩论原则被理解为私人自主支配行为(самодеятельность)。立法者在诉讼条例中参照西方诉讼法理和司法实践,将其主要内容归纳为:(1)诉讼的开始和结束取决于当事人,法院只能按照利益相关人请求启动诉讼程序,当事人可以在任何时候中止或者终止诉讼程序;(2)当事人自主决定诉讼范围,法院无权对当事人未提出的诉讼对象作出裁判,也不能超出当事人诉讼请求范围作出裁判;(3)法官的内心确信只能依据当事人提供的事实依据或证据形成,法院不能主动收集证据或官方证明材料,判决只能依据当事人提供的证据作出。只有当事人的诉讼行为能够影响民事争讼案件的最终命

---

① 参见章武生等:《司法现代化与民事诉讼制度的建构》,法律出版社2000年版,第195—196页。
② 张卫平:《程序公正实现中的冲突与衡平——外国民事诉讼研究引论》,成都出版社1993年版,第11页。
③ 参见〔日〕中村英郎:《新民事诉讼法讲义》,陈刚等译,法律出版社2001年版,第175页。

运,每个人都能按照自身意志决定是否实现自身权利,维护或者放弃自身实体权利和诉讼权利,是否要求义务人承认诉讼请求或者与义务人和解。该规范与民法存在密切联系,即公民拥有私法关系上的自治,只有在法律规定的特殊情况下才能限制其权利。①

1864年《民事诉讼条例》针对司法改革前侦察性质的诉讼体系,在立法中严格贯彻了辩论主义原则,主要内容包括:(1)法院不能在没有利益相关人请求的情况下启动民事诉讼程序,所有程序的启动都属于个人事项,而非法院职权(第4条);诉讼启动必须依据原告提出的诉讼请求,禁止依照改革前通过警察局移交案件至法院的方式启动诉讼程序,如果诉讼针对一人提出,法院无权追加其他人参与答辩,且法院无权审理原告未提出的诉讼对象(предмет иска,即诉讼请求)以及作出判决(第131条);在上诉审和撤销原判程序中,必须依照利益相关人请求启动程序,判决的执行以追索人的请求和意愿为前提(第157条)。概言之,整个程序运行必须依据利益相关人申请而启动。(2)法院不应超过当事人诉讼请求范围裁判。法院无权判决超过当事人请求的数额,即只能允许少于该数额裁判,或者完全拒绝诉讼请求(第131条、第706条)。(3)法院不应当主动搜集和采纳当事人未提出的事实②和证据。申言之,私法自治的前提导致了当事人处分权的产生,其内容包括:(1)诉讼范围,即就保护自身权利提出的诉讼请求;(2)防御或者进攻的诉讼手段。诉讼程序中当事人的处分权通过立法确定为处分原则,根据其效用被区分为实体处分原则和形式处分原则(程序处分原则),两者是同一原则的两个方面。

处分原则尽管是民事诉讼无可争议的绝对原则,但是其绝对性并不

---

① Гамбаров Ю. С. Гражданский процесс. Курс лекций за 1894—1985 академический год. М. 1895 г. С. 152—165.

② 民事诉讼理论演进过程中,俄罗斯帝国时代的事实(факт)概念在现代俄罗斯民事诉讼中被情况(обстаятельство)概念所代替,是指作为诉讼依据(основания иска)的法律事实。

意味着毫无边界。当事人诉讼权利的自由处分性只有在确定范围内具有不容置疑的优势。(1) 作为私权自治的结果,处分原则不能超出私权处分的界限。因此,如果法律对某一权利的自治范围作出限制性规定,约束民事权利人在诉讼外处分该权利,那么当这一权利作为诉讼客体时,在诉讼中会遭到同样限制。(2) 每个当事人可以在其诉讼争议范围内享有处分权,但是不能损害另一方当事人的权利。在违反上述法律规定的情况下,法庭禁止原告变更诉讼请求(《民事诉讼条例》第332条)。

(二) 处分原则的适用范围

1. 诉的变更

《民事诉讼条例》颁布时,俄罗斯法学界对处分原则内容众说纷纭,并没有形成统一结论。以禁止原告变更诉讼请求为例,К. И. 马雷舍夫指出,第一,禁止变更诉讼请求并非从提交时刻开始起算,而应当从通知被告开始;第二,禁止变更诉讼请求仅仅关涉诉讼请求和诉讼依据本身,而不关涉原告以新的依据和证据说明案情(第331条);第三,变更诉讼请求必须经由被告同意,并缴纳相应诉讼费用(第263条、第269—270条),变更申请应当以书面形式提出(第334条);第四,原告可以缩小自己诉讼请求范围;第五,原告可以在未经被告同意的情况下扩大诉讼请求的范围,但仅仅包括由最初诉讼依据(法律事实)产生的事项,如利息、财产增值部分、诉讼费用和诉讼损失(第332条、第333条);第五,由原告确定诉讼对象和依据。

由于当时司法实践中缺乏统一认识,因此参政院出台了一系列司法解释,内容包括:必须由被告提出原告违反上述第332条的情况,而不能由法官提出;原告放弃的部分诉讼请求,法庭应当不予讨论,并且之后禁止以新的诉讼恢复;允许在任何诉讼状态下缩小诉讼请求;如果新的诉讼请求提出是基于诉状提出的原诉讼依据,则法庭可以认可;在未改变诉讼依据的情况下,由于事实变化或发现新的事实,为更详细准确地表达诉讼请求以及由于文书效力变化引起的诉讼请求变更,在诉讼证明中引入新的依据(доводы иска)和证据,援引其他法律造成诉讼请求的变更,则不构成第 332 条禁止性规定。同时,参政院详细规定了哪些诉讼行为构成诉的变更,例如,以返回被出卖财产的诉讼请求代替未履行买卖合同导致的损失赔偿请求就属于构成诉的本质的变更。诉讼法学家认为,按照当时的法律规定,诉的变更既可以通过变更诉讼依据,也可以通过变更诉讼请求内容来实现。①

2. 诉的合并

1864 年《民事诉讼条例》第 258 条规定,不同诉讼依据(основания икска)的诉不能在同一个诉状中同时提出。但是,这一条款在司法实践中的适用遇到了极大困境。参政院就这一问题对于很多概念作出了司法解释,例如,诉的依据是指诉讼请求依据的法律关系;违法行为不是诉的依据,而仅仅是提起诉讼的通常理由(повод)。所谓诉讼依据,是指提起诉讼所依据的实体法律关系,而在程序法意义上,是指依法为证明诉讼请求的正义性,因此在诉状中应当载明事实情况的总和(第 257 条第 4、5 款)。原告权利被侵害的事实是否存在并不能阻碍法院对其进行审理。《民事诉讼条例》第 258 条仅仅是为了消除由于不同诉讼依据的诉讼合并审理而引发的诉讼程序障碍,防止将诉的依据和证据混同,同一依据的诉讼可以由不同证据证明。

3. 诉的对象

在大多数情况下的参政院司法解释中,诉的对象通常被理解为原告的诉讼请求(требования иска),但是在一些司法解释中,诉的对象被理解为动产、不动产和资本。② 在民事诉讼领域实行"辩论主义"和"处分权

---

① С законодательными мотивами, разъяснениями Правительствующего Сената и комментариями русских юристов. 3-е изд. С. 569.

② Устав гражданского судопроизводства с объяснениями по решениям Гражданского Кассационного Департамента и Общего Собрания Кассационных и Департаментов Правительствующего Сената. С. 238—239.

主义"是由多方面因素决定的,其中最为重要的一项因素则是由民事诉讼的对象即民事实体法律关系的本质所决定。在由民法调整的私法领域中,当事人处于平等的法律地位,对其所享有的实体权利能够按照自己的意志进行处置,"平等""自愿""意思自治"是这一领域的重要价值准则。在解决因这些关系发生争议的诉讼活动中,虽然存在国家公权力的介入,但是"私法"领域的这些价值准则也必然需要得到体现,即当事人有权按照自己的意志处置属于自己的权利。为达到这种要求,民事诉讼领域必须要建立与之相对应的基本原则——处分原则加以保障。这一原则的建立实质上是约束国家权力(审判权)在解决民事纠纷时覆盖的范围,合理地划分属于法院和当事人的不同领域,以便采取不同的诉讼策略。凡是属于当事人处分权领域的事务,法院审判权不得介入,必须对当事人处分权的行使给予充分的尊重,并且以一定的消极法律后果加以约束,即法院如果不恰当地行使审判权干预了当事人处分权的行使,其裁判结果应当归于无效。唯有如此,处分原则才能真正起到保障实现当事人"意思自治"的作用,才具有法律上的意义。

4. 和解

1864年《民事诉讼条例》规定,诉讼的任何阶段都只能由原告或被告提出和解(第1357、1358条)。除此之外,法庭应当在案件审理前建议当事人通过和平方式终止诉讼,并指出由法官看来适当之方法(第70、72条)。为此,法院应当深入了解诉讼,而不能施加给当事人不公平的和解条件,且法院无权以判决威胁反对和解一方当事人,这一义务由治安法官及其上级法院共同承担(第177、337、361、777条)。但是,并不是所有的案件都可以通过和解方式解决,例如,涉及国家机关的行政诉讼就不能以和解方式终结(第1289条)。法院参与缔结的和解协议生效应当以由法官和当事人签名的和解笔录为前提,和解笔录与发生法律效力的判决具有同等效力。

5. 撤诉

原告可以在任何阶段无须进行任何证明，依据任意理由撤销诉讼请求。一些学者认为，撤诉是终止诉讼的方法，即法院作出的撤销裁定等同于判决，不允许再次起诉。另有一些学者认为，撤诉行为仅仅是法院作出撤诉判决和判决原告偿付司法费用的事实依据。参政院通过司法解释对撤诉后果作出规定：根据一方当事人请求终止或者消灭诉讼，并不剥夺当事人通过提交新的诉状恢复终止诉讼的权利，但这一规定并不能涵盖所有情况。这是因为，一方面，不应当否认原告享有终止其提起诉讼的权利；另一方面，在类似情形中也不能否认被告享有保护其自身利益的权利，如果被告认为原告在不确定时间单方面终止程序的请求损害其利益，则法院不应当认可原告的撤诉行为。同样，如果某一民事讼争已经进行了预先书面准备，那么不允许原告在未经被告同意的情况下终止诉讼，被告可以要求法院继续审理并确定其权利，通过判决终止原告提起争议的可能，借此防止原告再次提起诉讼。

6. 自认

自认在学说上获得了认可，即被告具有认可原告提出的诉讼依据和诉讼对象（诉讼请求）的权利，前提是自认未触及公共利益或者未参与案件的第三人权益。法院无权在被告自认的情况下再次提出关于诉权是否具有实体依据的问题，虽然此种权利未经证明，但是也应当满足原告的诉讼请求。依据辩论原则的实质，法院无任何依据干涉当事人间法律关系，只能通过判决认可被告认诺的诉讼请求。

7. 反诉

1864年《民事诉讼条例》第340条为被告提供了在初审法院提起反诉的权利，但没有规定法庭受理反诉的前提。从现代法律规定看来，其中很多规定极为不可思议，例如，法律并不要求反诉必须依据作为原告诉讼基础的同一法律关系；法律未规定反诉必须与初审具有紧密联系或具有同一依据；被告对于原告提起的反诉请求，并不能抵消原告的诉讼请求，只能使被告的诉讼请求得以与原告的诉讼请求享有同时获得裁判的权利。

（三）处分原则的理论发展

近代俄罗斯学者在总结西方学者和本土学者关于民事诉讼基本原则学说经验的基础上，详细分析了辩论原则、处分原则与当事人发起诉讼行为的主动性之间的关系。当事人诉讼行为的主动性体现在提起诉讼、确定诉讼内容、自认、放弃诉讼请求、和解、提供证据等方面，使法院通过对当事人提供证据的采信，产生对诉讼请求是否具有根据的确信。关于这一问题，近代俄罗斯法学界主要持以下两种观点：(1) 当事人可以在诉讼程序外和诉讼程序中自由处分主体民事权利，作为事实材料和证据材料的"主人"，其主要任务在于提起诉讼，以及在诉讼各阶段维持诉讼行为的运行；(2) 法官应当尊重当事人处分其法律主张以及具有辩论性质的事实材料的权利。①

尽管1864年《民事诉讼条例》进一步将处分原则具体化，并扩大了其适用范围，但学术界并未完全将处分原则相关规范从辩论原则中独立出来，当其作为独立原则时，往往与主体实体权利处分联系在一起。1917年十月革命之后，苏联立法机关通过立法对处分原则进行了限制，旨在强化国家干预，强化职权的主体既包括法院也包括其他国家机关。这显著缩小了民事诉讼领域处分行为和辩论行为的法定范围，并随之强化和简化了适用侦查原则的相关程序。全俄中央执行委员会（ВЦИК）《关于法院的第2号决议》的规定限制了当事人程序方面的权利，废除了当事人在变更诉讼依据、扩大诉讼请求范围、追加被告、提起反诉等方面的程序权利。其中的第4条甚至取消了上诉审程序，代之以允许对区法院判决进行再审，再审的依据是判决存在明显的不公正，但

---

① Сборник статей по гражданскому и торговому праву. Пямяти профессора Габриэля Феликсовича Шершеневича. М. 1915 г. С. 275—318.

并不包括程序方面瑕疵。直到1918年11月30日,上述当事人的权利才被重新恢复。应该说,苏俄建立初期关于诉讼程序的规定,是特定时期的特殊产物,对苏俄、苏维埃直至现代俄罗斯民事诉讼法的发展而言,并不具有代表意义。尤其是其具有强烈的纠问式诉讼色彩,例如,诉讼的启动可以根据公民的申请,由工农代表苏维埃执行委员会、公职人员代为提出申请,甚至法院在发现违反工农政府法令和犯罪行为的情况下可以自行裁量启动诉讼程序。1920年11月21日,全俄中央执行委员会在《苏俄人民法院条例》第53条中首次规定,法院发现违法行为时可以主动启动诉讼程序,这一规定强化了法院在诉讼中的积极作用。该条例规定:民事案件经由汇报之后,由原告陈述事实并加以证明,之后由法院执行主席确定案件本质,并就此询问被告,是否承认原告的诉讼请求(第66条);如果被告承认则直接转入判决阶段,如果否认,则对证人进行询问(第67、68条);如果法院认为案件可以通过和解方式解决,法院则询问双方当事人是否希望和解(第68条)。

1923年《苏俄民事诉讼法典》中继续保留了法院在诉讼中的积极角色,但在形式上进行了柔化。该法典第2条规定,法院必须根据利益相关当事人的申请启动诉讼程序。但是,检察长认为基于保护国家或者劳动群众利益的需要,有权启动诉讼程序,并在任何阶段参与诉讼;当事人无论诉讼处于何种状态均可以变更诉讼依据,扩大或者缩小诉讼请求范围;由法院裁量决定是否认可当事人放弃其实体权利,或者放弃要求司法保护的诉讼权利;一旦法院认可当事人放弃行使权利,则当事人丧失就同一诉讼依据再次提起诉讼的权利。上述规定证明,立法者改变了之前强调法院绝对主动性的纠问式诉讼形式,但作为平衡,这一权限开始转向由检察院承担。

应该说,在苏维埃民事诉讼中,不仅实体法上对处分原则进行了规定,在20世纪20年代末,学理上对此也进行了深入的探讨。1928年,А. Г. 科伊巴尔克在《民事诉讼教程》中,甚至将处分原则称作苏维埃民事诉讼的"生命力"。① 在此之后,在包括克列曼、M. A. 顾尔维奇在内的很多苏维埃诉讼法学家著作中,都对处分原则进行了探讨,但大多建立在十月革命前研究的基础之上,无论是持赞成抑或是批判态度,都将处分原则视为民事诉讼一项重要的独立原则。同时,学术界形成的一致共识也最终影响了1961年《苏维埃民事诉讼纲要》的制定,并最终体现在1964年《苏俄民事诉讼法典》中。

1991年最高苏维埃在通过的《苏俄司法改革构想》中提出了对原有诉讼体系进行根本变革的计划,并在1995年《苏俄民事诉讼法典》以及之后的2002年《俄罗斯民事诉讼法典》中通过修订和补充,试图在当事人与法院两者的主动性之间寻求革命前法学家所倡导的合理平衡。应该说,这一立法意图在一定程度上取得了成功。例如,在《俄罗斯民事诉讼法典》第246条第3款中规定,审理和解决公共法律关系案件时,法院不受诉讼请求依据和理由的约束,法院可以根据自行裁量确定诉讼请求依据;在第252条第3款关于撤销规范性法律文件的规定中,申请人放弃诉讼请求并不意味着诉讼中止,而必须经由法庭审查。被要求撤销规范性法律文件的国家机关、地方自治机关或公职人员承认申请人诉讼请求同样也对法院不具约束力。

五、不间断审理原则

不间断审理原则又称集中审理原则,是英美法系国家民事案件审理的一项基本原则,指法官在处理案件时,应当持续地、集中地进行言词辩论,待该案终了后再审理其他案件的一种方式。② 这一原则的设立是为了满足陪审团制度的需要,因为陪审团不能频繁地被召集,从而使得

---

① Гойхбарг А. Г. Курс гражданского процесса. М.. 1928 г. С. 96, 100—103.
② 参见〔日〕三个月章:《日本民事诉讼法》,汪一凡译,五南图书出版有限公司1997年版,第395页。

开庭审理必须采取集中审理或连续审理的方式，即一旦开庭就必须在短时间内将案件审理完毕并作出最终判决。大陆法系国家没有陪审传统，开庭审理最初采用的是间断审理原则，但随着间断审理弊端的不断突出，如造成庭审的片段性、不联系性、辩论反复性和程序的不安定性，因而开始借鉴英美法国家审理程序的优点，着手确立这一原则，形成了"准备程序＋主要期日开庭审理"的程序结构。

在俄罗斯国家形成初期，独特的不间断审理原则就已经在民事诉讼传统中形成，并在俄罗斯民事诉讼体系中成为不可或缺的组成部分。该原则要求审判者在确定审判地点不间断审理解决争讼案件，言词辩论应当持续地、集中地进行，进而审结案件。如果案件审理时间较长，则可以宣布休庭，但不能违反不间断审理原则。

1864 年司法改革前虽然较少在法理上探讨不间断审理原则，但这一原则的法律形式最早可以追溯到《1467 年普斯科夫审判法规》，其中有条款规定：案件应当由最初受理案件的地方执法官持续审理，不允许其他地方执法官接手案件审理，通过规定程序的不间断性，以此来排除案件审理的迟延。①《1649 年国民会议法典》及其之后的其他法律规范，从立法上割断了不间断审理原则在法庭审理与作出判决上的联系，法庭审理从阶段上分为法庭侦查（судебное следствие）阶段和作出判决（вершение приговора）阶段，并同时规定了庭审程序的不间断审理原则。

（一）不间断审理原则与延期审理制度

不间断审理原则与延期审理制度具有紧密联系，正如当时著名法学家 B. A. 阿塔莫维奇所言，"延期审理制度实际上是对法院试图迟延案

---

① Кутафин О. Е, Лебедев В. М, Семигин Г. Ю. Судебная власть в России：история，документы：В 6 т. Т. 1：Начала Формирования судебной власти Научный консультант проекта Е. А. Скрипилев；отв. ред. Н. М. Золотухина. С. 71.

件审理的限制"。① 不间断审理并不意味着不允许案件延期审理或者中断庭审,《1649年国民会议法典》及其之后的法律规范,在规定不间断审理原则的同时也详细规定了延期审理制度。双方当事人可以在庭审过程中请求延期审理。当事人提出延期审理时必须向法院说明其正当理由,但双方当事人共同要求延期审理时则无须说明正当理由,只是必须经由双方当事人同意。当事人之间达成开庭日期约定,在签字附在庭审笔录后生效。如果约定一方当事人没有在法律规定或者双方协议期限内出庭则需承担败诉后果。②

1864年《民事诉讼条例》颁布后,不间断审理原则贯彻于诉讼整个过程,当事人言词辩论后法官即进入专门房间,听取案件事实讨论后就立刻作出判决(第693条);其特殊之处在于法院可以作出不完全判决,即仅作出判决结论部分(第700、701条);在案情复杂的情况下,裁判理由部分可以延期至下一案件开庭审理前作出(第702条);法院院长可以指定宣读判决日期,在双方当事人都到庭的情况下宣读最终判决(第704条);但判决准备日期不能超过两周(第713条)。

俄罗斯帝国时期的法学著作和司法实践中虽然较少直接提及不间断审理原则,但对延期审理的概念多有涉及。《民事诉讼条例》中的"延期审理"制度已经更接近于现代语境对延期审理的理解:庭审过程中允许休庭,而且立法上对法官在休庭期间审理其他案件也未作禁止规定。当事人提出新情况或者新证据时,在法官认为提出情况和证据具有合理依据的情况下,可以公开提供的证据和情况(事实),并重新确定庭审日期(第331条)。被告提起反诉时,如果相对方提出延期庭审申请或经由法院自行裁量可以延期审理(第342条)。案件应当在本案审理的当次庭审中解决,但如果被告对原告诉讼请求提出抗辩并提供文件证明,

---

① Адамович В. И. Очерк русского гражданского процесса. 2-е изд., испр. и доп. С. 98.
② Кавелин К. Основные начала русского судоустройства и гражданского судопроизводства в период времени от Уложения до Учреждения о губерниях. М. 1844 г. С. 101—102.

则可以在取得原告同意的情况下推迟开庭审理,由法庭要求双方当事人在重新指定的庭审期限前提供新的证明文件,而此后延期须经当事人双方共同协商约定(第365条)。根据参政院的司法解释,"法院决定延期审理之后,应当当庭向当事人双方言语告知新的庭审日期"。① 根据反诉申请,案件的庭审根据一方当事人的请求或者法院的酌情裁量可以延期审理(第341条)。在依据第341条提出延期审理的情形中,由法院指定3天到7天的补充日期,在这一期限内被告应当提供反诉的书面说明(第342条)。参政院进一步指出,"本条款中所指期限,从宣布延期审理之日开始计算,而非从作出最终形式裁定之日起起算"②。

(二) 不间断审理原则的近现代改造

1864年《民事诉讼条例》中虽然没有明确规定不间断审理原则,但其通过相关法律规范明确反映了这一原则,这为日后俄罗斯民事诉讼立法以及法理中不间断审理原则的确立奠定了基础。正如著名法学家 E. B. 瓦西科夫斯基所述,"通过言词诉讼,法院可以一次性全面、充分地了解与接受所有的事实材料,对这些材料所形成的内心确信是通过当事人在法官面前当庭通过生动言词辩论和不间断庭审而建立起来的"③。从本质上来讲,E. B. 瓦西科夫斯基所提出的集中审理原则,与现代俄罗斯民事诉讼中的不间断审理原则是一致的:"法庭在判决作出前的一次开庭审理中,直接询问所有证人,要求他们在证言出现分歧时当面对质,审查所有证据,并与证人证言相互对照,出现疑问时可以要求当事人和证人进行说明。法庭据此才能对案件作出最为清楚和准确的判决。只有诉讼材料集中审理时,法官才能在内心中形成完整而生

---

① Устав гражданского судопроизводства с объяснениями по решениям Гражданского Кассационного Департамента и Общего Собрания Кассационных и 1 и 2 Департаментов Правительствующего Сената. С. 268.

② Ibid. ,C. 284.

③ Васьковский Е. В. Учебник гражданского процесса(по изд. 1917 г.). М. 2003 г. С. 110.

动的案件全貌。如果法庭对诉讼材料切割调查时，法庭就不得不重新弥合头脑中的记忆片段，即头脑记忆中留存的各个独立的诉讼片段，这将会使法官难以把握诉讼核心问题，而对案件的评价由此可能会出现偏差。"①

1864 年司法改革中《刑事诉讼条例》的编纂同样促进了直接审理原则在刑事诉讼中的适用。《刑事诉讼条例》中规定："每件案件的开庭审理应当不间断进行，除必要的休息时间之外。"(第 633 条)"如果法院认为，出于收集补充信息需要而必须中断庭审，那么，在获取信息之后，庭审应当从中断的诉讼行为继续进行。但是，法官和陪审员可以要求其中部分诉讼活动或者法院调查程序重新启动。"(第 634 条)"如果继续中断的法庭审理时，原参加庭审的陪审员无法出席，那么则需要重新进行法庭调查。"(第 635 条)

参政院在对《刑事诉讼条例》中关于适用不间断审理原则相关条款作出的司法解释中强调："法庭不能将两个案件同时交叉审理。某一案件的法庭审理中止期间，需要同时审理其他案件时，则在法庭重新开庭审理时，尽管其中部分诉讼材料已经在最初庭审中进行过调查，但仍然需要重新对案件进行法庭调查。原因在于：判决的作出必须依据法官的内心确信，而内心确信是基于对案件所有情况的审理而产生的。如果法官和陪审员作出的判决，是依据重新启动庭审前的调查所产生印象作出的，那么为了保留这一印象的深刻性和完整性，法庭调查应当通过不间断的言词审理进行。另外，法庭审理不能存在较长时间的中断，在中断期间，禁止法官和陪审员审理其他案件，旨在避免其注意力从已经开始的法庭审理中转移。同时，审理数个案件会弱化和破坏法官对每个案件所形成的印象，甚至导致有可能混淆不同案件间的事实

---

① Васьковский Е. В. Учебник гражданского процесса(по изд. 1917 г.). М. 2003 г. С. 113.

情况。"①

苏维埃政权建立初期,无论是在早期法律规范,还是在之后1923年《苏俄民事诉讼法典》中,都没有关于不间断法庭审理原则的立法规定,虽然法典和学术著作中都广泛地使用了术语"案件延期审理"。直到1950年C.H.阿布拉莫夫的民事诉讼教材,才再次提到了不间断审理原则,并将其与辩论原则、处分原则、当事人地位平等原则并列。虽然此时立法上仍未确立这一原则,但当时对这一概念的阐述已经与《刑事诉讼条例》中的规定极为相似:诉讼不间断审理原则是指,案件从最初庭审到最终判决的作出,应当在不改变法官组成的条件下不间断进行,只有从头至尾参加案件审理的法官有权作出判决。由此,从不间断审理原则中衍生出下列法律条款:(1)从案件开始审理到判决的作出,法庭成员组成不能改变,如果某位法官因故退出(如因病退出),则案件审理应当延期;(2)如果案件由于某种原因延期审理,则案件再次审理时应当重新进行法庭调查;(3)不间断审理原则并不意味着不能就休息和其他原因宣布休庭,但是不允许该审判庭法官在休庭期间审理解决其他案件;(4)判决应当在案件审理结束后迅速作出。② 破坏不间断审理原则的后果会导致其他诉讼原则的破坏,如言词原则、直接原则等。这是因为,法官采取间断审理方式并行审理多个案件,由于对同一案件几次开庭审理的期日间隔时间较长,审判人员的记忆也会逐渐模糊,法官往往可能倾向于以自己的记录所形成的主张和证据来认定案件,而这会导致司法实践与直接原则和言词原则的目的相背离,并使法院通过庭审教育国民之任务无法达成。③ 因此,苏联最高法院在民事审判实践

---

① Устав уголовного судопроизводства цитируется по источнику: Судебные Уставы 20 ноября 1864 года, с изложением рассуждений, на коих они основаны.

② Абрамов С. Н. Гражданский процесс: Библиотека народного судьи. Кн. 5. М. 1950 г. С. 19; см. Также: Абрамов С. Н. Советский гражданский процесс: Учебник. М. 1952 г. С. 54—55.

③ 参见〔日〕三个月章:《日本民事诉讼法》,汪一凡译,五南图书出版有限公司1997年版,第395页。

中,也逐渐确定了这一原则。

　　М. А. 顾尔维奇在1957年的民事诉讼教材中对不间断审理原则进行了进一步阐释:民事诉讼应当遵照1923年《苏俄刑事诉讼法典》第258条的规定,即"每件案件的开庭审理应当除指定休息时间外不间断进行。在已开始审理的案件未审结前,禁止在休庭期间审理其他案件"。① 以相关理论为起点,这一原则开始在教材、著作和相邻的部门法中形成,最终在1961年《苏维埃民事诉讼纲要》中得到了规定②,并在之后的1964年《苏俄民事诉讼法典》中以立法形式确定下来。

　　这一原则在学理上的价值是不容争议的,但在司法实践上该原则的适用过程中,尽管存在较多正面因素,但面对案情复杂需要较长时间审理的案件时,也往往会给法官,也包括其他诉讼参与人造成诉讼上的不便。不间断审理原则应当与完备的审前准备程序相联系。虽然现代俄罗斯民事诉讼法中规定了预审庭和证据开示制度,但审前制度的不完善仍然影响了不间断审理原则的运行。从20世纪90年代末到21世纪初,诉讼法典草案起草小组对这一原则进行了激烈讨论。最终,起草小组并没有将不间断审理原则规定在新的《刑事诉讼法典》和《仲裁诉讼法典》中,而仅仅在《民事诉讼法典》中保留了这一原则。现代俄罗斯司法实践中,不间断审理原则仍然在民事诉讼以及俄罗斯联邦宪法法院的案件审理中发挥着重要作用。不间断审理原则作为民事诉讼重要原则的意义在于,使法官的注意力集中于一个案件的审理,促进了及时、正确地审理和解决案件。因此,如何完善这一原则,使其符合当今俄罗斯的社会现实,成为俄罗斯诉讼法学家长期关注的焦点,也成为俄罗斯学者呼吁不间断审理原则回归刑事诉讼和仲裁诉讼的重要原因。

---

　　① Уголовно—процессуальный кодекс РСРСР. Пг. 1923 г. С. 82.
　　② 1961年《苏维埃民事诉讼纲要》第35条规定了"司法审判的直接原则、言词原则和不间断审理原则"。一审法院审理案件时,除指定休息时间外,案件审理必须不间断进行;在审理案件未终结或者延期听审前,法庭无权审理其他案件。

六、审判公开原则

广义而言,审判公开原则是指法院审理案件和宣告判决过程向社会公开进行。司法改革前民事诉讼体系主要缺陷集中于办公室秘密审理的不公开性,即便1857年《俄罗斯帝国法令全书》没有直接规定秘密审理程序,但是由于纠问式诉讼主要采用书面审理方式,导致听取和解决争讼演变成为法院行政办公室内部审理程序,限制了当事人直接参与庭审,这显然与当时欧洲追求平等和自由的主流社会理念相背,因此贵族作为当时社会的精英阶层首先对纠问式诉讼提出了尖锐的批评。他们认为,无论能够用以证明的书面文件数量有多少,在当时腐败成风的社会环境下,由于行政机关出具文书自身的不可靠性和模糊性,根本无法真正实现保护所有权的目的。法官必须通过听取当事人的声音和合理的社会意见,感受正义和良知,这样才能褪掉不良法官的假面具,唤起诚实法官的正义与无私。①

立法机关也认识到,当前社会对司法的不满主要源于法院长期未充分履行自己的职责并执行法律,这也使得其司法行为的公正性饱受质疑。究其原因在于,法院依靠行政权力以及依据法定证据规则进行书面审理,这排斥了良知和自由心证的适用,最终也导致诉讼脱离了社会和诉讼参加人的监督视野,充斥着行贿和对法官、证人的收买以及被告的恶意拖延诉讼。②"秘密审理仅仅对法院办公室和法官有利。法官实施审判只需要满足直接领导的指示,甚至作为与同事进行人情交易的筹码,而无须掌握更高的审判技能或承担更多劳动,因为其职位仅依赖于与上级的亲近关系或被利益关系所左右。"③

---

① Судебные Уставы 20 ноября 1864 года за пятьдесят лет. С. 95—96.
② Блинов И. А. Историко—юридический очерк. СПБ. 1905 г. С. 97.
③ Малышев К. И. Курс гражданского судопроизводства. И. 1. С. 353.

因此,《民事诉讼条例》立法委员会指出:"法院办公室秘密审理是纠问式诉讼的必然属性。由于缺少当事人的公开辩论,法官的所有审判行为只能依据书面陈述和形式上的证明文件,当真理以这样的方式在当事人与法院之间传递时,就已经失去了其固有的天然简易性和直白性,也破坏了法官内心确信形成的完整过程,这必然造成实施正义审判条件的丧失。"[1]因此,法学界达成普遍共识:只有废除了纠问式诉讼,排除或者弱化书面审理,才能最终消除上述弊端。

(一) 1864 年司法改革中的公开原则

1864 年《民事诉讼条例》中确立了俄罗斯新的诉讼原则——公开原则(принцип гласности)。诉讼程序的公开性包括两个方面的内容:(1) 广义意义上诉讼程序向社会公开;(2) 狭义意义上的对当事人公开。在这一原则确立之初,立法委员会内部曾产生过众多争议,认为这一原则不应当无条件适用于所有案件。作为俄罗斯帝国最高司法机构的参政院(Правительствующий сенат)[2],已经认识到有些案件并不适宜公开审理,比如,叛国案以及涉及国家秘密的案件。因此,在公开原则中也引入了除外规定。

1. 广义上的公开原则

广义的社会公开原则具有独立属性,在性质上并非源于其他诉讼原则,而是具有独特依据并且完全独立的原则。1864 年《民事诉讼条例》确立了公开原则:所有司法机关民事案件审理中的诉讼行为,除法律规定情形外,应当允许当事人和其他人参与(第 13 条);案件报告以及当事人的言词辩论必须公开进行(第 324 条);必须通过公开庭审方式进

---

[1] Судебные Уставы 20 ноября 1864 года сизложением руссуждений, на коих они основаны. Ч. 1. СПБ. 1866 г. С. 29.

[2] 俄罗斯帝国时代由彼得一世直接任命并建立的国家最高行政和立法机关,除了肩负监督国家各机关工作外,还作为最高再审审级。十月革命后这一制度被废除。

行证据调查(第500条)。借助这一原则的确立,公众获得了参与司法审判以及监督诉讼的权利。与此同时,庭审的庄严仪式感增进了公众对于司法机关的尊重,也使司法机关再次获得了来自各阶层民众的信任,并最终实现了民众接近司法。但是,由于当时硬件设施的限制和庭审规范的缺陷,大量民众涌入法院旁听案件,这导致了这一时期庭审秩序的混乱。因此,之后又补充规定了民众参与庭审规范,并区分为刑事案件规则和民事案件规则,根据场所对于案件听审人数进行限制。

法律规定,对于不公开审理的案件,不允许民众参与庭审。1864年《民事诉讼条例》将不公开审理案件限定为:公众了解情况后,会对宗教、社会秩序或者道德造成损害的案件(第325条);双方当事人请求不开庭审理,法院认为理由正当的案件(第326条)。1912年修订时,又补充规定了非婚生子女案件以及不应当公开的发明专利案件(第325条第1款和第2款)。但是,这类案件必须公开宣判,双方当事人也可以各自选择三名自愿民众参与旁听。

公开审理时,法官合议在专门合议室进行,合议室不允许民众旁听。这一规定的目的在于,使判决以合议庭统一意见的形式出现在公众面前,法官的分歧和争议只存在于彼此之间,而这些分歧的公开将会弱化判决的权威,束缚法官的判断和公正。公开原则的确立与适用获得了司法界积极的反响,因为秘密审理长期以来限制了法官自由表达意见的权利。同时,公开原则的适用也排除了行政权对审判权的不当干涉。

公开原则的另一个重要的表现是允许媒体报道案件,审判公开性也借此获得了重要的司法实践意义。这是因为,能够亲自参与庭审的毕竟只是少数人,而借助于报纸,每个人都可以了解案件的审理情况。根据1862年《司法改革通则》第62条规定,允许任何人报道公开的最终判决。同样地,在个人保证对于法院及其成员尊重的条件下,允许在法律出版物、报纸、论文中讨论案件。但是,通则也规定了相应的义务,如果个人违背了尊重义务,将会受到检察长的追究,同时也保留了他人对于公开报道中故意侮辱行为提起诉讼的权利。判决作出前禁止报道案件情况,对于不公开审理案情的报道必须获得特别许可。在当时长期封闭的社会环境下,这无异于为媒体和法律学术界打开了一扇自由呼吸的窗口,也为公众社会监督提供了法律依据。

2. 狭义上的公开原则

狭义上的对于当事人的公开原则并非独立原则,而是多种原则相互作用的结果:一方面,它与直接审理原则和言词原则相互作用,两者要求法官必须亲自参与庭审,当事人当庭进行言词辩论;另一方面,它符合辩论原则和当事人平等原则的要求,前者赋予当事人准备诉讼材料的权利,而后者赋予当事人同等的进攻和防御手段。如果一方当事人的诉讼行为以及由此引发的审判行为不被另一方当事人所知晓,那么上述诉讼原则无法实现。因此,公开原则对于当事人双方具有不言而喻的重要意义,一个完善诉讼原则体系的构建显然不能将其排除在外。[1]

《民事诉讼条例》中狭义上的公开原则表现为:诉讼程序中法院行使的所有诉讼行为当事人都有权参与,这包括询问证人、调查证据以及庭审等诉讼行为;当事人有权在法院办公室查阅所有与自身案件相关的公文,获取判决书以及法院各类决定和判决主文的复印件。当出现审判长认为现有文件足够说明案情,不允许当事人对案件实质、管辖异议以及延期审判等个人事项进行言词陈述,或者不允许当事人参与庭审时,上述事实可以构成再审事由。因此,如果法院不遵守《民事诉讼条例》第 13 条规定的公开义务,限制当事人参与庭审的权利,那么当事人就具有了提出撤销判决请求的充足依据。[2]

---

[1] Васьковский Е. В. Курс гражданского судопроизводства. С. 449—450.

[2] Тютрюмов И. М. Устав гражданского судопроизводства с законодательными мотивами, разъяснениями Правительствующего Сената, с комментариями русских юристов. Пг. 1916 г. С. 178—179.

(二) 公开审判原则的社会意义

公开审判原则作为司法改革最主要的基本原则,具有重要的社会意义:(1) 赋予社会监督法官审判行为的权利;(2) 提升法官作出合理合法判决的责任感;(3) 通过社会舆论监督使公民摆脱了无依据诉讼和虚假诉讼;(4) 促使诉讼参与人完成诚实信用的诉讼行为;(5) 通过公开的法治教育影响社会法治发展,公民借助司法实践真正了解了现行法律;(6) 促进了法学的发展,为学者了解司法判决以及指导司法实践创造了条件。① 审判公开原则是法治社会最重要的保障,社会监督是最合理的监督,只有在社会公众面前公开进行的诉讼程序,才能获得民众对于司法的信任。

公开原则的适用能够预防恶意诉讼,支持正义当事人,使利益相关人和公众能够监督诉讼的进行,唤起公职人员的积极性,恢复社会诚实良知的自然属性,提升司法领域的道德水平。同时,公开的程序也起到了教育民众的作用,"在公开的法院中,民众能够读到最新鲜自然而朴素的故事,在他们面前展现的戏剧是由真实的生活谱写的,民众依据良知进行评判,整幕戏剧只传来法官的声音,唯一的要求就是正义"②。对于对抗式诉讼和司法独立的讨论,离不开公开审判条件下对于司法审判的社会监督,以及其对发展公民权利和法律意识方面起到的重要作用,这些也构成了任何理性社会生活的重要基础。"在俄罗斯帝国时代由于缺乏受过专业法学教育的法官阶层,甚至政府都无法有效监督审判行为的社会条件下,因此只能寄希望于社会监督,无论社会意见多么不成熟和微不足道,但永远不乏道德的力量。这对提升法官审判能力同样具有重要意义。"③

---

① Васьковский Е. В. Курс гражданского судопроизводства. С. 450—452.
② Вестник Европы. 1867. № 12. Цит. по: Джаншиев Гр. Основы судебной реформы (к 25—летию нового суда); Историко—правовые этюды. М. ,1891. Переизд. М. 2004 г. С. 34.
③ Чичерин Б. Несколько современных вопросов. М. 1862 г. С. 240—241.

贰 俄罗斯近代民事诉讼程序

通过对俄罗斯近代民事诉讼程序制度嬗变的历史梳理,我们不难发现一种极为有趣的历史变化。在1864年之前,俄罗斯民事司法体系中存在着诸多不同类型的程序形式,它们整体上是建立在罗马法传统的日耳曼民事诉讼法基础之上。在1864年《民事诉讼条例》颁布之后,俄罗斯民事诉讼体系进行了根本革新。区别于旧的诉讼模式,这次革新大量吸收了法国民事诉讼的优秀立法成果,创设了三种审理程序——普通程序、简易程序、治安法官程序,并通过1889年修订《民事诉讼条例》,在此基础上补充了快速程序和文据强制执行程序;同时在1914年条例的修订中,再次参照日耳曼诉讼模式合并了简易程序和普通程序,塑造了全新的辩论式普通诉讼,与之并存的是剥夺了辩论环节的文据强制执行程序。因此,俄罗斯诉讼程序萌发于日耳曼民事诉讼的土壤,其在50年的发展过程中,吸收了法国民事诉讼法典的基本原则,并最终回归到了日耳曼民事诉讼的怀抱。①

上诉审制度和破弃审制度是采取诉讼途径后,对可能发生的不当审判的重要救济方式,这对俄罗斯完整民事诉讼体系的构建具有重要意义,也是实现程序正义的基础。近代俄罗斯民事诉讼制度可以区分为四种类型:(1)普通上诉程序(аппеляция),即对于诉讼事实问题和法律问题进行全面审查,并作出新的判决或者依法改判;(2)撤销原判程序

---

① Судебные Уставы 20 ноября 1864 года за пятьдесят лет. С. 522—523.

（кассация），即破弃审法院针对包括违反法律规定程序或法律适用不正确在内的违法行为，裁定撤销原判决，并责令二审法院再审；(3) 再审程序（пересмотр），即在确定案件事实错误或一方当事人伪造证据的情况下，对原诉讼进行再审或者恢复当事人权利；(4) 申诉程序（производство по жалобам），即针对司法机关公职人员的不公正行为或伪造文件行为提起的申诉。上述程序制度在不同前提下具有特定的功能，新型上诉制度的确立对于排除行政干预、简化上诉程序、缩短上诉期限、提高司法效率、加强个人权利保护、推动司法专业化具有重要的历史意义。①

一、治安法院程序

1864 年司法改革中，俄罗斯治安法院制度是在借鉴英国法和法国法的经验基础上建立起来的地方司法权力机关。1864 年司法改革前，对于民众而言，县法院是最为近便的法院，县法院由从贵族中选举产生的县法官和陪审员组成，其主要设在县级行政单位当中，距离基层民众较远，同时还承担着审理大量小型案件和相对重要案件的职责，诉讼程序较为复杂，往往妨碍了判决的及时作出和执行。因此，要求建立适用简易程序，降低程序形式要求，依据理性和良知审理微小民事案件的新型基层司法机关的呼声日益高涨。在 1861 年废除农奴制改革农民获得自由后，俄罗斯的社会和经济关系也发生了显著变化，尤其是地主与农民之间的关系，并由此产生了建立审判中诉讼参加人享有平等地位的新型纠纷解决机制的诉求，治安法官制度正是为满足上述要求所设立。

对此，1864 年《民事诉讼条例》立法者指出："无论普通法院的程序条例如何简单，如果其远离当事人或者财产所在地、侵权行为发生地，那么对当事人就会造成不利，较远的距离也弱化了解决小额纠纷的意

---

① 参见王海军：《近代俄国司法改革史》，法律出版社 2016 年版，第 111 页。

义。关于所有权或者不动产损害赔偿的案件往往只能在违法行为发生后,立刻于争讼发生地收集证据。否则,争议的解决将会变得极其困难,有时甚至变得不可能。"[1]因此,应当在普通法院之下设立更为接近当事人,使用简易诉讼程序,符合大多数农村和城市居民需要的特别地方法院——治安法院。

(一) 治安法院组织架构

治安法院制度的设立是俄罗斯近代法制发展的重大进步,其地方司法机关由治安法院和治安法官大会两级机关构成,由参政院和高等审判院监督其审判活动。其中,治安法官由县地方自治代表会议选举产生,通过简易程序独任或者合议审理案件,在城市中则由城市杜马选举产生。治安法官大会作为上诉审级,组织架构包括议长、常务委员和全区治安法官,大会议长从治安法官中选任,任期3年。治安法官根据职能又分为分区法官、辅助法官和荣誉法官。其中,分区法官承担着治安法官的主要职能,由治安法官大会指定其负责的司法区,而且不受时间(包括休息日)、地点的限制,必须亲自受理书面或者口头诉状,不能拒绝受理案件。辅助法官则无负责司法区,通常是在区法官因病或死亡无法履行职责以及分区法官案件负担繁重时,由治安法官大会指定替代或协助履行审判工作。荣誉法官无司法区和薪俸,但可以担任其他社会职务,只有在双方当事人亲自向其要求调解时,才有权实施裁判。同时,荣誉法官可以参加治安法官大会,并在分区法官因病和因故缺席时代行职务。

(二) 治安法院诉讼程序

治安法院诉讼程序的主要功能是使民众接近司法,加快和简化微小

---

[1] Е. А. Борисова:《Великая реформа к 150—летию судебных уставов》том 1. М. Юс ицинформ. 2014 г. С. 235.

案件审理程序,促进当事人尽快和解。《民事诉讼条例》总则中规定了其基本规范:(1) 贯彻司法独立原则,只能由司法机关承担民事案件审理;(2) 法院应当根据现行法律解决案件,在法律规定不充分、模糊或者矛盾的情况下,依据立法精神作出判决,禁止拒绝裁判,否则将因此承担相应责任;(3) 民事案件实体审理实行两审终审制;(4) 当事人有权委托诉讼代理人参与诉讼。同时,1864 年《民事诉讼条例》中还规定了专门的治安法院诉讼程序:

1. 管辖

根据《民事诉讼条例》第 29 条规定,治安法院管辖案件包括:(1) 不超过 500 卢布的私人债权和动产合同纠纷;(2) 不超过 500 卢布或起诉时尚不明确数额的损害赔偿纠纷;(3) 人身侮辱损害纠纷;(4) 自知道侵夺之日起 6 个月内提起的恢复侵夺占有物纠纷;(5) 自知道侵害之日起 1 年内提起的地役权纠纷。其中,具有书面文书证明的所有权纠纷或不动产占有权纠纷,以及与行政机关利益有关纠纷,不属于治安法院管辖范围,应由普通法院受理。这些规定原则上与现代《俄罗斯民事诉讼法典》中规定的管辖规则极为接近,甚至可以说俄国现代制度更多是借鉴了历史经验。

2. 起诉

《民事诉讼条例》第 41 条规定了向治安法官提出诉讼请求(исковая просьба)程序。治安法官可以经由治安法官大会同意,既可以在司法区自行选择常设地址受理诉讼,也可以随时随地受理诉讼请求并现场审理案件。诉讼请求应当以书面或者言词请求的方式提出,如果以言词请求方式提出,则需经由治安法官记录并向原告宣读,由原告签字确定。如果原告提供书面证据,则应当附在笔录之后。因此,相较于普通程序,治安法院程序在最大程度上简化了当事人的起诉行为,其通过书面记录言词形式提出诉讼请求的规定,免除了诉状特殊的形式要求以及强制使用国家印花纸的要求。在微小案件诉讼请求中,只需提出最为必要和简化的请求内容,就足以帮助法官及时了解讼争的内容。根据《民事诉讼条例》第 54 条规定,原告应当在诉讼请求中载明或提出:(1) 原告、证人、被告的姓名及居住地点;(2) 援引用以证明诉讼请求的证据;(3) 指明诉讼标的额;(4) 说明请求或追索的对象。如果案件不属于治安法官管辖范围,则应当将书面形式请求返还原告,言词形式请求可以以书面形式返还并解释原因。

3. 审理程序

治安法官审理讼争的方式应当尽可能简单和快捷。如果当事人双方都在场,治安法官就可以立即开始案件审理。当传唤双方当事人到庭时,如果被告不在法官所辖司法区,则按照距离每 15 俄里不少于 1 天的标准指定出庭期限。当案件以言词方式公开审理时,如果当事人提出请求并在法官认为合理的情况下,可以不作公开审理。在上述案件的审理过程中,《民事诉讼条例》中虽然没有如现代《俄罗斯民事诉讼法典》中规定的回避制度,但同样安排了案件管辖、不适格原告和被告的相关规定。

治安法官的主要职责在于,在争讼双方调解不成的情况下,对案件进行实质审理并作出判决。法官可根据诉讼条例中规定的证据规则进行证据评价,而原告亦应当证明自身的诉讼请求,对抗原告诉讼请求的被告应当证明自身的辩驳,治安法官不能主动收集证据,只能依据当事人提供的证据作出裁判。《民事诉讼条例》中还规定了治安法官程序的证据种类:证人证言、书证、自认、决讼宣誓、现场勘验和专家结论。同时,《民事诉讼条例》又规定,任何人无权拒绝作证,但当事人直系近亲属、兄弟姐妹以及与判决具有利害关系者除外;不允许子女对抗父母及配偶之间作证对抗;允许根据相对方申请要求证人回避。

证人作证前应当宣誓,并在当事人在场的情况下接受询问,当事人也可以直接询问证人。当事人经过协商可以请求治安法官依据一方当事人宣誓作出判决,宣誓在未被其他证据推翻的情况下,也可以被认定为证据。在案件审理过程中,可以要求专家证人参与庭审以及实施现场勘验,对评价和审理的对象以及必要的特殊信息作出结论,现场勘验和专家结论不仅可以根据一方当事人的请求提出,也可以由法官酌情主动提出。根据当事人协商,还可以指定 1—3 名专家证人,如果协商不成,则可以由法官指定。在听取双方当事人的对质并调查完当事人所提供的证据后,法官可依据《民事诉讼条例》第 129 条作出合法判决,作出判决时应以维护社会公序良俗为准则。在依法或法律补充规定允许按照地方法律习惯审理的情况下,法官可以根据一方当事人或者双方当事人的申请,依据地方习俗作出判决。法官在不了解当地习俗的情况下,可以邀请 3—6 名信誉良好的当地居民提供佐证证言并记录在笔录中。① 根据《民事诉讼条例》规定,治安法官可以在不违反法律规定的前提下,依据良知来评价证据,并使用地方习俗审理解决案件,并在庭审后三日内作出最终形式判决;如果被告未出庭,可以根据原告请求作出缺席判决。

《民事诉讼条例》未对上诉状的形式和内容提出严格要求,仅仅需要提出认为判决不正确的原因。上诉状由治安法官大会进行审理,治安法官大会对于上诉采取公开言词方式审理,在宣读上诉状之后开始言词辩论,同时担负着促进当事人和解的职责。判决根据绝对多数原则作出,如果审判庭意见力量均衡,则法院院长的意见将具有决定意义。治安法院判决需要当庭向当事人宣读,判决具有终局性并应当立即执行。

19 世纪后期,随着沙皇加强专制统治,"反改革"浪潮开始高涨。这种带有高度地方自治性质的司法组织,在 1889 年被司法行政机关(судебно—административные учреждения)所代替,并由地方长官和市法官代替履行审判职责,同时增加了许多强化职权干预的条款:不允许未

---

① Судебные Уставы 20 ноября 1864 года, с изложением рассуждений, на коих они основаны. Ч. 1. С. 72—73.

成年人和在校学生参加庭审;对于证人未出庭作证科以罚款;对诉讼金额不超过30卢布的案件,不允许提出上诉;允许第三人提出撤销判决请求;对于治安法官大会判决的撤销请求向区法院提出,并由省级机关不开庭审理;省级机关判决如果被司法部长认定为非正义,则应当移交给参政院民事破弃审司再审;应当由参政院对法律真实含义作出解释。1912年,随着革命形势的高涨,治安法官制度被重新恢复,1864年《民事诉讼条例》中的治安法院程序也被加以修订,旨在进一步简化和加快诉讼程序。

无论是1864年司法改革,还是后来俄罗斯司法改革中重新恢复的治安法官制度,都将目标定位于减轻普通管辖法院对于微小案件的负担,通过和平方式解决讼争以及简化诉讼程序。治安法官制度的确立既符合社会发展的客观要求,又反映出俄罗斯民族的宗教精神和文化特点。俄罗斯司法改革时期的民事诉讼立法应该说已经达到了较高水平,其中诉讼程序的可接近性、辩论性、当事人平等、庭外和诉讼中和解制度,都是俄罗斯法治文明的重要飞跃。亚历山大二世主导的司法改革具有民主化特征,贵族、商人、小市民甚至农民都可以被选举为治安法官。国家竭力通过立法方式来鼓励通过和平方式解决争议,加强对治安法官的培训,建立治安法官选举制,树立法官联合会的权威。这得到了社会各界代表的支持和信任,也为公民权利保护和培育创造了良好条件,树立了治安法官的权威。

二、简易诉讼程序

俄罗斯司法改革前的民事诉讼最显著的特征是简易程序的多样性。1832年《俄罗斯帝国法令全书》中,除规定了若干种和解程序和专门程序外,还规定了4种主要程序和18种特别程序。这些程序在司法实践上对当事人和法院造成了极大困难,以至于在具体案件中难以确定按照何种程序规范审理民事案件。1864年《民事诉讼条例》最终将此简化为三种类型的简易程序：简易程序、快速程序和文据强制执行程序。这些程序在历史演进中逐渐蜕去了原有的形态特征，例如，1864年《民事诉讼条例》中规定的文据强制执行程序逐步演化为现代俄罗斯诉讼法中的命令程序；而《俄罗斯联邦仲裁诉讼法典》规定了快速程序，其中也同样涵摄了1864年《民事诉讼条例》中简易程序和快速程序的部分要素。

根据1857年颁布的《程序法规范》，民事诉讼程序被区分为诉讼程序和非诉程序。非诉程序几乎被完全排除出法院职权范围之外，完全由警察机关行使。适用诉讼程序的案件范围较为广泛，包括所有的人身侮辱案件、财产损害赔偿案件，以及质押、合同和债权纠纷，国家与私人之间的纠纷，但不动产纠纷被排除在外。①

由法院主管的诉讼案件在程序上被分为两类：所有权诉讼程序和普通诉讼程序。所有权诉讼（ветчиный иск）这一诉讼类型是随着所有权制度的发展而产生的，"所有权"（собственность）这一术语首次出现于18世纪下半叶。立法所调整的主要是不动产所有权，其对象首先是土地所有权。1714年，私人地产和世袭领地朝着平等法律地位相互靠拢的漫长过程终于结束，私人地产与世袭领地这两个概念合为一个概念——"不动产"，除了这两者外，庄园和店铺也被纳入进来。这标志着商界的地位得到提高，国家更加关注商业领域的财产权，审理对象包括土地所有权争议、村庄间纠纷、农奴和债农纠纷、动产所有权纠纷、城市和郊区庄园争议以及不动产纠纷。所有权诉讼一般采取侦查方式，并允许上诉，可以根据利益相关人诉状或者根据监督程序向上级法院移送案件审理。普通诉讼程序审理范围包括：(1) 债权和合同纠纷诉讼；(2) 人

---

① Судебные Уставы 20 ноября 1864 года за пятьдесят лет. Т. 1. Пг., 1914 г. С. 515.

身侮辱、损害赔偿以及财产侵占诉讼。①

司法实践上与主要程序并行的还有 18 种特别诉讼程序，而在司法实践中运行的程序甚至更为繁杂，因为很多民事法律争议由公断庭（третийный суд）、良知法院（совестный суд）和言词法院（словесный суд）等专门机关管辖，并且由专门法律调整。除此之外，对于俄罗斯帝国的某些区域和民族，还单独安排有一系列特别规定。统计表明，在 1864 年《民事诉讼条例》颁布以前，共有 63 项程序在运行。②

法院的等级性、诉讼程序上的繁复性以及多样性导致了管辖问题的复杂化和不确定性，也使得每个诉讼的提起都需要根据内容、诉讼对象以及原告、被告的社会阶层和社会关系确定案件适用诉讼程序种类，这也必然导致当时历史条件下司法运行的混乱。因此，确定案件管辖问题成为当时诉讼的一个重要环节。而这经常造成法官的曲解，甚至导致在案件开始就实质问题进行审理前，就需要在管辖问题上通过若干审级审理。造成管辖问题复杂性的另一重要原因是当时俄罗斯存在大量职权彼此重叠的国家机构。但是，随着 19 世纪 60 年代俄罗斯社会生活条件的转变，以往行政机关通过分割司法权而获取经济利益的做法已经逐渐失去其意义，纠问式诉讼也逐渐失去其实践价值，仅仅在地方审理的小额案件中仍然适用。

（一）简易程序

1864 年《民事诉讼条例》通过之后，精简了以往存在的大量诉讼程序，仅保留两个最为重要的程序：普通程序（общий порядок）和简易程序（сокращенный порядок）。两种程序最主要的区别在于：普通程序中将当

---

① Дегай П. Учебная книга российского гражданского судопроизводства губерний и областей, на общих правах состоящих/Составлена для Императорского училища правоведения Павлом Дегаем. СПБ. 1840 г.. С. 19—21,30—38.

② Судебные Уставы 20 ноября 1864 года за пятьдесят лет. С. 515.

事人言词辩论作为诉讼程序的重心，需要进行书面准备，交换辩论文件；而简易程序中通常由法院院长传唤双方当事人到庭，在事先对当事人解释说明后，直接指定开庭审理日期或者为当事人指定提交书面陈述期限。

1864年《民事诉讼条例》第350条规定，按照简易程序，法院院长在受理当事人诉讼申请后，不应当直接传唤当事人开始庭审，而是应当先将当事人传唤到法庭，对其进行预先释明，并根据案情判断是否适用简易程序。这种预先传唤到庭由于形式上的冗繁，导致了简易程序的复杂化。传唤到庭的唯一目的在于，使法院院长在了解案情对微小案件产生可能内心确信的同时，对能否通过一次庭审达成纠纷解决的目标进行判断。根据1864年《民事诉讼条例》第362条规定，在法院院长对案件复杂性作出判断后，法官有权对适用何种程序作出进一步判断。俄罗斯直到1914年6月2日，为了全面实现客观真实原则，才消除了简易程序和普通程序间的差别，仅仅规定了普通程序。

对1864年司法改革中简易程序创设原因进行深刻认识，需要分析当时的社会背景。司法改革时代民众对于简单微小案件适用简易和简便程序的呼声日益高涨，简易程序的设立是对民众呼声的回应。简易程序要求对于简单微小案件进行快速审理，回避严格的书面程序要求，为此必须设置言词性质的审理程序。当时依照欧洲立法经验，存在着两种简易程序模式：第一种模式是法国模式，规定封闭的案件种类清单，根据案件性质并不要求必然遵守普通程序规则，而是要求尽快作出判决；第二种模式是日耳曼模式，所有案件种类均可以适用简易程序，只有案情极为复杂的诉讼可以根据普通程序审理。正如T. M.雅布洛奇科夫所言，日耳曼模式的突出特点在于其内在合理性，法律不应当严格规定无须书面准备的微小案件种类，因为通过法律确定的微小案件有可能案情较为复杂；而相反，重大案件也有可能可以通过简易程序快速解决,这一模式避免了法律与现实的割裂。①

当时立法者作出了兼具双重属性的立法选择,通过《民事诉讼条例》中规定的简易程序,可以发现两种模式的混合特征:1864 年《民事诉讼条例》是在 1806 年《法国民事诉讼法》的影响下制定出来的,贯彻了自由主义思想。1864 年《民事诉讼条例》确定了必须适用简易程序的案件种类,任何争议都可以根据当事人申请,经法官认可后适用简易程序审理,但也对部分案件种类作出了除外规定。当时立法中的简易程序与普通程序并列规定,详细界定微小案件范围,两种程序并存于同一诉讼体系中,相互补充。由审判庭或者法院院长,根据提起的诉讼请求和证据自行裁量采取何种程度的书面形式,以及是否需要缩短审前准备期限等。

1864 年《民事诉讼条例》第 349 条规定了应当适用简易程序案件的种类:(1) 赊销商品纠纷、房屋租赁纠纷、服务和产品加工纠纷;(2) 金钱及其他财产保管纠纷;(3) 履行合同和债务请求;(4) 财产不法侵占引起的损害赔偿(其中不包括不动产所有权纠纷);(5) 判决执行争议;(6) 专利权纠纷;(7) 工矿企业生产意外引起的工人人身损害及其家庭成员赔偿。

如果当事人双方请求适用简易程序,且法院认为不存在其他特殊障碍,则所有案件均可以适用简易程序审理。在双方当事人同意的情况下,简易程序仅允许在区法院适用,二审法院仅允许适用普通程序。②

禁止通过简易程序审理的案件包括:(1) 行政诉讼案件;(2) 司法机关和行政机关造成的损害赔偿案件。

区别于普通程序,简易程序的简易性包括:无须事先传唤当事人到

---

① Яблочков Т. М. Учебник русского гражданского судопроизводства[M]. Ярославль. 1912. С. 190—191.

② Устав гражданского судопроизводства с разъяснениями Сената по 1909 г. Включительно. Екатеринославль. 1912 г. С. 179(комментария к ст. 348).

庭,可以在较短时间内直接开庭审理。根据《民事诉讼条例》第350条规定,法院院长依据诉状指定传唤当事人开庭审理日期。法院院长指定开庭日期时应当考虑向被告送达传唤通知书所需时间,根据实际情况不应当少于7天到1个月。此时双方当事人被直接传唤到庭进行言词辩论,而且传唤通知书中必须载明出庭日期。而在普通程序中,当事人需要预先被传唤到庭,对言词辩论进行书面准备,也就是交换书面辩论文件,并在此之后,根据当事人申请确定言词辩论日期。

简易程序通常适用普通程序规则,但其中一些关于缩短审判期限的特殊规定,规定了当事人及时提交据以证明自身权利文件的义务:原告在提交诉状的同时提交所有诉讼材料;被告应当在不晚于第一次庭审前提交诉讼材料。因此,原告和被告都应当在开庭审理前提交所有诉讼材料,这一重要规则构成了简易程序与普通程序的最重要区别。同时,当原告不能在短时间内获得用以辩护的必要文件时,有权申请延期审理。如果法院满足这一申请,则需重新指定开庭日期,进一步的延期只能根据当事人双方协商约定。也就是说,被告获得新的证据时,原告有权提交新的证据进行辩驳,此时原告有权为提交新的文件请求延期审理;法院可以为原告指定获取新证据的期限,进一步延期只能根据当事人双方协商约定。普通程序中专门规定了案情听审程序,只能在听取案情之后进行书面准备即交换辩论文件。但是,如果在简易程序中法庭认为案情复杂不能通过言词辩论调查清楚,那么可以要求当事人双方提交书面陈述用以查明案情。

简易程序旨在一次性快速审结案件,如果当事人双方同意,法院院长认为该案件具备通过简易程序审结的可能,那么就可以无须提交任何书面陈述,仅根据当事人双方言词辩论作出判决。《民事诉讼条例》立法者认为,所有诉讼均适用简易程序存在诸多困难,并非所有案件都可以在未预先了解和调取书面证据的情况下进行,而这也会导致当事人双方诉讼地位的不平等,使提供证据的一方当事人处于有利地位,使另一方当事人由于失去了解对方新诉讼理由的机会而无法进行答辩。显而易见的是,简易程序适合于审理简单和微小案件,对复杂案件则明显"力不从心"。因此,如果法院得出结论——虽然案件简单微小,但是言词辩论不足以查明案情,则法官有权在案件审理任何阶段自行裁量转为普通程序。

诉讼转为普通程序后,当事人或者其诉讼代理人也应当进入案件听审程序(судебное слушание)。如果原告未出庭,则法院终止诉讼直到原告提起新的诉讼,或者在被告同意的情况下继续审理并解决案件;在被告未出庭的情况下,则进行缺席审判。根据1864年《民事诉讼条例》第360条规定,诉讼转为普通程序后,当事人在案件听审日进行言词陈述,并由书记官作为案件报告人陈述案件本质。此时的普通程序已经受到简易程序影响而将促进当事人和解作为其任务之一:法院院长应当在第一次言词陈述后,在作出判决前促进当事人和解。在简易程序中促进当事人和解已经成为法院院长的强制义务,但在普通程序中是否适用调解则由院长自行裁量决定。但是,当时俄罗斯法学界对于调解和审判由同一法官实施存在较大争议,认为法官同时承担裁判者和调解员的双重义务,这实际上剥夺了法官履行调解员义务的能力。这是因为,为了促进当事人成功进行和解,调解员不仅需要了解案件形式真实,还需要了解实质真实,即当事人之间真实法律关系,而不是根据案件现有证据对形式真实进行判断,而实质真实只能借助于当事人了解。但是,如果法官既担任调解员又担任作出判决的裁判者,将导致当事人无法提供真实准确陈述,因为其有充分理由担心这些陈述是否会影响最终判决。[①] 因此,普通程序和简易程序中的法官促进当事人和解,被很多学者认为仅仅是一种形式上的规定。

随着时代的发展,1864年《民事诉讼条例》中规定的简易程序愈发

---

① Нефедьев Е. А. Учебник русского гражданского судопроизводства. М. 1900 г. С. 249—250.

不能满足司法实践中快速审理的需要,特别是其中针对债务人拒绝履行债务或者缺乏必要的履行能力的债权纠纷,即非诉案件。当时,传唤被告到庭解决纠纷成为庭审前提条件,但在司法实践上这有时是极为困难的,尤其是在被告居住地距离原告较远或者故意逃避传唤文书送达的情况下,而且简易程序中的被告还享有通过提交不同种类抗辩拖延诉讼的手段和能力。司法改革前的债务追索主要采取警察机关强制执行的方式。改革初期立法委员会提出法院可以根据原告手中的有效文书,在不传唤被告到庭的情况下直接强制执行,此类非讼纠纷无论标的额大小均可以委托给警察机关和治安法院。但是,由于民众对警察机关长期腐败失去信任,这一立法规范未被社会接纳,立法委员会决定非诉案件毫无例外必须通过法院审理解决。在这种背景下,社会各界都普遍要求建立一种审理非讼案件的简易程序。

(二)快速程序

快速程序(упрощенный порядок)在现代俄罗斯民事诉讼中被称作命令程序,用以审理非讼纠纷。1868年,非诉文书的强制执行程序再次被设立,并由参政院补充规定票据等非诉文书同样适用该程序解决。1891年6月3日,《关于票据、债务、租赁合同适用快速程序和简易程序审理法》颁布,第一次通过立法确定了快速程序。

快速程序是简易程序的形变,立法者设立这一程序旨在减轻法院案件负担,在合理期间内尽可能缩短诉讼时间,减少被告拖延诉讼的可能。依据原告申请适用快速程序审理的案件包括:(1)在原告能够证明支付条件来临的情况下,依据票据、质押书、借据等书面债权文书金钱偿付的请求,以及根据不动产租借合同请求支付租金诉讼;(2)交付纠纷。同时,《民事诉讼条例》中还明确规定了禁止适用快速程序审理的案件:(1)被告位于国外或者被告居住地不明;(2)向分别居住在不同司法区被告提起的诉讼;(3)债权诉讼时效已经超过5年或者租借财产期限届满超过 1 年;(4) 以继承人身份提起的债权偿付诉讼。诉讼条例将被告居住地或者临时居住地作为确定适用快速程序管辖法院的依据,并由区法院大会决议任命的法官独任审理案件。

起诉状除应当遵守普通形式规范,在请求按照快速程序审理外,还应当提供据以起诉的材料原件。快速程序的特点包括:根据原告申请提起诉讼;案件类型法定;法官独任审理;根据被告住所地或者所在地确定管辖;缩短审理期限,被告被直接传唤到庭;原告在提交诉状的同时提交所有证据,而被告在开庭审理前提交所有证据;当事人只能援引经过开示的书面证据。快速程序取消了所有可能拖延诉讼的因素:不再要求检察长参与诉讼,不追加第三人,不允许提起反诉。当事人有权在任何阶段申请转为普通程序(《民事诉讼条例》第 365 条第 16 款)。不允许诉讼延期,当事人缺席不阻碍判决的作出;如果被告未出庭,将作出缺席判决。除此之外,判决从宣布时刻起发生法律效力,并且不允许上诉;当事人有权从判决宣布时刻起一个月内,要求通过普通程序再次审理案件。同时,被告有权在送达执行文书一年内,提起诉讼要求免除其所负责任并执行回转。

快速程序的设立旨在快速审理和解决民事案件。但是,司法实践运行中并没有实现设置这一程序的预期目标,这一程序并没有充分保证案件审理的效率。由于规定传唤被告到庭并开庭审理这一环节的存在无法起到真正加快庭审的目的,因此在现代命令程序中取消了传唤被告环节。而通过快速程序审理作出判决后,当事人可以要求通过普通程序再次审理,这也同样剥夺了这一程序的合理性,使得两级法院实质审理制以及法官之前完成的相关简化诉讼行为失去了意义,由此造成当时快速程序无法在司法实践上得到有效适用。

(三) 文书强制执行程序

由于司法实践中简易程序和快速程序对不存在争议案件的审理没

有发挥预期的快速审理解决的效用,因此司法实践上进行了更多的司法改革尝试,并由此设立了专门针对非讼案件的强制执行程序。1889年12月29日颁布的《地方长官和市法官诉讼条例》中规定了文书强制执行程序,该程序专门针对非讼案件,无须当事人双方进行言词辩论即可直接作出判决,法官仅需对文书非讼性质作出判断,便可以通过判决赋予文书强制执行力。① 在本质上,强制执行程序是诉讼程序和判决执行程序的复合。

强制执行程序通常适用的案件包括:(1)根据书面证据或者司法和解书,在原告证明履行条件已经成就的情况下,提出的金钱给付、动产返还、租借物的交付和清偿请求;(2)拒付票据的追偿诉讼;(3)依据《工矿企业生产意外造成的工作人员及其家庭成员的损害赔偿条例》签订和解协议的追偿诉讼。如果国家机关作为被告或者债权超过诉讼时效,则不允许适用强制执行程序。

在文书认为不存在瑕疵或者经由国家权力机关公证证明的情况下,可以直接要求法院赋予文书强制执行力,法官会在该文书中直接附加法院执行决定并签名生效,上述诉讼行为无须传唤被告到庭。被告有权在收到文书副本6个月内提起执行异议之诉,申请认定原告依据文书提起的诉讼请求不成立。强制执行未完成时,可以根据执行地或者原告住所地提起执行异议诉讼;如果执行已经完成,则只能根据原告住所地提起该诉讼。

立法上规定了具体文书执行程序的运行方式:法院将记载法官决定的文书返还追索人,并由其决定是否要求执行。这一程序中并不颁发专门执行书,而是将记载法官决定的原文书充当执行文书,因此,在向被告下达执行通知时,必须同时附带载有法官决定的文书副本。文书送达后,被执行人应当立即将金钱和返还物交付追索人。只有在地方

---

① См.:Энгельман И. Е. Курс русского гражданского судопроизводства. Юрьев1912. гС. 437.

长官或者城市法官作出中止追索或诉讼保全裁定的情况下，才可以中止程序。被告应当补偿追索人所承担的诉讼费用，但仅限于非诉程序部分，补偿金额应当与其所负责任相当。

文书强制执行程序作为俄罗斯近代第三种简易程序，最初在1864年《民事诉讼条例》中规定，并通过1912年《文书强制执行条例》固定下来。该程序主要针对债权人依据文书（书面凭据）向债务人提出的请求无法获得满足，并且文书不存在争议，而债务人回避偿付义务的情况。在这种情形下，由于案情清楚、法律关系清楚明确，因此严格的诉讼程序便无适用的必要。为此安排有文书强制执行程序，但也随之产生了是否保留原有简易程序的争论。19世纪60年代俄罗斯司法改革中规定了两类程序：普通程序和简易程序，并将案件划分为简单案件和复杂案件。但是，此后半个世纪的司法实践证明，适用简易程序的简单案件案情未必简单，而适用普通程序的案件也常常是简单案件，因此法官的裁量和判断就发挥了重要作用。但毫无疑问，简易程序在司法实践中发挥了巨大的作用，当时大量的诉讼审理中都普遍适用了简易程序。根据当时司法部公布的统计报告，以1866年和1867年为例：1866年区法院共受理4750起民事纠纷，其中仅252起适用普通程序，而有2769起适用简易程序；1867年受理的12579起纠纷中，适用普通程序审理634起，简易程序5347起。[①]

1914年6月2日，沙皇政府强化了司法的国家干预，特别是法院院长在诉讼指挥中的作用。通过立法修订，将原有两立的诉讼程序再次合并统一，形成了具有特殊性质的简易程序：(1)废除原有普通程序和简易程序，将其合二为一，赋予法院院长在具体案件中的裁量权，即可以根据案件性质决定是否需要进行书面准备。法院院长依起诉状决定是否进行书面准备，无须传唤被告到庭。同时，保留了法庭在第一次开

---

① Отчет Министерства юстиции за 1867 г. СПБ. 1870 г. С. 21.

庭审理前要求进行书面辩论文件交换的权利。(2)法庭传唤当事人直接到庭,在需要进行书面准备的情况下,传唤被告到庭提交书面陈述。(3)原简易程序规定的一个月的上诉期间以及缺席判决的两周申诉期间被新的普通程序保留下来。提起再审的期间由四个月缩减为两个月。(4)规定所有案件均可以适用简易程序规范审理,但必须在第一次庭审前提交所有的文件。这一规范扩张到所有证据,对由于没有及时提交证据导致案件审理拖延的行为规定了制裁措施,即使判决结果可能对过错一方当事人有利,法院也可以要求过错一方当事人承担全部或者部分诉讼费用。同时,简易程序也可以同样适用于上诉审程序和行政诉讼案件。

三、上诉审程序

从传统语义角度来讲,对于法院裁判不服的诉讼当事人,申请重新考虑全部或部分案件所使用的司法程序,在大多数国家都被称为"上诉"(Appeal),也有一些国家使用了更为激烈的词语——"打碎"(cassation),形容这种可能推翻以往司法裁判的程序,相应地接受这种特殊上诉的法院也就被称为"破弃法院"。因此,"人们往往使用'攻击判决'一词将这两种程序都包括在内"[①]。俄罗斯使用了 аппеляция 和 кассация 分别表示普通上诉程序和再审程序(撤销原判程序),但在一定历史时期两者具有同义。最初时上诉作为权利救济手段,甚至可以对作出判决的法官进行攻击,直到被更为合理的"攻击对象"——判决所取代,对法官的攻击也仅限于法官作出判决行为不检的情形。上诉这一简单词汇在俄罗斯法律发展过程中的演化,体现了法律对于其运行主体法官的重视和保护,因为上诉的攻击对象已经置换为静态判决了,降低了上

---

① 常怡主编:《比较民事诉讼法》,中国政法大学出版社2002年版,第615页。

诉攻击性和对于法官品性的直接针对。这种尊崇的交互变化，传递了法律这一理性工具对于法律主体"人"应有的慎重与尊重，这也奠定了现代法治进程中上诉这一激烈权利救济制度对事攻击的相对客观基调。

（一）近代司法改革前俄罗斯民事司法裁决上诉程序的演进

俄罗斯司法改革的历史充斥着制度的破与立，正如1866年4月23日《莫斯科公报》所言，"俄罗斯的司法改革并非对旧制度的延续，而是破除旧的制度并在新的基础上构建一个新的建筑"。① 俄罗斯民事诉讼中长期存在着案件审理迟延、过度追求形式主义与书面形式、起诉程序不明确等问题，特别是大量审级机关的存在导致了诉讼程序的拖延。这些问题成为1864年司法改革前民事司法体系症结所在，司法改革也因此将目标定位于建立公正、高效、契合欧洲先进民事诉讼理论的民事上诉程序。

由于审级体系复杂以及大量司法机关并存，尤其是司法权与行政权的界限不清，使得省长（губернатор）和省府（губернское правление）均有权对法院工作进行监督，省长有权直接审理行政案件（казенное дело），警察机关有权审理解决小额民事诉讼（如债务追索等非诉案件），甚至立法机关也经常实施司法权：国务委员会亦可以利用司法监察职权审理一些特定案件。此种混乱无序最终导致了民事司法审判中乱象丛生。

自叶卡捷琳娜二世时代起，俄罗斯民事司法体系就已开始借鉴日耳曼三审制原则，以构建自己的法院系统。1775年通过的《治省章程》（《Учреждение о губерниях》）确定了各级法院主体，其中规定：对一审法院判决不服的可以向二审法院提出上诉，对于二审法院判决不服的，可向参政院（Правительствующий сенат）提出再审。在叶卡捷琳娜二世时

---

① Катков М. Н. Собрание передовых статей Московских ведомостей за 1865 г. М. 1897 г. С. 236.

代,针对不同社会阶层,分别规定有不同的司法管辖机关:贵族阶层的一审法院是县法院(уездный суд),二审法院是省级高等地方法院(верхний земский суд);对于城市市民阶层,一审法院是市法院(городской магистрат),二审法院是省法院(губернский магистрат);对于农民阶层,一审法院是初级裁判所(низняя расправа в уезде),二审法院是高级裁判所(верхняя расправа в губернии);对于知识分子阶层,一审法院是低级客籍法院①,二审法院是高等客籍法院。各个阶层的第三审级都是民事、刑事高等审判院,若对第三审级判决不服还可以继续通过再审程序移交参政院审理。

面对如此复杂而庞大的法院体系,案件审理的迟延与低效也就不可避免。因此,1801 年,原第二审级法院均被取消,取而代之的是民事、刑事高等审判院,第三审级由原最高审级参政院(Правительствующий сенат)担任。经过数次修改,三审制最终通过 1832 年《俄罗斯帝国法令全书》固定下来。然而,在司法实践中,审级过多的弊端并未因此得到有效缓解。对数额较大、案情复杂的案件,枢密官(семинатор)、司法部长(Министр Юстиции)、首席检察官均有权参与审理并发表意见。由此也导致案件审理常常会经过六个审级:(1) 区法院;(2) 民事高等审判院;(3) 参政院厅(департамент сената);(4) 参政院会议;(5) 上诉委员会;(6) 国务会议。由此可见当时诉讼的漫长与艰辛。

根据 1849 年司法部统计报告,1848 年参政院民事审判庭未审结的案件为 9324 件,民事高等审判院未审结的案件为 21677 件。最为著名的是施特洛夫斯基(Шидловский)案,案件从 1836 年到 1856 年经历了二十年的审理,12 次被提交至参政院,也由此获得了 12 份矛盾命令,这些命令最终只解决了起诉是否合法的程序问题,仍未涉及实体审理。正如《司法部百年发展历史概况(1802—1902)》作出的评价:"法律最重

---

① 客籍法院专门受理来首都办事的外地人和在首都拥有不动产的平民知识分子的刑事、民事案件。

要的任务应当是保障判决的正确性,但司法改革前的司法实践显然没有达成这一目的,造成的只是诉讼的迟延。"向高等审判院提起上诉不受限制以及各级法院对诉讼过高的形式要求,都耗费了大量的司法资源。因此,革除上述造成诉讼迟延的弊端成为1864年司法改革的主要任务。

(二) 司法改革前上诉程序的主要内容

上诉程序是1864年《民事诉讼条例》颁布之前仅有的一种对于判决不服的救济方式,俄文表述为апелляция,这一词来自拉丁语appellatio,意为提出请求。1857年《俄罗斯帝国法令全书》第602—603条中规定了向沙皇提出的上诉制度,区别于通常意义的上诉,沙皇并非作出新的判决,而是作出发还下级法院重审的决定,并且只有根据法律规定的再审事由,可以作为撤销判决的依据。

1. 上诉程序分类

上诉程序根据上诉性质和内容分为部分上诉程序(частная апплеяция)和普通上诉程序(апелляция),两者区别在于是否就案件本质(实体内容)进行上诉。部分上诉程序中利益相关人不针对案件实体内容,而仅就程序违法事项向上级法院提起部分上诉,并请求撤销原判决。依据俄罗斯诉讼法理,法院作出最终判决,需要通过诉讼程序解决一系列问题,如询问证人、进行现场勘验、满足当事人诉讼请求等。而法院作出关于诉讼行为的决定也影响了诉讼的最终结果,最终也反映在法院判决上。因此,仅仅允许就案件本质问题提起上诉,显然无法完全实现救济目的。法院作出最终判决后,就所有程序事项提起的部分上诉,可以保证当事人诉讼利益和私人权益,即法院对正确判决的作出必须提供必要的程序保障,而这一利益独立于法院判决是否为实体正义。通过向上级法院提起部分上诉,请求审查下级法院裁定和决定的正确性,为实现程序保障提供了可能。俄罗斯1864年司法改革前的民事诉讼程序中,根据部分上诉程序,可以就任何违反诉讼形式行为提起上诉。但是,在提供权利救济的同时,也容易使之滑落为拖延诉讼的手段,导致同一案件在不同审级反复审理,造成审理的迟延。因此,1864年《民事诉讼条例》对适用部分上诉程序的情形进行了严格的限制。

上诉程序根据审级可以分为三大类:(1) 一审法院判决的部分上诉程序(по частным жалобам на суд первой степени)和普通上诉程序;(2) 参政院中对于二审法院判决的部分上诉程序和普通上诉程序;(3) 沙皇上诉案件审理程序。上诉制度遵循不告不理原则,在当事人未提起上诉的情况下,上级法院无论是对下级法院诉讼程序抑或是裁决,均无权作出裁断。

从伊凡三世时代起,普通上诉和部分上诉就已存在并被加以区分,并在1775年《治省章程》和《俄罗斯帝国法令全书》中通过法律形式固定下来。法院受理上诉并通过监督程序(ревизионный порядок)对上诉案件进行全面审理。上级法院审理不限于当事人上诉请求范围,审查当事人诉讼请求是否合理的同时,还应当调查权利在何种程度上归属于当事人,以及当事人能否有权提出更多请求。上诉法院、参政院根据案件审理结果撤销下级法院判决,并作出新的司法裁决。

当时的部分上诉和普通上诉程序均具有很大的不确定性,并由此承担较大的诉讼风险。部分上诉通过普通诉状形式提起,可以就民事案件迟滞审理、诉讼程序违反法定形式以及违反审理规程等事由提起上诉。若一审法院拖延诉讼审理,则可以向省府提起上诉。省府可以在诉状审查后出具总督强制令,要求法院加快案件审理。但是,在司法实践中,尤其是在书面审理的背景下,法官经常以搜集补充信息以及制作证明书或笔录摘要为由故意拖延诉讼,在年末报告中故意减少未审决案件数量,甚至以诉讼形式上不具决定意义的微小瑕疵为由,任意将案件发还重审。因此,上级机关、检察长对下级法院的监督很少能够真正加快诉讼运行,甚至连沙皇命令都无法获得积极回应。以商人罗卓斯金（Авзер Разовский）诉政府案为例，这一诉讼整整持续了50年。

对一审法院违反民事诉讼程序规范的部分上诉，通常向二审法院即民事高等审判院提起，高等审判院审查诉状并依法给予意见，并将案件发还原一审法院依法定程序对案件实质重新审理。如果发现一审法院有违法行为，州政府可以自行或者通知高等审判院科以处罚。对二审法院违反诉讼形式和拖延诉讼的行为可以向第三审级参政院提起上诉，参政院据此要求二审法院以报告形式作出说明。在严格责任的约束下，二审法院会列明旨在解决案件的所有必要事实，帮助参政院迅速和全面了解案情，作出合理判断，以避免案件的重复审理。对案情更为复杂的案件通常以报告笔录的形式作出（докладная записка）。参政院在了解案情后，可以直接审结案件或在上诉请求不合理的情况下驳回上诉，以及作出消除违反程序行为并对违法行为可以处罚的决定。不同审级中之所以提起部分上诉程序不同，其根本原因在于司法改革前司法权对于行政权的依附性，并由此导致撤销法院判决程序具有不确定性。虽然上诉审法院只能根据上诉状审理上诉案件，但对涉及沙皇政府直接利益的诉讼，如对无人继承财产收归国有案件的拖延审理则无须上诉，可以直接由上级法院受理，这反映出这一时期法律更多是作为沙皇统治的工具。为防止大量案件涌入上诉法院，《俄罗斯帝国法令全书》第500条规定了有限制上诉：对乡法院、地方法院、市执政官等地方司法机关审理的标的额少于30卢布的小额案件不允许提起上诉。

2. 上诉程序主要内容

当事人向上级法院提起不服判决上诉，必须作出对判决全部或部分不服的意思表示。这一行为必须在案件判决作出后一周内提出，如果逾期提出，则会面临丧失上诉权的风险。判决不服通过一定仪式当庭提出，这必然对公告送达判决的未出席当事人极不公平，尤其是限制了身在国外以及无能力指派委托人的当事人上诉的权利。判决不服通常以书面形式列在判决主文之下，如果没有书写空间，则可以另附页并签字。上诉人必须证明提起上诉是其真实意思表示，即通过缴保证金或者签署证明书方式加以证明，不服判决上诉人为若干人时，所有上诉人均需缴纳保证金。上诉人宣布判决不服后，一审法院应当向当事人出具法定形式的上诉证明文书。

《俄罗斯帝国法令全书》中规定了上诉证明文书必须载明的事项：上诉人获知判决结果的方式，通过警察局抑或是自行得知，自行出庭抑或是由诉讼代理人代为出庭，何人在判决上签字提出服从判决抑或是不服判决；提起上诉时是否缴纳诉讼费用；对判决是全部抑或是部分不服。如果判决书上签字的并非当事人本人，还需要证明诉讼代理人为有权代理。一审法院制作上诉证明文书的意义在于：上级法院在未出具上诉证明的情况下无法受理上诉状。当事人提出判决不服，在由一审法院制作上诉证明后，由一审法院在三天内制作诉讼清册，附以必要补充材料后提交相应二审法院。至此，上诉程序第一阶段完成。

当事人上诉期限为一年，对于国外当事人则规定为两年，对于未成年人和军队服役人员的上诉期间则另有特殊规定。如果当事人要求中止执行，则应当视情况在一个月或者四个月之内提交诉状。《俄罗斯帝国法令全书》中共规定了三个上诉时效期间：宣布判决不服期限、中止执行上诉期限和未中止执行上诉期限。复杂的时效期间规定导致了诉讼程序适用的混乱。

司法改革前诉讼程序的弊端还反映为形式主义的过度发展，过度追求诉状严格外在形式，而缺乏对诉状内容内在的要求。① 但是，上诉状中仍然必须说明下级法院判决不合理及违法之处，而缺乏上述内容的诉状将被拒绝受理，禁止提出新的未经一审法院审理的诉讼请求。如果上诉审法院发现诉状中提出一审法院未经审理之主张，则法院不予审理，并告知当事人另行向一审法院起诉，时效期间为一年；如当事人

---

① Победоносцев К. Юридические заметки и вопросы. Журнал Министерства Юстиции1866 г. Т. 27. С. 41—42.

位于国外或在部队服役,则时效期间为两年。同时,禁止在二审法院提交新的证据。但是,《俄罗斯帝国法令全书》第527条中规定,当事人有权向二审法院提交证明自身权利的文件或书面证据,即允许提交新的书证。

二审法院受理并对诉状审查后,应当立即启动上诉程序。《俄罗斯帝国法令全书》第553条规定,对民事案件审查集中于对判决的合法性和根据性进行审查,即程序是否合法,能否查明具有诉讼依据的一方当事人权利,能否推翻相对方的虚假权利主张,能否查明案件事实情况的正确性(事实方面),适用和解释实体法和程序法是否准确(法律方面)。除此之外,上诉审法院还可以就涉及沙皇政府利益的案件,在没有提起上诉的情况下启动监察程序。

(1)一审上诉程序。在前文中我们已经简略阐述了上诉程序的流程:一审法院制作笔录摘要,清楚、全面地说明案件情况及争议事项,列明提出证据和适用法律。笔录摘要制作完毕后,传唤当事人至法院签字,并由制作笔录摘要的书记官向上诉审法院汇报案件情况,报告由笔录和法院判决组成。当事人在汇报案件时可以在场,并在发现案件汇报存在遗漏时可以作出补充陈述。法庭在听取案件汇报后讨论案情并作出判决。上诉审法院有权维持原判、撤销判决以及作出新的判决,撤销原判决时法院应当指出依据。如果上诉审法院得出一审法院案件审理结果不正确、不通过新的诉讼程序无法作出正确判决的结论,则原判决被认定为无效,案件发回原审法院重新审理,并对原审法院科以惩戒。[①]

上诉审法院功能定位于纠正和发现一审法院审理程序以及判决中错误、遗漏和不明确的内容,从而对下级法院承担责任科以相应处罚,以此监督下级法院活动,避免玩忽职守。但是,禁止上诉审法院补充当事人一审中未曾援引的新的证据材料。二审法院作出判决后,移交一

---

① О развитии процедуры доклада дела см.: Малышев К. И. Курс гражданского судопроизводства. Т. 2. СПБ. 1875 г. C. 182—183.

审法院执行。如果当事人对于二审法院（民事高等审判院）最终判决不服，可以向参政院提起上诉，并由参政院对案件续审。

（2）参政院对二审判决不服上诉的审理程序。参政院对于二审法院判决的审查程序分为两种：依据利益相关人上诉状提起的上诉程序和未经上诉而由参政院主动启动的上诉程序。在前一类诉讼程序中，参政院只能根据利益相关人提起诉请启动诉讼程序，并对上诉案件的诉讼标的额和上诉保证金作出限制性规定，如果二审判决不服诉讼标的额少于 600 卢布，则不允许提起上诉。对于二审法院判决不服提起上诉，必须缴纳 60 卢布保证金。第二类参政院可以未经上诉主动启动针对沙皇政府与私人之间的不动产纠纷的审查。如果当事人依据胜诉判决从政府机构获取不动产，即使任何一方当事人均未提出不服判决，二审法院也应当将案件移交参政院审查。

除此之外，申请人还应当签署保证书证明自身正义来代替宣誓，缴纳的保证金被保存在法院并计算利息，如果法院变更判决，则将保证金退还申请人。如果法院维持原判，则将缴纳保证金作为罚款，提供给学校等公益机关作为日常费用。判决按照普通程序规范移交至参政院时，不允许受理和补充新证据。上诉程序同样要求制作案件汇报清册，当事人应当事先了解清册内容。同时，参政院作出裁定时，允许当事人到庭。由参政院一致意见作出的判决被认定为最终判决，并应当迅速进入执行程序（《俄罗斯帝国法令全书》第 562—586 条）

（3）上诉法院和参政院对诉讼的审查。上诉法院和参政院不仅审查法庭解释适用法律是否正确，还需要对案件进行实体审理（《俄罗斯帝国法令全书》第 533 条）。如果参政院委员会对案件意见出现分歧，即如果议员无法达成一致意见，在当时司法权与立法权混同的状态下，只能通过司法部长中断案件审理或者由首席检察官提起抗诉，提交国务会议和参政院全体会议审理（《俄罗斯帝国法令全书》第 586、588 条）。国务会议建立于 1810 年，作为沙皇领导下俄罗斯帝国最高的国家权力机构,全面地行使国家立法权、司法权和行政权。在这一背景下,参政院的功能被弱化,参政院成为中间审级。① 简言之,审级众多和程序复杂成为这一时期旧式司法体系最大的弊端。

(三) 俄罗斯帝国司法机构变革与上诉审体系的协同发展

俄罗斯司法体系根本改革的构想萌生于 19 世纪 20 年代,这一时期出台了一系列有关司法机构和诉讼体系改革的草案。面对上诉审级运行过程中暴露的种种弊端,草案中将上诉程序改革作为司法改革的重要一环。在 1864 年《民事诉讼条例》初创阶段,一方面,将对西方司法组织机构法及民事诉讼法的深入研究和探讨作为当时改革立法的重要前提;另一方面,立足于本国司法实践,结合社会发展的现实寻找应对策略。

1. 上诉审改革的实施

法学家对当时存在的弊端进行了认真总结:司法权过度依附于行政权,法院服从于省长等官员的行政权支配;诉讼程序混乱、严重迟延;对一审法院和二审法院职权范围的限制,导致大量案件积压于最高审级参政院,以至于争讼的解决变得遥遥无期。而在当时的历史条件下,作为地方行政长官兼理司法的省长并不具备任何专业法律知识,却能对司法横加干预,这必然导致司法权的空转。②

当时法学界普遍提出对参政院审判职权加以限制:除剥夺生命或贵族称号、涉及沙皇财产、侮辱沙皇及叛国的案件外,不允许提交参政院审理。此外,参政院无权对原二审法院判决进行重审,仅能作为破弃审法院就法律适用不正确或者违反诉讼形式规定的情形进行审查。虽有

---

① Филиппов М. А. Судебная реформа в России. Т. 1;Судоустройство. Ч. 1. СПБ. 1871 г. С. 603—604.

② Министерство юстиции за сто лет. С. 108;Судебные Уставы 20 ноября 1864 года за пятьдесят лет. С. 55.

权撤销原判决,但不能对案件实质进行再次审查。①

现代民事诉讼观念在当时俄罗斯诉讼法学家的思想中已经逐渐萌发,并在对社会现实深刻解读的基础上,产生了初步的现代法律理念。其中,著名的诉讼法学家 M. A. 巴鲁奇扬斯基提出建立类似于现代俄罗斯民事诉讼司法体系的司法组织规范,实现司法权与行政权的分立。他将作为最高司法机关的最高法院职能定位于:(1) 撤销上诉审法院判决;(2) 解决司法管辖争议以及司法机关内部争端;(3) 审理解决对抗沙皇政府的犯罪活动。同时,在最高法院内部建立民事审判司、刑事审判司和立案司,成员由最高法院主席任命。参政院的次一审级是高等审判院(судные палаты),通常根据司法区每 1—2 个省设立一个独立的高等审判院,内设民事审判司和刑事审判司。审判院由一名首席主席、两名主席以及十名法官组成,由最高权力机关任命并终生任职。每 1—3 个乡建立一所乡法院,同样分为若干审判庭,审判庭由法院主席、高级法官以及 6—10 名法官组成。法官由代表会议从贵族或者最高机构的官吏中选举产生,并终生任职,其地位等同于职业法官。在城市中建立特别的执政官法院(郡法院抑或市法院),法官由司法部根据高等审判院提名任命,陪审员从居民中选举产生且不限定任职期限,选举排除等级限制,无论任何社会阶层,贵族、商人、地主甚至农民,都有被选举资格。涉及农奴的案件(包括债农以及官农)由地方自治法院管辖,法官从贵族和当地居民中选举产生。

1857 年,这一司法改革提案被最终提交至国务会议讨论,特别是其中关于上诉审程序改革的具体路径,是解决当时诉讼迟延问题的重要议题。在司法改革的准备阶段,各阶层对于司法改革形成了众多意见,其中的主流观点是通过取消多余的审级来简化民事诉讼程序。因此,在《民事诉讼条例(草案)》制定过程中,简化司法审级成为民事诉讼程

---

① М. А. Балугьянский. Проект судебного устройства 1828 года. Журнал Министерства Юстиции. 1895 г.. №8. С. 49.

序最重要的实施原则之一。而关于诉讼形式,当时争论最多的是究竟采用何种形式,言词抑或是书面审理方式,辩论抑或是侦查诉讼模式,开放式抑或是封闭式诉讼程序。表现在实践中,书面审理是与封闭式诉讼程序相匹配,而言词主义是与开放式诉讼程序相匹配。随着时代发展,在不同时期的诉讼模式选择上均互有侧重。

进一步改革法院组织结构旨在保证诉讼形式发挥其应有的效力,以应对当时面临的现实问题:(1)最终实现司法机关与行政机关的完全分立,或根据现有条件建立具有混合性质的机关;(2)合理安排上诉审级,根据当事人的上诉状,启动对案件实质审查;(3)改变最高审级职权混乱的状况。除一审法院和上诉法院外,俄罗斯帝国将参政院作为唯一的统一最高法院,不再对案件实质进行审理,而是通过撤销原判程序进行法律审查,以此审查一审法院或二审法院提交的判决法律适用是否准确,是否存在明显违法行为。

2. 两审实质审理原则

民事案件实质审理限于两个审级,即作为第一审级的区法院和作为第二审级的高等审判院。《民事诉讼条例》第11条中对此作出了明确规定,旨在避免多重设定上诉审级的重复审理引发围绕司法判决再审和撤销展开复杂的诉讼活动,以及由此造成的诉讼上的迟延与旷日持久,将注意力集中于诉讼活动的质量而非数量上。这一规范还对司法功能作出了新的定位:通过完备而准确的程序设计,尤其是在一审程序中通过一切必要的手段搜集对于调查和解决案件所必需的相关文件和诉讼材料,以此发现真实、保护当事人合法权益。

著名的诉讼法学家 E. A. 瓦西科夫斯基将两审制的优势概括为:(1)防止法官作出违反公正之判决,并为当事人提供上诉可能;(2)树立法律权威性,第二审级的存在使公民免受司法专横的侵害,并对通过司法途径获取正义产生确信;(3)由于并非所有判决都可以向二审法院提起上诉,因此上诉审法院的数量并不宜过多,而且二审法院亦是由一审法院最富有经验且能力较强的法官组成;(4)通过二审"将一审法院中掩盖真理的幕布完全拉开,这得力于二审法院更富有远见,并且能力更强法官所肩负的使命";(5)二审法院法官地位更优,因为其距离当事人较远,因而受地方影响更小,更容易形成中立裁判;(6)即使一审判决的上诉无任何法律利益,仍然具有其内在价值,因为二审法院对一审法院判决的确认能够强化其自身的权威。西欧和俄罗斯传统的经验都证明了设置二审法院对案件进行复审的巨大价值,也使当事人更为珍视自身上诉权利。甚至上诉审法院的反对者也认为,"高等审判院相对于区法院对大部分案件审理质量更高,其法律地位也更具相对独立性和公正性,这也使得其判决更为可靠而具有信服力"。

  立法者注意到,虽然作出判决是诉讼程序的最终目的,但它并不能被认为表达了一个不容置疑的真理,即法官也会犯错误,而错误的原因也是多种多样。由此也产生了对判决全部或者部分内容进行上诉的权利,要求对判决进行更正或撤销。① 为真正实现上述上诉形式,必须建立由两个审级组成的普通法院体系。除此之外,需要建立一所最高法院或者破弃法院,旨在促进各级法院尽可能正确和统一地适用法律。但是,由于当时先发的法院组织机构改革未能与立法改革完全协同,因此上诉审司法体系的变革成果并不显著。

  原有一审法院和二审法院失去了原有的等级法院性质,而形成了两个新的体系:普通法院体系和治安法院体系(或称和平法院体系)。这两个体系均采用两级法院,普通法院体系由下级区法院(按照省级行政区划设置)和上级高等审判法院构成(共13所,按照行政大区划分),治安法院体系由下级治安法院和上级治安法官大会(根据居民地域接近原则设置)构成,这种二元结构奠定了现代俄罗斯司法体系的基础。区法院和治安法院作为第一审级对于案件进行实质审理,高等审判院和

---

① Судебные Уставы 20 ноября 1864 года, с изложением рассуждений, на коих они основаны. С. 18.

治安法官大会作为二审法院行使上诉审法院功能。

近代俄罗斯之所以能够形成独具特色的二元司法体系结构,取决于当时社会的发展水平特别是民众接受教育的程度。作为基层法院,治安法院的设置主要是为了回应社会现实。当时农村民众整体文化水平低,不具备专业法律知识,而民间传统习惯和习俗往往交织着诸多矛盾和冲突。因此,治安法官主要依据良知作出公正而令人信服的裁判,作为一名"忠诚者",治安法官除了必须忠于自身良知,还要遵循法律的要求,并将两者有机结合起来。治安法官主要依据良知作出裁判,而普通法院体系中的法官主要依据法律作出裁判。由于两个体系裁判依据不同,在当时作为主要立法机构的国务委员会联合立法署内部,对于究竟是将由治安法官选举产生的治安法官大会还是将区法院作为上诉审级产生了极大的争论。

当时立法署中绝大多数委员支持将区法院作为上诉审级,他们认为,首先,上诉审法院应当由相对一审法院更优秀的法律工作者组成;其次,任何参与一审案件审理的法官都不允许参与上诉审理;再次,上诉审法院采取合议制审理;最后,治安法官承担上诉审职能会动摇民众对法律的信任,尤其是治安法院排除了许多普通管辖法院规定的必要程序。裁判不应当屈从于治安法官个人裁量,而应当服从于法律规定,查明案件真实情况是治安法官和普通法院法官的共同义务。① 这一主流观点在改革最终的施行过程中虽然没有被采纳,但成为近代俄罗斯民事诉讼审级设置的重要理论基础。

少数派认为,根据良知作出的裁判只能通过集体良知进行审查,两种审判依据的混合只能导致诉讼运行的混乱,因此他们坚持将治安法官大会作为第二审级。最终,内部的分歧被提交至国务委员会大会审议,少数派观点获得了支持。这是因为,当时俄罗斯刚刚踏入资本主义

---

① Судебная реформа, под ред. Н. В. Давыдова и Н. Н. Полянского. М. 1915 г. Т. 1. С. 325.

社会,整个社会还未形成完善的商业文化,还保留着封建农奴制特征,较少使用书面契约。加上民众文化水平较低,司法改革教育启蒙民众的功用还没有得到有效发挥,因此,治安法官大会依据良知对治安法官未发生法律效力判决进行独立审查,既是面对社会现实的合理选择,同时也为俄罗斯未来和平司法体系发展作出了巨大贡献。

司法改革前俄罗斯至少存在六个上诉审级,司法改革后将其简化为一个审级,即高等审判院和治安法官大会。由于司法权获得独立,国务委员会开始将司法审判职能分割出去,不再参与民事案件审理,因此法律规定上诉只能向法院提出,并由法院审理。根据两审制原则的规定,将参政院从作为独立审级对案件进行实质审理的监督审法院,转化为不承担案件实质审理职能的破弃审法院,并通过法律规范限制撤销判决的事由。可见,参政院已经不能被称为审理解决民事案件的独立审级,它的任务被重新定位为保障俄罗斯帝国法律适用的统一。

法院在明显违法或者不正确适用法律的情况下,适用撤销原判程序对发生法律效力判决进行再审。由于二审法院审判过程中也不能排除违反诉讼程序规范、案件事实情况调查不准确、错误适用实体法规范等情形,因此二审法院判决同样不能被认为是当然正确的,应当为二审发生法律效力判决提供救济的手段,允许第三审级法院撤销二审法院判决。但是,如果过度放大破弃审法院功能,就会再次造成司法改革前俄罗斯帝国司法体系的种种弊端。因此,为了纠正之前的错误,参政院作为唯一的最高破弃审法院,审理撤销上诉法院(二审法院)判决的请求。在参政院撤销判决后,交由原二审法院(最高审判院或者治安法官大会),就案件实质进行再审。参政院对案件不进行实质审理,仅承担对各法院统一和正确地适用法律的监督职能。

建立统一的破弃审法院的立法思想,俄罗斯借鉴了法国民事诉讼法。破弃审法院作为法律权威的守护者,监督法律执行和统一适用,破弃审法院法官并不是诉讼案件的法官,而是民事判决或者刑事判决的法官,裁判判决是否违反法律。破弃审法院的最高使命在于保障法律的统一适用,这也决定了这一功能只能集中在统一的司法机关之中。①最初,1711年彼得一世设立参政院时,是为了监督各级法院和行政机关活动,使沙皇即使在外指挥战争,也能牢牢把握所有权力。因此,参政院被视为具有一定独立性的辅助内阁。随着时代发展,立法权和最高行政权逐步被其他机关占据,而参政院发展成为完全的司法机关,作为最高审级承担对上诉审判决再审以及对下级法院判决的审查监督功能。由于当时司法权和立法权尚未实现分离,参政院的判决可以被继续上诉,由沙皇进行审理,因此参政院也就失去了原来作为最高机关监督各级司法机关的职能,而仅作为独立普通审级行使上诉和监督职能。借助于司法改革,参政院最终在司法体系中通过司法权的回归和专属恢复了应有的法律权威。

(四) 普通法院司法裁决的上诉:实体上诉与程序上诉

为了修正司法改革前审判周期长和诉讼迟延的缺陷,亚历山大二世提出了构建快捷高效法院的改革目标。造成司法体系这一缺陷的原因之一在于,《俄罗斯帝国法令全书》中规定了彼此结构上独立的裁定部分上诉程序(程序上诉)与实体上诉程序。司法改革过程中,立法者试图重新协调上诉程序间的关系,从结构上对两种程序制度实施改造。

1. 部分上诉制度的合理化改造

司法改革前的近代民事诉讼体系中,就程序违法影响判决结果使用部分上诉程序(частное обжалование),而就判决实体部分不服使用上诉程序(аппеляция)。作为两种截然不同的上诉方式,不仅诉状形式表现不同,并且也存在着各自不同的运行路径。实体上诉通常可以向高等审判院和参政院两级法院提出,而部分上诉可以在原审及上级法院提

---

① Судебные Уставы 20 ноября 1864 года за пятьдесят лет. Т. 1. С. 488—489.

出,由参政院作为最终审级。在部分上诉审理期间,原审法院可以中断案件审理,直至对部分上诉内容作出最终裁判。因此,部分上诉往往沦为当事人恶意拖延诉讼的工具。

司法改革前烦冗的上诉程序造成诉讼的迟延和司法效率的低下,使立法者认识到改革上诉程序的迫切需求,为保证两种上诉程序间的协调,立法者在诉讼条例中作出如下规定:(1)将实体上诉程序和部分上诉程序重新合并,规定对区法院裁定的上诉不允许独立于案件实质的上诉,即实现了对程序和实体上诉的统一,但是也根据实际情况规定了例外情形。例如,对拒绝或者允许第三人参加诉讼的裁定以及诉讼保全的裁定允许单独提起上诉。概言之,只能在实体上诉不可能或者无法有益于消除不公正裁定所引发后果的情况下,才可以单独对裁定提出部分上诉。[①] (2)部分上诉只允许向作出该裁定的区法院提出,但针对案件拖延审理的部分上诉除外。(3)部分上诉的期限为作出裁定之日起两周之内;对拖延诉讼部分上诉请求的提起,在期限上则没有加以限制。(4)提出部分上诉时,无须中断案件的正常审理程序。(5)如果部分上诉涉及相对方权利,则应同时提供上诉状副本,并由法院在受理上诉状后送至相对方,相对方可以在副本送达后两周内提交答辩状。(6)法院在取得答辩或答辩期限届满的情况下,将答辩随同上诉状提交至高等审判院,此时部分上诉和实体上诉将使用同一程序。(7)根据《民事诉讼条例》第793条的规定,只允许针对最终判决提出撤销原判请求(просьба о кассации)。但是,参政院也允许就部分裁定单独提起申诉,如关于驳回起诉不予审理的裁定以及关于终止案件审理的裁定。除此之外,所有其他裁定的撤销请求必须随同案件实质判决一同

[①] Васьковский Е. В. Учебник гражданского процесса. М. 1917 г.. Переизд. М. 2003. С. 329.

提交。①

《民事诉讼条例》中关于区法院裁定上诉的规定,即部分上诉程序制度,直到1917年都未进行任何修改。甚至在《苏俄民事诉讼法典》和现代《俄罗斯民事诉讼法典》的编纂过程中,都基本承袭了1864年《民事诉讼条例》中关于上诉程序的相关理念和内容。这些都对研究俄罗斯审级体系具有重要价值。

2. 实体上诉程序的重塑

实体上诉(апелляция)是俄罗斯司法体系中判决不服的最主要救济手段,针对司法改革前上诉程序中暴露的一系列弊端,《民事诉讼条例》立法者进行了一系列的修改和完善。

根据两级法院实质审理原则,《民事诉讼条例》重新定位了一审法院和上诉审法院的角色和职权,以及对正确审理解决案件所肩负的责任,旨在通过两级法院的实质审理,查明案件事实、适用相应法律并作出判决。关于法律适用的问题则由参政院破弃审法庭承担,用以保证法律适用的统一。两级法院查明的对于案件具有意义的事实情况,对案件实质审理得出的结论及其真实性都具有终局性,无须继续审查,即"上诉审判决应当是终局的,对于任何诉讼结论的担忧和希冀都将是终点"。②

3. 上诉权的限制

限制上诉权的根本动因在于减轻上级法院案件负担。司法改革委员会承认了由人构成的法庭在其自身法律判断上具有不确定性,也肯定了当事人享有对一审判决不服的上诉权。但是,如果对上诉权不加以任何限制,也必将导致大量案件积压于法院和法官数量都严重不足

---

① Тютрюмов И. М. Устав гражданского судопроизводства с законодательными мотивами, разъяснениями Правительствующего Сената, с комментариями русских юристов. Пг. 1916г. С. 1101—1102.

② Бентам И. О судоустройстве. СПб. 1860 г. С. 153.

的上级法院,漫长的审理期限也将使迟到的正义变为非正义。

司法改革前,俄罗斯通常采取规定诉讼标的额的方式限制上诉权,也由此产生了一系列弊端:(1)法律规定自身的不确定性以及裁判的随意性;(2)标的额限制标准的经常调整也造成了总体的不公。对此,立法委员提出:第一,确定标的额对上诉权的限制造成了相对的不平等。因为所谓小额案件的标的额标准总是相对的,却往往忽略了社会公平以及案件审理解决的难度。如同一万卢布对于富人而言也许只是其财产的一部分,但是对于穷人而言也许就是其全部财产,而小额案件也并非都是案情简单而易于审理的。因此,单纯依据诉讼标的额限制上诉权,实际上破坏了司法的整体公正。同时,俄罗斯广大的地域以及经济发展水平的不均衡也同样导致了无法制定统一的标准。第二,标的额限定标准具有不确定性和随意性,这一标准的变动往往受到法律之外的原因所左右,无论是俄罗斯还是欧洲,适用这一规则的国家都遇到了类似的问题。第三,"司法审判的圣殿应当向所有人敞开,无论是富人抑或是穷人,任何当事人都应当不受其声望和地位的限制,享有同样公平和公正。"[①]因此,任何对上诉权的限制都是不公平的。对此,《民事诉讼条例》第743条规定,当事人有权对区法院任何判决的实体内容提起上诉。

立法委员会在这一问题上并未受上述理念限制,而是作出一种折中妥协。《民事诉讼条例》第162条规定,只有在诉讼标的额超过30卢布或者案情复杂的情况下,才允许对治安法官判决向治安法官大会提起上诉。除此之外,治安法官作为普通法院体系外的一种特殊司法形态,可以以更为简易的程序形式审理解决案件,审理过程中可以根据良知作出裁判,从而在一定程度上摆脱了成文法规范的束缚,通过内心确信作出公正和正义的判决。虽然《民事诉讼条例》中通过规定标的额对治

---

① Судебная реформа/Под ред. Н. В. Давыдова и Н. Н. Полянского. Т. 1. М. 1915 г. С. 328.

安法院体系中的上诉权进行限制,但仍然保留了向参政院提起撤销原判请求的权利。直到1912年通过修订第162条规定,才完全取消了提起上诉的限制,所有治安法官判决均可以提起上诉。

4. 提起上诉程序

《民事诉讼条例》对于提起上诉程序进行了修改。根据1857年《俄罗斯帝国法令全书》的规定,提起上诉需要遵守一定程式,即在作出判决的一周内宣布对判决不服,然后在法律规定期限内向上级法院提交上诉状,并且可以根据当事人意愿决定是否中止判决的执行。出于这一程序的复杂性,诉讼条例立法者决定取消对法院判决宣布不服程序,原因在于其阻碍了当事人上诉状的提出,特别是缺席审判当事人。

原有规范的立法意图在于:通过宣告不服告知上级法院即将出现的不服判决申请,通过直接向上级法院提交上诉状请求将案件提审至上级法院。但是,宣布判决不服的期限过短,导致当事人及其诉讼代理人经常未能及时深入了解判决实质,就试图通过快速表达出对案件判决结果的不服获取诉讼利益。即便快速提起上诉,也往往会导致提起上诉不能,原因在于原审法院必须提供上诉相关证明材料,但这些证明材料的制作同样也需要大量时间,而这往往导致上诉时效的丧失。因此,《民事诉讼条例》第744条中规定,上诉状应当向原审法院提出。

5. 上诉期限

由于改革前存在诸多对上诉期限的规定,这对当事人和法院造成了沉重的负担,因此《民事诉讼条例》第743、744条规定了四个月的提交上诉的期限,这一期限从判决宣布之日起计算。1914年,由于普通程序(обыкновенный порядок)和简易程序合并为普通程序(общий порядок),因此对上诉期限作出了修改,据此,上诉期限被重新规定为一个月。《民事诉讼条例》第162条规定了对治安法官判决一个月的上诉期间,从治安法官宣布决定(резолюция,即法官判决)之日开始起算;同时规定在上诉期间未到来期间,一审法院判决不予执行。但是,第

736—742条中也规定了为保护被侵害权利可以立即执行的特殊情形，如延迟执行将对当事人造成重大损失、当事人提供执行担保等情形。

对缺席判决的上诉期限从缺席判决异议期限届满之后起算。但是，一些法学家提出，这样会导致一些当事人为拖延诉讼故意缺席庭审或者不断提出缺席判决异议。大量的缺席判决又会导致书面审理再次泛滥，从而损害言词程序。这些反对意见主要是基于法国、意大利民事诉讼的立法教训，因为在这些国家司法实践中，这一规定几乎导致此类案件均毫无例外地提出了缺席判决异议，异议期限届满仅存在较少情形。因此，《民事诉讼条例》最终并未吸收这一规定。《民事诉讼条例》第734条规定，对于缺席判决，原告和被告应当按照普通规范依据，从宣布判决之日起一个月内提出上诉。

这一规定被《苏俄民事诉讼法典》吸收，缺席判决上诉根据普通规则通过上诉审或破弃审，在法院作出最终形式判决10日内提出。而现行《俄罗斯联邦民事诉讼法典》关于缺席判决上诉，恰恰采用了当时饱受争议的立法理念。《民事诉讼法典》第237条规定，对于法院的缺席判决，当事人可以通过上诉程序，在提出撤销缺席判决申请期限届满之后一个月内提出。应该说，《民事诉讼条例》的立法理念在现阶段俄罗斯诉讼改革中仍具有重要意义。

6. 其他相关规定

(1) 诉状内容。通过规范上诉状内容，最大程度地弱化了司法改革前对于诉状形式的严格要求，保留了由于上诉状形式缺陷而不予受理的情形。这一方式完全符合两级法院实质审理原则的要求，但也作出了例外规定，即上诉状中禁止提出虽未改变诉但与诉讼标的有关，并且无法独立审理的要求，如关于增加诉讼标的利息、返还遗失物原物或追索金钱赔偿请求等。

(2) 言词原则。为保障快速、正义、公平的审理，《民事诉讼条例》规定，在上诉程序中，当事人只能交换两种辩论文件：上诉状以及对上诉状的陈述说明，并对后者规定了从取得上诉状复件开始一个月的提交期限。在获得被上诉人陈述说明材料或规定期限届满后，诉讼进入言词辩论阶段，但任何一方当事人不得以补充证据材料为由申请延期审理。当案件进入上诉审庭审程序后，法庭必须听取双方当事人言词陈述。

(3) 新证据的提出。《民事诉讼条例》中保留了允许在上诉审程序中提交新证据的规定，高等审判院也可以对区法院受理的所有证据进行调查。区别于司法改革前的上诉程序，上级法院不仅可以调查新提交的书证，也可以调查任何与诉讼有关的新证据。俄国法学界曾经对能否在上诉审中提交新证据展开过广泛争论，学界普遍认为在两级法院实质审理制原则下，下级法院未实质审理的材料，应视作未予实质解决；如果在上级法院提出，则是对两审终审制原则的破坏。

7. 上诉模式的选择

当时欧洲立法主要存在两种上诉模式：完全上诉和不完全上诉。俄国对此加以借鉴后，创制了本国的上诉程序。

(1) 完全上诉。该制度借鉴于法国法，法国法中上诉程序的目的在于对诉讼争议展开新的实质审理，上诉法院不仅审查一审判决的正确性，并在一审审理基础之上再次解决案件。因此，上诉法院担负着对案件重新审理的责任，允许当事人提出能够完全改变一审法官所认识案件面貌的新证据。在这一上诉体系中，上诉审的目的是纠正判决错误，其中就包括未向一审法院提供对最终判决具有重要意义材料上的疏漏。当然，这种疏漏也可能是当事人无意或者故意造成的。

(2) 不完全上诉。《奥地利民事诉讼条例》中将整个上诉程序的重心都集中于初审法院，包括调查和审查证据。而上诉法院的角色仅仅停留在依据当事人向一审法院提交的事实材料对判决进行再审，纠正下级法院判决的错误和疏漏。上诉审程序建立在书面原则基础之上，上诉审法院有权仅根据法院内部报告中提供的事实材料进行集中审理。对于案件报告作出后的言词辩论中援引的新情况和新证据,法庭不予采纳,因为这破坏了法院报告作为书面程序基础的重要意义。

根据上述理念,大多数俄罗斯学者认为,《民事诉讼条例》中规定了完全意义上的上诉模式,也有少数人认为条例中采用的是不完全上诉理念,但在司法实践中走向了完全上诉。在司法实践中允许新证据的提出导致了诸多负面结果,也导致了证据突袭和诉讼迟延。当事人常常拒绝向向区法院提供对判决具有重要意义的证据,旨在于判决作出之后据此提出撤销区法院判决的申诉,或者借此拖延案件审理。但是,当时对不完全上诉程序持支持态度的诉讼法学家集体失声。这是因为,在专制政体下,很多法学家由于无法对实践和立法产生影响而丧失话语权,由此也逐步沦为当权者立法的解释者。

为了消除这一弊端,1914 年 6 月 2 日,《民事诉讼条例》进行了修订,其中第 776 条规定:如果高等审判院认为,由于当事人过错而在上诉审中提出未向一审法院提交的新证据,并由此导致区法院判决被撤销,那么可以根据诉讼相对人的请求,剥夺其诉讼费用请求权。

8. 上诉审法院的职权

区别于司法改革前的上诉审程序,《民事诉讼条例》第 772 条规定:上诉审法院必须作出终局判决,禁止将案件发回一审法院重审。这一条款主要针对作为第二审级的高等审判院和治安法官大会,目的在于消除案件审理过程中发回一审法院重审造成的拖延。

然而,《民事诉讼条例》第 722 条的要求并未在司法实践中获得无条件的执行。因为如果一审法院诉讼行为严重违反了诉讼基本原则,那么此时作出的判决就不能认可其具有司法裁判性质,原因在于其违反了民事案件的两审实质审理原则。因此,参政院在一系列裁定中对这一条款规定了例外情形,即涉及程序违法的上诉,二审法院可以有权根据利益相关人的申诉,通过撤销判决加以限制,并将案件发还一审法院重新审理。① 具体事由包括:(1)一审法院未传唤当事人到庭,导致其丧失相应的诉讼权利和司法保护。如果允许就此进入上诉审实质审理阶段,显然剥夺了两审制原则中宣示的当事人司法保护权,也严重违反了诉讼规范。(2)一审法院案件审理时未传唤适格被告。适格被告因此有权申请或者提起诉讼,要求案件重新审理或者驳回起诉。但是,如果适格被告在二审才进入诉讼程序并请求实质审理,那么在此之后,被告已经无权对一审中的错误提起上诉。正如 В. Л. 伊萨琴科对于参政院观点作出的解释:"第772条规范的制定完全是为了保护当事人的权益,使得当事人有权决定是否同意在二审法院进行实质审理,当然也由此拒绝了第12条规定的两审制所赋予的保护权。"(3)治安法官通过民事程序审理的轻微刑事案件。

在诉讼审理范围上,《民事诉讼条例》完全排斥了纠问式诉讼,规定区法院无权对当事人未提出请求的诉讼对象作出判决,不能超出当事人诉讼请求的范围作出判决(第706条);高等审判院只能针对区法院判决中提出上诉的部分内容进行审理(第773条)。这些规范应当以当事人提出申请作为前提,否则法院无权启动诉讼、受理案件或者对判决进行审查。相应地,在上诉程序中,当事人上诉状中的诉讼请求也确定了上诉审法院审查活动的界限,即只能根据一方或者双方当事人提出申诉的判决部分,决定对一审法院审理解决案件本质的干预范围。任何超出当事人请求的裁判都将成为通过破弃审撤销违法判决的依据。

俄罗斯帝国参政院在决议(определение)中进一步指出,上诉审法院无权拒绝原告对一审判决中被告未提出争议部分提起的上诉。对上诉程序中当事人不利的司法判决的变更,只能在诉讼相对人请求的范围之内,而禁止导向更为不利的结果。因此,上诉法院的权限由上诉状中提出的所有请求以及被上诉人对上诉状的陈述说明所决定。上诉审法

---

① Энгельман И. Е. Курс русского граждансокго судопроизводства. Юрьев 1912г. С. 391—392.

院无权超出当事人请求范围作出裁判,例外情形仅限于主管、管辖以及诉讼代理人代理权限等问题。

毫无疑问,《民事诉讼条例》中关于上诉程序的规定,提供了为保护侵害权利而实施的司法保护权的制度保障,提升了司法权的地位。《民事诉讼条例》借此完善并发展了司法判决上诉理论,借鉴了外国民事诉讼立法的优秀成果以及司法实践经验。这一改革的最终目的在于保障作出公正和快速的审判,这一意图在当时基本得到实现。应该说,19世纪下半叶俄罗斯民事诉讼改革的主要原则是随着法治进程的深入而逐步深化的。同时,针对随着经济发展不断出现的新问题,参政院通过司法解释、决议以及对条例不断修订和补充的方式逐步加以解决。

自俄罗斯帝国时代以来,上诉程序改革一直持续了50年。但是,从1917年到1995年,上诉程序(аппеляция)作为最主要的民事诉讼判决申诉方式,一直是缺位的。直到1995年,上诉程序才随着《俄罗斯联邦仲裁诉讼法典》的通过开始恢复,而《俄罗斯民事诉讼法典》直到2000年才开始恢复上诉程序,并且其中规定,只能对治安法官判决和裁定提起上诉。而对于普通法院体系一审判决上诉的统一程序,直到2012年1月1日才随着第353号联邦性法律的生效最终确定下来。

现代俄罗斯民事诉讼法在上诉程序规范中充分借鉴了1864年《民事诉讼条例》中的法律调整经验。但是,与此同时,近代俄罗斯上诉体系的争议甚至缺陷在现代也仍然是争议命题,并成为新的一轮上诉程序改革的热点话题,其中包括上诉审中能否提出和受理新证据、上诉审法院的职权范围、两审终审制原则以及对上诉权的限制等150年前同样面临的问题。2011—2013年,欧盟和欧洲理事会通过了《司法判决再审的上诉程序实施》联合草案,限制对司法判决提起上诉的权利。俄罗斯试图参照这一草案,通过增加诉讼费用,排除对于小额诉讼判决的上诉,并对部分案由禁止提起上诉。

（五）发生法律效力判决的撤销请求

正如前文所述，俄罗斯使用了"кассационное производство"一词表示撤销原判程序，法院也因此被称为破弃法院"суд кассации"。"кассация"一词来源于法语"cassation"，意思为毁弃、破弃，表示一种可能推翻发生法律效力司法裁判的程序。这一名称借鉴于法国法，法国将再审法院称为Cour de cassation，译作破弃法院或翻案法院。破弃法院的主要宗旨是肯定或推翻低级法院在法律问题上的裁决。作为法国的最高审级法院，破弃法院能够依据撤销原判上诉（pourvois en cassation）、驳回上诉（rejet du pourvoi）或推翻下级法院的裁决（cassation）来肯定或否定来自下级法院的决定。只要裁决的一部分被推翻，就被叫作部分破弃（cassation partielle）；如果裁决被推翻，则被称为被撤销（casser）。有时，法院也可以推翻低级法院裁决，并在没有被申请的情况下自动裁判案件（cassation sans renvoi）。日本的大审院也是以法国的破弃法院为模范建立起来的。国内学者经常将俄罗斯的这一程序译作再审程序或撤诉审程序，法院亦称作再审法院。由于俄罗斯存在独立再审程序（пересмотр），两者意义并不相同，因此通过溯源性分析，笔者采用传统破弃法院和撤销原判请求介绍这一程序制度。

1. 撤销发生法律效力判决制度

俄罗斯民事诉讼中的撤销原判请求（Просьбы об отмене вступивших в законную силу судебных решений）在古代俄罗斯就已经存在，最早见于《1497年律书》《1550年律书》《1649年国民会议法典》，通常称之为"重新审理"（суд с головы）。这一程序制度的典型特点是具有申诉性质（обжалование），而非上诉性质（аппеляция）。作为一种特殊的撤销判决方法，申诉一般被理解为当事人及其法定代理人、近亲属由于对已经发生法律效力的判决、裁定不服，而向法院提出重新审查处理案件的一种诉讼请求。上诉的概念则界定为当事人对一审未生效判决、裁定在法定期限内明确表示不服,要求上级法院对案件进行审查,撤销或变更原判决或裁定的诉讼行为。1857年《俄罗斯帝国法令全书》中撤销判决的职权向最高法院转移,其典型特征是参政院作为最高审判机构,有权撤销下级法院裁决,沙皇可以依撤销原判请求撤销参政院判决。

前文详述了旧体系由于审级复杂和诉讼迟延而导致上诉运行不畅,对此,《民事诉讼条例》中变革性地规定了两级法院实质审理制(рассмотрение дела по существу двумя судебыми инстанциями),即只有两个审级法院可以进行案件实质审理(实体审理),审查与诉讼有关的事实问题,旨在消除当时上级法院随意启动补充再审的弊端。这与改革前俄国的上诉体制形成了鲜明对比。改革前每级受理上诉的法院均应当对案件有关事实重新审理,同时允许提出撤销发生法律效力判决的请求。《民事诉讼条例》中则规定,撤销原判请求只能在法律规定特定情形中提出:(1)诉讼程序中出现明显违法行为;(2)据以作出判决的案件事实情况与实际不符;(3)法院判决侵害了未参与诉讼第三人的权利。撤销原判请求依据的三分法理念借鉴于《法国民事诉讼法典》。

俄罗斯帝国司法实践中撤销发生法律效力判决制度运行上的混乱,正如И. Е. 恩格里曼所强调的,是"由于借鉴法国法时,未对根据违法行为启动的破弃审(кассация)与诉讼材料不充分而启动的再审(пересмотр)程序间的区别给予足够重视,因此导致三种类型程序适用范围彼此交叉,并在很多情况下被视作撤销原判意义上的同一程序。而根据法国诉讼法理和学理解释,三者之间存在较大区别"[①]。因此,根据《民事诉讼条例》第792条的规定,撤销判决请求分为三类:(1)对于判决的撤销请求,或称之为毁弃请求;(2)对于判决再审的请求;(3)未参与诉讼第三人撤销判决请求。根据《民事诉讼条例》第194条的规定,这些请求提出的共同效果在于,导致作为二审法院的高等审判院和治安法官大会

---

① Энгельман И. Е. Курс русского гражданского судопроизводства. Юрьев 1912 г. С. 636—364.

的判决通过撤销原判程序被撤销,高等审判院案件被移交给其他与初审法院地理位置较为接近的高等审判院重新审理。在普通法院体系和地方法院体系并存的二元法院体系结构中,设置有两条申诉路径:普通法院体系通过上诉程序(апелляционном порядке)提交申诉,并按照撤销原判程序审理作出最终判决。撤销治安法官最终判决的申诉,无须经由上诉程序提出,而直接向治安法官大会申诉并由其作出终审判决。所有案件破弃审级及其适用撤销程序都是法律规定的必要救济手段,也同样适用于提出的再审请求和未参与诉讼第三人请求。

参政院作为法定最高审级机关,传统上不具备修正诉讼权能,仅能够监督法律的严格执行,保证法律的统一适用,维护法律的稳定性。简言之,参政院的职能集中于实施最高监督,是帝国司法审判的最高维护者,其自身不能作出判决。因此,参政院民事破弃审司(гражданский кассационный департамент)只能依据申请人提出的撤销二审法院判决请求,将案件移交给同级其他二审法院重新审理。

2. 正当申诉保证金制度

《民事诉讼条例》创制时提出了建立申诉保证金制度的构想,旨在保障申诉请求的正当性。В. Н. 帕宁公爵认为:"规定合理数额保证金的依据在于,对民众权利的保护并不能剥夺司法机关对可能导致诉讼拖延不合理申诉的限制,如果不规定申诉保证金制度,将会使提交申诉的数量超出司法机关的承受能力。规定合理保证金的情况下,当事人提出的真实申诉,可以在上级法院寻求到对自身权利的合理救济,同时,也能排除无依据上诉给法院造成的负担。"[①]但是,最终 В. Н. 帕宁公爵的观点遭到很多同僚的反对:"基于司法审判基本目的,立法应当放宽对当事人寻求司法保护手段的限制。向参政院提起申诉是对最终判决不服法律所允许的最后救济手段。而保证金制度则是将无能力缴纳保

---

① Судебная реформа/под ред. Н. В. Дывадова и Н. Н. Полянского. Т. 1. М. 1915 г. С. 329.

证金的穷人拒之于司法保护门外,破弃审法院负担增加不能成为规定保证金制度的依据,因为这将剥夺一部分当事人请求最后司法救济的能力。"①

法律现实是任何立法构想最好的"注脚"。在《民事诉讼条例》生效后的第一年,即司法改革后的第一年,面对涌入的大量案件,参政院民事破弃审司就已经不堪重负。涌入各级法院的案件达到了两百万件,这种压力自然也传导到了最高审级。因此,在1866年《民事诉讼条例》的立法修订中,规定区法院发生法律效力判决的申诉请求保证金为20卢布,高等审判院判决申诉保证金为100卢布,撤销治安法官会议判决申请保证金为10卢布。同时,为贫困民众免除了保证金义务。根据第187条规定,通过确立标的额和申诉保证金制度限制申诉权,诉讼标的额少于100卢布的治安法官会议判决不允许申诉。高等审判院判决的撤销请求未设标的额限制,除特殊情况外一般需要缴纳100卢布保证金。在债权追索诉讼中债务人由于无财务能力而无法应诉的情况下,检察院甚至可以代其担任被告角色参与破弃审。如果申诉请求最终未获得满足,则所缴纳保证金将会被充公;而在申诉请求得到满足的情况下,保证金会返还给申请人。

在此后50年,这一制度获得了良好运行。它既保证了当事人寻求最后救济手段的可能,也限制了无依据的申诉,降低了破弃审法院的负担。甚至有学者提出,应当按照诉讼金额的10%继续追加无根据申诉的罚款,以此作为对非正当请求的特殊民事追索,但这一请求最终未获得通过。在之后修订的《民事诉讼条例草案》第738条中,保证金开始按照诉讼标的额进行划分,5000卢布以下为50卢布,5000—10000卢布为100卢布,10000—50000卢布为200卢布,50000—100000为300卢布,超过100000卢布则为500卢布。

---

① Судебные Уставы 20 ноября 1864 года, с изложением рассуждений, на коих они основаны. С. 372.

3. 撤销原判请求依据

根据《民事诉讼条例》第793条规定，上述撤销判决依据类型化的三分方式，均与违法性发生紧密联系。"违法性"概念借鉴于法国法，其中法律内容涵摄实体法、程序法和宪法，按照其法理，下列违法情形可以提出申诉请求：（1）明显违反法律直接规定或者不正确解释法律；（2）严重违反程序法规定，导致法院判决效力无法被认可；（3）高等审判院违反管辖范围规定。明显违反直接法律规定或不正确解释法律，也可以被称为违反实体法规范。这一条款中违反的"法律"（закон）一词并非指某一实体法具体的法律条文，而是指国家现行法律体系中所有法律规范。虽然使用"明显"（явное）违法一词，但是"明显"的实际含义仍然是指直接违反法律规定，笔者将在下文专门解释其具体含义。根据法国学者关于依据"违法行为"启动破弃审的法理解释，《民事诉讼条例》第793条将违法行为分为三种类型：（1）判决内容违反法律直接规定或者禁止性规定；（2）判决中法律错误适用；（3）判决中应当适用的法律而未被适用。

条款中关于"违反法律直接规定"和"不正确解释法律"的规定，其立法本意是指审判人员违反实体法规范。А. Х. 科里姆斯金将其解释为：所谓不正确解释法律或者不正确适用法律，是指法院或者对所有类似事实均曲解相关法律，或者法律理解正确，但是引入了不适格要件事实，即未正确地评价事实。① 同时，也有学者提出，除违反实体规范外还应当补充是否造成违法后果，即虽然撤销判决的依据是不正确适用和解释法律，但如果该法律条款并未作为形成判决的依据，并且是在案件正确解决的情况下，则不正确援引法律并不构成破弃审事由。② 也就是

---

① Гольмстен А. Х. Учебник русского гражданского судопроизводства. СПБ. 1913 г. 308.

② Исаченко В. Л. Русское гражданское судопроизводство. Практическое руководство для студентов и начинающих юристов. Т. 1: Судопроизводство исковое. 2-е изд., доп. СПБ. 1906 г. С. 155.

说,只能在依据"违法行为"作出判决的情况下才允许申请撤销判决,前提是这一瑕疵对法院裁决任意部分产生影响,如果不存在该违法行为,则会导致其他裁判结果。所以,不能简单认为仅在判决理由中错误引用法律条款,就可以作为撤销判决理由。如果在审理中发现法律适用错误未对判决产生影响,其他依据足以支撑判决全部内容,则在这一情况下应当维持判决效力而无须撤销。审判过程中适用不适格法律规范、曲解法律本意、采纳未构成要件事实的法律关系和事实、未适用确定该法律关系和事实的适格法律条款或者现行法律体系规范,都被视为违法行为。正如 A. 扎科罗夫斯基所言:"法院作出判决时提出不正确观点、作出违反逻辑规则的结论,这仅表明其不熟悉法律历史或者法律科学。但是,如果最终结论正确,那么这些逻辑和科学漏洞就不会影响判决的效力。"①

参政院破弃审司的司法实践对该规范适用起到了重要指导作用。根据当时诉讼法学者和参政院的解释,《民事诉讼条例》第 793 条第 1 款中使用的"明显"(явное)一词与违法行为搭配,主要表明违法行为导致对案件本质作出不正确判决,即法院对原告合理诉讼请求在判决中作出不正确结论。这一解释解决了参政院破弃审司受理和审理申诉的标准问题。著名法学家 С. И. 扎卢德内指出,立法这样安排是为了限制国家最高审级参政院在破弃审中的恣意,即"应当必须存在明显违法行为,这成为启动再审的理由,如果仅仅依据法院判决不完全符合法律规定是不够的,其前提应当是完全改变了法律的本意和意图"②。因此,这一规定具有矫正功能,限制破弃审法院任意扩大职权,并作为能否将起诉状移交破弃审司衙门审理的"过滤器"。

同时,当时很多学者都认为破弃审破坏了法律的安定性,以乌洛索

---

① Загоровский А. Очерки гражданского судопроизводства в новых административно—судебных и судебныз учреждениях. Одесса. 1892 г. С. 355.

② Зарудный . С. И. судебная реформа. М. 1889 г. С. 61.

夫公爵为首的一批学者要求撤销参政院破弃审功能，但这一建议被国务委员会驳回。但是，为了减轻参政院破弃审司负担，必须对毁弃程序进行改革，对此，国务委员会制定了折中方案：设置不公开审理的预备庭对申诉进行过滤，预审庭可以在未作出说理裁定的情况下听取案情。《民事诉讼条例》第802条规定，所有进入参政院破弃审司的个人申诉请求和诉状，都必须通过参政院预备庭进行预先审理，其意图旨在：(1) 排除违反法律规定形式要求或未指明撤销判决依据的诉状；(2) 将案件分流到破弃审司各衙门审理。预审庭由部务会议主席实施监督，但不作出裁定。

《民事诉讼条例》第802条规定，所有通过适用现行法律可以解决的个案，由破弃审司各衙门三个参议员组成审判庭共同审理。对法律进行重新解释的案件，由于参政院作出裁定本身对正确理解法律具有附带强制力的指南性质，因此需由破弃审司衙门包括部务会议主席在内的至少7名参政员共同审理。破弃审司认为，不需要作出详细说明的案件可以不作出最终形式的裁定。为了减轻参政院负担，规范受理和审理申诉程序，1877年对撤销原判程序再次作出了修改：参政院将审理撤销原判请求的依据，确定为存在能够证明必须对法律进行重新解释的"明显违反法律行为"（явное нарушение закона），旨在保证所有司法衙门正确理解法律，保证司法实践的统一。

现代《俄罗斯民事诉讼法典》第387条确定了通过再审或者监督审程序撤销或变更法院裁判的根据，是指"严重"或"根本"违反实体法规范或诉讼法规范，即"严重"（существенный）或"根本"（фундаментальный）与"明显"一词都是针对撤销原判请求依据而言，具有相同意义。两者之间在含义上彼此呼应，这与150年前"明显"这一概念被《民事诉讼条例》借用的目的是一致的，这也为民事诉讼法学和司法实践提出了相同问题：作为通往诉讼审查程序路径或者撤销判决依据的违法行为的本质是什么？违法行为被认定为"重要"或"根本"的标准是什么？正如

150年前一样，应当由破弃审和监督审审级的司法实践承担对上述概念的解释责任。但是，就现代俄罗斯理论和实践而言，仍未形成对上述概念的统一理解。

违反诉讼程式和形式的行为被称为违反诉讼法规范的行为。参政院指出，严重违反诉讼程式和形式，可以作为严重影响发现真实，通过诉讼实现正义的严重妨碍，而成为撤销生效法律判决的依据。该依据同样以影响判决结论为前提，即违反程序形式造成不同判决结果或无法作出判决。因此，法律规定的严重违法行为是指影响诉讼结论的严重行为。

但是，《民事诉讼条例》中并未如现代俄罗斯《民事诉讼法典》和《仲裁诉讼法典》那样，规定了作为无条件撤销判决依据的严重诉讼违法行为清单，虽然当时立法者已经规定了总共28条的判决撤销依据清单草案，但最终未被立法采纳，原因在于："一方面，当时俄罗斯诉讼法学理论的发展尚不能够支撑完备体系的建立；另一方面，这可能会束缚正义理念的发展，使其拘束在狭窄范围之内。"清单草案的内容包括：(1) 允许无诉权人参与诉讼，或者未允许拥有诉权和答辩权之人参与诉讼；(2) 允许无合法权限诉讼代理人参与诉讼；(3) 法院受理非主管范围内案件；(4) 无起诉申请而启动诉讼程序；(5) 未传唤被告，并由于此种疏漏导致被告未被传唤到庭，或未追加提出独立诉讼请求之第三人；(6) 未通知申请证据核查或听取案件汇报的诉讼相对人开庭时间；(7) 破坏审判公开性原则，未允许当事人当庭言词陈述；(8) 言词辩论时，未允许当事人双方援引新的理由和证据；(9) 言词辩论时允许原告在本质上扩大或者缩小诉讼请求，未允许原告在法律规定范围内变更诉讼请求；(10) 依据双方当事人未签署的和解协议终止诉讼；(11) 判决中援引当事人双方在辩论文书中提出，但在之后诉讼过程中放弃的情况（事实）；(12) 未受理反诉或者在规定期限届满后受理反诉；(13) 未通知应当作出结论的检察长参与诉讼；(14) 依据不适格或者要求回避的证人提供证言作出判决;(15)允许尚未作出证言的证人在询问其他证人时在场;(16)未要求证人宣誓;(17)采纳与案件无关的证言作为证据;(18)在未经双方当事人同意的情况下采纳决讼宣誓作为证据;(19)未通知必须宣誓当事人在规定时间宣誓;(20)允许诉讼代理人代替当事人宣誓;(21)在法律规定禁止的情形下将宣誓作为证据;(22)在双方当事人未事先申请的情况下指定专家证人或者作出笔迹对比鉴定;(23)未受理回避申请或在期限届满后受理回避申请;(24)法律规定的不适格人参与诉讼;(25)作出判决的衙门审判庭的成员构成不合法或者投票未遵守绝对多数原则;(26)对当事人未提出的诉讼请求或上诉审提出的新诉讼请求作出判决,未对当事人所有诉讼请求范围作出判决,超出当事人诉讼请求作出判决;(27)未在判决中说明据以作出判决的依据;(28)未受理上诉状或未允许在规定期限内提起上诉,在上诉期限届满后受理上诉。①

经过立法委员会激烈讨论,立法者最终认为,依据当时俄罗斯法制发展水平,尚不具备编纂相应清单的能力。因此,立法者转而试图借鉴外国经验。通过分析外国破弃审或监督审撤销判决程序的相关理论与实践,诉讼条例立法者得出结论:外国立法中所列违法行为,都会对就案件本质作出公平或者不公平判决产生直接影响,但开列清单并没有真正实现对再审依据的限制。立法中规定所有导致司法判决被撤销的违法行为的命题既不准确也不全面,甚至规定关于开列清单的理念既不符合设置撤销原判请求的目的,也不符合人类无法尽善尽美的天性。现代《俄罗斯民事诉讼法典》中规定的无条件撤销司法判决的依据清单,仍然是现代学者争论的焦点,有的学者主张应当继续扩大,有的学者主张应当缩小,也有的学者认为应当采纳上述司法改革中得出的结论,对现代上诉体系加以改造。

---

① Судебные Уставы 20 ноября 1864 года, с изложением рассуждений, на коих они основаны. C. 366—367.

4. 破弃审的功能定位

1864年《民事诉讼条例》将司法文书的撤销审查限定为合法性审查。破弃审法院不能独立查明案件事实情况，而应当根据上诉审法院查明的案件情况作出判决。但是，这并不意味着所有与事实有关的事项都被破弃审法院排除在视线之外。如果参政院审理涉及案件实体和诉权问题，那么参政院只能在这一前提下探寻是否存在当事人指出的违法行为：(1) 是否曲解案件事实；(2) 是否随意作出法律推理；(3) 是否依据法院查明的事实作出不正确的法律结论。违反法律规定的证据许可性规则被参政院视作案件的事实方面。由于在司法实践中，证据效力的确定并非总是交由法院裁量，因此证据效力判断的准确性审查不能被排除出破弃审法院的职权范围。根据通常规范，证据评价问题被视为事实方面，当时经常出现个别法院由于忽视了某些事实而禁止通过某些种类证据证明的法律规定，这主要是指司法实践中存在很多要求必须采用书面文件证明的诉讼，由于法庭在本案中采纳证人证言作为证据，而最终通过撤销原判程序撤销。这类案件根据上述原则，不要求为查明违法行为而对证据进行独立调查或者重新评价。虽然也有很多俄罗斯法学家仍纠结于是否对司法判决根据性进行审查的问题，但破弃审仅就司法判决法律方面进行审查，被当时的俄罗斯诉讼法学家认为是当然之规。

5. 参政院裁定的效力和范围

《民事诉讼条例》总则规定，负责重新审理参政院破弃审司移交案件的法院，应当根据参政院结论准确理解法律含义并作出判决。对根据参政院结论作出的二审判决，继续提出的撤销原判请求不予受理。这是为了使参政院对撤销原判请求作出的裁定成为司法解释和法律适用的统一指南，并向社会公布(《民事诉讼条例》第815条)。但是，这一条款在当时司法实践中作出了扩大解释，参政院裁定不仅对移交案件重新审理的法院具有强制力，也对所有法院具有强制力。

虽然破弃审判决不构成新的法律，但法院在解决事实情况类似的案件时应当遵循参政院之前作出的破弃审判决，因为其中对此类性质诉讼的共同属性作出了司法解释，而非仅仅针对个案。А.杜玛舍夫斯基认为，参政院判决对负责案件重新审理的法院具有法律效力，而对其他法院仅具有指导效力，即对前者具有强制力，而对于后者而言，其强制力取决于自身法律位阶所具有的最高权威。如果一个法院未遵循参政院判决，则需要作出更具有根据性的解释，只有作出更为详细解释的情况下才能遵循自身解释。[①] 当参政院前后司法解释出现矛盾时，通常会遵循最后作出的解释。

在19世纪末，法官在司法实践中执着地捕捉破弃审司的每条意见，试图使自身诉讼活动更符合参政院的理念。参政院判决的指导效力随着时间的流逝而逐渐增强，越来越严重地束缚着俄罗斯法院的审判活动，法院体系犹如陷入罗网的狮子，无力地屈服于上级机关的判例，放弃了战斗，并依附最高审级作出指示。这一困境甚至延伸到了现代，现代俄罗斯司法实践的任务再次陷入寻找审理案件所适用的先前再审判决中。这导致法庭上主导攻击防御的不再是逻辑的力量、法律体系和制度的相关知识、法律准确解释的艺术，而是对再审判决的引用。这一画面在俄罗斯现代司法实践中不断上演，律师在法庭上援引再审判决相互攻击，能够提出最为恰当和最新再审判决判例的人将取得胜利。可以说，旧时的破弃审司（кассационный департамент）被主席团（президиум）、监督审法院（суд надзорной инстанции）所取代，现代俄罗斯民事诉讼根据新发现情况的再审程序的改革表明，最高法院主席团的监督无所不在，其主要适用于《俄罗斯民事诉讼法典》第392条第4款和《俄罗斯仲裁诉讼法典》第311条第3款规定的所有情形：(1) 发现申请人不知道或不可能知道的重大情节；(2) 证人故意作出虚假陈述，鉴定

---

① Энгельман И. Е. Курс русского граждансокго судопроизводства. Юрьев 1912 г. С. 414—417.

人故意作出虚假鉴定结论,翻译人员故意作出不正确翻译、伪造证据等,由此导致了非法或无根据的判决、裁定,而且上述事实由已经发生法律效力的刑事判决所确认;(3) 当事人、案件其他参加人、代理人以及法官在该案审理和解决时实施犯罪,并且犯罪事实由已经发生法律效力的刑事判决所确认;(4) 法庭作出判决、裁定所依据的法院民事判决、刑事判决或裁定以及国家机关或地方自治机关的决议被撤销。

在《民事诉讼条例》立法者讨论是否保留破弃法院通过撤销原判程序作出新判决和新裁定的职权时,出现了赞同和反对两种声音。但是,最终的结论为:赋予破弃审法院就案件作出新判决的职权具有不合理性和危险性。如果允许参政院承担上述职权,那么最高法院将会:(1) 由于案件的本质审理而不堪重负,毕竟相对于案件的本质审理承认判决无效更为节省司法资源;(2) 由于专注于对个人权利的保护,而使最高法院丧失法律立场上的中立地位;(3) 将力量过多集中于第三审级,破坏了两级法院实质审理原则。

1894年,司法部长 H. B. 穆拉维耶夫在向沙皇亚历山大三世提交的《司法改革特别报告》中指出:"必须确定撤销原判程序的原则应当在何种程度上符合俄罗斯民族的法律意识,而不能为了迎合立法者的要求而完全或部分回到之前运行的监督审程序中,导致最高法院在审理下级法院判决时不受合法性审查和当事人请求的限制,为追求实体真实而直接参与事实调查。"①但是,这一提案并未被立法委员会采纳,并未被安排在立法中。原因在于,参政院如果未将案件移交高等审判院重新审理而直接作出裁定,仅限于下述情形,而这些情形都将导致诉讼终止,包括:不属于司法管辖;受理前已经作出终审判决的诉讼或当事人双方已经和解;当事人不具备诉讼行为能力或者诉讼代理人无权代理;无明确诉讼请求或者相同诉讼依据由相同当事人在其他法院已经起

---

① Министерство юстиции за сто лет. С. 232—239.

诉。在这些情形下，无须作出新的判决，仅由参政院终止诉讼程序。

6. 法院判决再审请求

在《民事诉讼条例》通过之前，对法院判决的再审请求（просьбы о пересмотре решений суда）只能针对参政院和国务委员会判决提出，并只能在获得沙皇许可后方进行再审。直到《民事诉讼条例》颁布后，其中第794条规定，仅在发现新情况和发现法院判决依据文书系伪造的情况下可以提出对判决再审请求。1878年1月17日的法律修订中又补充了新的再审依据，即高等审判院在被告未获通知导致被告缺席庭审情况下作出的判决，也由此在二审中引入了缺席判决的概念。

当时很多学者认为，《民事诉讼条例》中关于判决再审请求的规定，背离了《法国民事诉讼法典》中的法理。首先，未详细规定再审理由，而仅仅限制为出现新情况和文书伪造两种情况；其次，参政院对再审请求根据法国法撤销原判程序进行审理，但同时又借鉴了发还原审法院重审的规定；最后，再审请求只针对二审法院判决，区别于普通上诉程序中上诉期间从判决作出时起算，再审请求的期间从发现新情况时开始起算。参政院对诉讼条例中规定的"发现新情况"作出了解释：新情况并非指判决作出后出现的新情况，而是指判决作出时已经存在但当事人尚不知晓因而未提交法庭的情况。

提交司法判决再审请求规定了四个月的期限（期限的起算时间根据再审事由确定），任何再审和撤销原判请求的提出都需要缴纳保证金。参政院自身无法对判决进行再审，通常会委托给其他高等审判院或者高等审判院所辖各审判司。但是，随着法学界对于再审程序提出质疑的加深，修订后的《民事诉讼条例》中详细规定了所有再审事由，并将再审权和撤销权赋予原审法院。

有趣的是，《民事诉讼条例》中的弊端在2000年再次浮现。根据《俄罗斯民事诉讼法典》第392条和《仲裁诉讼法典》第311条规定，依据新情况或新发现情况的再审职能，由俄罗斯联邦最高法院承担。这再次导致再审程序的双重性,即根据新情况和新发现情况的再审,由此也扩大了司法裁决再审的依据。立法原因与历史也出奇地具有一致性,即旨在保障地方法院解释法律的统一性和正确性。但是,根据新情况实施的再审,已经脱离了原有审查法律解释或适用是否正确的职能。事实上,作出判决并熟悉案件的原审法院更适合完成这一工作,破弃审法院更应当承担的不是案件的本质审理,而是对于法律适用准确性的审查。

7. 未参与诉讼第三人的再审请求

在俄罗斯学者看来,这一制度在外法移植过程中遭遇了水土不服,这与我国借鉴该制度过程中遭遇的困境类似,以致这一请求的相关法律规定成为僵尸条款,一年中据此程序审理的案件不过十几件。而《民事诉讼条例》中已有的撤销原判请求、上诉保证金以及申诉期间禁止中止执行的相关规定,已经使得申诉主体的权利保护变得非常复杂。而当事人通过另行独立起诉,相较于提出撤销判决的请求更容易实现权利的救济。当时法学家从实践和理论的角度,对未参与诉讼第三人提起撤销之诉制度的结构和法理提出了广泛的批评。他们认为这一制度设立的目的在于侵害第三人权利执行程序的撤销或中止执行,但无论如何都不应当将这一程序视作对判决提出申诉的一种方法,而只能视作一种特殊的第三人参与执行程序,并且其具有典型的日耳曼法特点。

因此,《民事诉讼条例》修订过程中用第三人申请参与执行制度代替了第三人申请撤销判决制度。《民事诉讼条例》对俄罗斯诉讼体系中判决申诉制度的深刻变革,并未摆脱传统的影响,其中也不难发现外国法特别是法国法移植的痕迹,并在建立对民众快捷、正义和平等司法的改革理念指导下加以重塑。正如立法者所言,任何新的原则和制度的引入都必须以符合司法实践要求为前提条件,如果无益,则绝不能作为立法依据,这也包括再审制度和未参与诉讼第三人撤销请求制度。而诉讼条例立法者创设的对法院判决的上诉和请求撤销原判制度,也作为主要权利救济方式成为俄罗斯 20 世纪末和 21 世纪初民事诉讼和仲裁诉讼法院判决申诉方式改革的基础。

上诉制度是司法体系的重要组成部分，体现着司法制度的成熟与否，也是保障被告基本权利的重要组成部分，具有多种司法职能。1864 年司法改革前的上诉制度极为复杂，诸如国务会议、大臣委员会等行政机构也参与民事或者刑事上诉审理，上诉程序中的行政干预对司法自身的发展产生了不利的影响。同时，由于每一级上诉法院均对上诉案件的事实和适用法律等问题进行全面审查，导致诉讼久拖不决，有些案件甚至需要几十年才能获得最终的结果。旧司法体系中复杂的上诉程序也使得诉讼变得极为漫长，这严重影响了司法运行效率。1864 年司法改革从根本上改革了原有繁复的诉讼体制，简化了上诉程序，从而大大提高了司法运行的效率。

1864 年《民事诉讼条例》中关于上诉审、破弃审、根据新发现情况的再审、第三人撤销判决请求的立法和司法适用的经验都证明，外国先进的立法理念并不总能适合于本土立法，司法实践的效果往往会偏离立法者的本意。在此之后的俄罗斯民事诉讼历次改革，都将对于 1864 年司法改革中的经验教训的吸收和借鉴，作为对司法判决上诉和再审制度进行改革的重要基础。

叁 俄罗斯近代民事诉讼证据制度

俄罗斯法学界将民事诉讼证据界定为：用以认定案件真实情况的事实材料，既是法院处理民事案件的前提条件，也是解决一切民事、经济纠纷的立足点和根本点。1857年的《俄罗斯帝国法令全书》是司法改革前规制司法证据的主要规范，这是一部法令汇编，其中包括1649年《国民会议法典》、1715年《诉讼或司法讼争简要规则》等法律规范。在《民事诉讼条例》制定之初，立法者就指出过法律汇编的缺陷："现行规范尚不具有法典应有的完备性和确定性，并未构成严格协调的整体，不同法典中所依据原则彼此冲突，这一问题从古代就开始影响证据规则的适用。诉讼形式的完善和诉讼活动的组织应当建立在辩论主义原则基础之上，而非侦查原则。如果证据法无法与辩论式诉讼保持一致，那么这一诉讼法典就谈不上是一部成功的法典。"[①]但是，在《民事诉讼条例》中，立法者却并未对证据作出规范性定义，这也是其有意为之。原因在于，立法者认为不应当将司法局限在某些定义中，这是对原有法定证据规则的抛弃，而应将证据作广义开放性理解，即应当包含一切"法院借以对争议事件真实性或诉讼请求正义性产生确信的证据种类，甚至是在某些情形下法律未规定但应当被采信的事实"[②]。类似的证据定义方

[①] Судебные Уставы 20 ноября 1864 года, с изложением рассуждений, на коих они основаны. Ч. 1. СПБ. 1866 г. С. 199, 200.

[②] Ibid., г. С. 202.

式也存在于罗马法中,罗马法学家将证据理解为:所有能够借之查明案情的事物。①

一、俄罗斯近代民事诉讼证据类型

尽管《民事诉讼条例》编纂委员会对于证据作出了广义的解释,但是仍然不得不在条例中规定了法院用以调查民事案件的具体证据种类,包括证人证言、间接证人调查、书证、自认、宣誓以及现场勘验和专家证人作为证据的审查方法。与1857年《俄罗斯帝国法令全书》相比,《民事诉讼条例》中规定的证据种类清单并没有太大的改变,但对于很多证据规范的具体内容作出了修改:(1)确定了书面证据的形式和意义;(2)在必须依据书面证据证明的诉讼中限制了证人证言的适用;(3)规定了证据审查制度;(4)限制了通过宣誓确定事实的情形;(5)从证据种类中排除了周边居民调查(повальный обыск),引入了新的证据种类——间接证人调查(дознание через окольных людей);(6)引入了自由心证制度。俄罗斯法学家通过学理上的分类,揭示各类证据的特点,这有助于理解和适用各种证据,用以认定事实和作出公正的裁判。《民事诉讼条例》将证据功能定位于"尽可能保障查明实际真实以及恢复正义"。

(一)证人证言

证人证言作为探知真实的有效手段,最早被具体规定在古代《罗斯法典》中。根据《罗斯法典》规定,证人是指知晓证明对象,并能作出可靠证言的人。而随着时代的发展,对证人的品格、证明能力和与当事人关系的要求在逐渐减弱。1864年司法改革前,关于证人资格一般作如

---

① Дигесты Юстиниана. Титул V "О свидетелях" Памятники римского права. М. 1997 г. С. 522.

下规定:年龄大于15周岁,具备正常的身体感知能力和理性,能够通过亲身感知而非借助他人了解要求其证明的对象,并排除任何导致个人缺乏证明能力的法定因素。①《民事诉讼条例》中保留了较多与证人人身关系有关的传统规范。根据《民事诉讼条例》,民事诉讼中不具备出庭作证资格的证人,根据条件区分为两类:(1)完全不具备证明能力者或者不适合作证者;(2)虽然具备证明能力但证言信度存在怀疑者。

1. 证人证言的类型化

(1)完全不具备证明能力或者不适合作证者。具体包括:① 精神病人,言语和书面均无法进行表达者,某些根据医生诊断被认为由于智力障碍无法作出证明的人;② 由于身体或者智力缺陷无法对被证明情况准确认知的人;③ 对抗父母的子女;④ 当事人的配偶;⑤ 基于信任而听取忏悔的神父;⑥ 经由教会法庭审判而被驱逐出教会,被剥夺财产权或判处剥夺作证权的人;⑦ 7岁以下的儿童。

存在心理疾病和身体感知缺陷的人不具备作证资格,因为他们不具备对于证明对象基本的认知能力,即使作出证言也无法具备足够信度。关于儿童反对父母的证言,条例立法者认为,儿童反对父母的证言会在法庭上引起众多怀疑,而这些怀疑无法被证实解决。这是因为,无论法官处于何种中立地位,但作为个人仍然是一个家庭的成员,即使法官具有较高的职责,也无法减弱其对家庭成员相互关系与生俱来的认知。这会引发法官对基于家庭矛盾而产生敌对关系的猜测,或许子女证言真实,但在法官眼中也会失去其应有的信度。换句话说,排除儿童对抗父母证言的原因在于法官产生的对证言信度不足的猜测。即使在相反情况下,儿童作出对父母有利的证言,但由于儿童大多数情况下可能是出于对父母的爱而作出有利于父母的证言,因此同样也会削弱证言的

---

① Дегай П. Учебная книга российского гражданского судопроизводства губерний и областей, на общих правах состоящих, составленная для Императорского училища правоведения. СПБ. 1840 г. С. 74.

信度。但是,立法者仍然将儿童作出的有利于父母的证言视为证据。在女人由于社会地位低下而导致其证言效力亦低于男性的时代,立法者认为,不仅应当免除妻子对抗丈夫的证言的证据资格,还应当按照1857年《俄罗斯帝国法令全书》中的规定,同时免除丈夫作出对抗或者有利于妻子的证言的证据资格,这不啻于专制时代的一大进步。此外,经由教会法庭审判而被驱逐出教会、剥夺财产权、判处剥夺作证权者,不具备作证资格。根据1845年《刑事处罚和感化条例》,被剥夺特别权者,无法在缔结合同和书面文书中作为见证人,也由此丧失作为证人的资格。俄罗斯民事诉讼法传统上对于作证年龄存在严格限制,按照传统,禁止传唤未满7岁的儿童作为证人。完全不具备证明能力或者不适合作证者,将完全丧失作证资格,并由法院将其排除出诉讼程序。

(2)虽具备证明能力但证言信度存疑者。具体包括:① 近亲属;② 监护人和被监护人;③ 收养人和被收养人;④ 与当事人有争讼纠纷者,与当事人引用其证言获得的有利判决具有利害关系者;⑤ 委托人援引诉讼代理人的证言。立法委员会曾有一些成员建议,将关于排除与当事人一方处于敌对或者友好关系人证言的规定引入传统法律中。但是,这一想法由于司法实践存在巨大困难而被排除适用,因为很难证明两人之间是否存在友谊或者敌对关系,由此会导致法院在解决证明力问题上的完全恣意。

资格遭到怀疑的证人作出的证言,等同于对无证明能力证人证言信度的怀疑,这一怀疑建立在遭到质疑的当事人完全可能在自己的证言中由于与一方当事人的亲属关系,或者由于其他可能促成其作出不足采信证言的动机,而导致其证言具有偏向性。遭到质疑的证人也可能因为一方当事人请求回避而丧失作证资格。对证人回避的请求应当在其被传唤前提出,或者最晚也应当在其作证宣誓前提出,在其作出作证宣誓后就不允许提出回避请求。法院只能根据法律规定的情形对证人回避请求进行审查,并免除其作证资格,不能主动提出证人回避。这一条款完全符合诉讼程序的辩论原则,据此当事人可以自由选择进攻和防御的手段。同时,尽管没有任何人提出要求该证人回避的请求,但也不能禁止法院在评价证人证言时考虑其与当事人的关系,司法实践中的适用亦是如此。① 应当说,《民事诉讼条例》通过以后,原有清单中一些严格意义上不适宜作证的证人,被列入资格遭到怀疑证人(подозрительные свидетели)的清单,如当事人配偶、被驱逐出教会者、被剥夺财产权者以及被剥夺作证权者。但是,区别于之前条例中的规定,《民事诉讼条例》中详细调整了传唤到庭和询问证人程序。

2. 证人证言制度

(1)传唤作证程序。当事人要求援引证人证言时,必须指出需要询问证人的事实情况,同时提供证人的姓名或绰号以及居住地。满足传唤证人到庭的请求前,法院应当首先调查需要证人作证的事实情况与案件本身的关联性。如果当事人提出传唤证人的请求,但没有说明其通过传唤证人试图证明的情况,那么对于这一请求法院不予受理。② 法院作出询问证人裁定,裁定中要列明证人姓名或者绰号,以及其应当陈述的基本事实情况、询问的地点和日期。辩论开始后法庭无权传唤和询问当事人未提出的证人,证人应当经由法庭通知或者随同当事人到庭。法庭作证通知中除列明证人姓名或绰号外,还需要列明诉讼标的、询问的时间和地点,以及法律规定的证人未到庭的惩罚措施。对于军人和神职人员,《民事诉讼条例》中规定了专门的传唤措施,低阶军人通过其长官直接传唤到庭,军官必须通过法庭通知传唤。但是,传唤军官

---

① Тютрюмов И. М. Устав гражданского судопроизводства с законодательными мотивами, разъяснениями Правительствующего Сената и комментариями русских юристов, извлеченных из научных и практических трудов по гражданскому праву и судопроизводству. Т. 1. Пг. 1916 г. С. 939.

② Думашевский А. Систематический свод решений кассационных департаментов сената с подлинным текстом решений, извлеченными из них тезисами и критическим разбором их. СПБ. 1873 г. С. 39.

到庭作证并不能免除其履行军人职责。因此,如果军队长官提出其由于服役无法出庭作证,则法庭需要到其服役地点对其询问。神父也可以通过法庭通知传唤作证,第一次传唤未出庭作证的,可以通过其主教传唤到庭。

《民事诉讼条例》规定,"任何人无权拒绝作证"。在当事人援引其证言的情况下,出庭作证已经成为每一个居住在俄罗斯寻求其法律庇护的人的义务和职责,是每个俄罗斯公民对国家的义务。因此,《民事诉讼条例》规定了对公民未履行作证义务的制裁措施,包括证人未提出正当原因而未出庭作证将被科以罚款的情形。如果证人被传唤后未出庭作证,则只有在其证言被法庭认为对于解决案件具有重要意义的情况下,才会重新指定出庭日期。证人经两次通知仍未出庭作证将会被科以罚款。① 对于未出庭作证证人的罚款,仅仅针对居住地与法院位于同一个城市或者其居住地距离该城市不超过25俄里者。立法者设置这一条款的依据在于,如果不顾及证人实际居住地而将其传唤到庭,将对与案件没有任何利益关系之人造成巨大负担。同时,如果通过暴力手段,即通过警察局将证人传至法庭或者在询问前提前羁押,则对民事诉讼而非刑事诉讼的证人而言是极不公平的。②

《民事诉讼条例》规定,询问证人应当在当事人参与的公开庭审中进行。立法者认为,法官审理解决纠纷必须直接接触证人证言所包含的信息。司法实践上严格遵循这一规范,诉讼中法庭无权依据其他民事案件或者刑事案件预审阶段以及警察局侦查阶段获取的证词作出判决。民事案件审理中必须通过开庭对证人重新进行直接询问。③ 原因在于,19世纪初的很多欧洲国家包括俄罗斯,询问证人程序并非由法院

---

① Носенко Д. А. Устав гражаданского судопроиизводства. М. 1894 г. С. 98.

② Судебные Уставы 20 ноября 1864 года, с изложением мотивов, на коих они основаны. С. 211.

③ Боровиковский А. Устав гражданского судопроис объяснениями по решениям Гражданского кассационного департамента Правительствующего Сената. СПБ. 1899 г. С. 384.

实施,而是由司法警察或者警察局侦查员进行,这一弊端饱受社会批评。法官在没有听取证人证言时,任何情况下都不应当对记载于书面笔录的证人证言的准确性和全面性产生内心确信。只有在当事人和证人共同出席庭审的情况下,法官才能够感觉到证言中的矛盾和不足,并通过提出问题获取答辩,从而形成所需的完整信息。如果法院仅仅了解书面文书,则无法填补任何信息缺漏,排除由于证词矛盾而使自身产生的怀疑。可以认为,公开的庭审是对诉讼程序最好的保障,因为在这一情况下法院只会提出合理的问题,不会对证人实施恫吓,这样的程序是征服谎言的最好方式。①

只有法院亲自就案件本质询问证人,才能保障法院根据证人证言对于争议解决给予准确评价。司法人员所作出的询问笔录,在任何时候都不能如同证人在法庭作出活的证言那样,对于揭示案件真实具有同等意义。只有由审判合议庭三名法官共同参与询问证人,特别是由承担对案件进行实质审理作出判决的法官参与询问证人,才能够更加全面地保障案件调查。② 当然,司法实践中的很多诉讼行为,合议庭和当事人全部参与的条件较难满足。因此,立法者根据可能出现的情况,列出了特殊情形。在下列情况中,法院可以委托一名合议庭法官询问证人:① 证人由于年迈、重病、岗位职责或者其他合理原因,无法出庭接受询问。在证人居住地询问证人的请求既可以由当事人提出,也可以由证人在说明具体原因的情况下提出申请,提出申请的依据由法院自行裁量判断。② 确有必要时,根据情况可以在争讼事件发生地、证据所在地进行询问。例如,在土地所有权使用时效争议中,可以在该地块所在地直接询问证人。③ 允许异地询问同一地点的大量证人。这一规定的立法初衷在于:避免使大批居民脱离日常工作来接受询问,减轻当事人

---

① Бентам И. О судебных доказательствах. Киев. 1876 г. С. 100—102.

② Тютрюмов И. М. Производство местных действий по гражданским делам. Право. 1902 г. No 9. С. 415—418.

承担证人往来法院所在地所需费用的负担。④ 法律规定的国家高级官员可以提出在其住所地接受询问的申请，其中包括国务委员会和国家杜马成员、部长委员会主席、各部部长及其副部长、参议员、总督、省长、军队统帅等。20世纪初，条例中作出了补充规定：在就地询问可以加快案件审理的情况下，可以委托合议庭成员在证人住所地进行询问；但如果证人未居住在管辖法院区域，则委托其所在区域法院根据原法院裁定进行询问。

《民事诉讼条例》中规定了具体询问方式，即每个证人都应当在当事人在场的情况下进行问询。但是，如果当事人明确知晓庭审时间和地点而缺席庭审，则不阻碍问询程序进行。询问证人时，其他证人不能在场，目的在于尽可能消除某个证人证言对于其他证人的影响，并以此获得足够可信的证言。证人作证后未离开法庭而听取其他证人问询的，则不构成其回避或排除其证言的理由。

（2）作证宣誓制度。法庭询问证人前必须确认出庭系证人本人，证人必须进行宣誓。根据条例规定，宣誓必须具有承诺性质，承诺作出真实证词。证人根据自身的宗教信仰仪式进行宣誓，如果是无神论者，则应当向法院主席宣誓。①

《民事诉讼条例》中规定了几种证人免除宣誓的情形：① 经由双方当事人同意；② 神职人员；③ 传道士；④ 依据宗教法院判决被驱逐出教会者；⑤ 7—14岁的儿童。上述种类证人虽然被免除了宣誓义务，但仍需要承诺根据自身良知作出真实证言。作出宣誓时通常神父会在场，但在治安法院时如果神父不在场，亦可以在未宣誓的情况下进行询问。但是，应警告证人未按良知作出证言所应承担的责任。通常认为，证人以自身名义向上帝宣誓时作出的证词，是对其证言中立性的重要保障，

---

① Тютрюмов И. М. Устав гражданского судопроизводства с законодательными мотивами, разъяснениями Правительствующего Сената, с комментариями русских юристов. Пг. 1916 г. С. 955.

并可以据此认定证言的真实性。而认可证人作出证言真实性的重要动因是很少有信徒会违背自己的誓言。① 但是,当时很多法学家都对宣誓制度提出了质疑,认为这并不能成为证言可信的标志。在司法实践中,并不能仅仅借助于宣誓即通过个人道德层面来保证证言的信度,还需要通过虚假证言责任加以限制。在刑事诉讼中,相对于未经宣誓的虚假证言,经由宣誓作出的虚假证言将会承担更重的刑事责任。

为了合理评价证人证言,《民事诉讼条例》立法者并没有盲目扩大宣誓对证人证言真实性的影响,而是试图建立询问证人规则,通过这一规则的确立为获取完整真实的证言创造条件,以此发现证言中的虚假性,预防可能出现的证言失真。很多俄罗斯法学家亦赞同这一立法观点,认为口头询问证人是证言真实的重要保障。而重视言词证言的原因在于,再狡猾的证人也无法远离真实,在第一次试图构建虚假证言时就会停顿下来,因为其无法编织出试图掩盖真相的严密逻辑保护网,如果继续给出语意模糊的解释,那么就会暴露出自身恶意的一面,相对于沉默,模棱两可的答案会给自身带来更大的危害。② 因此,《民事诉讼条例》规定,证人证言只能是证人以口头方式自由讲述出其所了解的案件情况。当然,为帮助记忆,证人可以通过书面文字记录相应信息,包括数字资料等,这并不能认为是违反了证人询问的口头原则。证人的书面证言不能作为证据,虽然残疾人无法作出口头表述,但不能当然地排除其证言。在法庭法官和当事人都在场的情况下,法律认可这些人作出的书面证言。

1917年十月革命以后,由于原有的宣誓制度具有宗教性质,出于意识形态的考量,民事诉讼和刑事诉讼的宣誓被排除适用。代替宣誓规

---

① Терновский Н. А. Юридические основания к суждению о силе доказательств и мысли из речей председательствующего по уголовным делам: Пособие для юристов—практиков и присяжных заседателей. Тула. 1901 г. с 64 .

② Бентам И. О судебных доказательствах. Киев, 1876 г. С. 55,56.

定了对于证人拒绝作证以及作出虚假证言所需承担的刑事责任,这些规定在现代俄罗斯民事诉讼和刑事诉讼中仍然存在。由于宣誓不仅具有宗教性质,同时也具有普遍意义上的公民权利义务性质,因此现代俄罗斯立法中将证人宣誓也规定于宪法法院诉讼中。《俄罗斯联邦宪法法院法》规定,证人作证前应当进行宣誓,并由法官警告其作出虚假证言需要承担的法律责任。证人通常作出如下证言:"我(姓名),应当就我亲身感知与被审理案件相关的信息和材料,向宪法法院作出真实完整的证词。"宣誓词在证人宣读并签字后附入案卷。在俄罗斯法律文献中,很早就提及了民事诉讼和刑事诉讼中的相关规定,即法院警告证人在宣誓或者承诺在法庭所述真实后,应当对于其虚假证言所应当承担的刑事责任。[1]

(3)询问证人程序。询问证人程序开始时,按照先原告方后被告方的顺序询问。证人询问的具体顺序由法院主席考虑双方当事人的意见确定。询问证人应当从要求证人说明其所了解的当事人援引的情况(事实)入手。当证人证言与案件无关时,审判庭主席可以中止证人作证。询问证人可以通过翻译进行,证人可以以任意形式说明案件情况,当事人和法庭为了确认、弄清和补充信息,可以向证人提出问题。法院不仅有权向证人,也有权向当事人提出问题。如果发现案件事实足够清楚,或者当事人问题与案件情况没有关联,法院有权拒绝当事人向证人提出问题。

《民事诉讼条例》规定,如果法院院长未允许证人提前离开,每名被询问证人都应当留在法庭,直到所有证人询问结束。这一规定旨在于必要情况下重新询问证人,重新询问既可以根据证人和当事人请求进行,也可以由法庭主动进行。如果第一次询问不够充分,法院需要核实某些问题时,证人可以被第二次传唤至法院。为了查清证人证言之间

---

[1] Адамов Ю. П., Ратинов А. Р. Лжесвидетельство: происхождение, предотвращение и разоблачекние ложных показаний. М. 1976 г.

的矛盾,法院可以要求证人进行当面对质。立法者认为,法院应当尽可能要求证人进行当面对质,因为证人在当面对质时,会彼此揭穿证言漏洞,这种彼此揭穿既体现在言语上,也体现在对彼此信仰的攻讦上,有些证人甚至会援引其他证人的证言。①

证人证言应当被记入笔录,并尽可能保障笔录的准确性。《民事诉讼条例》规定,笔录必须在证人签字后,用证人所使用的语言向证人宣读。对于不识字的证人,则由法庭成员之一在证人在场的情况下签字,旨在使证人确信其笔录中的证词完整准确,并在必要的情况下,指出笔录的不准确之处。除此之外,在签署笔录时,证人还需确认其签名的真实性。如果询问证人并非由审理案件的所有合议庭成员实施,而是由合议庭部分法官或者委托其他法院法官进行,则证人证言笔录必须在庭审中宣读。未履行这一规定程序可以作为撤销判决的依据之一。如果证人证言不充分或者不清楚,则法院可以重新进行询问。同时,对证人的询问不仅限于庭审,在下列情形中也可以在开庭审理之前进行询问:① 证人重病导致无法在庭审中作证;② 证人必须外出而无法在庭审时返回。民事诉讼中证人有权要求补偿其因误工和往返法院发生的费用,补偿金额由法院确定,由请求其出庭作证的当事人承担。对于虚假证言,1845年《刑罚和感化法典》中规定了包括苦役、逮捕和监禁在内的刑事责任。

比较《民事诉讼条例》以及现代俄罗斯民事诉讼法中关于询问证人的规定,可以发现,现代俄罗斯民事诉讼法中很多关于询问证人的规定,是对《民事诉讼条例》中规范的承袭。这可以解释为,司法改革之前的询问程序体现了辩论主义原则,并建立在今天所普遍接受的辩论性质的法律行为基础之上。当然,并不是所有诉讼条例中关于询问证人的规范都被现代民事诉讼法所继受,如现代民事诉讼中不再使用宣誓

---

① Судебные Уставы 20 ноября 1864 года, с изложением рассуждений, на коих они основаны. С. 216.

作为证人证言信度的保障。

（4）作证豁免制度。《民事诉讼条例》中借鉴了罗马法中允许证人拒绝作证的特殊权利规定，安排了限制适用证人证言的条款，免除了公民出庭作证的义务，传统上称这一特权为作证豁免（свидетельский иммунитет）。俄罗斯历史上一直存在出庭证明义务，即"任何人不得在被传唤出庭作证时拒绝作证"，作证是每个被法院传唤作证公民的义务。

俄罗斯民事诉讼演进中第一次关于作证豁免的规定出现在《民事诉讼条例》中。《民事诉讼条例》赋予下列证人拒绝作证的权利：① 基于当事人直系近亲属、配偶、兄弟姐妹等关系可以拒绝出庭作证；② 与可能作出的有利于一方当事人的判决存在利害关系者。立法者认为："必须赋予个人拒绝作证的权利，否则会把证人推入危险的境地，在责任感与亲情羁绊间或者金钱利益间作出痛苦的抉择。"① 作证豁免仅针对近亲属，也就是直系近亲属，父母、祖父母、外祖父母、子女、孙子女以及有直系血缘关系的兄弟姊妹，旁系亲属不允许作证豁免。收养人和被收养人无权拒绝作证，原因在于收养人和被收养人之间的情感依赖不足以被视作血缘情感，更多是趋向于紧密的友谊，因此法律规定不能作为拒绝作证的依据。基于上述理念，作证豁免特权不能赋予异父异母的兄弟姐妹、继父继母、丧失抚养权的子女。应当指出的是，近亲属和当事人配偶并不是在所有案件中都享有作证豁免权，作证豁免权仅仅适用于涉及财产权的诉讼，因为当时财产权被认为是公民最为重要的权利之一，而通常只有近亲属证言能作为唯一证据。

3. 书证优先主义的侵蚀

证人证言的对象是对案件有意义的事实。很长一段时期以来，俄罗斯法院事实上没有限制证人证词的适用，关于案件的任何情况都可以

---

① Судебные Уставы 20 ноября 1864 года, с изложением рассуждений, на коих они основаны. С. 203.

采纳证人证言作为证据。但是,随着法律行为书面形式的普遍使用,形成了不同种类的法律文书,因此在证人证言的使用上,对于某些事实的确认出现了法律上的限制。司法改革前,俄罗斯法律中规定了一系列民事案件审理中限制使用证人证言的内容。例如,1857年《俄罗斯帝国法令全书》不允许在动产和不动产所有权争议、财产占有权和使用权争议中使用证人证言,而必须使用按照规定程序制作的买卖、抵押、出借和赠予契照,甚至契照直接使用"堡垒"(крепость)一词表示,用以表示契照的稳定性和不可动摇性。

《民事诉讼条例》立法者采取了书证优先主义原则,根据规定,证人证言不允许在根据法律规定,必须采用书面文书形式证明待证事实的诉讼中使用。例如,在追索借款诉讼中,由于要求借款合同必须采用书面形式,因此在原告未签订书面合同进而导致无法提出书面证据,仅援引证人证言证明诉讼主张的情况下,尽管这些证人是诚实可信之人,其证言法院亦认可为真实,但因缺乏书面文书,该借款事实仍无法被法院采信。如果法院违反这一法律规定而采信证人证言,那么其判决就会被认定为违反法律而丧失合法性。①

条例中要求书面证据证明的事实,意指要求通过书面形式记载才能引起法律关系产生、变更和终止的法律事实。实体法规定要求书面形式证明的事实包括动产和不动产所有权、不动产占有、不动产赠予、遗产继承、婚姻、出生合法性等,所有事实均需通过相应的书面文件证明,而排除证人证言的适用。参议院决议指出,《民事诉讼条例》中关于书面形式和证人证言的规定,是对证人证言作出的必要限制,与其他证明规范共同满足法院探知实体真实的要求。上述条款旨在通过排除相对

---

① Исаченко В. Л. Русское гражданское судопроизводство. Практическое руководство для студентов и начинающих юристов. Т. 1: Судопроизводство исковое. 2-е изд., доп. СПБ. 1906 г. С. 52—57.

于书面证据信度较低的证人证言,保护当事人的利益。① 首先,公民通过书面形式作出的意思表示具有更强的稳定性和可靠性。因为文书是在严格遵守法律关于文书形式规定的条件下制作的,能够更为有效地证明文书内容是当事人真实意思表示。证人证言则被视作他人对案件事实的主观印象,根据证人证言仅能够从旁观者角度形成对当事人意思表示的理解和判断。因此,书面文书能够更真实地反映和再现当事人的意思。其次,书面文书是意思表示最为坚固和可靠的痕迹,证人证言仅能够反映证人带有主观色彩的印象。再次,只有书证被认为是中立反映当事人意思的证据,而证人证言被认可为证据,仅适用于其体现出当事人意思表示,且书面证据无法证明该意思表示的情况。

并非对证人证言的不信任导致了其在查明某些法律事实中的限制适用,立法者对法律行为和法律事实书面化规定了严格程序,甚至规定了某些类型案件只能使用书面证据证明,旨在强化民众对公权机关文书的信任,从而保证民事法律流转的稳定性,限制民事案件审理时司法裁量的无根据性。法院作为国家机关,当然认可公权机关出具文书的真实性,否则就破坏了对公权机关的信任,尤其还会损害那些出于对公文书效力信任已经完成个人权利登记者的利益。② 该规则与法律关系流转的稳定性具有紧密联系,这是依靠对未按法律规定的合同书面形式而确定的法律关系进行法律惩戒来实现的,由此导致的不利后果是诉讼中当事人对签订合同事实的举证不能。诉讼条例对证人证言的限制使用也作了例外规定,下列要求书面证明的诉讼中可以使用证人证言证明:① 财产文书由于保管不善、火灾、洪水和其他自然灾难遭到毁损;② 文书由于突发意外丧失;③ 不动产权利建立在无争议、和平、持续的占有期间或在法律规定的时效期间内。

---

① Гордон В. Устав гражданского судопроизводства с позднейшими узаконениями, законодательными мотивами и разъяснениями:Систематический сборник. СПБ. 1911 г. С. 253.

② Гамбаров Ю. С. Курс лекций. 1894—95 академическмий год. С. 8,36.

立法中采取书证优先主义并对证人证言加以限制的理念，获得了大部分法学家的支持，但也有部分学者提出了反对意见：将书证作为大多数法律行为的证明手段会严重影响日常生活关系，导致其被严重的法律形式主义干扰。尤其是当时民众文化水平较低，很多交易出于方便均使用言词形式，较少遵守书面形式规定。因此，如果社会中所有借款、抵押、出借等交易关系都必须遵照书面形式，在债务人拒绝履行债务的情况下，较多社会弱势群体的债权人就会丧失其他证明手段，尽管周围存在能够了解并证明这一事实的证人。尽管对于证人证言的许可性的问题，在《民事诉讼条例》制定和1900年修订时均被提出，但大部分法学家仍然坚持探知实体真实应当与书证主义紧密联系。尽管他们也认为，严格限制证人证言这一制度的确会对大部分不具备基础文化知识的农民阶层的日常法律生活造成严重影响，甚至很有可能被利用而使农民成为被剥削和欺骗的牺牲品。概括而言，立法者在社会公共利益和个人利益保护之间已经作出了自己的价值选择，这也符合俄国君主专制的传统。

这一规范不仅在诉讼条例中长期适用，同时也被苏维埃法承袭下来并沿用至今。《俄罗斯民法典》第162条规定："如果不遵守合同的普通书面形式，则双方当事人在发生争议时便无权援引证人陈述用以证明合同以及合同条件，但他们仍有权提出书证和其他证据。"

综上所述，《民事诉讼条例》中关于限制使用证人证言的规定可以归纳为：通过法定程序制作的书面文件内容不能被证人证言所推翻，但关于文件真实性的争议除外。按照法定程序制作的文书主要包括：国家机构、公职人员和政府行政机关出具的文书，司法文书、警察局勘验笔录、询问笔录以及由国家公证机关出具的证明文书或签署的公证文书等。这些文书被统称为公文书，其证据优势效力在于其证明的官方性质，是由国家机构和公职人员职权以及宣誓义务保证的。也有法学家担心，公文书的过高效力认定违背了法院自由评价证据的基本原则。

但是，主流观点仍然认为，允许推翻公文书的证明能力，将会导致更大的负面结果。如果诉讼程序中许可大量信度不足但可能推翻书面文书的证人证言，则将从根本上动摇法律流转的稳定性和生活中重要法律事实的不可动摇性。

（二）书证

从15世纪开始，各类书证开始作为诉讼中的主要证明手段，1467年《普斯科夫律书》和1471年《诺夫哥罗德审判条例》中规定的书证种类包括权属证书（грамоты）、征税登记簿（писцовые книги，古罗斯时期记载登记人口、田亩和财产等内容的文书）、契约（крепости）等。基辅罗斯从拜占庭移植东正教以后，也接受了拜占庭传教士基里尔和梅福季创造的斯拉夫字母，文字作为民族文化形成与发展的载体，既加强了罗斯各公国内部联系的同时，也促进了书面证据这一新证据类型的发展。生活中书面形式交易合同开始广泛应用，除了记录双方合意事项外，也作为未来可能司法诉讼中的证据。但是，这一时期尚未形成有关书面文书形式和信度的规范，这也导致法庭在对书面文件适用要求上的不确定性。通常而言，法庭对于书面文件的真实性，主要通过询问合同订立人以及参与订立合同的见证人加以审查。

随着民事法律关系文书的逐步规范，符合书面形式要求成为认可文书作为证据的前提条件；而书面文书形式的规范化也强化了物权以及依据合同形成的对债权、继承权的保护。很快，法律中规定了诸多必须通过书面证据加以证明的相关事实，如关于农奴归属权的诉讼必须依据契约等，否则法庭将不予受理。1649年《国民会议法典》中有专门条款规定，不允许以证人证言来反驳书证，书证优先主义原则也随之确立起来。19世纪中叶以前，俄罗斯形成了法定的书面文书体系，同时也形成了将书面文书作为证据运用的具体规范。书证可以分为三类：(1) 财产文书（акты укрепления имущества），包括不动产买卖契约、抵押契约、赠予契约、不动产所有权转移文书、农奴所有权转移文书、农奴和家庭遗嘱等证明文书；(2) 身份文书（акты состояния），包括出生证明、所属社会阶层文书、城市居民证书、证明公司和机关自然状况的文书、恩许状和特权状等；(3) 司法文书（судебные журналы），包括案件笔录、法庭裁定、案情摘要等。通常情况下，真实性得到诉讼相对方承认的书面文件即可以作为证据。但是，对于书面文件的法律效力是不同的，一些文书仅具有半个完全证据效力或者完全不具备证据效力。例如，在商品供货和金钱借贷争议中，针对不属于商人阶层的相对人提出的买卖文书就只具有半个完全证据效力。如果这一证据相对方没有借助其他具有更强证明力的证据加以补充，则原告需要通过宣誓来证明自身书证内容，以使其具有完全效力。零售商品供货人的文书和清单虽然具备买卖文书的形式，但不具有证据效力；文书的副本只能在法院证明其准确性时，才可以采纳作为证据。

立法者对是否应当仿照欧洲国家诉讼法特别是法国法，在法律中规定所有的书面合同种类以及合同条件存有争论，但最终被否决。这是因为，首先，这一问题应当归属于民法，而不应当通过诉讼立法解决；其次，通过科学和普及的公证制度可以有效解决这一问题。因此，《民事诉讼条例》中仅仅规定了完全属于诉讼程序而不属于民法领域的问题[①]，包括：(1) 关于调整提交和调取书面证据的规范；(2) 确定书面证据效力的规范；(3) 规定书面证据审查程序的规范。

1. 提供和调取书证

根据《民事诉讼条例》第 438 条规定，书面证据主要包括民法中规定的不动产物权转移契照（крепостные акты，记载包括买卖、抵押、质押和赠予等内容）、动产转移契照（явочные акты，记载包括动产遗嘱、出借和抵押等内容）和私文书（домашние акты）等其他文书。相对于 1857 年

---

① Судебные Уставы 20 ноября 1864 года, с изложением рассуждений, на коих они основаны. С. 231.

《俄罗斯帝国法令全书》《民事诉讼条例》扩大了书证的范围。尽管当时存在是否将所有书面文件直接视为证据的争论，但立法者最终认为：任何当事人作为证据提供的文书，必须在法庭裁量后才能确定文书是否具有证据效力。立法本意在于，依照辩论主义诉讼原则建立的近代诉讼程序，为当事人提供更多在法庭捍卫自己权益的能力，减少过多形式上的限制。

《民事诉讼条例》通过一系列立法，旨在为民事诉讼中当事人辩论创造条件。任何一方当事人均有权要求相对方向法院办公室（концелярия）提供据以说明自身权利的答辩文书，当答辩文书援引的文件关涉本案争议事实时，当事人有权要求相对方当事人提供该书面文件。任何当事人都应当提供其所掌握的文件，用以证明争议事实。当事人拒绝提供所要求文件，并且没有否认文件由他掌握时，法院可以推定拟援引该文件证明的案件事实为真。根据一方当事人请求，法庭可以要求未参与诉讼的人向法院提供其所掌握的与案件有直接关系的文件或者信息。为调取由司法机关、政府机关或者公职人员掌握的文件或信息，当事人必须提供将其作为案件审理必要文件或信息的依据。所有司法机关、政府机关和公职人员，必须立刻向当事人或者法院提供所请求的信息和文件的副本。当事人请求协助的机关或者公职人员，如果不能在指定日期内满足上述请求，应当向当事人出具证明，并说明出具证明或文件的期限。

《民事诉讼条例》中规定，向法院提交的任何书面文书都不得在未经审理的情况下推翻。那么，如何确定书面文书是否具有法律规定的证据效力呢？《民事诉讼条例》采取列举的方式，建立了证据效力评价规范：(1) 不动产和动产契照、公证文书和其他证明性质文书（契约、借据、合同、遗嘱等书面文书）。如果满足下列条件下，则具有证据效力：文书真实性未被推翻；文书未被证明失去效力；合同本质未违反法律规定。书面文书真实性只能在证明其系伪造时才允许被推翻。(2) 私署文书(非正式文书)如果被诉讼相对人或者法院认可为真实,相对于公文书(经过专门的国家权力机关证明的文书)具有同等效力。(3)针对同一法律行为或者同一合同按照规定程序制作的公文书,相对于私署文书具有优先效力。因此,在与公文书不冲突的情况下,私署文书可以被接受作为公文书的补充。如果公文书以及私署文书属于不同法律行为,那么应当根据普通规则确定其证据效力。(4)私署文书和其他公文书的证据效力和证据优势由法庭裁量决定。(5)如果提交的文书未被认可属于契照、公证文书或者其他公文书,那么其仍可以保留私署文书效力。如果契照、公证书具有下列瑕疵,则不能作为公文书:应当通过公证证明获得契照效力却未经公证的文书;由不适格单位或者个人作出证明文书;由超出其职权范围的单位和个人作出文书;文书中包含未经双方当事人约定的修改、补充、删节和内容。(6)除由于对副本准确性产生怀疑而依法必须提供原本的情况外,通过合理方式证明的文书副本均可以代替文书原本证明其内容,并应当被法院采纳。(7)国外根据与俄罗斯国内法不同法律制作的文书,只有在其真实性未被推翻,文书内容经过俄罗斯大使馆、代表处或者领事馆证明确实符合该国法律后,才可以被认定为合法文书。

现代《俄罗斯联邦民事诉讼法典》中并没有详细规定书面证据的提供和调取程序,但包含了相应内容,其立法本意契合于《民事诉讼条例》的立法理念,即为向当事人主义诉讼模式的转变创造条件。经过比较,可以发现相似内容:(1)诉讼申请必须附有原告据以证明自身诉讼请求事实的相关证明文件,同时向被告、第三人提供文件副本(第132条)。(2)案件审前准备阶段原告及其诉讼代理人应当向被告提供证明案件事实依据的文件副本,被告及其诉讼代理人向原告及其诉讼代理人、法官提供据以辩驳原告请求的证据,双方当事人都可以向法官提出调取在缺少法官帮助情况下自身无法获得证据的申请(第149条)。(3)法庭向当事人提出提供证据的要求或者直接调取证据;掌握法院调取证据者应当向法院提交证据；无法在规定期间提供被调取证据的公职人员或者公民，从得到相关通知起五天内向法院说明原因。（4）如果在未向法院提供合理理由的情况下未完成法院要求提供证据的请求，对相关公职人员或公民将科以罚款。但是，科以罚款并不能免除掌握证据的相关公职人员和公民向法院提供证据的义务（第57条）。（5）如果应当证明自己请求或者辩驳的当事人持有证据却不向法院提供，法院有权依据相对方当事人的陈述作出结论（第68条）。但是，《俄罗斯联邦民事诉讼法典》中没有对证据效力作出规定。

2. 书面证据的审查

根据《民事诉讼条例》规定，书面证据审查可以依下列申请启动：一是文书真实性的审查申请，只能针对私署文书；二是文书是否系伪造的审查申请，只针对公文书。对于公契（契照）和公证书的真实性，不允许提出怀疑。对私文书真实性提出怀疑时，文书真实性的证明义务由依据该文书证明其权利的当事人承担。关于文书是否系伪造的审查申请只能针对公文书，证明责任由主张文书伪造争议的当事人承担。

（1）文书真实性审查申请。对文书真实性审查的申请应当在对方当事人提出文书后，第一次庭审未结束前提出，并且只能针对私署文书。反对文书真实性审查申请的当事人，应当在庭审时宣布其是否愿意继续使用这一文书。如果当事人宣布拒绝使用遭质疑的文书，则该文书排除出证据之列；如果当事人宣布继续使用遭质疑文书，则对该文书真实性进行审查。对文书真实性审查主要通过下列方式进行：① 对于文书进行鉴定；② 将文书的内容与其他文书比较；③ 询问当事人，并要求其提供证人用以证明或者推翻文书的真实性；④ 通过与其他文书比对核查怀疑文书的签章和签名。

文书真实性的调查由法院院长指定一名法官进行，包括文书外观的鉴定，文书是否被涂改、添加等。法官根据鉴定结论制作笔录，笔录中指出文书被涂改、添加等瑕疵。鉴定文书时，法官可以求助于对文件瑕疵具有鉴定能力的专家,就文件外观方面问题作出结论。文件真实性或是否系伪造的鉴定属于确定文书真实性的合法方式,为审查被质疑文书,鉴定过程中不仅可以使用公文书,也可以使用私署文书比对。当事人提供的私署文书在下列条件下可以被认为"排除怀疑",并可以用以审查其他文书:① 相对方认可文书真实性;② 反对该文书的相对方未提出任何争议;③ 虽然提出争议,但未提出证据(文书争议只能提出一次,文书认可为真实后,禁止文书争议再次提起);④ 如果争议当事人在其他诉讼中认可文书真实,则该文书具有真实性。①

立法者认为,对笔迹的鉴定不能作为解决文书真实性问题的主要依据。一方面,鹅毛笔笔尖的粗细、书写人的健康和心理状况都可能引起笔迹的改变;另一方面,模仿他人笔迹有可能误导鉴定,从而使笔迹鉴定得出错误的结论。② 但是,在司法实践中,笔迹鉴定和签名鉴定经常作为审查文书真实性的唯一方法。《民事诉讼条例》中对笔迹鉴定安排了相应规范:选择用于笔迹鉴定的文书必须由当事人双方协商决定,协商不一致的情况下由法庭裁量决定,当事人协商一致提交鉴定的文书法庭无权拒绝。如果当事人协商后提交若干文书或者当事人对提交文书无法达成一致,并且文书确为当事人双方共同签订之文件,则法庭应当按照法律规定选择其认为具有鉴定必要的文书。

如果具备下列条件之一,则无须进行笔迹鉴定:① 文书真实性得到双方当事人认可;② 没有任何一方当事人提出关于文书的争议;③ 订立人的签章和签名出现在其他公文书中;④ 对于笔迹和签章、签名的鉴定,法院可以委托给专家进行。被怀疑真实性文书审查结束后,法院可以认定其为真实具备证据效力,或者不予采信。对文书真实性的决定

---

① Исаченко В. Л. Русское гражданское судопроизводство. Практическое руководство для студентов и начинающих юристов. Т. 1 : Судопроизводство исковое. 2-е изд. , доп. СПБ. 1906 г. С. 903.

② Судебные Уставы 20 ноября 1864 года, с изложением рассуждений, на коих они основаны. С. 266.

由法院通过裁定的方式作出。

（2）鉴定伪造文书申请的审查。根据《民事诉讼条例》规定，鉴定伪造文书申请可以在就案件本质作出判决前诉讼的任何阶段提出。法律允许以书面形式作出"特别申请"，或者在庭审时以言词方式提出。如果以言词方式提出，则必须记入"特别笔录"。鉴定伪造文书申请的副本或者特别笔录必须送达相对人，相对方当事人必须在两周内作出答复，决定是否在诉讼中使用该文书。如果明确表示不予使用或者未作出答复，则该文书被排除出证据之列，案件将根据提供的其他证据进行审理。如果相对方当事人明确表示将继续使用该文书用以诉讼，则主张证据伪造的当事人应当提供用以证明该文书系伪造的证据，提供的证据将被送达准备援引被怀疑文书的当事人，用以提出辩驳。《民事诉讼条例》为当事人提出证明文书系伪造证据和作出辩驳各规定了7天时间。如果7天内主张文件系伪造的当事人未能提供证明文书伪造的证据，将被科以罚款，其鉴定伪造文书的申请将不予审理。相反，被申请人根据对方提出证明文书系伪造证据，未在规定期间内作出辩驳将不会导致任何法律后果。甚至在超7天时效后，被申请人仍可作出答辩，与主张文书伪造当事人的陈述共同审理。

法院收到证明文书系伪造的证据和反对该证据的辩驳后，开庭审理文书伪造问题。根据案件情况，法院有权对争议文书进行预先调查，并根据调查结论作出决定，必要时可以作出对争议伪造文书不予调查的结论。在法院认为需要对文书进行预先调查时，需要按照文书鉴定程序进行，包括证据比对、询问证人等。法庭不需要预先调查而直接作出决定的情形有：① 提交的证据能够证明文书系伪造；② 提交的证据与文书伪造事实没有直接关联，不能证明其系伪造。除自由裁量是否进行预先调查外，法院还应当听取当事人陈述和检察长结论，根据多方结论裁量是否作出撤销鉴定伪造文书申请或者认可文书系伪造对其不予采信的裁定。同时，《民事诉讼条例》还规定，法庭认为文书伪造争议无须关注时,提出争议当事人将被科以罚款。这里的"无须关注"是指法院认为鉴定伪造文书申请未被证明。《民事诉讼条例》中这一条款的立法意图在于,警告为拖延诉讼恶意提起的文书伪造争议。当时主张文书伪造的争议极为普遍,但实际结果认定为伪造的不足百分之一,这一条款主是为了避免恶意拖延诉讼。

(三) 特殊证据种类

1. 间接证人调查

间接证人调查(дознание через окольных людей)是为了取代之前逐户问询(повальный обыск)而采用的新证据种类。由于不动产交易规范的缺位,财产权常常无法通过书面文件证明,而唯一探知真实的手段就是周边居民的证言,因此逐户问询在古代罗斯和俄罗斯封建早期社会法律中,作为探求真理的重要手段发挥了积极作用。逐户问询是指询问当事人固定居住地点周边不特定数量居民有关案件情况的调查方式,主要适用于不动产占有时效争讼、强制和擅自占有财产争讼、田界争讼等。

《民事诉讼条例》立法者试图将逐户问询排除出作为探求真实的手段,并依照法律现实将其改造为间接证人调查。19世纪中叶,随着财产权利文书规范的逐步发展和完善,合同及其他债权行为都被赋予了规范的书面形式,因而规定财产争讼应当借助书面证据予以解决。但是,尽管通过司法改革俄国已经建立起了相对严格的契照文书体系,但该体系形成时间相对较短,无法真正形成社会规范,尤其是对于新出现的财产关系尚未以立法形式加以完善,缺乏此类证言作为证据必然会导致很多关于占有事实、占有时效、所有权等争议的问题无法解决。[①] 因此,在当时的司法实践中,周边居民证词仍然发挥着巨大作用。对此,

---

[①] Судебные Уставы 20 ноября 1864 года, с изложением рассуждений, на коих они основаны. С. 200, 226.

立法委员会认为,逐户问询在法律现实中有其存在的必要性,但是其具有较多缺陷,不符合诉讼程序的辩论主义原则,有必要进行修正。首先,周边居民中被传唤的证人具有不确定性,而且并非由当事人提出。其次,法律中也未规定任何关于传闻证人资格的条款,由此可能会导致证言的失真和相互矛盾。同时,由不特定人群作证时,很难期待准确和正义的证明,由此也会导致法官滥用职权的可能。最后,程序上较为烦琐。根据1857年《俄罗斯帝国法令全书》规定,为了防止周边居民证言受到当事人影响,当事人及其诉讼代理人不能在实施问询时在场,必须暂时离开问询所在地。

由于逐户问询规范自身的不确定性,使得很难根据问询结果作出准确结论。有鉴于此,立法者设置了间接证人调查制度。间接证人调查与直接证人证言具有一定程度的相似性,但也存在较大不同,区别在于:当事人提出援引周边居民证言时无须指出其姓名,周边居民也无须在法院接受询问,对周边居民的问询仅限于土地权属纠纷。法院无权主动提起问询,否则即违反《民事诉讼条例》第367条关于禁止法院收集证据的规定。在当事人提出问询申请时,是否进行问询取决于法院裁量。如果法官认为当事人援引用以证明的事实无法通过问询证实,则法院可以拒绝问询申请。《民事诉讼条例》将问询限定于用以证明财产所有权纠纷中关于财产所在地、面积、占有时间以及占有性质等问题,其中具体规定:间接证人调查由相应合议庭成员或治安法官进行。如果问询在原审法院所在城市,则由原审法院负责案件审理的法官负责;如果问询需要在其他法院管辖区域进行,则原审法院可以通过制作问询裁定的方式,委托当地法院法官进行问询。

在司法实践中,法院指定期限传唤当事人至证人问询地,而是否参与问询证人由当事人自行决定,当事人未出席不妨碍问询程序进行。问询开始前,需要预先编制能够证明争议土地权属的周边居民名单。名单并非如传统规定那样全部覆盖周边居民,而是仅选择部分证人,如房主和其他长期居住在该区域的人等。根据法律,下列居民被排除在名单之外:① 当事人及其仆从;② 当事人近亲属;③ 由于身体或者其他原因无法作证的人。名单在经过当事人确认后,从中抽签选出12人,如果名单不够12人,则选出6人。当事人有权要求两名居民回避,且无须任何依据,并由名单上其他居民代替。周边居民在宣誓后开始问询程序,由法院自行裁量决定是否对周边居民证言采信。双方当事人共同援引的某些居民证言以及通过协商一致选出的周边居民证言,认定为无争议并对法院具有当然效力。

2. 自认

从古代罗斯起,相对于其他证据方法,自认(признание)被认为具有最高证明力。传统上,自认被理解为当事人一方承认对方当事人所主张的对己不利的事实,作出明确承认对方主张事实真实性的陈述。1857年《俄罗斯帝国法令全书》中规定,向法院提交的书面自认,司法实践中被认证为完全证据。司法改革前的立法中并未区分诉的自认(对原告诉讼主张的整体承认)及事实的自认(对确定其权利事实情况的承认)。诉的自认可以作为认定诉讼相对人权利真实性的证据,事实的自认则是作为诉讼相对人自身权利所依据情况真实性的证据。对事实的承认并不意味着对诉的整体承认。

《民事诉讼条例》中安排了法庭中对事实情况自认的规定,并认可其为司法证据,拥有效力;而对法律关系的认诺,即诉的自认,并未规定其为证据。因此,如果被告对诉本身的承认,则法院可以依据此种自认直接满足原告诉讼请求而作出判决。对案件事实情况自认的法律效果是法庭认定当事人承认的事实为真实,而无须要求进一步证明。只有在满足下列条件的情况下,对事实的自认可以被认可为证据,包括:(1)自认在法庭作出;(2)一方当事人的陈述证明了事实或者情况的真实性;(3)当事人证明的情况是确定诉讼相对人权利的有利事实。这种自认可以采取书面形式,也可以言词辩论时以言词形式作出。书面自认满足下列条件即可被法庭采纳：(1)由当事人本人提出包含自认的书面文书；(2)审前辩论文件交换时提出的书面文书或书记官作出的汇报笔录中记载的自认信息。言词自认是指法院庭审辩论过程中当事人作出的自认，审前程序预先陈述时在法院院长面前所作出的自认，不能被法庭认定为自认。庭审中作出的所有言词自认必须记录在笔录中。

俄罗斯法学家经常将法庭自认称作"证据替代品（суррогат）"，原因在于，自认可以取代所有其他证据，并完全排除其他证据，不要求对所承认事实情况的正确性和真实性进行任何审查。根据《民事诉讼条例》，法庭自认拥有当然效力，甚至司法改革前称之为"证据之皇"。《民事诉讼条例》立法者完全吸收了这一传统理念：当事人对于有利于对方当事人情况的自认，是确定而无须任何证据证明的。著名俄罗斯诉讼法学家 E. B. 瓦西科夫斯基指出，法院无权怀疑自认的真实性，不允许审查或者推翻自认，因为自认无须与案件事实情况一致。法庭上自认拥有的证据效力并不取决于其真实或者虚假，它是当事人不愿意争辩的相对于对方当事人有利的情况，也就是一种单方程序契约，这种契约是对司法保护手段的处分。① 不允许法庭因怀疑而推翻自认的真实性，仅允许当事人自行推翻作出的法庭自认，但仅限于事实自认的行为是由他人行为代为实施或是由于某种自然状态导致结果的情形，并承担相应的证明责任。

《民事诉讼条例》中并未对法庭外自认作出规定，而在司法实践中，法庭外自认通常会在案件审理时被认可为证据。司法实践中，法庭外自认的事实应当借助于其他相关证据进行证明。记载法庭外自认的文书可以作为证据，而言词作出的自认只能通过证人证明，且仅限于允许使用证人证言证明的案件，如为借款合同纠纷，则不允许使用证人证言证明。法庭外自认不允许用以证明当事人之间是否存在待证事实关

---

① Васьковский Е. В. Учебник гражданского процесса. М. 1917 г. С. 244, 245.

系，仅能证明庭外作出自认的事实。[①] 此种事实必须借助其他证据对自认事实的真实性进行审查，对法庭外自认当事人可以提出反驳。

现代俄罗斯诉讼法中，当事人自认并不视为独立的证据，仅仅视为当事人和第三人的陈述。《俄罗斯民事诉讼法典》第68条第2款规定，当事人对相对人据以证明自身诉讼请求或者反驳的事实所作出的自认，在法律上的后果是免除后者对这一事实进一步的举证证明责任，此种自认不具有当然效力。《俄罗斯联邦民事诉讼法典》第68条第3款规定，如果法院有依据证明，自认完全为了掩盖案件真实情况或者在受到欺骗、暴力胁迫、威胁和重大误解的情况下作出的，则可以拒绝采纳该自认。在这种情形下，这些事实情况应当通过一般规范加以证明。

3. 决讼宣誓

从古代罗斯开始，宣誓就在法庭审理争议过程中被广泛使用。宣誓作为探知真理的一种特殊手段，随着时间的流逝，其使用范围已经发生了改变，但其所具有的宗教性质仍然保留了下来。宣誓是指一方当事人以上帝作为见证人，通过严肃形式发出的誓言，用以证明对解决案件重要的事实与情况。遵守仪式规程作出的誓言具有证据效力。从法律的观点来看，宣誓显然不具备证据意义上的特征。但是，历史上包括俄罗斯在内的所有欧洲国家都采用宣誓作为证据，并将其视作一种准证据。近代俄罗斯法学家将古代罗斯的这一法律现象视作法律传统习惯不发达的结果。与普遍使用的纠问式诉讼一样，这是由当时解决争议手段有限造成的。由于有效合理证据方法的缺位，因此宣誓经常作为唯一的案件解决手段。在之后的岁月中，虽然法律制度不断发展，但是证明手段欠缺和证据审查方式不足的问题依然突出。为了突破这一限制，出现了不同种类的宣誓，如允诺宣誓、许可宣誓、评价宣誓、解释性宣誓、协议宣誓等。宣誓主要用于在缺乏证据的情况下证明案件事实，

---

① Малышев К. Курс гражданского судопроизводства. Т. 1. СПБ. 1874 г. С. 296.

与其他证据相互印证，共同证明案件情况。随着书面证据规则的完善，宣誓作为证据在民事诉讼中的使用范围逐渐缩小，例如，17世纪不动产纠纷中即不允许使用宣誓作为证据。

1857年《俄罗斯帝国法令全书》规定，宣誓仅可以在其他证据种类欠缺的案件中使用；法院不能强迫当事人进行宣誓。被告通过宣誓拥有特别权利，即宣誓可以作为对原告诉讼请求的反驳而具有与其证言同等的效力，而原告在缺乏证据证明的情况下不被允许通过宣誓来证明自身诉讼请求。这导致案件的最终解决会倾向于作出宣誓的被告一方。

针对宣誓，《民事诉讼条例》立法委员会内部出现了对立。支持者认为，第一，在缺乏证据或者提供证据不够充分，对证据的可靠性产生怀疑的情况下，宣誓使得法院获得了裁定争议事实的方法。第二，法院尚缺乏足够手段使其对解决案件的重要情况是否存在产生足够确信。因此，查明案件手段的欠缺是宣誓制度存在的重要原因。反对者认为，第一，《民事诉讼条例》证据规范应当建立在对抗式诉讼程序理念之上，应当由原告证明提出的诉讼主张。如果原告无法提供使法官产生完全确信的书面文书，则足以证明原告主张非正义并可以驳回其诉讼请求。第二，法院最根本的任务是查明客观真实，而宣誓制度使得法院在评价每个证据可靠性时的司法裁量变得随意。因此，宣誓制度应当被完全排除出证据规范。① 虽然当时的法院积极使用宣誓，但是极少依据宣誓作出判决，这一点在法国法中亦有所体现。

最终，虽然当时立法委员会内部分歧较大，但仍然首先在《商事诉讼条例》(Устав торгового судопроизводства)中设立了宣誓制度，规定可以通过宣誓解决商事案件。这一案件解决方法被视作独特的当事人和解方式，法院不能强迫当事人宣誓，也不能主动建议原告或者被告进行宣

---

① Судебные Уставы 20 ноября 1864 года, с изложением руссуждений, на коих они основаны. С. 244—250.

誓,是否宣誓只能由当事人双方协商决定。在双方当事人同意宣誓的情况下,法院只是处于见证人地位,并依据双方当事人的宣誓解决案件。如果一方当事人建议通过宣誓解决案件,而另一方当事人拒绝,则案件依据当事人提供的证据解决。如果双方当事人对宣誓未达成合意,则认定此申请无效。

《民事诉讼条例》立法以此为借鉴,规定当事人可以通过协商,要求法庭依据一方当事人所作宣誓解决案件。如果当事人一方承担证明某一事实的宣誓义务并履行,则认为该事实已被证明;如果拒绝宣誓,则法院作出相对人主张事实被证明的推定。宣誓一旦作出,即可作为证明待证事实的证据资料,并且不允许被其他证据推翻。[①] 在宣誓的适用范围上,宣誓可以针对所有事实。但是,宣誓不允许用以证明法律要求的必须通过书面证据证明的事实,包括确认出生、年龄、死亡、婚姻合法性以及所有权纠纷等案件的主要事实。当事人不能将自身的宣誓权利委托给诉讼代理人,未成年人和其他不允许处理财产的被监护人不能作为宣誓主体。宣誓不能推翻直接意义上的证据,即公证文书等真实性毋庸置疑的证据。法人不能作出宣誓,因为宣誓具有人身属性,只有拥有原告或者被告资格的自然人才可以以自己名义作出宣誓。公司、合伙企业、政府机关、地方机构和城市、乡村社团,亦不能在诉讼中宣誓。《民事诉讼条例》中详细规定了宣誓许可制度:宣誓只能由当事人双方协商决定,双方商定后向法院提交共同签名的许可宣誓申请。申请的内容包括:具体的宣誓当事人姓名;需要宣誓证明的行为或者情况;当事人作出宣誓的时间。在申请中应当附带当事人双方的宣誓词,宣誓词中应当载明当事人宣誓证明的情况以及相应语句。在法官许可宣誓前,应当建议当事人双方在未经宣誓的情况下和平解决争议。当事人不同意和解时,法院院长或者提出拒绝宣誓许可的依据,或者作出

[①] Грошевой Н. Е. Присяга как самостоятельное доказательство по старому процессу и по судебным уставам. Журнал Петроградского юридического общества. 1894 г. Кн. 1. С. 43.

许可宣誓的裁定。同时,对宣誓当事人作出警告,如果其中一方未能在指定日期出席宣誓仪式或者拒绝作出宣誓,则宣誓拟证明的情况将被法庭采信。

《民事诉讼条例》编纂时变更了原有《国民会议法典》中规定的当事人宣誓程序,宣誓地点从教堂移至法庭,但也由于宣誓的神圣性而保留了在教堂作出宣誓的方式,未在教堂作出宣誓不再作为撤销依据誓言作出的判决的理由。① 因此,当事人既可以在教堂也可以在其宗教信仰祈祷地点作出宣誓,东正教徒应当在福音书前作出宣誓,神职人员在当事人宣誓前应当提醒其誓言的神圣性以及虚假誓言将遭受的惩罚。尽管宣誓具有宗教性质,但是对虚假誓言的惩罚是世俗性质的,虚假宣誓被认为是刑事犯罪,将导致刑事处罚,对其刑事追究将根据刑事诉讼程序进行。誓言按照双方当事人提供的双方签字的誓词,由神职人员引导进行。

二、俄罗斯近代民事诉讼证据审查制度

1857年《俄罗斯帝国法令全书》中,现场勘验和专家意见尚属于证据之列,直到1864年,《民事诉讼条例》立法者认为,应当赋予现场勘验和专家意见新的法律地位,并将其列入证据审查方法。究竟将现场勘验和专家意见作为证据审查方式抑或是独立证据种类始终是立法争论焦点之一,而最终将其归入证据审查方法,应该说是在辩论式诉讼逻辑下作出的法律安排上妥协的结果。

---

① Исаченко В. Л. Русское гражданское судопроизводство. Практическое руководство для студентов и начинающих юристов. Т. 1:Судопроизводство исковое. 2-е изд. . доп. СПБ. 1906 г. С. 1096.

(一) 现场勘验与专家意见的法律地位

支持现场勘验或亲自勘验应当作为独立证据种类的学者认为,如果证据是使法官对当事人证明或者否定的争议事实真实性产生确信的方式,那么借助勘验便能够帮助法官对当事人证明的情况产生确信。这意味着,现场勘验毫无疑问是独立的证据。反对这一观点的学者认为,当要求现场勘验时,应当勘验的对象才是需要证明或者否定的证据,而勘验本身是作为法官理解被勘验对象的方法。因此,勘验不是证据,而是审查证据的方法。就专家意见而言,法官不可能知晓包括技术、艺术在内的所有科学领域知识,常常无法对当事人希望其产生确信之事实产生应有的确信,因此需要借助对特定对象熟悉、能够作出详细说明的专家的帮助,借此查清不明之处,进而形成内心确信。专家所作出的阐释或结论不是理解方法,而是产生确信的手段,即专家证言为一种独立证据。反对者认为,专家意见是对法官缺乏专门知识的补充手段。因此,诉讼中专家是以法官助手的身份出现。法官具有完全自由的选择权,决定是否请求此种帮助。如果将专家意见列入独立的证据种类,则法官不再享有此种自由。因为在未经当事人申请的情况下,法官为了补充有关事实不足的信息而邀请专家作出鉴定,就会被认为是证据调查,从而破坏了诉讼程序的辩论性。

正如上文所述,由于不同观点各具说服力,因此法学家对这些观点加以融合,并统称为鉴定,进而阐释了两者内含的双重性质。一方面,作为证据而言,是法官对已知事实真实性产生确信的手段;另一方面,作为在法官不具备专业知识的情况下对相关信息的补充,此时不是以证据身份,而是作为借助于专业知识对现有证据的审查方法。① 从立法

---

① Исаченко В. Л. Русское гражданское судопроизводство. Практическое руководство для студентов и начинающих юристов. Т. 1: Судопроизводство исковое. 2-е изд., доп. СПБ. 1906. С. 690—694.

者的立法理念来看,在选择两种观念时,其并没有把现场勘验和专家意见作为严格意义上的证据,而是为了帮助法官对案件事实形成内心确信。立法解释指出,法官在争议发生地的亲自勘验,能够帮助法官通过直接认知形成无论是借助证人证言还是书证都无法形成的确信。真实在法官面前被直接呈现出来,这种真实的感知摆脱了其他所有影响其确信形成的中间因素。而专家意见作为对法官认知的补充,其中不包含可以被称为证据的事件或者情况,仅仅是根据已知事实和已被证实事实对未知事实所作出的逻辑结论,也是对待证事实的推理。俄罗斯法学界认为,从概念法学观点来看,现场勘验和专家结论皆属于证据审查方式,不能将其归于证据,这也符合于司法改革中倡导的辩论诉讼模式。证据审查的发动权并不能完全交予争讼当事人自行决定,而应当在维护真实性、公平性和公正性理念的指导下由法官协助完成。因此,将现场勘验和专家意见归类于证据审查方式,可以使法院在不破坏《民事诉讼条例》规定的辩论原则的情况下,根据自由裁量确定是否进行现场勘验程序或者调取专家意见。1923年《苏俄民事诉讼法典》承继了《民事诉讼条例》的相关规定,现场勘验和专家意见被界定为证据审查方法,并在之后通过的1964年《苏维埃民事诉讼法典》中确定下来。随着时代发展,现场勘验和专家意见的法律意义逐渐发生分化,在现代《俄罗斯民事诉讼法典》中,现场勘验被作为调查书面证据和物证的方法,而专家意见却逐渐发展为独立的证据种类。

(二)现场勘验

1857年《俄罗斯帝国法令全书》第507—514条中规定了实施现场勘验的具体情形,这是为了调查现场实际状况以及确定损失数额。但是,《民事诉讼条例》立法者并未规定需要进行现场勘验的情形,原因在于,首先,立法很难穷尽所有需要进行现场勘验的特殊情形;其次,如果立法列举所有情形,则会为法院强制要求勘验提供依据,也较容易导致法官的恣意,使法院可以在所有法律规定的情况中指定勘验,即使案件情形不具备勘验的必要性。① 对此,立法者认为,在对查明案件必要和有益的情况下,应当给予法院根据当事人请求或者根据自由裁量指定现场勘验的权力,并在立法中对这一权力安排必要的限制,即法院可以拒绝当事人关于现场勘验的请求,但应当在裁决中说明拒绝申请的理由。

《民事诉讼条例》规定,根据法院裁定指定现场勘验,裁定中应当指定勘验地点、日期、时间和勘验对象;现场勘验由法官或者法庭若干成员共同进行。该规定旨在使法庭借助于勘验直接感受与物证调查有关的情况,并就案件本质进行审理。对于位于受理案件法院所在城市之外地点的证据现场勘验,可以通过司法委托间接进行现场勘验。负责案件审理的法院可以委托勘验证据所在地法院实施,为此法院必须移送关于指定勘验的裁定副本,勘验应当由当地法院法官履行,禁止由法院办公室工作人员或者警察代替履行。当事人在获知法院通知的时间和地点后,应当亲自参与或者通过委托人参加勘验。这是因为,即使法官关注于案件情况和勘验对象,但由于当事人与调查对象的亲近,必然能够帮助法官更为深入了解。被通知的当事人或者其诉讼代理人未能出席的,按照法律规定并不妨碍勘验进行。

勘验时可以邀请专家参与,法官可以在证据所在地现场询问证人,查清待证事实。法官根据现场勘验结论制作笔录,其中载明所有勘验行为和结果。笔录由实施勘验的法官和参与勘验的当事人签字。勘验笔录中应当附有勘验时的布局和草图。如果是在不要求专业知识和技能的情况下,则草图和布局可以由实施勘验的法院法官制作;如果较为专业,则由法院要求参与勘验的具备相关知识专家制作。现场勘验笔录必须在庭审时宣读,当事人有权对笔录内容进行辩论,这一规定是对

---

① Судебные Уставы 20 ноября 1864 года, с изложением рассуждений, на коих они основаны. С. 257.

勘验正确性的保证,通过当事人的参与排除了笔录制作时可能出现的错误和语意模糊。勘验记载入笔录后,如果当事人对笔录记载内容没有任何疑问,则笔录应当当庭宣读,宣读后的笔录不允许进行任何更正,之后任何一方当事人无权对勘验笔录证明的内容提出反对。这一规定的立法意图在于避免当事人滥用权利拖延诉讼,同时避免庭审中通过现场勘验能够直接解决的争议被再次提起。

(三)专家意见

《民事诉讼条例》中规定的专家意见,由审理或评价对象所需要的特别知识、技术信息构成,法院可以根据当事人请求或自行裁量指定专家作出结论。也就是说,专家结论只能针对需要特别信息的审理和评价对象,其中特别信息是指建立在只有职业研究者或专门从事这一行业者才能具备的专业知识基础上的信息。法院仅可以就查明案件的事实问题要求专家提供意见,不允许专家参与法律问题,法律领域专家应当是法官本人。如果法官出现法律解释或适用困难,则应当在没有其他外界力量和专家介入的情况下自行解决。当法庭在外国准据法规范适用方面出现疑难的时候,应当请求外交部的协助,通过外交部请求相应国政府对该国适用规范的相关内容作出解释和说明。立法强调:专家不应事先了解任何有关所发生事件的信息,并且应与案件没有任何关联,其只在事件发生并启动诉讼程序后,被指定为调查对象提供专业信息和意见。

法院通过作出决定的方式指定专家意见,决定中应当载明:请求作出专家意见的对象;专家意见应当解决的问题;选择专家的姓名;作出专家意见的时限。当事人应当向法院提出关于专家调查对象以及通过调查应当解决问题的建议,但最终由法院自行裁量确定。专家由当事人协商合意选出,法庭应当指定选择专家候选人的期限。如果在法庭规定期限内当事人未达成合意,那么专家由法院指定,目的在于避免当事人借此拖延诉讼。根据普通规定，一般需要指定三名专家，但在小额诉讼中可以仅指定一名专家。在双方当事人协商一致的情况下，也可以仅指定一名专家。在下列情况中，指定专家有权拒绝作出意见：对调查对象不具备必要和足够知识；与一方当事人有近亲属关系；与法院可能作出的有利于一方当事人的判决存在利益关系。根据《民事诉讼条例》规定，在专家拒绝作出意见的情况下应当指定其他专家。换句话说，如果当事人选择的专家拒绝作出调查，那么法院应当重新指定确定新专家的期限。如果是法院指定的专家拒绝作出意见，则由法院重新指定专家。在下列情形中，当事人有权要求专家回避：专家是当事人的近亲属、收养人或者监护人；与一方当事人有过争讼；与可能作出的有利于一方当事人判决具有利害关系。要求指定专家回避需要在指定专家之日起三天内作出，如果无法立即提出回避依据，最迟也应当在法庭调查开始前作出。专家回避也存在例外规定：不允许要求双方协商选择的专家回避，相应地，当事人只能要求法庭指定的专家回避。

《民事诉讼条例》中规定，证据审查和相应的专家调查应当在开庭审理时进行。但是，由于调查对象的特点并不总具备适合条件，因此允许调查在法庭外、调查对象所在地或者其他具备专业仪器的地点进行。当调查在法庭外进行时，法庭可以指定一名合议庭成员监督调查过程。调查过程应当遵循科学规范，按照准确、详实原则得出能够代表行业领域的专家共同意见，而非专家个人意见的结论。专家意见允许通过书面和言词形式作出。根据欧洲国家司法实践经验，书面意见具有极大优势，因为其能在详细研究的情况下准确反映所有存在细节。言词意见由不了解调查对象的法庭书记员而非专家记录在笔录中，会导致专家意见缺少足够的可信度。如果当事人认为专家书面意见表达不够清楚充分，可以要求专家作出言词说明。俄罗斯立法者亦采用这一观点，其立法意图在于，当时大量产业工人尚不具备文化知识，其职业技能来源于实践，因此，强制要求其作出书面意见，会导致其委托他人书面表达的意见信息失真。此外,书面意见限制了法庭了解专家意见的能力,也限制了当事人的质证活动,言词意见作出的同时也为法庭提供了要求专家作出补充说明的权利。① 通常情况下,根据实施调查的三名专家共同一致的意见作出结论。如果专家意见不一致,则最终结论根据绝对多数原则作出,并由所有专家签名。不同意多数意见的专家可以表达自身意见。专家意见可能具有缺陷,包括内容上的不完整或者模糊。为了修正这些缺陷,法庭被赋予下述权利:要求进行调查的专家补充说明的权利;委托其他专家进行再次调查的权利。《民事诉讼条例》特别规定:法庭不应当屈从于专家与案件情况真实性不符的意见;专家意见在本质上仍然属于建立在科学推理上的意见,需要法官通过内心确信去自由评价。

三、俄罗斯近代民事诉讼证据评价

司法改革中证据评价方式由自由心证制度取代法定证据制度的变革,是俄罗斯民事诉讼演进中的另一重要进程。自由心证是指法官依据法律规定,通过内心良知、理性对证据的取舍和证明力进行判断,并最终形成内心确信的制度。法律不预先设定机械的规则来指示或约束法官,而由法官针对具体案情,根据经验法则、逻辑规则以及自己的理性和良知来自由判断证据和认定事实。

(一)法定证据评价制度

法定证据评价制度在中世纪西欧国家极为发达。这里所说的法定证据制度,是指法律对诉讼活动中可以采用的各种证据的证明力作出了明确的规定,法官在认定案件事实时必须严格遵守这些规则,不存在

---

① Судебные Уставы 20 ноября 1864 года, с изложением рассуждений, на коих они основаны. С. 262.

自由裁量权。16世纪以来,欧洲大陆许多国家都在司法实践中采用了这一制度。法官只能依照法定证据种类来认证事实,而不论其是否符合实际,不问内心是否确信,法官依据法律规定的证据标准对证据进行评价,据此对事实作出结论。证据在形式上分为完全证据和不完全证据。完全证据是指具有完全证明力的证据;不完全证据则是指证明力不足,需要其他证据补强的证据。例如,在法国,证人证言可以参照完全证据为标准,依证据效力的 1/8、1/4、3/4 进行计算。一些欧洲国家将完全证据规定为两个适格证人的一致证言,一个适格证人的证言则被认定为半个完全证据。当一个适格证人的证言可以补充另一个不适格证人的证言时,那么所形成证据在证明力上大于半个完全证据,但不能视为完全证据。一个不适格证人的证言被认为证明力小于半个完全证据。[①] 在英国,证人证言的效力取决于作出证人的个人身份和品性:作出证言的证人是否具有常人的智慧以及不容置疑的诚实品性,或者是否属于较高社会阶层,拥有社会地位,拥有足够的教育和社会责任感以及对于案件的感知度。

俄罗斯近代法中尽管并未如当时西欧国家那样详细界定了法定证据规则,但这一规则在司法实践中仍普遍适用。例如,18世纪民事案件审理中,法官判决通常会有利于提供证人的身份地位更高、数量更多的当事人一方,男人、社会显贵特别是受过教育之人和神职人员的证言证明力更强。根据1857年《俄罗斯帝国法令全书》,两个适格证人的证言是完全证据,一个证人的证言是不完全证据。在证据证明力上,男性证人优于女性证人,社会显贵优于平民,受教育之人优于未受教育之人,神职人员优于世俗平民。

(二) 向自由心证制度的转变

在俄罗斯法制近代化进程中,法定证据原则向自由心证原则的转化

---

① Бентам И. О судебных доказательствах. Киев. 1876 г. С. 43.

并非一帆风顺，立法过程中充斥着争论和妥协。最高立法委员会担心取消法定证据规则会导致证据评价的随意性，在主观确信的面具下，很容易掩盖法官恣意造成的不公正裁判。因此，立法草案中仍然规定了一系列确定证据效力和意义的法定强制规范，但排除了根据性别、身份和地位的差异确定证言证明力的不平等制度，并规定了下列证据具有完全证据力：两个以上宣誓后彼此间不相矛盾的证人证言；一名证人宣誓后作出的证言，并且这一证言经由诉讼相对人书证或者由其在庭外作出自认加以证明；双方当事人共同援引的证人证言；等等。下列证据种类不具备证据效力：非依证人亲身体验作出的证言；证人彼此之间存在矛盾的证言；未成年人的证言；等等。在证言信度相同的情况下，经由大多数证人证明的证言证明力具有效力优势。法定证明制度不仅包括证人证言，同样包括专家作出的鉴定结论，只有在双方当事人都同意的情况下邀请专家作出的结论可以作为证据采信。

尽管立法草案吸收了传统法定证据规定，但经立法观念的反复交锋，立法委员会决定不在《民事诉讼条例》中规定任何确定证据证明力的规范，这一决定符合当时欧洲国家逐渐否定法定证据制度的趋势，并承认法官独立形成的内心确信是确定证据证明力的唯一正确方式。诉讼条例司法解释中指出，法院的任务在于查明真相，而之前过时的以法定证据理论为基础的法律规范，使得法院在案件本质审理中偏重于形式，亦使得生活被死板的规范所限制。由于证人的遗忘和混淆导致证言并不可能总是清楚确定的，因此法官决不能仅根据形式特征，而应当依靠自己的内心确信评价证言是否完整可靠，其证明力取决于证言的属性而不是数量。①

最终，《民事诉讼条例》中关于证人证言的证明力形成了以下规范：证人证言的效力根据证人的适格性以及证言的清楚性、完整性和盖然

---

① Судебные Уставы 20 ноября 1864 года, с изложением рассуждений, на коих они основаны. С. 218—226.

性进行判断,由法院决定是否将其采纳作为证据进而成为裁判依据,并对判断其盖然性占优的依据进行说明。作为立法基础的自由心证理论意义在于,立法不再规定任何确定证据证明力的法定规范,对于证明力的确定完全依据法官的内心确信,法官不能单独评价证据而应当对证据进行总体评价。因此,《民事诉讼条例》立法者在谈及立法中证据新编时强调:"证据能否被采纳的最主要依据在于,如果被证明事件的可靠性已经被其他证据显然证明,那么规定关于证据效力的积极性强制规范就并非是必需的,法庭应当接受所有的证据进行考察,以此保证查明真实。"①

俄罗斯民事诉讼法中的自由心证制度至今已经有150年的历史。可见,《民事诉讼条例》立法者将自由心证作为立法基础是极其富有远见的。自由心证原则在俄罗斯法律的发展过程中展现出蓬勃的内在生命力,如今已经被大多数国家的法律体系所接纳。根据现行《俄罗斯民事诉讼法典》第67条,自由心证原则体现为:(1)法官根据全面、完整、客观、直接的调查案件中的现有证据,形成内心确信,并以此来评价证据;(2)任何证据对法院而言都不具有预先规定的效力,这意味着在法律或者其他规范中,不应当设立预先规定证据效力和意义的条款;(3)任何人无权向法院下达框定证据效力和意义的指示;(4)任何证据对法院而言均不具备较高或者较低证明力;(5)法院只能根据证据属性进行评价;(6)在法庭判决中,法院应当说明某一证据证明力占优势以及证据作为裁判依据或驳回诉讼请求依据的理由。

---

① Судебные Уставы 20 ноября 1864 года, с изложением рассуждений, на коих они основаны. С. 200.

肆 俄罗斯近代民事诉讼制度的特色

俄罗斯民事诉讼制度近代化进程是在本民族的法制文明中寻求历史智慧,对外国优秀法制经验借鉴与本土化的过程。这一过程体现出了传统与创新、本国法与域外法不断融合的特质,具有现代性的典型特征。究其本质在于俄罗斯民事诉讼所具有的基因型风格,即俄罗斯民事诉讼自身所具有的民族性、融合性特征。前者源自基督教精神的公平正义理念,法律与国家性间的紧密历史联系,国家治理中占据显著优势的集体主义理念;后者源自地处于欧亚文化交汇中心所赋予的独特开放性品质。两者已经融入俄罗斯诉讼法制发展的血脉和灵魂当中,使得无论在苏联时期,还是在现代俄罗斯,都承袭了这种基因型风格,即使随着社会发展和国家生存空间的挤压,为适应新的形势而不得不采取"跃进式"的发展。但是,这种基因化内核无法改变。任何试图对这种特质的改变都会引发社会的震荡,并导致对社会环境的无法调适。俄罗斯近代民事诉讼体系的改革也是两种特质共同作用的结果,对民族法律传统的珍视和欧洲优秀诉讼立法成果的借鉴,催生出具有现代性特征的1864年《民事诉讼条例》,它也成为俄罗斯民事诉讼近代化的标志。

一、俄罗斯近代民事诉讼制度的融合性

俄罗斯地处欧亚大陆和东西方文化边缘,多种文化在这里交汇,形

成了独特的俄罗斯文明。远古时代的俄罗斯,从经济文化上讲,落后于周边国家。当它从蛮荒状态中逐步解脱时,受到外来文化的强烈影响。正是在东西方文化的碰撞和交融中,俄罗斯诉讼体系得以形成。① 形成于原始部落时期的俄罗斯法律体系具有本土法与外国法不断融合的特质,它最初吸收了拜占庭法,之后又受到斯堪的纳维亚法的影响,在征服高加索地区后又吸收了伊斯兰法的部分要素。俄罗斯帝国初期的司法改革中,彼得一世选择了全面移植瑞典法,但由于"水土不服"而最终被叶卡捷琳娜二世废除。1864年民事司法改革中,亚历山大二世广泛借鉴了法国、奥地利、英国的优秀诉讼立法成果,编纂了《民事诉讼条例》。从上述事实中不难发现俄罗斯诉讼体系所具有的融合性特征,尤其是受到罗马法传统的长期影响。

首先,我们需要对何谓融合性加以明确。融合性是指事物之间或事物内部要素之间的一种以吸引为特征的联系方式与作用过程,表现为事物之间的"趋近"或"接近",以及彼此相向的作用过程。② 以法系意识方法审视俄罗斯民事诉讼近代化和现代化进程我们不难发现:苏联民事诉讼法保有沙俄时期1864年《民事诉讼条例》之"遗风",这部条例主干又承继自1806年法国《民事诉讼法典》。苏联解体以后,英美法逐渐渗入。因此,俄罗斯基于《苏俄民事诉讼法典》和1864年《民事诉讼条例》,辅以西方国家现代立法理念和本国法律传统、法律意识,创制出具有本国特色的现代民事诉讼体系。因此,可以认为,俄罗斯民事诉讼法制以大陆法为其基本色调,具有混合法制之特质。

这种融合性特征在1864年《民事诉讼条例》中表现得尤为突出,它作为俄罗斯民事诉讼近代化的标志,以1806年《法国民事诉讼法典》作为主要范本,吸收借鉴了奥地利法、瑞典法和英国法的制度经验,亦承

---

① 参见雷永生:《东西文化碰撞中的人:东正教与俄罗斯人道主义》,华夏出版社2007年版,第8页。
② 参见邹成效、衡孝庆:《论融合性》,载《学习与探索》2016年第3期。

继了古代罗马法与日耳曼习惯法之遗风。之所以选择将法国法作为蓝本，是因为"1806 年《法国民事诉讼法典》无论在内容上还是在形式上都迎合了 19 世纪的要求和风尚，它作为法兰西帝国的法典，凭借其自身立法质量和帝国的力量以及置身其后的法兰西文化的完美性和清晰性，成为那个时期被欧洲大陆国家普遍继受的法典"①。显然，无论是立法的社会背景、时代背景，还是社会的普遍诉求，1806 年《法国民事诉讼法典》都符合 1864 年俄罗斯司法改革的要求。如果说"欧洲化"是俄罗斯民事诉讼制度近代化的主要方向，那么这种彼此相向和趋近化是与其传统和宗教文化根源具有紧密联系的。

（一）罗马法的影响

早期俄罗斯法建立在俄罗斯民族公有制的生活方式基础之上，旨在维护和扩大集体主义价值观。随着与拜占庭帝国外交、贸易等领域关系的确立，古代罗斯开始长期借鉴大量基督教法律传统，引进拜占庭法律，尤其是基督教法律汇编。此种借鉴和移植带来新的法律观念与法律关系，而这不可能不动摇当地的习惯法，从而也促进了古罗斯通过成文法化对口头习惯法的独特规范和移植的拜占庭法规范的融合。拜占庭法律的影响最早出现在弗拉基米尔大公罗斯受洗之后实施的立法改革中。罗斯受洗使得罗斯社会不仅接受了基督教教义，同时也详细研究、借鉴了教会法体系，并将其与信徒的世俗法紧密地交织在一起。拜占庭传教士在罗斯的传教加快了借鉴罗马—拜占庭法的过程。对罗马—拜占庭法律遗产的承袭，主要来源于拜占庭东正教《教规汇纂》(номоканон)，这部法典主要形式是教会法和世俗法形成的混合模式法律文集，基辅罗斯采取全部或者部分移植的方式对之进行了吸纳。而影响最为深刻的是《埃克洛加法典》(Ecloga)，这部法典是拜占庭皇帝利

---

① 何勤华主编：《法国法律发达史》，法律出版社 2001 年版，第 445 页。

奥三世在位期间，在重新编修了查士丁尼一世法典的基础上创制的，其中涵盖了婚礼、遗嘱、奴隶、私有制等法律内容，同时在法典中强调君权的重要性，目的是在于巩固伊苏里亚王朝的统治。这部法典被完全编入了古罗斯法律汇编的《正义准绳》（Мерило праведное）中，《罗斯法典》的简明版《雅罗斯拉夫真理》就是在对这部借鉴而来的法典进行修正基础上创制的。这些拜占庭法律文集在罗斯被称作《审判指南书》（Кормчая книга）、《市民法》（Градский закон）等。此种借鉴移植在沙皇阿列克谢编纂1649年《国民会议法典》时开始扩大规模，其中民事诉讼程序的规范吸收了罗马法证据体系，特别是证明责任分配、证据类型和排除类推等原则，并将罗马法有关证人和证人证言的规定吸收进来，同时还规定了罗马法中关于近亲属作证豁免的规定。罗马法对罗斯的影响从5世纪一直持续到彼得一世时期，中间经历了拜占庭时期（东罗马帝国），直到15世纪仍然有效。那些熟知教规和拜占庭法律制度的俄罗斯教会活动家、希腊的主教，就是东罗马帝国的代表者。相对来说，罗马法的痕迹在教会法律文献中的反映，相较于世俗民事法律更多。

随着彼得一世改革的实施，通过司法体系"欧化"进程，罗马法对俄罗斯诉讼制度的影响进入新阶段。法律改革是彼得一世改革的重要内容，新的立法成果表达出彼得一世对欧洲法律的认同。早在16世纪，法国法律学校和司法机关就采用意大利注释学派观点解释罗马法，法国最高法院和派往各国的巡回法官多参照罗马法审判案件。16世纪人文主义法学派在法国兴起，使得法国在罗马法研究方面超过意大利，成为复兴罗马法的中心，罗马法在法国进一步扩大影响并成为国法。1806年《法国民事诉讼法典》就是在教会法的基础上发展并走向近代的，而这部法典是以罗马的《法学阶梯》为蓝本制定的，是罗马法的经典代表形式。1864年俄罗斯《民事诉讼条例》正是以其为范本，因此程序规范中可以找到罗马民事程序法的诸多基本原则：处分原则、辩论原则、公开原则和言词原则。除此之外，罗马法对19世纪俄罗斯民事诉讼、代表资格、证据和上诉等制度的立法及立法理论依据也产生了重要影响:诉讼程序中多使用了罗马法的相关称谓,如返还请求、先决问题等,因为袭了罗马法的诉讼担保法律制度;吸收了罗马法中关于证据的规定,把书证区分为官署文书和私署文书,罗马法把贸易文书当作书证这一规定在俄罗斯立法中也得到了肯定;罗马帝国时期占统治地位的法定证据理论对俄罗斯有着鲜明的影响;吸收了罗马法中有关类推的规定——父亲与子女的血统关系、法律的认知、品行的论证;借鉴了罗马法中有关诉讼代表制度的规定,把代表区分为自愿的和法定的,禁止个别领域的人在法院作代表(被剥夺荣誉的人、僧侣和一些政府官员);在法典中第一次设置了源于罗马法的缺席判决和上诉的规定。

(二) 域外法的影响

主要是指斯堪的纳维亚法和日耳曼法的影响,这一问题在俄罗斯长期充满争议:很多十月革命前的历史学家和法学家都支持古代罗斯国家的"诺曼起源说",但这一学说观点在20世纪初被 M. B. 雷蒙诺索夫所推翻,他认为,"尽管存在外国法影响,但古代罗斯诉讼程序是在自身独特法律风俗习惯基础上,经过漫长历史演进发展起来的"。对此笔者不予讨论,只采"诺曼起源说"观点加以概述。按照"诺曼起源说",斯堪的纳维亚文化是俄罗斯早期文化最重要的渊源,在古罗斯时期,日耳曼法作为习惯法确实对罗斯的社会生活产生了巨大影响。部落混战时期,属于北方诺曼人的瓦良格公爵们开始入主罗斯,并着手在部落联盟的内部建立新的秩序,作为诺曼人①的一支他们为部落生活以及生活方式带来了日耳曼因素,主要是通过在部落生活中引入其所熟知并具有信仰意义的正义体系,包括组织机构体系、日耳曼习惯法、争议审理解决体系。他们按照日耳曼习惯法改造了罗斯关于血亲复仇的规定,将

---

① 诺曼人属于8—11世纪自北欧日德兰半岛和斯堪的纳维亚半岛等原住地向欧洲大陆各国进行掠夺性和商业性远征的日耳曼人。

其限定为自由人所拥有的特权,并且只能由控诉人及其近亲属针对加害人行使。① 斯堪的纳维亚习惯法的另一规范是《雅罗斯拉夫真理》中规定的十二人调查陪审团法院(суд двенадцати посредников)。十二人调查陪审团法院是盎格鲁-撒克逊人、丹麦人、瑞典人和挪威人审理嫌疑人案件的古老方式。这一制度在斯拉夫民族作为习惯法而存在,从瓦良格大公时代开始被引入基辅罗斯。

俄罗斯纠问式诉讼的形成也是多种域外法因素影响的产物。蒙古鞑靼人的入侵改变了罗斯文明的走向,而这一影响主要体现在政治制度上,"专制制度"开始成为一种显性体制,特别是俄罗斯民族开始形成普遍共识,只有权力集中于强有力的君主手中,俄罗斯才能对抗外族的侵略。由此,东正教拜占庭国家的专制经验与蒙古人侵略带来的深重苦难,都深深烙印在俄罗斯的民族灵魂之中。专制制度开始有机地根植于俄罗斯文化土壤之中,也影响到俄罗斯诉讼法制的发展。特别是纠问式诉讼和司法行政兼理,长期在俄罗斯历史上发挥着重要影响,甚至在彼得一世改革全面学习西方文化的过程中,纠问式诉讼和控诉式诉讼仍然在历史的发展中相互博弈。直到叶卡捷琳娜二世时期深受法国大革命思想影响而实施"开明专制",1864年亚历山大二世参考《法国民事诉讼法典》实施自由主义民主性质的诉讼改革,才实现了从纠问式诉讼向辩论式诉讼的转向。当然,此时的诉讼模式仍然是混合性质的,但是辩论式诉讼已经占据了主导优势。除此之外,治安法院制度的确立也是受到了欧洲法的影响,治安法官(justice of peace)根据爱德华三世《治安法令》最早设立于英国,法国治安法官出现于法国大革命之后,依据1790年法令审理小额案件并对轻微违法案件进行处罚。英国和法国的经验成为俄罗斯治安法官制度形成的基础。

融合性特征贯穿了近代以后俄罗斯整个诉讼法制发展进程,以彼得

---

① Историческое изображение древнего судопроизводства вРоссии. Куницына. С. 1.

一世的"欧化"改革为起点,他试图通过强力手段将俄罗斯国家和社会生活,包括将法律观念和制度转向西方价值观。在此之后直到现代,带有浓厚个人主义色彩的欧洲法都对俄罗斯法律体系产生了重要影响,尤其是大陆法系的影响,欧洲法律制度不断渗入到俄罗斯法律体系当中,特别是其中的日常生活经验法则和国家法规范,已经成为俄罗斯法律体系的重要组成部分。由此,俄罗斯在构建民主和法治国家进程中,在法的内容和法律来源上更接近于罗马—日耳曼法,同时又保持了自身的民族性。1917年十月革命后,俄罗斯法律由于在社会制度和指导思想方面根本上不同于资本主义国家的法律,罗马法在俄罗斯应用的痕迹几乎完全消失,只是在形式上与大陆法系相似了。苏维埃时期从根本上变革了整个法律体系,创建了独特的苏维埃社会主义思维下的法律体系。社会主义法系是在工业革命和技术革命阶段确立的,反映出俄罗斯法集体主义秩序价值观和18世纪初以前俄罗斯法的共同特征。社会主义法与大陆法系最为显而易见的共同点在于,保留了共同术语体系和外在结构。社会主义法的基础是实现共产主义学说的阶级法。党的方针和政策虽然并不能形成法,但是其对法律的学说影响是显而易见的。总的来说,社会主义立法体系,在立法技术上来自罗马—日耳曼法系,这表现在法律体系化方法、法条结构和欧洲法律术语的使用上。在现代,俄罗斯法对普通法传统更为敏感,在苏联解体后的社会转型中,英美法系的影响开始日益凸显,最明显的特征是:在一些情形中,允许法律适用和解释上适用判例原则。

进入20世纪后,两大法系融合的趋势愈加明显,当事人主义的诉讼模式与职权主义的诉讼模式亦彼此吸收借鉴,俄罗斯的现代民事诉讼改革开始定位于在法制全球化与本土化之间寻找一个恰当的平衡点,以实现诉讼法的全球化与本土化的融合。

二、俄罗斯近代民事诉讼制度的民族性

俄罗斯民事诉讼的民族性特质是由其所具有的斯拉夫法系法律文化基因所决定的。这一法系在拜占庭帝国、东正教和东欧文化的深刻影响下形成了独特的法律传统。斯拉夫法系国家具有意识形态、民族、精神、历史和法律上的共同文化基础：基督教精神的公平正义理念，法律与国家性间紧密的历史联系，集体主义理念。

正如俄罗斯法学家 И. А. 伊利英比较俄罗斯法与大陆法区别时所强调的："欧洲实定法与活的法律意识间的鸿沟，并没有反映在俄罗斯法律体系中。"①俄罗斯法遵循社会调整的法律形式和道德形式的协调一致，一些学者又称之为"东欧法系""欧亚法系"或"斯拉夫法系"。甚至在 1900 年巴黎召开的第一次国际比较法学大会上，俄罗斯法因其所具有的独立性特征，被列入了世界五大法系框架之内。对斯拉夫法系理论有巨大贡献的俄罗斯法学家 В. И. 拉菲斯金驳斥了将斯拉夫法归入罗马—德意志法系的理论，他认为："斯拉夫法不逊于其他任何法律体系，它不仅具有其独特性和旺盛生命力，同时也是伟大而光荣的。应当将斯拉夫法律体系归入特殊而独立的法律体系，保留其统一性，将其完全归入大陆法系将不可避免地导致对斯拉夫人的法律殖民。"但是，俄罗斯国内也有部分学者认为，斯拉夫法是罗马—德意志法的独立分支，应称之为"罗马化的斯拉夫混合体系"(Romanised Slavic blend)，或者是"罗马—德意志法系的欧亚变体"等。对此，B. H. 西纽科夫指出："现在俄罗斯法律体系是以伪罗马法体系形式存在的，关于斯拉夫法系的思想主要源于十月革命前，其传统核心是源于古代俄罗斯的罗斯法律"。② 关于这一问题，欧洲学者提出了独特的观点，法国比较法学家

---

① Ильин И. А. О воспитании национальной элиты. М. 2001 г. С. 502.
② Филиппов А. Н. Учебник истории русского права. Юрьев. 1907 г. С. 9—11.

P. 雷让认为:"俄罗斯法在很长一段时间内,将会保留其独特性,这也将妨碍其真正进入罗马—德意志法系。"①约翰·H. 威格摩尔在概括斯拉夫民族的独特品质时认为:"斯拉夫民族不受拘束的理想主义丰富了人类的天性,但属于该民族既独特又纯粹的斯拉夫法系却未产生过。究其原因在于,首先是受其民族性格局限,理论著作和意识中以利己主义为中心的不切实际的理想及其分歧导致了政治上的衰弱;其次是受到强大的外族入侵;最后是法律形成时期受到较先进法律制度的影响。"②

总的来说,相较于其他法系,俄罗斯民事诉讼领域的独特性主要源于社会文化基础与司法适用实践间的亲密互动,以及诉讼体系内部诸要素之间的紧密联系,这种内在联系成为俄罗斯移植外国法律制度的前提性依据。申言之,认识俄罗斯法律制度的民族性应当以认识斯拉夫法系和俄罗斯法历时演进中的独特历史文化特征为基础。

(一)斯拉夫法系独特的历史文化特征

历史上四个主要斯拉夫民族分支是波西米亚人、波兰人、塞尔维亚人和俄罗斯人。斯拉夫人在不同历史时期建立了具有各自文化基础的国家政权,并在拜占庭帝国、东正教和东欧文化的共同深刻影响下形成了各自独特的法律传统。虽然历史不同,但四个斯拉夫民族分支都在十四世纪进入了国家立法时期。公元 1346 年,查理四世在波西米亚颁布了《卡洛莱纳大法》;1347 年,波兰的克什米尔三世,为了巩固王权和确立普通法,颁布了《维斯利卡宪章》;1349 年,曾在君士坦丁堡接受教育的塞尔维亚帝国皇帝斯蒂芬,在罗马希腊宗教法和民法精神影响下,创制了塞尔维亚人第一部法典《斯蒂芬·都山法典》;俄罗斯则在莫斯科公国时期(1283—1547 年)就进入法制初创阶段,创制了《雅罗斯拉夫

---

① Леже Р. Великие правовые системы современности. Москва. 2009 г. С. 115.
② 〔美〕约翰·H. 威格摩尔:《世界法系概览》(下),何勤华等译,上海人民出版社 2004 年版,第 623 页。

法典》，又于 14—15 世纪分别颁布了《伊凡三世律书》和《伊凡四世律书》。

斯拉夫法律体系的共性建立在斯拉夫国家法律价值体系的历史文化特征之上，而不能单从法律渊源性质去认识斯拉夫法律体系的本质。若单以法律性质为标准，则上述国家完全可以归入罗马—日耳曼法系。尽管通常认为各法系间界限模糊，其独特要素彼此间相互渗透，但斯拉夫法系在法律来源上清晰地体现出罗马法传统，因此在法律来源属性上斯拉夫法系更接近于罗马—日耳曼法系。斯拉夫法系具有意识形态、民族、精神、历史和法律上的共同基础，可以归纳为：第一，基督教精神的公平正义理念；第二，独特的国家性，且法律与国家性具有紧密联系；第三，国家治理中占据显著优势的集体主义理念；第四，传统法律基础与基督教精神国家间的天然紧密联系，这种紧密联系形成了斯拉夫法系强烈的独立性和民族性特征。尽管斯拉夫法系在形成之初不可避免地受到外来文化的影响，但在立法技术特征以及内容上，仍然很大程度地体现出斯拉夫民族独特的社会文化和国家原则。

（二）俄罗斯法的民族性特征

俄罗斯是斯拉夫民族的典型代表，各斯拉夫民族分支大多在漫长历史进程中逐渐走向了分裂和衰落，而以东斯拉夫人为主要组成的俄罗斯，作为斯拉夫民族中唯一实现并保持了政治统一、民族独立的国家，占据了欧洲大半版图。尽管国家内部各民族在方言和习俗上各异，但仍然实现了统一和融合，应该说这是借助专制制度才得以实现的结果。封建时期的俄罗斯法无疑是斯拉夫法系的典型代表。在俄罗斯封建社会，沙皇掌握着国家最高立法权和司法权，组建了庞大的司法体系；法官的司法裁判主要以封建成文法作为依据，但也保留着宣誓免责、抽签、决斗裁判等粗陋的特征。1864 年，俄罗斯推行司法改革，确立了司法独立性，设立了陪审法院，规定了法庭辩论制、公开审理制等诉讼制度,开启了法制近代化转型的大门。十月革命前,在俄罗斯法律传统的形成和发展过程中,俄罗斯社会由前法律阶段走向法律阶段,由法律初级阶段走向完备法律阶段,奠定了其法律传统的基调。俄罗斯法的形成既在西方法律传统之中又在它之外,俄罗斯法律传统既有其独特性又与西方有着割舍不断的血缘。人们认为,俄罗斯法律制度在形式上是罗马法的,在精神上则是拜占庭式的。① "尽管俄罗斯的法律建立在罗马传统的基础上,它却根植于拜占庭式的精神,并且在整个中世纪是在俄罗斯东正教会的精神中孕育发展的。"②

1. 东正教文化的"聚合性"特征

这一特征使得俄罗斯民族成为一个富有生命力和凝聚力的民族。这同样反映在民事诉讼制度的近代化和现代化进程中,这种聚合性表现为集体主义,即诉讼观念中集体主义价值观相对于个人主义价值观占据优势。俄罗斯在近代进入"欧化"时期之后,开始试图将个人利益置于社会利益之上,在立法形式和方式上,主要模仿法国,确立了自由主义诉讼观的辩论式诉讼,但这种价值观因背离本国社会文化而未被社会民众所接受,并最终在19世纪末的反改革浪潮中被瓦解。从1917年到1993年,俄罗斯进入新的社会主义法培育阶段,职权主义诉讼观开始占据优势。这一时期很多苏维埃民事诉讼理论都具有其独创性。而从苏联解体到现在,则是社会主义法与资本主义个人主义价值观的磨合期,许多1917年十月革命后被废除的近代民事诉讼制度又重新恢复,原告和被告在诉讼运行和证据调查中的个人主动性被显著扩大。可以说,现代俄罗斯民事诉讼仍然是建立在集体主义价值观基础之上,与英美国家个人主义价值观相距甚远,甚至可以说遥不可及,公有制的

---

① 参见杨昌宇:《法系视角下俄罗斯法律传统及对中国的启示》,载《学术交流》2016年第9期。

② 〔英〕玛丽娜·库尔奇扬:《转型对俄罗斯法律的角色的影响》,载〔荷〕布鲁因斯马、〔意〕奈尔肯编:《法律文化之追寻》,明辉、李霞译,清华大学出版社2011年版,第115页。

生活方式仍然在俄罗斯发挥着巨大作用。

2. 罗马法传统的延续

俄罗斯在引进东正教的同时也吸纳了拜占庭法律、法典编纂的方法和体例，还在很多方面吸收了国家和社会管理制度，这些制度之后被称为东正教国家文化，其中也包括法文化。在中世纪历史发展进程中，俄罗斯法律受到罗马法的强烈影响。跨入近代之后，彼得一世以后的沙皇在其立法中都模仿西欧模式或运用受到罗马法影响的流行欧洲法观念。因此，俄罗斯法曾跟德国法、法国法一样，同属受罗马法影响的欧洲大陆法系。俄罗斯法学家和法官也多半倾向于德国"学说汇纂派"的思想。因此，人们较一致地认为，十月革命前的俄罗斯属于民法法系。

3. 俄罗斯法的独特性

俄罗斯民事诉讼作为斯拉夫法系诉讼制度的代表，不仅具有混合性质特征，也具有诉讼制度自身的独特性。由于对本国法律文化传统和法律精神的珍视，俄罗斯形成了特殊的诉讼体系。俄罗斯学者将此种独特性解读为支撑社会固有文化调整的能力，以及维持和保障社会自我存在和自我认同特征的重要而稳定的现象。这种独特性也表现为某一民族在独一无二的生活和历史经验积累过程中，在确定空间、时间和地理环境中出现并形成的某些特征。语言学家 С. И. 奥日科夫和 Н. Ю. 什维多娃进一步将术语"独特性"解释为自身发展的独立性和唯一性，在俄罗斯诉讼制度演进过程中即表现为民族性内涵。这种独特性应当被视作所有代表自身发展独特性、唯一性和独立性的民事诉讼体系所有要素的集合。这些构成俄罗斯民事诉讼制度独特性的要素包括：第一，法律体系要素，包括立法规范、原则、制度、诉讼行为、学说和法院组织等；第二，社会文化与司法适用实践之间的联系，这些联系最初出现具体民族法律制度当中，并在之后获得协调性发展。

俄罗斯民事诉讼传统具有其内在独特性，民事诉讼规范的最初萌芽可以追溯到十世纪中叶。最早的成文法来源是公元 911 年和 944 年俄罗斯—拜占庭帝国条约,其中援引的所谓"俄罗斯律法",就是指这一时期古代俄罗斯运行的口头形式习惯法规范汇编的概括性称谓。此种"律法"相较于拜占庭和其他外国成文法无论在形式还是内容上都具有显著的民族特性,而不能简单以当时成文法的缺失来评判古代俄罗斯法律文化是否落后。古代俄罗斯早期法律主要是以口头形式存在,成文规范仅占讼争解决适用规范的极少部分。这一时期的口头习惯法规范主要是以俗语、成语、歌曲、童话等形式传播,因此分析古代斯拉夫人神话便不难发现,这一时期已经形成了关于审判和诉讼程序的基本概念。正如苏联著名诉讼法学家 А. Ф. 克列曼指出的,"俄罗斯诉讼法是在民族习惯影响下开始形成的"。因此,尽管缺少成文法渊源,但社会普遍适用和流传的古斯拉夫口头习惯法仍然具有其独特性和较高发展水平,并具有典型的俄罗斯民族特征。

古代罗斯的成文法时期并没有排除口头习惯法的适用,司法实践中两种法律渊源的矛盾一直存在。成文法很大程度上是在拜占庭法影响下形成的,而口头习惯法更多保留了民族法律传统。最初,成文法规范的出现是为了巩固王公政权,扩大王公权力范围,并将制定成文法作为巩固权力的方式。因此,旨在捍卫王公利益的成文法与维护公社利益的口头习惯法常常相互对立。民族国家的形成是两种法律渊源共同运行的前提条件,也导致两种类型法院的同时共存:王公法院和公社法院(或称人民公社法院,народный общинный суд)。王公法院主要适用成文法,而公社法院更多适用口头习惯法。公社法院由当事人指定的 12 人组成。虽然这种调解人法院最早出现于盎格鲁撒克逊法、日耳曼法和斯堪的纳维亚法,但古罗斯这一司法组织形态并非移植而来,而是以本国传统发展为前提。随着民族国家形态的强化,公社法院的意义逐渐弱化,并在司法实践上丧失了功能,但其某些独特特征在 19 世纪和苏维埃时期,乃至现代仍具有一席之地,陪审法院和治安法官大会在某种程度上便是这一传统的延续。

俄罗斯民事诉讼独特性将下列因素作为前提条件：第一，具有其他法律体系不具备类似特征的独特法律制度；第二，导致民事诉讼体系具有混合性质的独特原因；第三，法律制度产生和发展的特殊前提；第四，法律规范适用的独特司法实践；第五，多形态的具有独立性质的俄罗斯民事诉讼法学。这些因素涉及民事诉讼体系中的大多数要素。而社会文化与法律适用间的紧密联系与互动，则成为诸要素之间的"黏合剂"，并作为独特的前提性条件。

可以认为，俄罗斯民事诉讼制度民族性特征体现在以下三个方面：第一，受法典编纂主义观念影响，成文法特征明显。在法律规范载体上，俄罗斯有编纂法典的传统，这在形式上证明了其成文法传统的存在。第二，受国家主义思想影响，法律规范由立法者提出。"法律是立法者的法，不是法官的法，法律规范由立法者或学说提出，而非法官职权。"在整个君主专制时期，君主形成共同的意识，即君主守法信法应当成为一种美德。一方面，君主守法遵法行为会成为公众的表率；另一方面，只有依法行事才是实现公正的唯一途径，这对君主而言尤为重要。第三，运用演绎推理，采用纠问式诉讼程序。

三、俄罗斯近代民事诉讼制度的现代性

通常理解的"现代性"是指启蒙时代以来的"新的"世界体系生成的时代，是一种持续进步的、合目的性的、不可逆转的、发展的时间观念。现代性推进了民族国家的历史实践，并且形成了民族国家的政治观念与法的观念，建立起了高效率的社会组织机制，创建了一整套以自由、民主、平等为核心的价值理念。按照理论家哈贝马斯的说法，"现代"一词为了使其自身被看作古往今来变化的结果，也随着内容的更迭变化而反复再三地表达了一种与古代性的过去息息相关的时代意识。俄罗斯近代民事诉讼制度的现代性也正是体现在其现代价值理念和时代意

识中。

（一）近代民事诉讼制度中基本理念的现代定位

俄罗斯近代民事诉讼制度改革以人的价值为本位，吸收了自由、民主、平等、正义等观念，在诉讼模式上更多地借鉴了合理的法国司法体系，接受了自由主义表现的辩论式诉讼，引入了具有现代意义的多种诉讼原则：无罪推定原则、诉讼程序的公开和辩论原则、被指控人权利保护原则、人民代表参与诉讼原则等。这些原则如今已经成为民主宪法不可分割的组成部分，但在君主专制政体下，这些理念无疑让整个俄罗斯社会为之震惊。可以说，1864年司法改革实际上是政府立宪制理念的化身。20世纪初，H.波良斯基曾评价："司法条例是我们的第一部宪法抄本，其中第一次为对抗行政权的恣意和随意规定了法律保障。"[①]

1864年司法改革后，俄罗斯民事诉讼的典型特征是参照法国法建立了自由主义辩论式诉讼。之所以以法国法为主要模版，主要是由于政治等方面的考量：法国资产阶级革命胜利以后，为维护其统治地位，必须建立与其政权统治相一致的法律体系。因此，资产阶级革命的一些理论主张，诸如民主、自由、平等、尊重人权等，必然会在其立法中得到体现。对这些理论主张的贯彻，必然要求在民事诉讼中充分尊重当事人的意志，最早以法典化形式明确当事人主义诉讼模式的当属1806年《法国民事诉讼法典》。而上述特点也满足了1864年司法改革的社会诉求。

自由主义辩论式诉讼的主要特点在于：法官在诉讼程序中处于消极地位，通过框定反驳和抗辩义务赋予被告获得平等保护的权利。这种诉讼特点在于：由公民独立选择争议解决路径；根据自主意愿而采取进攻防御方法，并要求法官处于独立的中立裁判者地位，法庭在诉讼中仅

[①] Революция — торжество права. Проф. Н. Н. Полянский. —Москва：Задруга. 1917 г. С. 11.

被赋予较小的职权,诉讼由当事人主导。这些具体特征在诉讼程序上表现为以下几点:

首先,排除了法庭参与审前准备阶段。《法国民事诉讼法典》规定:"诉讼审前准备,由司法警察通知当事人,通过辩护人交换书面文件完成。"《民事诉讼条例》第305条和第308条规定了两种书面文件交换程序:法院组织交换或自行交换,并由当事人自主选择诉讼对接方式。因此,法院是否作为审前准备阶段主体取决于当事人的意思。

其次,违反诉讼期限的提出。虽然通过立法限定了诉讼期限,但只能由原告和被告自行监控彼此诉讼期限遵守。因此,在相对人没有主张违反期限的情况下,超出期限不能成为法院对诉讼运行实施进一步诉讼行为的依据。《民事诉讼条例》规定了完成诉讼审前准备行为的期限,包括出庭期限和提交辩论文件的期限。其中,第320条和第321条规定,"如果一方当事人提交陈述超期,相对方当事人可以向法院主席请求指定庭审日期";"如果提出申辩超期,任何一方当事人都可以向法院院长请求立即指定庭审日期"。上述规范表明,普通程序中免除了法院对诉讼行为完成期限的监督。但是,简易程序中有例外规定,即法庭有权指定当事人出庭时间。上述规定反映出法院作为管理诉讼程序的主体,应当服从于当事人意志。这也反映出了自由主义辩论式诉讼特征。

最后,被告承担提交抗辩的义务。《民事诉讼条例》第313条规定,被告应当提交诉讼答辩。这是对被告的一种事先保护,其立法理由在于,提交诉讼答辩的义务符合辩论原则,借此使得原告能够事先准备对被告抗辩的反证。这样,当事人双方在平等程度上掌握彼此间观点。1864年《民事诉讼条例》在根本上改变了俄罗斯民事诉讼的面貌,彻底消除了纠问式诉讼,并将诉讼带回到传统的辩论式诉讼。

(二)俄罗斯近代民事诉讼制度的基因传承

通常认为,150年前的俄罗斯通过司法改革使国家法律生活发生了彻底的改变。通过这次改革，俄罗斯建立起了新型的司法体系：形成了治安法官、陪审法院、公证、职业律师、律师联合会等制度和组织，并颁布了新的诉讼法典。正如 E. B. 瓦西科夫斯基所言："《民事诉讼条例》是独特的地理大发现，开创了俄罗斯法律发展的新纪元。"①

1864 年《民事诉讼条例》不仅是俄罗斯民事诉讼也是整个法律体系发展的里程碑。这次改革奠定了俄罗斯现代民事诉讼和刑事诉讼的基础，同时也对大多数独联体国家、波罗的海国家和很多东欧国家的诉讼立法产生了重要影响。《民事诉讼条例》被认为是这一时期最优秀的法典之一。它确定了民事诉讼体系新的基础，强化了司法审判的言词原则，引入了辩论原则，并完全改变了诉讼运行、程序构造、法院与诉讼参加人的关系。俄罗斯学者认为，亚历山大二世的司法改革奠定了现代俄罗斯民事司法体系的基础，《民事诉讼条例》中很多观念成为苏维埃法律规范的基础。现代俄罗斯民事诉讼法典立法者更是将新时期立法与近代司法改革中某些制度规范的恢复与改造紧密联系在一起，并从 1964 年《苏俄民事诉讼法典》中间接继受了优秀的近代民事诉讼立法成果。

民事诉讼法学理论随着 1864 年《民事诉讼条例》的通过获得了跨越式发展。随着司法改革的进行，法学教育也焕然一新。在新式法典的基础之上，新的法律学说也形成了。虽然最初的著作主要集中于对新立法规范的注释，但随之逐渐出现了独特的诉讼法学体系。司法改革之后涌现出了包括 К. И. 马雷舍夫、E. B. 瓦西科夫斯基在内的一代优秀学者，他们在事实上成为现代俄罗斯民事诉讼法的奠基人。他们的著作在很大程度上奠定了改革前主要立法活动的基础，对立法施加了重要的间接影响。而这些理论也在苏维埃时期的法学研究中被广泛使用，新千年后的俄罗斯法学界更是将其称为俄罗斯民事诉讼经典。

---

① Васьковский Е. В. Учебник гражданского процесса. Краснодар. 2003 г. С. 25.

《民事诉讼条例》的基础是当时西欧先进的法典和民事诉讼法学说。改革家С. И. 扎鲁特内伊提出："如果一个国家不允许引入其他国家已经被证明完善的普适共同原则，仅仅因为其是外国的而非民族的，那么这就几乎等同于不允许引入铁路和电话，使得民众没有可能接触到人类文明的共同优秀成果。"[①]尽管改革也产生了一系列负面效果，但总的来说，1864年司法改革仍然是俄罗斯法律体系和民事诉讼部门法发展的转折点，其价值不仅在于彻底改变了当时俄罗斯的法律制度，更在于因其现代性特质而为俄罗斯民事诉讼法发展留下的宝贵历史遗产。尽管现代法律是区别于150年前的立法的，但当时所确定的原则和法律模式继续运行至今，其理念更是直到今天仍生机勃勃。尽管之后一系列重大政治历史事件的发生，使得俄罗斯民事诉讼演进在拥有继承性和创新性特质的同时，也产生了断裂性特征。

首先，时间上的继承性特征。1917年十月革命之后，《民事诉讼条例》逐步被废除。П. И. 斯图奇提出："所有带有旧帝国参政院烙印的法院，都是对革命的忽视，根据已被推翻政府的诏令作出的判决是无法容忍的。"《关于法院第1号令》和《关于法院第2号令》都规定了对《民事诉讼条例》法律效力的限制，但仍无法从实践中将其废除，以至于在相当长一段时间内《民事诉讼条例》仍然具有直接效力。而此后所制定的新诉讼法规范草案，在本质上仍是对当时尚在运行的《民事诉讼条例》条款的汇纂。1917年，临时政府司法部建立了恢复司法条例委员会，由А. Н. 科伊巴尔克主持修订《民事诉讼条例》，使其符合国家制度转型的需要，并最终创制了新的《民事诉讼条例草案》。1923年1月5日，人民司法委员会公布了《民事诉讼基本规范临时指南》，通过这一规范，新"苏维埃民事诉讼条例"获得了进一步发展，其中规定的驳回上诉、法院对诉讼程序的积极参与、法院对弱势当事人程序协助义务等，直到1923

---

① Щегловитов И. Г. Влияние иностранных законодательств на составление судебных уставов 20 ноября 1864 г. Пг. 1915 г. С. 32.

年《苏俄民事诉讼法典》通过并生效后才被彻底替代。尽管工农政府对司法体制进行了重新建构,但 1864 年《民事诉讼条例》仍不可避免地对新民事诉讼法典制定施加了影响。

其次,随帝国领土扩张而拓展的法律空间。1864 年《民事诉讼条例》在俄罗斯帝国崩溃后的很长一段时间内,仍然在俄罗斯帝国原有的广大地域空间内继续运行。如果按照现代国家边界划分标准,其中包括欧洲大部分地区、高加索地区和中亚地区。这也体现出这部法典的优势,即立法者贯彻了尊重区域特点原则,安排了适合某些地区运行的例外规定。在俄罗斯帝国西部行省、高加索地区、中亚省份,《民事诉讼条例》根据这些地区的文化、历史、民族和组织特点,采取不同运行方式。

不仅在俄罗斯,在包括波兰、芬兰、乌克兰、波罗的海国家在内的其他原俄罗斯帝国疆域范围内的现代国家法制建设过程中,都继承了司法条例的宝贵遗产。在很多国家,司法条例的运行时间甚至比俄罗斯更长。《民事诉讼条例》不仅对这些国家立法发展施加了影响,甚至奠定了这些国家民事诉讼学说理论基础。例如,波兰 1918 年独立后诉讼条例仍然继续运行,直到 1933 年新的《波兰民事诉讼法典》通过,但其中很多条款仍然被吸收到了新法典中。立陶宛 1918 年就宣布独立,但诉讼条例同样也继续运行到 1940 年。因此,现代立陶宛学者将 1864 年《民事诉讼条例》视作"民事诉讼通用化、协调化和欧洲化的范例"。[①] 20 世纪 90 年代,波罗的海国家、乌克兰等国再次掀起了《民事诉讼条例》研究的浪潮,在制定新民事诉讼法典时都广泛参考了《民事诉讼条例》中的规范。

1864 年《民事诉讼条例》最初仅在彼得堡和莫斯科省运行,并在

---

① Микеленас В. Устав гражданского судопроизводства Росии 1864 года как пример" европеизации" гражданского процесса. Сборник научных статей/под ред. Д. Я. Малешина. М. 2014 г. С. 25—38.

1899年前逐渐推行至其他地区。作为具有独创性的规范,它吸收了同一政治空间不同来源的法律规范,包括传统俄罗斯法、波兰法和立陶宛法,以及瑞典法、中亚和外高加索条例。独联体国家与波罗的海国家法律体系具有很多相似性,但也存在各自特点,民事诉讼法领域相对于其他部门法存在更多共同点。首先,这种相似性体现在共同的历史根源。从18世纪下半叶开始,这些国家民事司法就在某种程度上处于共同社会经济和政治条件下并协同发展,这一直持续到20世纪90年代苏联解体。尽管这一庞大帝国内不同地区的诉讼体系发展水平各异,但也使得这些地区司法彼此之间能够相互丰富和补充,各种区域法在共同法律空间内相互交织影响。这些彼此间产生过重要影响的法典包括:1649年《俄罗斯国民会议法典》,1588年《立陶宛条例》,1734年《瑞典法律汇编》,中亚、远东和外高加索民族的法律传统和仪式。即使在《民事诉讼条例》通过以后,这些法规仍然在某些地方的司法实践中继续运行到1917年。而这种彼此影响有时是由共同的立法者沙皇来推动的,旨在将某一地区高效运行的法律规范推行至帝国其他地区。

正如前文所述,1864年《民事诉讼条例》是独联体和波罗的海国家民事诉讼共同性的重要组成部分,原因在于它考虑到了这些地区不同的社会特点,各异的风俗、习惯、不成文法律规范和传统以及由此形成的不同诉讼程式。不同的社会文化和法律文化确定的不仅是法律制度的功能特点,也决定了整个民事司法体系所有因素,这些也构成了区域民事司法体系存在的独特土壤。仅仅适用社会文化分析相对于法律分析显然具有更多的偶然性,因此立法过程中传统上使用成文法化、体系化和比较法等方法加以调整,但只有在司法审判符合社会普遍认可的道德倾向、信仰以及社会学属性的情况下,才能有效实施并发挥其作用。而《民事诉讼条例》就具有此种特质。在社会文化如此多元的地区建立统一规范,是一项极为复杂的工作。因此,《民事诉讼条例》通过后立法修订工作一直在持续进行,在其施行的30余年时间里,共进行了

700余次修改、补充和修订。因此,这部法典的功绩也在于立法者为俄罗斯多元的社会文化形态建立了统一的法典。可以与之相比较的是现代欧盟统一民事诉讼法典进程,虽然条件存在某种类似,但其还远远尚未取得如此成功。正如1993年欧盟国家统一民事诉讼工作组基本报告中指出的,欧洲各国对诉讼主要原则很难达成妥协,即使通过了共同法,"也无法保障共同规范在司法实践上的统一适用"。①

《民事诉讼条例》中照顾了俄罗斯帝国各区域诉讼程序由于社会文化、民族和历史差异所形成的不同特点的合理方法,在十月革命之后被保留下来,并成为苏维埃法的立法依据。虽然这一时期诉讼程序的区域独立化特征被弱化了,但民事争讼审理的区域习惯在十月革命前及其之后都继续运行。由此我们也可以发现,苏维埃法为照顾各地区特点,形成了具有形式性、宣言性甚至独立于现实社会关系的特征。因此,如果说十月革命前立法者考虑到区域化特点并试图在立法中实现,那么苏维埃时期立法者则更倾向于在司法实践中实际适用,而非通过立法方式固定下来,由此也导致某种意义上法律与实践的脱节。但是,这些诉讼的区域化特点最终也通过各加盟共和国民事诉讼独立立法反映出来。

苏维埃时期在民事诉讼立法上主要采取建立统一的民事法院体系和审理解决民事讼争规范的方法,主要通过制定包括调整司法组织、诉讼程序苏维埃示范法的方式来实现,如1958年《苏维埃司法组织法纲要》和1961年《民事诉讼纲要》。借此在苏维埃各加盟共和国建立了相同结构的司法组织,但在诉讼程序领域形成了各具差异的诉讼程序法,各国诉讼法仅在形式上类似,但并非是通过对彼此的复制创制的。苏维埃立法者认为:第一,各共和国统一的司法体系在行政管理上更加具有效率,司法权的严格垂直管理也符合这一时期的政治制度和国家制

---

① Van Rhee C. H. Civil Procedure: A European Ius Commune?. European Review of Private Law. 2000. vol. . No. 4. P. 606.

度形式;第二,吸收了诉讼条例的历史经验,保留了传统上十月革命前各地区诉讼程序的区域性特征。

因此,苏联解体后,独立后的原苏联各加盟共和国并没有急于废除原程序规范。事实上,在很多国家,原苏维埃法典都继续运行了很多年。同时,各国立法者也并没有试图去恢复十月革命前建立在传统习俗和规范基础上的程序规范,而逐渐形成了以下三种诉讼立法方式:

(1) 完善原苏维埃法。根据社会关系的改变,填补苏维埃法的空白和缺陷。立法者主要通过修正苏维埃诉讼法司法适用实践中的缺陷,并根据学者和法律实务工作者的建议,以及国家内部法律适用的需求,对原苏维埃法加以完善。正如 E. A. 聂菲奇耶夫所言:"应当向诉讼条例的立法者致敬,因为他们没有迷恋于借鉴外国法,而是基于现实需要根据能否符合俄国司法适用实践的需要而对外国法加以借鉴。"①

(2) 直接移植外国诉讼制度。这些国家在认可某国家民事诉讼是合理而高效的情况下,就采取直接移植的方式,特别是移植大陆法系和英美法系中带有示范效应的制度。应该说,这两种方式在独联体和波罗的海国家的过去数年间都被广泛使用。

(3) 更多国家不仅考虑外国先进制度,也虑及立法应当符合本民族对法律调整的需求。正如现代《俄罗斯民事诉讼法典》立法草案指南中所指出的:"民事诉讼领域立法的目的在于调和对法律具体方案施加影响的不同社会群体的利益。"②

除了上述方式,独联体内部还试图建立"示范性"的调整规范,即建立独联体国家民事诉讼立法的纲要和总则。1992 年建立的独联体国家跨议会大会决议,成立《民事诉讼示范法典》编纂工作组,以统一和协调独联体国家民事诉讼立法。2003 年,《独联体国家民事诉讼示范法构想和结构》通过,法典共 71 章,由 1131 条组成。正如立法者构想的,通过

---

① Нефедьев Е. А. Избранные труды по гражданскому процессу. Краснодар. 2005 г. С. 11.

② Путь к закон. под ред. М. К. Треушникова. М. Городец. 2004. С. 21.

创制这部法典将"大大完善独联体国家诉讼程序,强化辩论原则,为诉讼关系的有效构建和高质量发展创造前提,使得法院和诉讼参与人的行为更具有可预测性和责任感"①。

尽管《民事诉讼条例》立法工作的基础主要是借鉴西欧法律规范,但法典颁布后,通过对符合俄罗斯法律现实的司法适用实践的不断调适,最终使之成为俄罗斯立法的典范。司法条例在俄罗斯法律的发展史上是独一无二的。此种高度评价的依据在于,其法典编纂较高的立法技术水平,以及通过对诉讼程序的深度变革,在根本上改变了俄罗斯的法律生活,促进了诉讼制度的发展。

因此,俄罗斯学者将《民事诉讼条例》称为俄罗斯法治进程的丰碑,其宝贵法制遗产不仅被俄罗斯,也被历史上受其影响的其他独联体国家、波罗的海国家、东欧国家所继承。在纪念《民事诉讼条例》通过50周年纪念仪式上,А.Ф.科尼将自己及其他诉讼法学者称作伟大改革的"孩子","诉讼条例是为了建立俄罗斯社会所渴求的现实意义司法,而由具有高度责任感的立法者所奉献的伟大劳动成果。就此而言,司法条例之父的成就,是建立了一座爱国主义丰碑"②。这座丰碑在现代已经成为俄罗斯法律人的骄傲,也是俄罗斯现代民事诉讼制度改革不容忽视的典范。由于俄罗斯近代司法制度所具有的现代性特征,其近代化过程也是对俄罗斯法治现代化宏伟蓝图的勾画。苏联解体后俄罗斯司法改革过程中诸多近代司法制度的"复生"和"再造",正是对于这一命题的印证。

---

① Лапин Б. Н., Чечина Н. А. О проблеммах реформирования гражданского судопроизводства в странах Содружества Независимых Государст. Правоведение. 2000. № 4. С. 145.

② Кони А. Ф. Отцы и дети судебной реформы(к пятидесятилетию судебных уставов). 20 ноября 1864—1914. М. 1914 г. С. 1.

后记

本书是"中国民事诉讼法制现代化问题研究"（项目编号：14YJC820010）课题的最终成果，其中部分内容在课题研究过程中以期刊论文形式发表，在本书出版时结合最新立法变化对相关内容进行了修改。本书具体写作分工如下：导言与第二部分第叁主题由邓继好完成，第一部分与第二部分第壹、贰、肆、伍主题由陈刚完成，第三部分由宫楠完成。

中国民事诉讼法制现代化是一个持续的过程，也永远在路上，其中值得讨论的主题相当丰富，本书遵循法系意识的方法论对其中部分主题进行了探讨，以期窥斑见豹，同时希冀能够引起学界对更多主题的研究。这对于处在诉讼模式转变中的我国民事诉讼立法完善和司法改进，都具有方向性的意义。当然，这种分主题的研究自然也存在挂一漏万的局限性，对于此种不足以及书中可能存在的其他错误，还请读者予以谅解和批评指正。

北京大学出版社的王业龙先生和李小舟女士对于本书的出版给予了极大的帮助，在此深表感谢！

作者
2020 年 11 月于华政园